Empire

ALBERTO ANGELA
AUX ÉDITIONS PAYOT

Une journée dans la Rome antique. Sur les pas d'un Romain, dans la capitale du plus puissant des empires
Empire. Un fabuleux voyage chez les Romains avec un sesterce en poche
Les Trois Jours de Pompéi

Alberto Angela

Empire

Un fabuleux voyage chez les Romains avec un sesterce en poche

*Traduit de l'italien
par Nathalie Bouyssès
et Mario Pasa*

Retrouvez l'ensemble des parutions
des Éditions Payot & Rivages sur

payot-rivages.fr

TITRE ORIGINAL :
*Impero. Viaggio nell'Impero di Roma
seguendo una moneta*

Carte : Nathalie Cottrel.

© Arnoldo Mondadori Editore S.p.A., Milan, 2010.
© Éditions Payot & Rivages, Paris, 2016,
pour la traduction française
et 2018 pour la présente édition de poche.

*À Monica, Edoardo, Alessandro et Riccardo,
parce que le voyage le plus beau
je le fais à travers votre regard.*

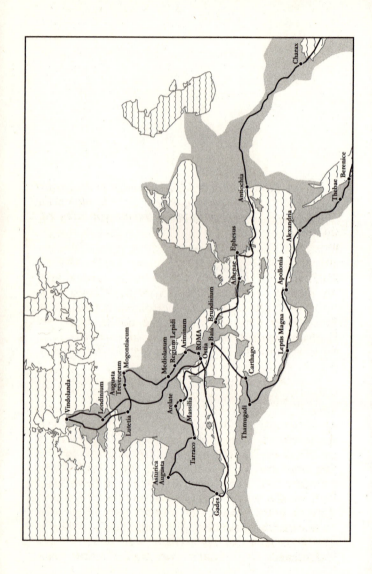

PROLOGUE

Examinez une carte de l'Empire romain à la fin du règne de Trajan, à l'époque de son expansion maximale. Ce qui frappe d'emblée, c'est l'immensité du territoire. Si l'on prend pour repère la géographie actuelle, il s'étend du nord de l'Angleterre au Koweït, du Portugal à l'Arménie. Comment y vivait-on ? Quel genre de personnes aurions-nous rencontrées dans ses villes ? De quelle façon les Romains ont-ils réussi à constituer un ensemble aussi vaste en unissant des peuples et des lieux aussi différents ?

Nous allons tenter de répondre à ces questions en entreprenant un fabuleux voyage. J'ai déjà eu l'occasion de raconter heure après heure, voire minute après minute, une journée type dans la ville de Rome du temps où Trajan était empereur[1]. Nous étions un mardi en l'an 115 de notre ère. Alors, supposez que vous vous leviez le lendemain pour partir visiter l'Empire tout entier, que vous alliez respirer aussi bien les effluves des ruelles d'Alexandrie que les parfums de patriciennes en promenade dans Milan, que vous entendiez travailler des sculpteurs à Athènes, que vous admiriez les couleurs des boucliers des légionnaires en Germanie mais aussi d'autres peintures, sur le corps de barbares dans le nord de la province de Bretagne.

Par quel miracle allons-nous pouvoir accomplir un aussi long périple ? Grâce à une simple pièce de monnaie. Un sesterce, pour être précis. Nous le suivrons tandis qu'il passera de main en main, et en trois ans nous parcourrons ainsi l'Empire. En liant connaissance avec ses propriétaires successifs, nous découvrirons toute une série de personnages et de caractères, d'habitats et de modes de vie, de comportements et de règles. Notre sesterce appartiendra tour à tour à des gens aussi divers qu'un centurion, un propriétaire viticole, un esclave, un chirurgien tentant de sauver un enfant, un riche marchand de *garum* (ce condiment dont raffolaient les Romains), une jeune prostituée, une chanteuse ayant failli mourir au cours d'un naufrage, un marin voleur et beaucoup d'autres, y compris l'empereur.

Cette pérégrination, je l'ai certes imaginée mais elle reste vraisemblable. À quelques exceptions près, ces habitants de l'Empire romain ont réellement vécu en ce temps-là, et presque toujours dans les lieux où vous les verrez évoluer. Leurs noms et leurs activités nous ont été révélés par des sources anciennes (stèles funéraires, inscriptions et œuvres diverses). Pour certains, nous savons même à quoi ils ressemblaient grâce aux extraordinaires portraits du Fayoum, retrouvés en Égypte et si réalistes qu'on dirait des photos. Comme par enchantement, nous croiserons leur regard au hasard des rues ou sur un bateau, et à travers leurs yeux nous explorerons tel ou tel aspect de la culture romaine et de la vie quotidienne au IIe siècle de notre ère. De même, la plupart des paroles que vous entendrez prononcer par des Romains sont authentiques : elles ont été écrites par des auteurs latins tels que Martial, Juvénal et Ovide.

Comme il est impossible de recenser avec précision tous les événements s'étant produits au cours de ces trois années, quelques ajustements ont été nécessaires. Il se peut qu'un épisode se soit déroulé à une période légèrement différente de celle où je le raconte, mais l'essentiel est qu'il aurait vraiment pu avoir lieu au moment que j'ai choisi.

Le style vous semblera parfois romanesque. La restitution de chaque ambiance, de chaque situation et de chaque décor n'en repose pas moins sur des témoignages antiques et sur les recherches d'archéologues m'ayant souvent fait part eux-mêmes de leurs découvertes, sans oublier les ouvrages d'historiens tels que l'Américain Lionel Casson, qui fut un grand spécialiste des voyages.

Pardonnez-moi si j'ai commis des erreurs, mais sachez que j'ai tâché de vous faire voir le plus de choses possible telles que les voyaient les Romains, de vous immerger dans les réalités d'une époque, d'offrir au passionné d'histoire et d'archéologie les détails vivants et les atmosphères qui font défaut dans trop de livres savants, comme l'odeur d'une foule s'apprêtant à assister à des courses de quadriges au Circus Maximus.

En pénétrant dans les « coulisses » du monde romain, vous constaterez qu'il présente bien des analogies avec le nôtre. Les Romains furent les architectes de la première mondialisation de l'Histoire. Dans toutes les provinces on utilisait la même monnaie et on parlait la même langue officielle — le latin, associé au grec dans la partie orientale. La plupart des gens savaient lire, écrire et compter. Un même corps de lois était en vigueur et les marchandises circulaient facilement. Vous pouviez vous asseoir dans une taverne d'Alexandrie, de Londres ou de Rome et commander le même vin de Moselle, puis assaisonner votre plat avec la même huile d'Hispanie. Dans la boutique d'à côté, vous pouviez acheter une tunique dont le lin était cultivé en Égypte mais qui avait été tissée à Rome. Vous pouviez louer un véhicule pour vous rendre d'une ville à une autre, et sur les grandes voies de circulation, vous pouviez vous arrêter dans l'équivalent de nos restoroutes et de nos motels.

En sillonnant l'Empire romain, vous n'auriez donc pas été totalement dépaysés, d'autant que ne manquaient pas non plus des problèmes étonnamment proches des nôtres : augmentation du nombre de divorces et fléchissement de la natalité, engorgement du système judiciaire à cause du nombre incroyable de procès, scandales engendrés par le vol d'argent public et le financement de grands projets fantômes, déforestation tragique de certaines régions à cause de la pénurie de bois, ou encore « bétonnage » de zones côtières avec la construction d'opulentes villas. Il y avait même la guerre en « Irak », et l'invasion de la Mésopotamie par Trajan — là où deux mille ans plus tard interviendront les forces de la Coalition — nous rappelle les problématiques militaires et géopolitiques du XXIe siècle.

Ces faits illustrent l'incroyable modernité du monde romain. Son secret ? Nous verrons que Rome n'a pas conquis autant de territoires avec ses seuls légionnaires mais aussi grâce au génie d'hommes ayant conçu aqueducs, thermes, routes, et doté les villes de toutes les commodités ou presque. Frappante également, l'exception historique de cette civilisation : aucune autre n'a autant accompli. Les Romains étaient-ils trop en avance ou sommes-nous trop en retard ? Toujours est-il que notre périple correspond à une page extraordinaire de l'Histoire — une page qui, une fois tournée, ne s'est plus jamais rouverte. Pour la première et dernière fois, une grande partie de l'Europe et la totalité du bassin méditerranéen ont été unies. Au cours des quatre premiers siècles de l'ère chrétienne, on pouvait se déplacer sans passer de frontières, sans se heurter à quelque ennemi ou à des pirates.

Enfin, il y a dans ce « docufiction » un personnage sans qui notre grande aventure eût été fort différente : Trajan. Les livres d'histoire s'attardent peu sur cet empereur. Dans l'Italie d'aujourd'hui, son nom n'est donné à aucun nouveau-né, contrairement à celui de César, Auguste, Hadrien ou Constantin. C'est injuste, car Trajan a porté l'Empire romain à son apogée, tant en termes de prospérité que de bien-être. Alors, pour remettre en lumière celui qui avait reçu le titre d'*optimus princeps* (« excellent prince »), rien de tel que de revivre le moment de grâce que fut son règne pour Rome.

Il ne me reste plus qu'à vous souhaiter bon voyage.

Vale ! Portez-vous bien !

Rome

Là où tout commence

Bas-fonds et maléfices

Elle se faufile furtivement parmi les passants, dans les ruelles au sol de terre battue, couvrant son visage d'un voile pour qu'on ne la reconnaisse pas. On devine néanmoins que c'est une jeune femme élégante aux mains fines — des mains qui n'ont jamais travaillé. Sa présence est donc pour le moins incongrue dans Subure, ce quartier populaire de Rome où l'on ne côtoie ni soie ni marbre, mais seulement la faim et la pauvreté.

Aussi agile qu'un chat, elle évite tout contact avec la foule, ce qui n'est pas évident. Elle croise des bouchers édentés portant des quartiers de bœuf sur les épaules, de petites matrones grasses et nerveuses parlant fort, des enfants courant en tous sens, des esclaves au crâne rasé, des hommes hâves et malodorants. Elle doit également faire attention où elle marche. Des ruisseaux d'eaux usées souillent la rue et forment de petites mares. Elles attirent des nuées d'insectes que les pieds nus des passants tentent vainement de chasser.

Une voix féminine, aiguë et tonitruante, l'agresse à droite. On se querelle derrière cette porte. Avant qu'elle n'ait le temps de risquer un œil, le battement d'ailes d'une poule attire son attention de l'autre côté, où elle découvre une boutique présentant un étalage de cages en bois pleines de volailles.

Elle presse le pas, elle ne veut pas s'attarder en ces lieux. Elle passe devant un vieillard assis qui lève la tête lorsqu'il sent, par-delà le frôlement de la tunique sur son genou, la caresse du frais parfum qui émane d'elle. Les yeux de l'homme, dont l'un est blanc, furètent en vain, en quête de cette créature. L'œil valide n'aperçoit qu'un pan de voile ondulant qui disparaît au coin de la rue.

Avant d'arriver au bout de la venelle qui descend, a expliqué l'ancienne nourrice de cette femme mystérieuse, elle verra un oratoire, un temple miniature accolé au mur. En face, des marches en contrebas mènent à une porte. C'est là.

Elle hésite. L'entrée est vraiment toute petite et plongée dans l'obscurité, l'escalier noyé dans la saleté. Elle regarde autour d'elle, mais seules se profilent de hautes façades de logements populaires délabrés. Les murs sont maculés d'humidité et de saleté, les châssis des fenêtres sont cassés, les balcons en passe de s'écrouler. Mais comment font les gens pour vivre dans des conditions pareilles ? s'étonne-t-elle avant de se demander ce qu'elle fait là.

La réponse est devant elle, dans cette entrée obscure. Elle aperçoit dans l'encadrement d'une fenêtre une femme âgée qui arbore un sourire maternel et l'invite à entrer d'un hochement de tête, comme si elle avait compris la raison de sa présence ici et voulait la rassurer. Qui sait combien de semblables visiteuses cette locataire a vu passer !

La nôtre prend une profonde inspiration et franchit le seuil. Elle est presque aussitôt assaillie par l'odeur âcre de quelque chose qui cuit ou qui brûle, mais n'arrive pas à déterminer ce dont il s'agit. Elle ne perçoit qu'une atmosphère infernale : elle est donc bien dans le lieu qu'elle cherchait. Son cœur bat à tout rompre et il lui semble l'entendre résonner. Elle fait encore quelques pas...

Soudain, un visage apparaît dans l'obscurité. C'est celui de la magicienne. Elle a tout d'une femme du peuple, corpulente et le cheveu négligé, déjà parcouru d'une multitude de fils d'argent. Mais ce qui frappe surtout, ce sont ses yeux noirs, pénétrants, et l'assurance du regard quand elle demande à la nouvelle venue si elle a bien apporté tout ce qu'il fallait.

L'autre lui tend un bout de tissu roulé. La maîtresse des lieux s'en empare puis lui saisit les mains pour les ramener à elle.

« Souhaites-tu sa mort ? » lance-t-elle alors.

La fille acquiesce, terrifiée.

La magicienne va pratiquer un rituel afin que disparaisse l'homme que sa cliente a dû épouser sous la pression familiale. C'est un individu violent qui la bat régulièrement. Mais elle a depuis longtemps trouvé du réconfort auprès d'un autre. Un grand amour est né, et elle explore aujourd'hui les arcanes de la magie pour trouver une solution.

La sorcière déroule le morceau de tissu contenant des cheveux et des ongles du mari : elle va confectionner une figurine avec une pâte à base de farine et y incorporer les « fragments » de l'individu à éliminer. Comme de juste, elle souhaite être payée d'avance et se voit offrir une bourse de cuir. Elle l'ouvre, l'agite pour en vérifier le contenu et sourit, car c'est une belle somme ; puis elle se détourne pour la remiser dans un petit berceau suspendu au plafond par des sangles. Une fillette dort à l'intérieur.

La magicienne agite doucement le berceau. Elle doit avoir dans les trente-cinq ans, mais son corps flétri et son allure négligée la font paraître plus âgée. L'endroit où elle vit est sombre et crasseux. La lumière émane essentiellement d'un feu de cheminée. Dessus est posé un chaudron contenant une curieuse mixture en ébullition répandant la mauvaise odeur que la visiteuse a sentie en entrant. Probablement un philtre ou une potion pour quelque autre client.

Ce type de marmite *(caccabus)* est l'ustensile emblématique de ces femmes du peuple qui élaborent des remèdes à base de plantes mais s'occupent aussi, le cas échéant, de sortilèges et de maléfices, comme le raconte Virgile. Le *caccabus* concorde parfaitement avec le stéréotype de la sorcière : une femme d'un certain âge, qui n'a plus aucun charme (elle est même franchement laide), ne roule pas sur l'or, s'habille chichement, vit dans des quartiers pauvres, jamais dans des palais, et fabrique des poisons. À toutes les époques, et pas simplement au temps des Romains, de tels personnages ont pratiqué des sortilèges, abusant de la crédulité du commun des mortels, de ses faiblesses et surtout de ses souffrances. Les bourses pleines de sesterces, de drachmes, de florins, de shillings ou… d'euros sont le fruit d'un type de vol particulièrement sinistre et peu sanctionné au fil des siècles. Y compris à Rome sous le règne de Trajan.

La figurine est prête. Elle représente un homme aux organes génitaux bien visibles. La femme incise sur son corps, dans la pâte encore molle, des formules magiques qu'elle est probablement la seule à pouvoir interpréter. Au terme d'une succession de gestes et d'incantations débitées à voix haute pour invoquer les divinités infernales, la statuette est placée la tête en bas dans un cylindre de plomb, lui-même emboîté dans deux autres plus grands. Cette « matriochka » du mauvais sort est scellée avec de la cire, et la magicienne grave sur l'extérieur, à l'aide d'un couteau, des mots et des symboles en lien avec les forces du mal. Le visage en sueur, elle soulève le contenant et le griffe de ses ongles acérés, et après avoir psalmodié de nouvelles incantations elle le remet enfin à la jeune femme.

« File ! dit-elle. Tu sais où déposer ça. »

L'épouse s'empare de l'objet, qui a la taille d'un gros pot de conserve et pèse lourd en raison du plomb. Elle l'enveloppe dans un chiffon et sort sans même jeter un regard à la sorcière.

Dehors elle constate que la lumière a changé et comprend que le soleil va bientôt achever sa course, même si dans les ruelles de Rome ses rayons n'atteignent jamais le sol. Qui sait combien de temps elle a passé dans cet antre !

La source d'Anna Perenna, véritable Woodstock de l'Antiquité

Le lendemain, sous prétexte de rendre visite à une parente, la jeune femme quitte la ville en compagnie de sa nourrice. Elles empruntent la Via Flaminia. Presque aussitôt apparaît sur la droite un relief boisé formé de sédiments jaunâtres. De nos jours, il correspond à Parioli, un quartier de Rome, mais une partie de la forêt subsiste. On peut l'admirer, intacte, dans la ville même. C'est l'un des nombreux écrins de verdure de la capitale. Ces arbres auxquels automobilistes et passants jettent un regard distrait sont en réalité les descendants directs de ceux qui composaient un bois sacré à l'époque romaine.

Les deux femmes suivent un chemin de terre battue qui s'écarte de la Via Flaminia pour s'enfoncer dans un vallon. Dans ce lieu d'une beauté inouïe on n'entend que les chants d'oiseaux. Quel contraste avec le chaos de Rome ! Les versants de la petite vallée abritent, parmi les arbres, des grottes dédiées aux nymphes. Ces sites sont préservés : malheur à qui oserait y cueillir une plante ou y tailler du bois. La forêt est comme un temple pour les Romains. Même en zone non protégée il convient de se montrer prudent si l'on veut abattre un arbre, car on est persuadé que sous l'écorce des chênes habitent des nymphes, les hamadryades, dont l'existence est liée à celle des végétaux. Il faut donc d'abord qu'un prêtre effectue un rituel pour les éloigner.

Le lieu doit sa renommée à une source située là où le vallon s'évase pour former une clairière. Une structure en briques a été élevée autour d'une grande vasque, de plus petites permettant aux fidèles de recueillir le précieux liquide. Cette source est sacrée parce qu'elle est dédiée à Anna Perenna. Il ne s'agit nullement d'un être humain, comme on pourrait le croire, mais de la déesse qui veille à ce que les années suivent leur cours et se renouvellent.

Ce n'est donc pas un hasard si l'on entend les Romains formuler le vœu suivant pour le Nouvel An : *Annare perennereque commode.* (« Puissiez-vous passer une excellente année du début à la fin. ») Mais au fait, quand le fêtent-ils ? Le 1er janvier à l'époque impériale. Précédemment, c'est-à-dire sous la République, c'était aux fameuses ides de mars, soit le 15 de ce mois.

Ils viennent par milliers le célébrer autour de la source sacrée d'Anna Perenna, et d'après les auteurs latins la scène dépasse l'entendement. Imaginez un long cortège d'hommes et de femmes quittant Rome pour venir festoyer, chanter et s'amuser ici. Les tables sont dressées le long de la Via Flaminia, mais presque tous s'allongent dans l'herbe comme pour un gigantesque pique-nique. On chante, on danse et on finit par s'enivrer. Certains paris relèvent de l'impossible, par exemple boire autant de coupes de vin que d'années que l'on souhaite vivre encore. Tout cela n'est pas sans rappeler notre réveillon — poussé à l'extrême. On se croirait carrément à une *Oktoberfest* de l'Antiquité !

En réalité, c'est beaucoup plus que cela. Selon Ovide, ces festivités sont clairement empreintes d'érotisme : on boit, mais on fait aussi l'amour. Il raconte que les femmes, cheveux dénoués, entonnent des chants à connotation explicitement sexuelle. La fête revêt en effet un caractère initiatique, et bien des filles perdent leur virginité à cette occasion. Dans une ambiance aux faux airs de Woodstock, les couples s'étendent dans l'herbe ou trouvent refuge sous des tentes improvisées à partir de roseaux et de toges. Des bouts de bois retrouvés dans la vasque principale de la fontaine sont considérés par certains chercheurs comme les vestiges de tels abris.

La source a été découverte lors de la construction d'un parking souterrain, et les fouilles menées par le professeur Marina Piranomonte, de la Surintendance archéologique de Rome, ont permis d'exhumer de multiples objets jetés dans l'eau à titre d'offrandes, dont une grande quantité d'œufs (symboles de fécondité et de fertilité), ainsi que des pommes de pin (symboles de fertilité et de chasteté). Mais les archéologues ont surtout été intrigués par des artéfacts servant non pas au culte d'Anna Perenna mais à des pratiques magiques et des maléfices.

Accessoires de magie

Les fouilles ont révélé un magnifique *caccabus,* notre marmite de sorcière, et une cinquantaine de ces pièces de monnaie que les Romains jetaient en des lieux importants et sacrés, ainsi que le font encore beaucoup de gens. Tout comme aujourd'hui, il ne s'agissait jamais de pièces de grande valeur, mais essentiellement d'as, l'équivalent d'un quart de sesterce (soit environ 50 centimes d'euro).

Quelque soixante-dix lampes à huile ont également été retrouvées, presque toutes à l'état neuf, curieusement. Pourquoi avoir apporté ici, hors de

Rome et à des époques différentes, une telle quantité d'objets neufs pour les jeter dans la fontaine ? Ovide et Apulée ont décrit les rituels des magiciennes de l'Antiquité. Étant donné qu'elles les pratiquaient presque toujours de nuit, les lampes s'avéraient indispensables, pour elles comme pour leurs clients. Il y a donc de fortes chances pour que celles qu'on a découvertes sur le site aient concerné davantage la magie que le culte d'Anna Perenna, notamment parce que six d'entre elles contenaient un mauvais sort, gravé sur le plomb à l'intérieur.

Autres témoignages intéressants : la vingtaine de tablettes de malédiction *(defixiones)* sorties de la vasque principale. Ce sont de petites feuilles de plomb — métal idéal car malléable et résistant à la corrosion. Après s'être procuré une lamelle extrêmement fine, on y grave des formules magiques à l'encontre d'une personne, puis on la jette dans une tombe, un puits, une rivière ou une fontaine. Autant d'endroits en lien direct avec les fleuves de l'au-delà et les puissances infernales. Chose curieuse, voire cocasse, au milieu des formules et des lettres magiques *(characteres)* on découvre le nom de la victime, répété plusieurs fois, ou des indications précises la concernant (l'endroit où elle habite, son métier, etc.), afin qu'il n'y ait pas erreur sur la cible et que ne soit pas frappé un innocent. C'est un peu comme si l'on recourait à un tueur à gages.

Qui sont donc les personnes visées ? On peut voir, gravée sur l'une de ces *defixiones*, une silhouette masculine avec mention du nom (Sura) et de la charge occupée par l'individu (un médiateur ou un juge). Les divinités infernales sont priées d'arracher les yeux (d'abord le droit, puis le gauche) à cet homme *qui natus est de vulva maledicta* (« sorti d'une vulve maudite »).

Mais la fontaine d'Anna Perenna doit surtout sa célébrité à sept petites figurines anthropomorphes retrouvées intactes. Destinées elles aussi aux rituels magiques, elles ne sont pas sans rappeler ces autres artéfacts d'envoûtement que sont les poupées vaudoues. C'est précisément l'une d'elles que nous avons vue entre les mains de la magicienne.

Des analyses ont révélé qu'elles sont constituées d'un mélange de farine et de lait. Une seule a été confectionnée avec de la cire. Les yeux, la bouche, les seins ou le sexe masculin, selon les circonstances, sont parfaitement visibles. Si ces frêles statuettes se sont si bien conservées, c'est parce qu'une fois jetées dans la vasque elles en tapissaient le fond et s'enfouissaient progressivement dans une couche d'argile privée d'oxygène, ce qui empêchait la prolifération des bactéries.

Elles étaient contenues dans trois récipients de plomb emboîtés les uns dans les autres. La récurrence du chiffre trois a probablement une signification magique. Un os tient lieu de colonne vertébrale à la figurine, et sur l'un de ces os on distingue des lettres, ce qui correspond aux recommandations de papyrus grecs décrivant des rites magiques.

En examinant les statuettes de plus près, on y découvre d'autres signes encore. L'une d'elles, en particulier, présente des lettres gravées sur l'ensemble du corps et un trou profond dans la tête. On devine aisément l'effet désiré sur la victime. Mais la plus surprenante figure un personnage prisonnier des spires d'un gros serpent à crête qui lui mord le visage. Histoire de renforcer l'étreinte du reptile, une lamelle métallique enserre la victime. Et comme si cela ne suffisait pas, une autre lamelle, gravée de malédictions, a été clouée dessus ; l'un des clous traverse le nombril, l'autre, les pieds.

De nombreux Romains devaient recourir à ce genre de pratiques. Le fait que les boîtiers aient été fabriqués en série nous le laisse supposer. Les intéressés se chargeaient de les acheter puis les portaient aux magiciennes. Ce devait être un marché florissant. Sur l'un des couvercles, scellé avec de la résine, les chercheurs ont relevé des empreintes digitales. Des experts de la police scientifique en ont déduit que la main qui l'avait fermé était de petite taille. Cette main devait appartenir à quelqu'un de très jeune ou... à une femme.

La fontaine d'Anna Perenna demeurera longtemps liée au culte de la fertilité, aux vœux de réussite et aux fêtes du Nouvel An (au moins jusqu'au IIIe siècle). Puis cette tradition s'essoufflera progressivement, se teintant de plus en plus de pratiques obscures et superstitieuses avec force boîtiers et maléfices — un changement dû à l'interdiction des cultes païens par l'empereur Théodose, et plus généralement à la crise des valeurs de la société romaine.

Retrouvons l'épouse malheureuse et sa nourrice. Elles s'approchent de la source et jettent un œil alentour. Personne. Avec des gestes rapides, la nourrice déroule un chiffon, s'empare du récipient cylindrique et le lance dans la fontaine. Les deux complices le voient disparaître et, l'instant d'après, l'entendent plonger dans l'eau. Elles se regardent, sourient et s'en vont. Mission accomplie. Au fond de la vasque principale, parmi les œufs et les pommes de pin, trois boîtiers gigognes renferment une demande de mise à mort.

Le mari qu'il faut faire disparaître est en voyage d'affaires et ne se doute de rien. Mais pour sa femme ce n'est qu'une question de temps, elle en est persuadée. Et la nuit prochaine, profitant de cette absence, elle ira retrouver son amant.

Une nuit de pleine lune

Après une longue et tendre étreinte, l'homme qu'elle aime se lève. Il sort sur une grande terrasse et s'appuie sur la balustrade en bois. La lune semble jouer avec ses muscles. Quelques instants plus tard, il perçoit le pas feutré de sa maîtresse puis le contact de son corps. Par chance, cette terrasse située sur un édifice dominant la colline du Quirinal est caressée par une petite brise. Les amants demeurent ainsi, silencieusement enlacés, profitant de la beauté du spectacle qui s'offre à leurs yeux en cette nuit de pleine lune. Car ils ont devant eux l'un des plus beaux panoramas de l'histoire antique : la ville de Rome à l'apogée de sa splendeur et de sa puissance, une ville qui semble ne pas avoir de confins.

On distingue parfaitement les constructions les plus proches. Il s'agit de gigantesques *insulae*, qui ressemblent tant à nos immeubles d'habitation. On distingue leurs fenêtres aux volets grands ouverts à cause de la chaleur, ainsi que leurs balcons, dont certains sont agrémentés de plantes comme de nos jours. D'autres sont à claire-voie, tels ceux que l'on peut voir en Inde : on dirait des armoires suspendues aux murs.

À l'intérieur des *insulae* tout n'est qu'obscurité et gens endormis, mais dehors la lueur d'une lampe ou d'une torche révèle çà et là des scènes d'une vie quotidienne qui, la nuit venue, ne semble pas vouloir s'interrompre. Les points lumineux émaillent la ville, véritable galaxie de vies en suspension.

De jour, cette cité qui compte plus d'un million d'habitants baigne dans toutes sortes de bruits. De nuit, certaines places et ruelles connaissent au contraire un calme absolu, simplement troublé par le filet d'eau d'une fontaine publique, l'aboiement d'un chien ou les éclats d'une rixe. Mais c'est également aux heures nocturnes que s'effectuent les livraisons aux boutiques, aux ateliers, aux thermes. On entend alors le vacarme des charrettes, les jurons de ceux qui les conduisent, de ceux qui ne veulent pas céder le passage aux croisements et de ceux qui n'ont pas reçu leur marchandise. Toutefois, c'est bien la nuit que Rome retrouve tout son charme. Ce même charme qui nous séduit encore aujourd'hui au cours de nos déambulations nocturnes.

Depuis la colline du Quirinal (ainsi nommée en l'honneur d'un temple dédié au dieu préromain Quirinus), on aperçoit les masses sombres de quelques-unes des sept collines, ainsi que la silhouette familière du Colisée. Les deux amoureux se murmurent des mots tendres, tête contre tête. Leurs regards fixent le gigantesque amphithéâtre qui se découpe sous un ciel d'aurore de plus en plus clair. La masse blanche de ses marbres et les lampes suspendues à ses arches les distraient de leurs roucoulades.

Ils ignorent que non loin de là des travailleurs de force vont être à l'origine de l'incroyable voyage qui nous entraînera dans les contrées les plus reculées de l'Empire romain — les plus fascinantes aussi. Ce voyage débute en un lieu effroyable, un véritable enfer situé à deux pas du Colisée. C'est l'atelier monétaire.

La frappe du sesterce

Dehors il fait chaud, malgré la nuit, mais c'est dans une véritable fournaise que nous avons l'impression de pénétrer maintenant, ne serait-ce qu'à cause de la couleur orangée produite par une multitude de lampes. Un long pan de mur attire notre attention. Le plâtre est tombé à maints endroits et des ombres glissent furtivement sur sa surface écaillée. Elles apparaissent, disparaissent et semblent à certains moments se livrer à une danse frénétique. C'est comme un écho de ce qui se passe ici.

Des coups métalliques fendent l'air et nous assourdissent. Nous assistons alors à une scène dantesque avec pour acteurs des hommes en sueur et à moitié nus. De lourds marteaux s'élèvent au-dessus de leurs têtes et retombent avec fracas. C'est ici que sont fabriquées des pièces de monnaie qui circuleront dans tout l'Empire. Elles sont en or, en argent, en bronze ou en cuivre. Selon le rigide système monétaire instauré par Auguste, et qui sert de référence pour les échanges commerciaux au sein de l'Empire, un *aureus* (pièce d'or) vaut :
 – 25 *denarii*, ou deniers (pièces d'argent) ;
 – 100 sesterces (pièces de bronze) ;
 – 200 *dupondii* (pièces de bronze) ;
 – 400 as (pièces de cuivre) ;
 – 800 semis (pièces de cuivre) ;

Nous approchons du petit groupe d'ouvriers qui vont fabriquer devant nous des sesterces. Ils sont esclaves et appartiennent à la *familia monetalis*. On les surveille étroitement, surtout quand ils manipulent de l'argent et de l'or. À la fin de la journée, ils sont soumis à une fouille minutieuse. Leurs sandales sont brossées, leurs bouches examinées, leurs cheveux inspectés, et le tout à l'avenant. Le sol est même pourvu de grilles pour qu'on puisse récupérer le moindre fragment de métal.

Une première étape consiste à réaliser des barres de bronze. Le fondeur sort un creuset du four avec de longues pinces et coule le bronze, devenu un épais liquide en fusion, dans le moule en argile réfractaire. Un nuage de fumée s'échappe de l'orifice de sortie, et l'homme plisse ses yeux irrités par un labeur sans répit. Son visage flamboie, peut-être encore davantage que ses cheveux. Un camarade ouvre ensuite les blocs d'argile refroidis et en extrait les barres de métal.

Ces dernières sont alors découpées à la cisaille, comme un saucisson. Les rondelles vont devenir des sesterces, mais il ne s'agit encore que de pièces brutes sans inscriptions ni effigies. On les pèse. C'est un détail important, car la valeur d'une pièce dépend de son poids et non de ce qui y est écrit et représenté. Rien d'étonnant pour celles en or, mais cela vaut aussi pour toutes les autres. Puis chaque flan est chauffé avant d'être confié aux esclaves chargés de frapper le visage de l'empereur sur l'avers et d'autres éléments iconographiques sur le revers.

Ces hommes sont à cran, épuisés par les cadences infernales et les brimades. L'un s'avance en brandissant au bout d'une tenaille le flan brûlant qu'ensuite il maintient fermement sur une petite enclume circulaire, à l'emplacement du coin portant en creux le portrait de l'empereur qui sera imprimé sur la face inférieure de la future pièce. Un autre esclave appose sur la face supérieure un cylindre métallique doté du deuxième coin. Tout est fin prêt pour la frappe.

Un troisième homme lève un énorme maillet. C'est un Celte herculéen aux cheveux roux qui fend l'air d'un coup magistral. Les deux autres, un Syrien et un Africain, ferment les yeux. Le choc est si violent que le sol grillagé en tremble. L'espace d'un instant, chacun se retourne, y compris le vigile de l'équipe voisine. Un coup asséné avec une telle force n'est pas si fréquent.

Le Syrien a les oreilles qui bourdonnent et des picotements dans les mains. Mais il bénit les dieux que le géant ait bien visé, sans quoi il lui aurait écrasé les doigts. L'Africain, lui, reste figé. Quant au Celte, il jette un œil satisfait autour de lui : un acte terriblement banal dans ce genre d'endroit est devenu le centre de l'attention.

Le responsable, un gros gaillard à la barbe frisée, recueille la nouvelle pièce à l'aide d'une pince : la frappe est parfaite, le visage de l'empereur bien centré, les inscriptions parfaitement lisibles. Ce sesterce n'a qu'un seul défaut : il est comme fissuré sur un côté. Personne n'y peut rien, la pression a été trop forte.

L'homme examine une dernière fois la pièce et la lance dans un coffre déjà presque plein de monnaies. Puis il beugle aux trois esclaves de se remettre immédiatement au travail, ce qu'ils font — avec moins de vigueur cette fois.

Le bronze à peine refroidi a la couleur de l'or et le sesterce fissuré brille comme s'il était vivant. C'est lui qui nous guidera à travers l'Empire romain et au-delà. Personne à l'atelier monétaire n'a conscience que va débuter un fabuleux voyage.

LONDRES

Les inventions romaines

À l'aube d'un long voyage

Au sifflement d'un soldat, de gros chevaux blancs entreprennent de tirer de lourdes cordes fixées aux anneaux des deux énormes battants de l'entrée principale. Les gonds, restés trop longtemps en sommeil, commencent par grincer puis libèrent de petits nuages de poussière, avant de céder dans un long gémissement métallique. À ces sinistres grincements font écho des ordres secs, typiquement militaires, proférés dans un latin mâtiné d'un fort accent germanique. Nous sommes en effet dans un fort où est cantonné un détachement de soldats auxiliaires tongres, originaires de Gaule belgique et romanisés depuis plusieurs générations.

Avant que la porte soit complètement ouverte, il en sort une turme *(turma)* — un escadron de trente cavaliers. Aux flancs de leurs chevaux pendent d'énormes sacoches contenant des pièces de monnaie fraîchement frappées, dont notre sesterce. Cette catégorie de courriers militaires est chargée de les acheminer aux quatre coins de l'Empire, dans les forts, certes, mais aussi dans les capitales de provinces, les villes clés de l'économie romaines, les avant-postes

...ques, etc. À une époque où la télévision, la ...le téléphone n'existent pas, la monnaie est ...seulement un outil économique mais également un formidable instrument de propagande et d'information.

Une pièce est comme un petit discours de l'empereur annonçant que tel ou tel de ses projets a été mené à bien. Sur l'avers figure son profil droit, en l'occurrence celui de Trajan, qui porte une couronne de laurier et affiche l'air imposant de circonstance. Le message subliminal adressé à ses sujets se veut rassurant : l'homme le plus puissant de l'Empire (et le seul à exercer une charge à vie) défend des valeurs traditionnelles. C'est un soldat, un « fils » du Sénat qu'avait adopté Nerva, son prédécesseur.

Le revers des monnaies illustre un objectif atteint. Ce peut être l'achèvement d'un monument construit pour le peuple romain (la rénovation du Circus Maximus, un nouveau port à Ostie, un immense pont sur le Danube, un aqueduc à Rome, un nouveau forum) ou une conquête militaire comme celle de la Dacie (future Roumanie), symbolisée par un homme vaincu. Mais cette face peut aussi représenter une divinité allégorique (Abondance, Providence, Concorde) pour bien montrer que les dieux sont favorables à cet empereur.

Toute grande nouvelle devant être connue rapidement dans le monde romain, vous imaginez le poids de l'information lorsqu'il s'agit d'annoncer l'accession au pouvoir d'un nouvel empereur. En quelques heures, des pièces sont frappées à son effigie avant d'être diffusées dans tout l'Empire. Parfois, on se contente d'abord de retoucher le portrait du césar précédent, à la manière d'un Photoshop de l'Antiquité. Mais le plus souvent, des artistes de génie se mettent au travail pour réaliser en un temps record un coin à l'effigie du nouveau maître de Rome.

L'importance de l'image, pour un personnage politique, ne date pas d'hier. Les Romains ont été parmi les premiers à en mesurer l'impact et y ont recouru de manière intensive. Ils ont exploité au maximum tous les médias dont ils disposaient en leur temps — des pièces de monnaie aux statues, en passant par les inscriptions sur les tombes et les édifices, ou encore les bas-reliefs sur les monuments.

Des milliers de sesterces frappés le même jour que le nôtre emprunteront des itinéraires plus classiques que notre pièce. L'atelier monétaire les a remis à l'administration fiscale et ils ont commencé à circuler dans Rome, passant de main en main sur les marchés, dans les boutiques et les tavernes. Certains iront plus loin, au gré des transactions commerciales et des déplacements par voie de terre ou de mer. Les changeurs et les *argentarii*, banquiers de l'Antiquité, contribueront également à leur diffusion.

Il va de soi que toutes les pièces ne parcourent pas de grandes distances. Celles en argent vont plus vite que les autres. Leur forte valeur et leur petit format en font des candidates idéales au voyage : il suffit de quelques-unes pour réunir une somme importante (un peu comme nos billets de 100 euros). Les pièces d'or iront plus loin encore, le métal jaune étant convoité dans le monde entier. On a retrouvé des *aurei* dans le nord de l'Afghanistan et au Vietnam, dans le delta du Mékong. Les Romains n'ont jamais atteint ces régions du monde, contrairement à leurs monnaies, détenues par quelques marchands locaux.

Quoique en bronze, notre sesterce va lui aussi beaucoup voyager, et pas seulement avec la turme qui vient de se remettre en route. Elle chevauche depuis longtemps. Elle a franchi les Alpes, parcouru la Gaule, traversé la Manche, débarqué à Dubris (Douvres), en Bretagne romaine, et passé la nuit dans un fort peu accoutumé à ce genre de visite.

À chaque arrêt dans une ville importante ou une place forte, elle remettait, conformément aux ordres, de petites quantités de pièces aux commandants ou aux fonctionnaires. Capes rouges au vent, elle est repartie vers le nord, avec pour ultime destination les confins de l'Empire, au niveau du mur d'Hadrien... qui n'a pas encore été construit. (Plus tard, cette frontière sera repoussée plus haut encore avec le mur d'Antonin.) Mais avant le limes, une étape importante est prévue : Londinium, c'est-à-dire Londres.

Le soldat auxiliaire, depuis son poste de guet sur le fort que les cavaliers viennent de quitter, s'est efforcé de les suivre du regard tandis qu'ils s'éloignaient. Ils se sont mués en un petit nuage qui est en train de se dissiper sur la longue route de cailloutis. Une fois qu'il a disparu, le militaire lève les yeux vers le ciel pour observer d'autres nuages. Ils filent à basse altitude, comme s'ils voulaient suivre l'escadron. Ils sont chargés de pluie et n'annoncent rien de bon. L'homme esquisse une moue. C'est un fait, dans la province de Bretagne le temps ne change guère : été comme hiver, il est toujours aussi pluvieux.

Londres, une invention romaine

La turme a galopé de longues heures, croisant sur son passage des charrettes et des gens à pied. Les courriers ont compris que la ville était proche car leur nombre ne cessait d'augmenter. Puis sont apparues les premières maisons en bois, essentiellement des cabanes, disséminées çà et là au bord de la route. À mesure qu'ils avançaient, ces habitations ont commencé à se densifier, pour finir par ne plus former qu'un seul bloc des deux côtés. En suivant cette sorte d'avenue, les cavaliers se figuraient à tort atteindre le cœur de la cité. Mais une surprise les attend. Tous s'arrêtent, médusés : un grand fleuve s'écoule à leurs pieds — la Tamise, en latin « Tamesis » —, et sur l'autre rive il y a Londinium, enfin.

On peine vraiment à reconnaître la ville en ce début de IIe siècle. C'est une petite agglomération et personne ne peut imaginer la taille qui sera la sienne dans deux mille ans. Une chose cependant la rapproche de la Londres moderne : un long pont sur la Tamise, dont le tablier se lève pour laisser passer les bateaux. Il est l'ancêtre du London Bridge, mais le plus surprenant c'est qu'il se trouve pratiquement au même endroit, ainsi que l'ont confirmé des archéologues il y a quelques années. Contrairement aux ponts modernes, il n'est pas en fer mais en bois, et les trente cavaliers de la turme sont actuellement en train de le franchir.

Les sabots de leurs chevaux font résonner le pont comme un gigantesque tam-tam, ce qui attire l'attention des pêcheurs sur la berge et des marins sur les bateaux amarrés. Beaucoup s'arrêtent pour contempler les capes rouges des soldats. Mais l'étonnement vaut aussi pour ces derniers : aucun d'eux n'a jamais mis les pieds ici auparavant, et ils gardent les yeux rivés sur la cité qui se rapproche.

Nous sommes en passe d'atteindre la rive du fleuve qui accueillera plus tard la City, mais pour l'heure elle semble faire partie d'un autre univers. Pas le moindre building à l'horizon, seulement des maisons basses en bois. Les futurs sites de Buckingham Palace, du palais de Westminster ou du 10, Downing Street ne sont encore que des endroits champêtres parcourus de ruisseaux.

Londres est une invention purement romaine. Avant l'arrivée des légions, tout n'était que campagne, avec des îlots sablonneux émergeant de la Tamise. Nous ne pouvons exclure l'existence de petits agglomérats de cabanes, comme souvent sur les rives des grands cours d'eau, mais une chose est sûre : ce sont bien les Romains qui ont fondé Londinium. Dans quel but ?

Depuis le London Bridge antique, il est facile de comprendre leur motivation principale : ici, la Tamise se rétrécit (excellent atout pour la construction d'un pont), mais elle reste suffisamment profonde pour que les bateaux marchands puissent atteindre ses berges. La ville est en effet dotée d'un long quai où sont amarrées de nombreuses embarcations, petites et grandes. L'activité y est intense. D'un navire sont déchargées des amphores de vin en provenance d'Italie. D'un autre, récemment arrivé de Gaule, sortent de délicates céramiques sigillées d'un rouge éclatant ; elles sont rehaussées de motifs en relief et serviront de vaisselle pour les repas importants. Nous apercevons beaucoup d'autres produits, comme ces tuniques en lin d'Égypte, ces fines carafes en verre soufflé de Germanie, ou encore ces petites amphores de *garum* arrivées du sud de l'Hispanie (Espagne). Curieusement, on ne voit pas de grands entrepôts. Les archéologues n'en découvriront que deux, ce qui veut dire que les marchandises ne sont pas stockées et repartent presque aussitôt. Le quai de Londinium est en quelque sorte l'équivalent d'un aéroport, avec son fret en perpétuel mouvement vers l'arrière-pays.

Londres, qui n'a rien de celtique, est née du néant pour des raisons non pas militaires mais économiques. On n'a pas trouvé trace d'un camp de légionnaires qui aurait pu constituer le premier noyau de la cité, comme ce fut souvent le cas ailleurs. C'est l'argent qui explique sa naissance, car elle est idéalement située pour recevoir par la mer toutes sortes de produits destinés à la province de Bretagne. Celle-ci fournit en échange de nombreux biens à l'Empire : des esclaves aux chiens de chasse, en passant par les minerais. Il n'y a donc rien de curieux à ce que le noyau ori-

ginel de Londres se trouve exactement...
où s'élève aujourd'hui la City, cœur finan...
métropole et du pays tout entier.

Déjà des maisons préfabriquées

Nous avons atteint le bout du pont et faisons notre entrée dans Londinium en compagnie de la turme. Le plus déroutant, c'est que Londres se présente alors comme une bourgade terriblement ordinaire. Les habitations sont basses, en bois, et ne dépassent jamais un étage. Les rues sont fangeuses l'hiver et poussiéreuses l'été. Chevaux, piétons et charrettes s'y côtoient.

Les cavaliers passent à proximité d'un logis en construction et découvrent avec stupéfaction qu'il est en grande partie préfabriqué. La cité est bâtie selon un procédé étonnamment moderne. La quasi-totalité des maisons se composent d'une ossature en poutres de chêne qui s'emboîtent parfaitement les unes dans les autres. Elles ont été taillées ailleurs et les ouvriers d'ici n'ont eu qu'à les assembler.

La technique est simple. Vous voyez nos vieilles échelles en bois composées de deux longues poutrelles criblées de trous pour les barreaux ? Eh bien les « murs » londoniens s'en rapprochent beaucoup. On pose sur le sol une poutre déjà percée de trous et on y encastre perpendiculairement des soliveaux, lesquels viennent ensuite s'emmancher dans une autre grande poutre perforée. Chaque cloison fait penser à une gigantesque échelle de maçon qui serait posée de chant sur le sol. En assemblant plusieurs structures de ce type on obtient le squelette de l'habitation, qu'on renforce par un lattis en veillant à laisser çà et là des ouvertures pour les portes et les fenêtres. S'ajoute à cela un revêtement en bois ou en briques de boue, avant qu'une couche de plâtre vienne recouvrir l'ensemble. Ce montage façon Ikea est bien sûr pourvu d'une toiture, laquelle est supportée par toute une série de fermes de charpente.

Si l'architecture de Londinium a de quoi surprendre nos cavaliers en provenance de Rome, ses habitants, sortis pour les admirer, ne sont pas en reste. Ils ont les traits caractéristiques des peuples celtes : teint très clair, taches de rousseur et cheveux blonds ou d'un beau roux cuivré. Ici les peaux mates et les chevelures frisées sont rares, sauf parmi les esclaves, les marchands et les soldats.

Une origine récente et un passé tragique

Londinium est une jeune cité romaine puisqu'elle n'a pas quatre-vingts ans. Il est surprenant que l'ensemble de la Bretagne n'ait pas été intégré plus tôt dans l'Empire. Pour vous donner un ordre d'idée, au temps de la crucifixion de Jésus, elle n'était encore qu'une grande île au-delà de ses frontières. Et il a fallu attendre dix années supplémentaires pour qu'en 43 l'empereur Claude décide de l'envahir par une sorte de jour J à l'envers. Les légions et les marchands s'y répandirent progressivement. Londinium fut fondé peu après (les vestiges d'un caniveau en bois, le long d'une route romaine, indiquent l'an 47 comme date de fondation). Il fallait cependant bien du courage à l'époque pour habiter la City, sise dans une zone frontalière et menacée par des populations hostiles. D'ailleurs, une décennie à peine après avoir surgi de terre, elle fut totalement saccagée par une femme, Boadicée, à la tête d'une armée représentant plusieurs tribus ; aussi la ville telle que nous la découvrons en compagnie de la turme est-elle le fruit d'une reconstruction.

Selon Tacite, les rebelles avaient déjà mis à sac Camulodunum (actuelle Colchester) et vaincu une légion avant de fondre sur Londres. Le nombre de soldats envoyés pour défendre la cité étant insuffisant, on se résigna à la sacrifier pour sauver la province, ce qui revenait à organiser une retraite stratégique. Et Tacite de poursuivre : « Inflexible à leurs gémissements, [le général Suetonius] donne le signal du départ et emmène avec l'armée ceux qui veulent le suivre. Tout ce que retint la faiblesse du sexe, ou la caducité de l'âge, ou l'attrait du séjour, tout fut massacré par l'ennemi[2]. » Mais la réaction des Romains ne se fit pas attendre. En l'an 61, les troupes du même Suetonius décimèrent les insurgés au cours d'une grande bataille, et l'on raconte que Boadicée s'empoisonna. Tacite parle de 70 000 morts chez l'ennemi — une véritable hécatombe.

En compagnie du gouverneur de Londinium

Après avoir traversé la cité, la turme arrive au prétoire, le palais du gouverneur, qui donne sur la Tamise. Devant l'édifice, avec la précision qui les caractérise, les cavaliers se sont alignés, comme à la caserne, en trois rangs de dix hommes flanqués de leurs commandants respectifs, les décurions.

Selon la tradition militaire romaine, un premier décurion exerce son autorité sur les deux autres. C'est donc cet homme escorté de son second, un gigantesque Batave (Hollandais) aux cheveux blonds, qui se dirige vers l'entrée du palais, où deux sentinelles montent la garde. Après s'être présenté, il tend au responsable de la sécurité un rouleau cacheté à remettre au gouverneur. En attendant d'être reçu par quelqu'un de son entourage, il contemple le bâtiment, qui tranche terriblement avec la simplicité de la ville.

Le vaste prétoire jouit d'une vue imprenable sur la Tamise et s'étend sur plusieurs niveaux ; il est agrémenté de longues colonnades, de niches, de bassins et de terrasses. De l'endroit où il se trouve, le décurion ne peut embrasser qu'une aile du regard, mais il en existe probablement une seconde, en symétrie parfaite. Son œil s'égare sur les chapiteaux, les colonnes et les statues taillés dans un marbre immaculé venant des carrières les plus renommées de la Méditerranée. On n'ose imaginer le coût d'une telle merveille dans une contrée aussi retirée. Le décurion n'a rencontré ce genre de construction qu'à Cologne, lors de son service en Germanie. C'était là aussi le palais du gouverneur, donnant sur le Rhin. Même architecte ou même désir d'impressionner ? s'interroge-t-il.

Mais son sourire se fige lorsqu'il sent derrière lui la présence d'un homme qui le salue d'un claquement de talons. Le tintement métallique des clous sous ses sandales trahit son appartenance militaire. Le décurion se retourne : c'est un garde du corps du gouverneur, qui lui demande de le suivre.

Après avoir franchi une lourde porte en chêne, ils traversent une succession de cours et de pièces. Leurs pas résonnent dans ces espaces quasiment vides, si l'on excepte les statues impériales et les petites fontaines. Dans d'autres salles, de travail cette fois, ils croisent du personnel administratif, des rouleaux sous le bras.

Le décurion marche à côté du garde du corps parce qu'en restant derrière lui il serait incommodé par son parfum. Un soldat qui se parfume, c'est un soldat ramolli par la vie dans un palais ! L'époque de Boadicée est décidément bien loin, Londinium est désormais une cité paisible.

Les deux hommes gravissent un large escalier en haut duquel deux sentinelles se mettent au garde à vous sur leur passage. Apparaît ensuite un jardin entouré d'une colonnade. Il doit faire dans les quarante mètres de long sur vingt de large. Une imposante vasque aux bords arrondis en occupe le centre. Le décurion remarque des statues, desquelles de l'eau jaillit, et de grandes niches abritant des nénuphars. Un vrai petit paradis, comparé à ce qu'il a découvert en traversant la ville.

Le garde du corps lui fait signe de s'arrêter. Devant eux se trouve un homme de dos. Il contemple la Tamise, les mains posées sur une balustrade. Son regard est rivé sur un bateau qui fait son entrée dans le port, toutes voiles dehors. Il lâche un soupir, se retourne et s'exclame :

« Quoi de neuf à Rome ? »

C'est un bel homme aux yeux en amande d'un bleu intense et aux cheveux grisonnants, étonnamment longs pour la charge qu'il occupe. Mais ce qui frappe surtout, c'est son large sourire, franc, laissant apparaître des rides aux coins des lèvres et des dents bien blanches. Son nom est Marcus Appius Bradua. Il a un faux air de Rex Harrison (l'acteur qui incarne Jules II dans *L'Extase et l'Agonie*, aux côtés de Charlton Heston dans le rôle de Michel-Ange). Le décurion est surpris, et un peu intimidé par la familiarité de ce gouverneur qu'il voit pour la première fois. Il sait combien ces hauts personnages peuvent se montrer hypocrites et impitoyables. Mais en l'espèce, il éprouve une sympathie spontanée pour Marcus.

Le gouverneur est à Londinium depuis peu. Il exerçait auparavant une charge sur les rives de la Méditerranée, et sa nostalgie des régions chaudes transparaît dans la façon avec laquelle il a coutume d'observer le trafic dans le port.

Il fixe le décurion puis lève la main. Une pièce brille entre ses doigts. C'est l'un des sesterces transportés par la turme. C'est même... notre sesterce ! Comment est-ce possible ?

Sur une table de marbre placée sous la colonnade, le décurion découvre, ouvert, un sac contenant les autres pièces. Le gouverneur a brûlé les étapes en se faisant livrer directement celles qui lui reviennent, faisant fi des règles habituelles. Son autorité le lui permet. Le décurion est surpris et quelque peu piqué, mais il comprend que c'est grâce à cette capacité à surprendre et à anticiper les actes de l'adversaire que Marcus Appius Bradua a si bien gravi les échelons du pouvoir.

Ce dernier perçoit un sentiment de malaise chez le cavalier et claque aussitôt des doigts pour se faire apporter deux coupes de vin, hors de tout protocole. Au cours de ce tête-à-tête aussi insolite qu'informel, Marcus demande au décurion des nouvelles du palais impérial, de plusieurs personnalités en vue, mais il s'enquiert également de l'atmosphère régnant dans les rues de la capitale, au Circus Maximus et dans les villes que la turme a traversées avant d'atteindre Londinium.

Tout en discutant, il tourne et retourne le sesterce entre ses doigts ; parfois même, il se tapote la lèvre inférieure avec la pièce.

Au terme de l'entrevue, il fixe le décurion droit dans les yeux, lui ouvre une main, y dépose le sesterce et la referme en lui décochant un large sourire « méditerranéen » de toute la blancheur de ses dents :

« En souvenir de notre rencontre. »

Après quoi, il fait volte-face et se remet à contempler le bateau qui vient d'arriver. Ses voiles sont maintenant repliées et le débarquement des marchandises a déjà commencé.

Le décurion prend congé, escorté de l'inéluctable garde du corps parfumé. Avant de quitter le jardin, il ouvre la main parce que le sesterce lui semble un peu lourd pour du bronze. Il constate alors que le gouverneur y a ajouté une petite médaille en argent symbolisant la Victoire. Décidément, quel surprenant personnage que ce Marcus Appius Bradua ! se dit le soldat en souriant.

Du temps où la City était une ville du Far West

Les trente cavaliers ont trouvé à se loger dans le nord de la ville, au fort qui, en cette période de paix, a davantage vocation à servir de lieu d'hébergement pour les troupes qu'à défendre le territoire. Il est temps pour chacun d'une pause bien méritée aux thermes, l'un des rares grands bâtiments de Londinium. Il s'élève au bord de la Tamise, en aval du prétoire. Le meilleur moment pour s'y rendre est l'heure du déjeuner : au dire de tous, c'est là que l'eau est la plus chaude.

Après quelques éclats de rire dans les bassins et les traditionnels massages, plusieurs membres de la turme filent au bordel. Le premier décurion, lui, préfère flâner dans la future City en compagnie des deux autres. Après le faste du prétoire et les merveilles de technologie hydraulique aux thermes, Londinium se révèle d'une grande rusticité à leurs yeux. Elle n'est pas sans rappeler les villes du... Far West. Cette comparaison ne relève pas du hasard : à l'instar des pionniers européens poursuivant leur conquête du continent américain, les Romains se sont également répandus... à l'ouest du continent européen. Or la Bretagne fait partie de leurs objectifs dans l'« extrême » Ouest — un « Far » West au sens propre.

La ville de Londres sous le règne de Trajan ne rappelle-t-elle pas les localités de l'Ouest américain par bien des aspects ? Outre les maisons à structure de bois dont la construction, nous l'avons vu, relève d'une grande simplicité, il existe, dans ces contrées où il est difficile de se procurer des objets de la vie courante, des boutiques qui vendent un peu de tout, à la manière des drugstores des villages de pionniers. On y trouve également des auberges-saloons où l'on peut faire monter les serveuses dans sa chambre, mais aussi des écuries, des maréchaux-ferrants et des barbiers (capables au besoin d'arracher des dents), ou encore quelques Celtes « indiens » qui traversent la rue en arborant les symboles de leur identité culturelle : tatouages, chemises et pantalons à rayures croisées ou à carreaux, dans le genre de nos plaids.

Comment imaginer que dans près de deux mille ans se croiseront à cet endroit des hommes d'affaires à chapeau melon, les célèbres taxis noirs, les bus rouges à impériale et les Rolls-Royce des banquiers ? Et ce, à l'ombre de gigantesques gratte-ciel de verre. Pour l'heure, le verre n'est guère employé ici. Bien que Londres soit désormais la capitale de la Bretagne, l'une des quarante-cinq provinces de l'Empire, rares sont ceux qui peuvent s'offrir le luxe de faire poser à leurs fenêtres ce matériau particulièrement onéreux dans ces régions reculées.

La plus vieille machine à laver de l'Histoire ?

L'un des trois décurions s'est arrêté pour acheter un magnifique torque, le collier en forme de fer à cheval caractéristique des guerriers celtes, qu'un vendeur ambulant lui a présenté parmi d'autres articles en bronze et en fer, dont un superbe poignard tordu. Autant d'objets typiques d'une sépulture masculine celte, de toute évidence profanée : on déformait les épées et les poignards du défunt pour les rendre inutilisables.

En attendant, les deux autres décurions lorgnent en direction d'une porte d'où proviennent d'étranges bruits d'eau, de ferraille et de crissements de bois. Tout baigne dans l'obscurité, on devine simplement qu'il s'agit d'un immense local. Très vite, leurs yeux s'habituent à la pénombre, et ils commencent à distinguer quantité de petits baquets ainsi que des hommes qui semblent marcher au ralenti, à la faible lueur de lampes à huile. Ce sont des esclaves. Ils évoluent lentement dans deux grandes roues en bois qui rappellent étrangement celles des cages de hamsters, sauf qu'ici elles mesurent plus de 3 mètres de diamètre ! En tournant, elles en entraînent d'autres, plus petites, qui actionnent de longues chaînes équipées de seaux. Il est ainsi possible de tirer constamment de l'eau d'un puits profond de 5 mètres. Ces chaînes tournent en continu, un peu à la manière de celles des bicyclettes. Mais à quelle fin ? s'interrogent nos décurions.

Un enfant esclave demande alors obséquieusement la permission d'entrer. Il porte dans ses bras un petit tas de vêtements à laver qu'il dépose dans un baquet. Les décurions comprennent alors qu'ils se trouvent devant une gigantesque laverie. Ils n'ont jamais rien vu de semblable, et de nos jours cela suscite toujours une vive curiosité.

Lorsqu'en septembre 2001, des archéologues britanniques ont annoncé l'étonnante découverte du site, d'aucuns ont qualifié avec humour la chose de « plus vieille machine à laver de l'histoire » — un peu encombrante, certes, mais devant répondre aux besoins de milliers de Londoniens à l'époque romaine. Cependant, certains ont des doutes : pourquoi inventer une machine à laver en ce temps-là, alors que des milliers d'esclaves pouvaient effectuer le travail ? Aujourd'hui encore, on voit sur les rives des fleuves de l'Inde et du Pakistan des centaines de personnes en train de battre du linge sous un soleil de plomb. Si jamais, comme j'en ai fait l'expérience, vous demandez à l'une d'elles ce qu'elle pense des machines à laver, elle vous répondra, avec un haussement d'épaules, que ce sont des engins sans avenir.

Il n'est donc pas à exclure que ce curieux site soit en réalité un lieu où l'on tannait les peaux, à l'exemple de ceux que l'on peut voir aujourd'hui à Marrakech, avec leur profusion de baquets. Il convient donc de rester prudent, d'autant qu'une hypothèse récente suggère que ladite roue hydraulique aurait éventuellement servi à approvisionner la ville en eau. Depuis l'entrée du bâtiment, les décurions ont du mal à comprendre ce dont il s'agit précisément, d'autant qu'il fait assez sombre à l'intérieur. Retenons simplement que nous avons affaire à une incroyable technologie.

L'idée de la machine à laver reste cependant fascinante. Mais au fait, combien d'inventions que nous supposons modernes sont en réalité d'origine romaine ? Des tas ! Depuis les caractères typographiques de nos ordinateurs jusqu'à bon nombre de lois régissant nos États — et nous serions bien en peine de les citer toutes.

En voici néanmoins quelques-unes qui risquent de vous surprendre : le bikini, les chaussettes, le jambon cru, le roulement à billes, les bougies, la poulie, les billes de verre, la mortadelle et les saucisses à barbecue, les ciseaux, le chauffage (thermes), les affiches électorales, la presse à vis, les beignets de carnaval *(frictiliae)*, le béton, les égouts, le fer à friser ou encore la loupe.

Les noms des jours de la semaine, qui se réfèrent aux planètes connues dans l'Antiquité, sont également issus du système romain : le lundi renvoie à la Lune, le mardi à Mars, le mercredi à Mercure, le jeudi à Jupiter et le vendredi à Vénus. Le samedi et le dimanche découlent d'une modification chrétienne, mais l'institution du dimanche comme jour de repos est une décision des empereurs romains. À l'origine, ces deux jours étaient associés à Saturne et au Soleil. La langue anglaise a conservé la tradition avec les termes *Saturday* et *Sunday*.

Soulignons cependant que certaines de ces inventions ne sont pas totalement romaines puisqu'elles avaient été amorcées à des périodes antérieures. Toutefois, les Romains les ont reprises à leur compte, modifiées et améliorées, et leur utilisation a perduré jusqu'à nous. C'est le cas, par exemple, des verres de lunettes. Les verres étaient déjà connus dans la Grèce antique, mais ils servaient essentiellement à allumer un feu en concentrant les rayons du soleil. Les Romains furent les premiers à s'en servir pour améliorer la vue. Pline l'Ancien, mort lors de l'éruption du Vésuve, rapporte que Néron recourait à une pierre précieuse concave (probablement une émeraude) pour mieux apprécier les combats de gladiateurs. Beaucoup ont supposé qu'il corrigeait ainsi sa myopie. Si les Romains connaissaient les atouts du verre, il faudra attendre le Moyen Âge pour que les premières lunettes fassent leur apparition (en Italie).

Mais au nombre des inventions les Romains ne nous ont pas légué que des objets. Voyez par exemple certaines superstitions très répandues, comme éviter de renverser du sel sur la table (et de l'huile, auraient-ils ajouté). Dans l'Antiquité, la raison en était purement pratique : le sel coûtait très cher.

Quand les esclaves s'achetaient des esclaves

Combien Londinium compte-t-il d'habitants à l'époque de notre visite ? Difficile à évaluer. On estime qu'en 60 de notre ère ils étaient entre 5 000 et 10 000. Actuellement, sous Trajan, la population doit avoisiner les 20 000 — une population digne du tiers-monde, avec beaucoup d'enfants et peu de vieillards. Dans la Londres romaine, comme dans la plupart des villes de l'Empire, près de la moitié des gens meurent avant d'atteindre l'âge adulte. Un quart seulement deviennent vieux, et par « vieux » n'entendez pas des âges mirobolants, car dépasser la quarantaine revient alors à flirter avec le troisième âge.

Les trois décurions se remettent en route. Ils sont soudain percutés par un couple en train de rire. La fille est presque une enfant. Une tablette de cire tombe dans la bousculade. L'un de nos cavaliers la ramasse et l'ouvre. Puis il la montre à ses compagnons et lit à voix haute les noms qui y sont inscrits : Vegetus et Fortunata. Ces derniers se retournent, étonnés, et rebroussent chemin, intimidés par les trois soldats.

L'objet qui vient de tomber est le contrat d'acquisition... de la très jeune fille ! C'est une esclave, et l'homme qui la tient par la main vient de l'acheter. La tablette sera retrouvée par les archéologues (qui la dateront des années 80 à 120 après J.-C.) et réservera bien des surprises aux chercheurs. Car ledit contrat nous apprend que Vegetus, l'homme qui tient Fortunata par la main, l'a achetée pour la somme de 600 deniers (environ 4 800 euros).

On y découvre un autre élément curieux : Vegetus est lui-même l'esclave d'un certain Montanus, lequel est également esclave de l'empereur et travaille dans l'administration. Mais le plus troublant, c'est que ce document atteste trois degrés d'esclavage, ce qui prouve à quel point le monde romain était complexe et structuré.

Comme nous le découvrirons au cours de ce voyage, il existe de nombreuses catégories d'esclaves : des êtres les plus humbles, exposés aux mauvais traitements dans les exploitations agricoles, aux individus extrêmement bien traités en raison de leur instruction et de leur intelligence, et qui se voient confier des tâches délicates au sein de l'administration ou chez les puissants. Tout naturellement, les membres de cette dernière catégorie (à laquelle appartient Montanus) peuvent s'offrir des assistants (comme Vegetus), lesquels arrivent parfois à mettre suffisamment d'argent de côté pour s'acheter une esclave (Fortunata). Nous ignorons ce que Vegetus fera d'elle, mais au vu de la somme déboursée nous serions tenté de croire qu'il s'agit de l'heureuse issue d'une histoire d'amour tourmentée, permettant enfin à un esclave de serrer la femme qu'il aime dans ses bras après l'avoir rachetée à son maître. Mais oui, il arrive aussi ce genre de choses dans le monde romain !

« Fais-lui un doigt d'honneur, Sextilius ! »

Les décurions restituent la tablette au couple et quittent la rue principale pour s'engager dans une ruelle. Une odeur de pain frais les attire comme un aimant. Après avoir poussé une porte composée de trois planches renforcées par deux traverses en chêne, ils découvrent une boulangerie. Sur des tables, des esclaves tournent de petites meules à force de bras pour produire de la farine, tandis que d'autres façonnent des pains, grosses formes circulaires creusées de profonds sillons en éventail (les parts prédécoupées). Dans un coin, deux hommes débarrassent la farine de ses impuretés à l'aide de tamis, créant des jeux de lumière extraordinairement suggestifs : les rayons qui filtrent, obliques, par les hautes fenêtres semblent concrétisés par la farine en suspension et génèrent des faisceaux dans toute la pièce, comme du temps où l'on pouvait fumer au cinéma. Les esclaves sont couverts de cette poudre blanche. Ils transpirent abondamment parce que dans l'immense pièce deux fours cuisent en permanence des miches, qui sont ensuite empilées sur des présentoirs bancals.

La vente a lieu au fond de la maison, or les décurions sont justement entrés de ce côté-là. Dans certains quartiers de Londres, en effet, les constructions donnent sur une rue à l'avant et sur une autre à l'arrière. Nos militaires achètent du pain et repartent en se délectant de l'odeur des miches encore chaudes. En sortant, ils referment la porte — un geste banal qui a pourtant de quoi nous surprendre. Avez-vous remarqué que les portes des habitations romaines s'ouvrent toujours vers l'intérieur, jamais vers l'extérieur, côté rue ? Pourquoi donc ? C'est bien simple : s'il en allait autrement, une partie de l'espace public serait utilisée à des fins privées, monopolisée par le mouvement des battants, et donc dérobée à la collectivité. Seuls les riches et les puissants peuvent se le permettre. Pas les autres. Cette règle a traversé les siècles et s'est perpétuée jusqu'à nos jours. Il en va ainsi de nos portes d'immeuble ou d'appartement. Vérifiez-le chez vous, même si les normes de sécurité imposent de plus en plus de portes dotées de barres antipanique, ouvrant donc vers l'extérieur pour permettre une issue rapide en cas d'urgence et éviter les tragédies causées par le sens d'ouverture hérité des Romains.

Les trois décurions se trouvent maintenant devant l'amphithéâtre de Londinium, l'une des fiertés de la ville. Après les combats de fauves de la matinée puis les exécutions capitales à l'heure du déjeuner, ce sont probablement les gladiateurs qui sont à l'œuvre en ce moment, si l'on en juge par les cris des spectateurs qui parviennent aux oreilles de nos visiteurs. Mais ces clameurs n'ont rien à voir avec celles qu'ils ont coutume d'entendre à Rome. Il faut dire que le Colisée peut accueillir de 50 000 à 70 000 spectateurs, tandis qu'ici la capacité est tout au plus de 6 000 personnes.

En outre, l'amphithéâtre est encore en bois. Il faudra attendre l'empereur Hadrien pour qu'en soit érigé un en pierre.

Poursuivant leur promenade, nos trois soldats sont témoins d'une altercation. Un homme entraîne à l'écart un ami copieusement insulté par un individu et lui dit :

« Ris bien de qui te traite de giton, Sextilius, et fais-lui donc un doigt d'honneur. »

L'autre obtempère, se tourne vers son adversaire et, après lui avoir craché dessus, lui montre son majeur tendu en l'invectivant à son tour. Une bagarre s'ensuit, une de ces bagarres auxquelles on assiste quotidiennement dans les ruelles de Londinium. Les décurions s'éloignent, ils ne tiennent pas à s'en mêler. Cette scène n'est pourtant pas dénuée d'intérêt. Elle nous a permis de découvrir que l'un des gestes les plus insultants de notre époque, à savoir le doigt d'honneur, n'est pas le fruit de notre vulgarité moderne mais remonte à des temps ancestraux, puisque les Romains y recouraient déjà. Martial nous le confirme dans ses *Épigrammes*.

Une fête de purification

La turme a repris la route en direction de la frontière la plus septentrionale de l'Empire, ce qui implique quelques jours de voyage encore. Destination : Vindolanda (aujourd'hui Chesterholm), l'un des forts les plus reculés du système de défense romain, et pièce maîtresse du futur mur d'Hadrien. Nous pénétrerons alors dans une zone frontalière sensible où éclatent régulièrement des affrontements avec les tribus qui peuplent la Calédonie, l'actuelle Écosse, au-delà des frontières de l'Empire. Cette perspective excite les cavaliers, qui sont sur leurs gardes. Mais pour l'heure ils n'ont pas de souci à se faire : bien que les agglomérations, les villas et les masures se raréfient, Rome n'en contrôle pas moins cette partie de la Bretagne.

Au fil des jours, le climat s'est durci et les nuits sont devenues glaciales. La pluie assaille la turme, le vent froid métamorphose les gouttes en pointes glacées qui agressent mains et visages. Nous nous sommes arrêtés notamment à Lindum (Lincoln) et à Eboracum (York), où est cantonnée une légion romaine, la Legio VI Victrix. À chaque étape les courriers ont livré les nouveaux sesterces, et chaque lendemain matin ils se sont remis en selle. Avant d'atteindre leur destination, ils font une dernière halte dans la petite cité de Cataractonium (aujourd'hui Catterick, dans le Yorkshire du Nord), bâtie à proximité d'un fort.

Tandis que les autres soldats essaiment dans les ruelles, les tavernes et les lupanars, nos trois décurions se laissent entraîner par un de leurs collègues à une fête tribale locale pour célébrer l'arrivée de la belle saison. Nous sommes actuellement entre l'équinoxe de printemps et le solstice d'été, aux alentours du 1er mai.

Le soleil s'est couché et le petit groupe de soldats arpente en file indienne la campagne encore couverte de neige. Le printemps accuse un sérieux retard sous ces latitudes et les forêts semblent toujours plongées dans la torpeur hivernale. Ils s'arrêtent au sommet d'une colline où se sont rassemblées un grand nombre de personnes venues des villages alentour avec leurs troupeaux. Beaucoup sont torse nu malgré le froid. Les décurions se tiennent à l'écart mais observent la scène avec un vif intérêt.

Au centre, trône un amoncellement de bois et de branchages vers lequel chacun se dirige, comme par un phénomène d'attraction. Les lampes à huile et les torches forment une infinité de petites lueurs qui semblent flotter dans l'obscurité, telles des lucioles. Le même scénario se joue sur d'autres collines. C'est un spectacle d'une beauté inouïe. Dans l'air frais et cristallin de la nuit, on dirait que les reliefs portent des couronnes de lumières rivalisant avec les étoiles.

Soudain, le silence se fait. Un homme prend la parole. C'est le druide. Il s'exprime dans une langue étrange. Tous les visages sont tournés vers le vieillard, qui ponctue ses phrases de nombreuses pauses. Les Romains n'en comprennent pas un traître mot mais mesurent la gravité de l'instant. Leur accompagnateur leur explique qu'il s'agit d'une fête de purification. Le druide va allumer un grand feu sur lequel il fera symboliquement passer le bétail pour le purifier. Puis viendra le tour des autres participants.

Le vieillard observe les collines. Une torche s'agite sur l'une d'elles. C'est le signal. Tout en désignant le tas de bois de son doigt noueux, il prononce des paroles sacrées. De jeunes garçons à demi nus s'approchent, munis de flambeaux, et allument le bûcher. Ils portent de riches tatouages qui entourent leur buste tel du lierre.

Ça y est, le feu s'élève. Les décurions contemplent la foule : les visages s'illuminent progressivement. Au fur et à mesure que la lueur des flammes augmente, les regards se chargent d'intensité. Les bêtes sont contraintes de défiler en bordure du brasier. Ce n'est pas une mince affaire, tant elles sont effrayées. Des torches sont symboliquement passées sur leur dos.

Le premier décurion observe les autres reliefs. Ils se sont embrasés tels des volcans et la neige projette la lueur des flammes dans la nuit. On dirait que le monde est en feu. Des cris et des interpellations s'élèvent de toutes parts. La solennité a cédé la place à l'euphorie collective pour célébrer la belle saison qui s'annonce.

Cette cérémonie est un véritable hommage à la fertilité, songe notre décurion, mais il est interrompu dans sa réflexion par les cris de jeunes gens qui gravissent la colline en brandissant des torches. Ils sont nus et leurs muscles semblent en ébullition sous leur peau. Il y a parmi eux des filles couvertes de peintures complexes. Elles portent des sandales de cuir à lacets et leurs corps font penser à des flammes vivantes défiant le froid et la neige. Une fois au sommet, cette horde fait défiler les personnes âgées et les enfants sous ses flambeaux, puis elle exhorte les autres à franchir un à un des petits brasiers allumés sur la neige, car passer à travers le feu pour se purifier fait partie du rituel.

Un petit groupe se détache et fonce sur nos compagnons. À leur tête se trouve une fille aux longs cheveux qui lui caressent les épaules. Derrière elle, une autre se déplace avec moins de souplesse. Elle a les hanches larges et ses seins ballottent.

Maintenant toute proche des Romains, la première fille ouvre la bouche comme si elle voulait les mordre et leur hurle quelque chose. Elle braque son regard sur eux, ébauche un sourire, puis sabre avec sa torche dans leur direction, avant de faire demi-tour et de se fondre dans la nuit. La flamme passe sous le nez des soldats comme une langue de feu. Lorsque leurs yeux se sont réaccoutumés à l'obscurité, ils constatent que ces jeunes ont rejoint les leurs et poussent en riant ceux qui appréhendent de franchir les brasiers.

Le premier décurion a interprété la morsure symbolique de la fille comme le rugissement culturel des tribus soumises à Rome. Elles ont certes été vaincues par les armes, mais ici ce sont encore leurs traditions qui l'emportent, et elles sont bien vivaces. Dans ce coin de l'Empire, nous sommes vraiment très loin de la capitale… Au fil des siècles, on a continué d'allumer des feux de joie sur les collines et les montagnes. Nombre de nos fêtes paysannes s'inspirent de cette tradition ancestrale, bien qu'il soit difficile de dire si elles sont directement issues des anciens rites païens de purification ou liées à des pratiques plus récentes qui célébraient la nouvelle saison en brûlant de vieilles choses symbolisant l'hiver.

Le temps des adieux

Le ciel s'est progressivement éclairci à l'aurore, mais l'épaisse couche de nuages empêche les couleurs de se raviver. Tout baigne dans une froide grisaille métallique, y compris une petite cabane en bois aux murs tapissés de mousse. Soudain pointent à l'horizon les premiers rayons de soleil. Ils fendent l'air frais et le vent glacé pour venir frapper la toiture de la cabane. Ils glissent ensuite doucement vers la porte en la caressant comme s'ils avaient l'intention d'y frapper. D'ailleurs, la voilà qui s'ouvre. Le premier décurion apparaît, le ceinturon à la main. Il jette un œil alentour puis, rassuré, offre son visage au soleil, les yeux mi-clos, savourant cet instant magique qui s'évanouira bientôt.

Il n'est pas seul. Une fille emmitouflée dans une chaude couverture à carreaux multicolores franchit le seuil. Ses jambes sont d'une extrême blancheur. Elle s'approche du décurion, qui se retourne et la prend tendrement dans ses bras. C'est la jeune femme de la veille, celle qui voulait mordre les Romains. Le cavalier s'est attardé à la fête, et tous deux ont profité de la confusion générale...

Mais il doit maintenant se préparer pour le rassemblement de la turme, devant le fort de Cataractonium. C'est une étreinte passionnée qui précède la séparation. Les amants savent qu'ils ont peu de chance de se revoir, et le décurion se décide enfin à prendre la direction du lieu de rassemblement. Mais le voilà déjà qui s'arrête et se retourne. Il lance un dernier regard à la jeune femme, tandis qu'un sourire illumine son visage. Ses joues à elle sont baignées de larmes et elle se pelotonne dans sa couverture. Ce qu'ils ignorent, c'est qu'une part du Romain restera là. Dans neuf mois, sa maîtresse d'une nuit donnera naissance à un enfant qui, au fil du temps, développera tout comme son père deux plis malicieux aux coins des lèvres.

Le soldat ferme les yeux et part rejoindre ses camarades. Tout en marchant, il sent, dans la bourse fixée à sa ceinture, quelque chose battre contre son flanc. Il la croyait vide. Il plonge sa main à l'intérieur et y découvre le sesterce offert par le gouverneur, qu'il considère un moment avant de se remettre en chemin.

À son arrivée sur l'esplanade, son second a déjà sellé son cheval et l'attend au garde-à-vous. Il lui confirme que les deux autres décurions ont récupéré le dernier lot de monnaies, lequel, par mesure de sécurité, avait été déposé dans le fort. En quelques minutes, la turme est reformée. Des soldats toussent. L'un d'eux se mouche dans ses doigts. Le froid et la pluie de ces derniers jours ont sévi. Et s'il n'y avait que le climat ! L'un des hommes a le visage tuméfié à cause d'une bagarre. Un autre, maussade, peine à se remettre d'une cuite mémorable. Ils ne sont pas près d'oublier cette halte à Cataractonium.

Le premier décurion sourit, mais il sait qu'aujourd'hui il va devoir être particulièrement vigilant, afin de parer à d'éventuelles attaques. Il observe ses compagnons, bombe le torse puis hurle l'ordre de départ. La turme se met en mouvement, ses enseignes et ses bannières déployées suscitant la curiosité chez les autochtones. Une fois sortie de la ville, elle gravit une butte.

Des yeux suivent les cavaliers jusqu'à ce que la dernière cape pourpre ait disparu derrière la colline. Ils sont voilés de larmes. Ce sont ceux de la fille.

Vindolanda

Durant tout le trajet, ils se sont tenus à l'affût du moindre bruit, notamment lorsqu'ils traversaient des zones boisées, mais désormais l'ultime destination de ce long voyage est proche. Le fort apparaît à l'horizon, il se dresse dans un alignement de tours et de toits, sous une énorme couche de nuages gris et blancs. De plan carré, il couvre une superficie relativement importante, soit à peu près l'équivalent de quatre terrains de football. Les arbres alentour ont été abattus, il n'y a plus qu'une prairie d'un vert intense sur laquelle la neige résiste en maints endroits.

Jouxtant le fort, un petit village accueille les familles des soldats, ainsi que quelques artisans. Officiellement, les militaires ne sont pas autorisés à se marier pendant leur service (qui dure vingt-cinq ans !), mais des liens se créent inévitablement, surtout dans ces coins perdus où les hommes s'enterrent pour une très longue période. Des enfants naissent, mais l'administration ferme les yeux sur ces familles improvisées.

La turme se présente à l'entrée du fort et le premier décurion remet ses documents au responsable du poste de garde. Il convient de respecter la procédure. La colonne attend le feu vert pour entrer, et notre cavalier en profite pour observer ce fort de frontière. L'enceinte est en bois, pas très élevée (environ 6 mètres), mais quasiment infranchissable en cas d'attaque, car un profond fossé entoure l'ensemble et augmente de ce fait la hauteur des murs. Ils sont recouverts d'une couche de terre et d'herbe pour résister aux assauts du feu. Nous notons en outre que les créneaux, tels ceux qui surmonteront les châteaux du Moyen Âge, existent déjà à l'époque romaine.

L'enceinte est hérissée de tours dont la structure en bois est apparente. On les dirait formées de poteaux supportant une terrasse carrée où des soldats montent la garde. Elles sont disposées à intervalles réguliers, et la distance qui les sépare ne doit rien au hasard puisqu'elle correspond au rayon d'action d'une machine de guerre romaine, de sorte qu'en cas d'attaque une tour en protège une autre.

Dernier élément curieux : le fort dispose de quatre entrées, une de chaque côté, et l'on devine fort bien où elles se situent puisqu'elles sont immanquablement flanquées de deux tours jumelles. C'est une caractéristique que l'on retrouve aujourd'hui dans nombre de villes empreintes de romanité, ne serait-ce qu'à Rome. Sur les remparts, les entrées principales se reconnaissent toujours aux deux tours arrondies qui se dressent telles des sentinelles. C'est d'ailleurs ainsi que débute la célèbre Via Veneto, à hauteur de la Porta Pinciana. Et deux tours cylindriques marquent le point de départ de l'ancienne Via Salaria, qui rejoignait ensuite la Via Salaria Nova.

Les cavaliers sont enfin autorisés à entrer. Le premier décurion met pied à terre et ordonne à ses hommes de rallier les logements qui leur sont affectés. Lui et les deux autres officiers devront d'abord faire leur rapport et livrer les sesterces. Tous trois empruntent l'allée principale, accompagnés du géant batave qui porte le dernier sac de pièces avec une telle aisance qu'on le croirait rempli de feuilles mortes.

Le fort est une petite cité militaire très animée. Un palefrenier passe avec un cheval. Des rires fusent par les portes ouvertes des dortoirs. Des soldats adossés aux piliers d'un auvent prêtent l'oreille au récit très gestuel d'un acte de guerre auquel d'autres ont pris part. Après tous ces jours passés en armure, le premier décurion croise enfin des groupes de soldats en civil — sans cottes de mailles ni casques, simplement vêtus d'une tunique et d'une ceinture à laquelle pendent, comme il se doit, le glaive et la dague réglementaires, prêts à l'usage (n'oublions pas que nous sommes en zone d'opérations). Mais surtout, il entend sur son passage des noms insolites dont la sonorité non latine nous surprend également. Certains sont d'origine germanique, comme Butimas (dont le début signifie « butin »), Vatto, Chnisso, Chrauttius, Gambax (du germain *gambar*, « vigoureux »), ou encore Hvepnus, Hvete... D'autres sont typiquement celtes : Troucisso, Catussa, Caledus, Uxperus, Acranius, Cessaucius, Varcenus, Viriocius... Tous ces noms ont réellement été lus par les archéologues sur le site de Vindolanda.

Après avoir été longtemps occupé par des soldats bataves, le fort l'est désormais par la première cohorte de Tongres. Ce détail a son importance, car ce ne sont pas des légionnaires mais des soldats issus d'ethnies conquises par Rome des générations plus tôt. On demande à ces peuples, désormais fidèles à l'Empire, d'envoyer des hommes pour soutenir les légionnaires. À leur tête, ils n'ont généralement pas un Romain mais un des leurs, de noble origine. Il s'agit donc d'unités très homogènes sur le plan culturel et linguistique, mais qui combattent pour la cause romaine. Et leur sacrifice est grand. En effet, les forts occupés par les légions se trouvent très en retrait. Ce sont donc ces troupes « coloniales » qui subissent le premier assaut de l'ennemi, tant sur le champ de bataille (où ils sont placés à l'avant) que dans les places fortes aux frontières. Les mythiques légionnaires sont prêts à intervenir, mais dans un deuxième temps seulement. Telle est l'organisation de l'armée romaine.

En compensation, ces soldats auxiliaires (ainsi nommés pour les distinguer des légionnaires) reçoivent à la fin de leur service un lopin de terre, l'autorisation d'officialiser leur union avec leur concubine et de reconnaître leurs éventuels enfants, et surtout, récompense suprême, ils obtiennent la citoyenneté romaine. Dès lors, ils ne seront plus d'anciens barbares romanisés mais des citoyens de l'Empire à part entière, de même que leur progéniture. Une retraite dorée qui incite nombre de ces soldats à serrer les dents et à aller jusqu'au bout de leur mission — à supposer qu'ils y arrivent, car sur la ligne de front la mort est quotidienne.

Des sandales et des chaussettes vieilles de vingt siècles

La rencontre avec le commandant du fort a été cordiale et d'une grande intensité. Il s'est entretenu avec le premier décurion (lequel a reconnu le caractéristique accent batave, un tantinet traînant) et n'a pu s'empêcher de hocher la tête en apercevant le sac de sesterces posé sur la table. En homme pratique, il estime que recourir à toute une turme pour apporter de simples pièces de monnaie jusqu'ici est un déploiement inutile d'énergie militaire. Il a cependant souri en découvrant la dernière victoire de l'empereur, représentée au revers des sesterces : la conquête de l'Arménie, une de plus pour Rome. Le commandant et les autres soldats considèrent Trajan comme l'un des leurs, puisqu'il a fait ses preuves dans l'armée, et lui vouent une admiration inconditionnelle.

Il y a quelques jours, le fort a été informé qu'un petit groupe de Calédoniens avait réussi à traverser les lignes romaines à la manière d'un commando. Des traces de chars ont même été retrouvées dans la neige, mais elles se perdaient aux abords d'une rivière.

« Ce sont des démons venus du froid ! a lancé le commandant. Ils atteignent des lieux difficiles d'accès avec une habileté incroyable, puis attaquent nos positions à l'arrière par surprise. »

Le seul moyen de les arrêter serait de bâtir d'une côte à l'autre un mur ponctué de forts.

« C'est la seule méthode. Tous ici en sont convaincus. Nous éviterions alors les infiltrations et pourrions contrôler plus efficacement la circulation des marchandises. »

L'idée sera reprise quelques années plus tard par l'empereur Hadrien, successeur de Trajan, qui entreprendra la construction d'un mur de 6 mètres de haut et de 2 ou 3 mètres d'épaisseur sur 180 kilomètres de long ! Il marquera la frontière septentrionale de la Bretagne romaine, entre mer d'Irlande et mer du Nord. Une muraille de Chine européenne, avec ses tours de guet tous les 500 mètres et ses fortins tous les kilomètres et demi pour filtrer, aux points de passage, la circulation des biens et des personnes. Le côté du mur exposé aux barbares sera complété par un fossé de 3 mètres de profondeur. Du côté intérieur, une route reliera les fortins et un second fossé défensif sera creusé, ce qui prouve que l'on redoutait également des assauts dans des zones en principe non hostiles. Beaucoup de grandes places fortes dans le style de celle de Vindolanda viendront consolider l'ouvrage, tels des chiens de garde prêts à l'attaque. Le mur d'Hadrien sera si bien conçu qu'une bonne partie de ce long serpent de pierre est encore visible aujourd'hui.

En sortant avec le commandant dans la cour centrale, le décurion assiste à une scène très peu protocolaire. Un enfant aux longs cheveux blonds et aux grands yeux malicieux se précipite vers le chef en criant : « Papa ! Papa ! » Une servante tente en vain de l'arrêter, mais le gamin est plus rapide. Avec une célérité prodigieuse, il gravit les trois marches le séparant des deux hommes et saute dans les bras de son père, qui le serre contre lui en disant : « Voici mon petit Achille, prêt à en découdre. »

Le décurion constate que les chaussures de l'enfant sont pourvues de clous aux semelles, exactement comme celles des légionnaires. Il remarque également ses épaisses chaussettes bariolées. Car ici la plupart des soldats portent de grosses chaussettes dans leurs sandales *(caligae)*. Même si ce genre d'association (que certaines marques comme Burberry, Givenchy ou Dior se sont réappropriée) peut nous sembler aujourd'hui de mauvais goût, quand on doit affronter le froid qui règne dans le nord on adopte sans sourciller la mode *Socks & Sandals* — ou plutôt *udones et caligae*.

Mais voici qu'apparaît l'épouse du commandant, une femme élégante aux manières délicates, probablement d'origine aristocratique. Elle confie son courrier à un secrétaire de son mari, qui opine du chef et veillera à ce qu'il parte. Envoyer ou recevoir des lettres peut sembler un acte banal, mais pour les archéologues c'est une vraie manne d'informations, comme nous le verrons plus loin.

Le premier décurion salue le commandant. La différence de grade entre les deux militaires est considérable, comparable à celle qui existe entre un général et un simple caporal. Pourtant, en dépit de sa martialité, ce salut s'avère très cordial. Notre homme regagne ensuite le logement qu'il partage avec les deux autres décurions. Il presse le pas, sentant le froid et l'humidité le pénétrer. Le climat est sans doute le premier ennemi des soldats romains. Il les mine au quotidien, de même qu'il mine les édifices.

Car le fort est en bois — il faudra attendre quelques années pour qu'il soit remplacé par une structure en pierre, plus petite. Les bâtiments ne résistent pas longtemps à l'humidité de l'air et du sol : moins de dix ans. Aussi, chaque fois qu'on abat ou qu'on modifie une partie du fort, on recouvre décombres et immondices d'une couche d'argile étanche et on reconstruit par-dessus.

Cette argile a asphyxié le sol, et en l'absence d'oxygène les bactéries n'ont pu se développer pour détruire les objets qui s'y trouvaient. Les archéologues et les bénévoles du Vindolanda Trust, sous la houlette de l'infatigable Robin Birley, ont ainsi pu exhumer des milliers d'artéfacts dans un excellent état de conservation, bien qu'ils aient dormi là près de vingt siècles. Bon nombre de ces vestiges sont aujourd'hui exposés au Vindolanda Museum, et leur caractère exceptionnel en fait l'un des plus fascinants musées romains. Toutes sortes de choses ont été sorties de terre, telles que des pièces d'or à l'effigie de Trajan, de précieux anneaux sigillaires, des bagues toutes simples mais touchantes, dont l'une, très petite et en bronze, porte l'inscription : *Matri patri*. (« À maman et à papa. »)

Impossible de décrire tous ces objets : ils vont du peigne dans son étui en cuir plat (semblable à ceux que glissent de nombreux hommes dans leur poche) à la vaisselle expédiée de Gaule, mais inutilisable car brisée durant le transport, en passant par les incontournables fragments d'amphores, une coupe en verre sur laquelle sont représentés des gladiateurs en train de combattre, ou encore un médaillon montrant un couple de Romains qui s'embrassent (exactement comme sur les couvertures des revues people), sans oublier les autels sacrificiels.

Plus de 2 000 sandales et chaussures en tout genre ont également été mises au jour, incroyablement bien conservées. Lacets et ornements y sont parfaitement visibles, et nous apprenons que durant leur service les soldats portaient généralement des bottines qui leur arrivaient à mi-cheville (ancêtres des rangers).

La plupart présentaient des clous métalliques sous la semelle pour éviter de l'user (un peu comme sous les Tod's) et permettre une meilleure adhérence au sol.

Ces fouilles ont aussi livré des chaussettes que portaient les soldats pour garder les pieds bien au chaud. Mais la chose la plus stupéfiante fut un soulier d'enfant, clouté également, et un petit glaive en bois, tous deux retrouvés dans le logement d'un commandant du fort, Flavius Cerialis. Il s'agissait probablement du soulier de son fils. Une étrange perruque, constituée de longues et sombres fibres végétales (peut-être un couvre-chef utilisé comme filet anti-insectes, mais rien n'est moins sûr), appartenait sans doute à Lepidina, la femme du commandant.

Grâce aux archéologues, nous avons appris quantité de choses sur ces époux. En réalité, ils ont vécu à Vindolanda plusieurs années avant notre arrivée. Nous savons qu'ils ont eu au moins deux enfants parce qu'on a découvert, enfouies sous leur maison, plusieurs chaussures dont les pointures correspondent à celles de gosses de deux et dix ans. Il ne pouvait s'agir de souliers ayant appartenu à un seul et même enfant à des âges différents puisque la famille n'a passé que quatre ans au fort, avant que la cohorte de Bataves, avec Cerialis à sa tête, soit envoyée conquérir la Dacie pour Trajan. Il semblerait que ce départ soit à l'origine de nombreuses désertions de soldats qui ne voulaient pas laisser dans le dénuement les foyers qu'ils avaient fondés à Vindolanda.

Mais les plus riches informations concernant la famille du commandant proviennent des lettres qu'elle recevait et expédiait.

« Envoie-moi deux caleçons… »

Le site de Vindolanda est entré dans l'histoire de l'archéologie romaine en raison des quelque 2 000 lettres et documents recensés par les chercheurs. Ces sources nous décrivent de manière très vivante l'existence aux confins de l'Empire et nous éclairent sur les coulisses de la machine de guerre romaine (ravitaillement des troupes, coût et inventaire des tentes, chars, vêtements, etc.). On y découvre même un délit, sans doute une affaire de corruption à l'intérieur du fort, le coupable ayant été enchaîné puis expulsé de la province — sanction exemplaire pour un crime d'une extrême gravité.

Pour ce qui est du commandant, sa correspondance avec les autres places fortes aurait dû être brûlée avant son départ. On a bien allumé un feu pour la détruire, mais un orage providentiel l'a éteint, permettant la conservation des lettres.

Au fait, quels supports les Romains de Vindolanda utilisaient-ils pour écrire ? Ce pouvait être des tablettes en bois aux bords surélevés encadrant une surface enduite de cire, le texte y étant gravé au moyen d'une longue plume en métal, ou encore des morceaux d'écorce d'aulne ou de bouleau de 18 centimètres sur 9 et de 1,5 millimètre d'épaisseur, sur lesquels on écrivait à l'encre. Les plumes étaient de petits cylindres en bois de la taille d'une cigarette, leur extrémité étant pourvue d'un anneau métallique avec une pointe en forme de bec. Ce système était très efficace. Des études récentes ont démontré qu'il était possible d'inscrire plusieurs mots en trempant la plume une seule fois dans l'encre. Le plus surprenant, c'est que ces petits cylindres en bois étaient souvent creusés sur leur longueur, ce qui laisse supposer qu'on pouvait théoriquement les utiliser à la manière de nos stylos en insérant un peu d'encre à l'intérieur. (Nous n'avons cependant aucune certitude à ce sujet.) Au total, plus de 200 plumes sont parvenues jusqu'à nous.

Le système de « pliage » d'une lettre romaine ne manque pas non plus d'intérêt. En l'absence d'enveloppes, les feuilles d'écorce étaient mises bout à bout et reliées entre elles par des lanières passées dans des œillets. La plupart du temps, elles n'étaient qu'au nombre de deux et se refermaient l'une sur l'autre comme un menu de restaurant. Mais il pouvait y en avoir plus ; dans ce cas, elles se repliaient les unes sur les autres, un peu à la manière d'une carte routière. On inscrivait sur la première page le nom du destinataire, comme nous le faisons sur nos enveloppes.

Ces lettres extrêmement fragiles étaient enfouies à 6 ou 8 mètres. Les archéologues n'ont pas compris d'emblée ce dont il s'agissait, l'écriture semblant parfois effacée, mais en recourant aux infrarouges ils sont parvenus à déchiffrer l'intégralité des textes.

Voici donc ce qu'on pouvait écrire depuis les confins de l'Empire :

> « 15 avril. Rapport de la IXe cohorte batave.
>
> « Tous les hommes sont présents et leur équipement est en ordre. Je t'envoie quelques paires de chaussettes, deux paires de sandales et des sous-vêtements.
>
> « Les Bretons n'ont pas d'armures. Ils possèdent une bonne cavalerie, mais elle n'utilise pas l'épée. Ces sales petits Bretons ne savent même pas lancer le javelot depuis un cheval ! Nos soldats sont à court de bière et je te prie de donner l'ordre d'en faire envoyer.
>
> « Merci pour ces formidables jours de permission que tu m'as fait passer. Je t'informe que je suis en excellente santé. J'espère qu'il en va de

même pour le gros paresseux que tu es, toi qui ne m'as pas fait parvenir la moindre lettre ! »

Ainsi s'adresse le soldat Solemnis à Pâris, son frère d'armes. Mais la lettre la plus touchante est sans doute celle où Sulpicia, épouse d'un autre commandant de fort, invite à son anniversaire la femme de Cerialis. C'est la plus vieille lettre connue rédigée par une femme à l'attention d'une autre femme.

« Sulpicia Severa à sa chère Lepidina. Salut !
« Ma sœur, je souhaite sincèrement que tu puisses venir chez nous pour mon anniversaire, le troisième jour précédant les ides de septembre. Si tu es présente, tu me rendras cette journée plus agréable encore.
« Donne le bonjour à ton cher Cerialis. Mon Aelius et mon petit garçon te saluent. Je compte sur toi, ma sœur !
« Porte-toi bien, ma sœur, ma chère âme, aussi bien que je souhaite me porter moi-même. »

Enfin, des devoirs du fils de Cerialis ont été déchiffrés au dos d'une lettre. On peut y lire un vers de l'*Énéide*, dicté par son précepteur (un esclave qui se nommait peut-être Primigenius), et l'on y repère les erreurs de l'élève. Nous entendons la voix du professeur en train de déclamer lentement :

Interea pavidam volitans pennata per urbem nuntia Fama ruit matrisque adlabitur auris Euryali.

« Pendant ce temps, voltigeant d'une aile rapide à travers la ville effrayée,
la Renommée se rue en messagère et arrive aux oreilles de la mère d'Euryale[3]. »

Aujourd'hui, quelque deux mille ans plus tard, nous pouvons décrypter la phrase bancale et abrégée transcrite par l'élève :

Interea pavidam volitans pinnata p'ubem...

Nous ne pouvons qu'éprouver de la sympathie pour cet enfant astreint à étudier Virgile dans ce trou perdu, mais nous devons également saluer les efforts de son père, qui s'employait à lui offrir une solide éducation aux limites du monde connu.

Tous ces trésors se trouvent encore sous la demeure du commandant, que notre décurion vient de quitter. À présent, transi de froid, il aspirera peut-être à prendre un bain aux thermes, à l'extérieur du fort. Après tout, il mérite bien de souffler un peu après ces journées éprouvantes. Sans compter que ce sont les thermes les plus septentrionaux de l'Empire. Encore une chose à raconter à son retour à Rome.

Pour évaluer la distance qui l'en sépare, le décurion monte sur l'enceinte de la place forte, mais une fois là-haut il sent un vent glacial lui cingler le visage et doit s'abriter derrière un créneau. Deux jeunes gardes l'observent, frigorifiés, les yeux larmoyants de froid.

Le premier décurion jette un coup d'œil en bas. À quelques dizaines de mètres, un groupe de soldats s'entraîne au scorpion *(scorpio)*, une sorte d'arbalète géante montée sur pied. Leur cible est le crâne d'une vache, à quelque 70 mètres. La flèche part, siffle dans l'air et vient se planter au beau milieu de la tête déjà criblée d'une multitude de trous. La précision de ces armes est impressionnante, comme nous le découvrirons en Germanie.

Tandis que sous les cris d'un centurion les artilleurs rechargent la pièce d'artillerie, le décurion remarque quelque chose au loin dans un fossé. C'est le corps d'un homme, probablement l'un des Calédoniens ayant récemment attaqué une auberge. Il a entendu dire que les soldats avaient capturé un assaillant. Ils l'ont interrogé, torturé et tué. Notre militaire l'ignore, mais d'ici un bon nombre de siècles les archéologues découvriront deux crânes sur ce site : celui d'un bœuf criblé de perforations et, plus loin, celui d'un homme jeune portant lui aussi des traces de coups, mais d'un autre genre.

Le décurion regarde en direction du nord, du côté du territoire calédonien, où de basses collines se succèdent avant de se confondre à l'horizon avec les étendues neigeuses et les forêts. Là-bas ce n'est plus l'Empire, constate-t-il, tandis que depuis ces terres barbares arrive soudain un vent glacé qui lui fait l'effet d'une gifle. Il recule machinalement, plisse les yeux et arbore une moue de mépris face à cet horizon. C'est véritablement un endroit maudit, songe-t-il, loin de la douceur de Rome et de la Méditerranée, loin des belles cités dont la majorité des habitants ignorent qu'il existe des forts et des soldats aux confins du monde romain. C'est un lieu qui ne connaît que la haine des peuples de l'autre côté de la frontière, et aussi la haine du climat.

Notre compagnon de voyage tourne la tête et dévale les marches pour se rendre aux thermes, dernier signe de civilisation en ces contrées. Au-delà, tout n'est que néant.

Lutèce

Quand Paris était plus petit que Pompéi

Notre sesterce a repris son voyage dans l'Empire romain. Il a tout naturellement changé de propriétaire. Une fois aux thermes de Vindolanda, le premier décurion s'est dévêtu et a roulé ses vêtements à la hâte, désireux de se plonger dans un bon bain. La bourse attachée à sa ceinture s'est alors retournée et la monnaie a glissé au fond de la petite niche numérotée tenant lieu de casier dans les vestiaires. Personne ne s'en est aperçu durant plusieurs jours, jusqu'à ce que son scintillement attire un habitué des lieux muni d'une lampe à huile. Il a plongé la main dans la niche et récupéré notre pièce.

Elle se trouve à présent dans la bourse d'un marchand de vin qui, après avoir livré des amphores très loin de chez lui, réintègre enfin son foyer. La province de Bretagne n'est plus qu'un souvenir. De retour sur le continent, le sesterce voyage avec ce nouveau personnage sur un grand axe de la province de Gaule lyonnaise (Gallia Lugdunensis), dans la future France. Le négociant chevauche en compagnie de son homme de confiance, un esclave, et depuis des heures ils progressent lentement sous une pluie battante.

Comment les Romains se protégeaient-ils de la pluie ? Si vous pensez que les parapluies sont une invention moderne, vous faites erreur. Ils existaient déjà à leur époque, voire bien avant ! Les archéologues en ont même retrouvé dans des tombes étrusques. Le modèle conservé au musée de la Villa Giulia, à Rome, est en ivoire — signe de richesse. Il diffère quelque peu des nôtres, dans la mesure où il ne possède ni fines tiges métalliques ni bouton poussoir, et s'apparente plutôt aux ombrelles chinoises dotées de grosses baleines rigides. D'ailleurs, ces objets n'étaient pas destinés à protéger de la pluie mais du soleil. Les femmes de l'aristocratie se promenaient avec pour éviter de bronzer, tout comme en Europe entre le XVIIIe et le début du XXe siècle, ou aujourd'hui encore en Extrême-Orient. On parlait d'*umbrella* (issu de *umbra*, l'ombre), et même à l'heure actuelle il ne viendrait l'idée à personne d'appeler « parapluies » ces accessoires.

Si les ombrelles servaient à s'abriter du soleil, comment les Romains évitaient-ils la pluie ? Au moyen d'une autre de ces inventions que nous croyons récente : les imperméables. Les deux cavaliers, et certains des voyageurs qu'ils croisent, portent en effet une sorte de poncho en cuir *(paenula)* imperméabilisé avec de la graisse. D'autres, comme les légionnaires, revêtent des modèles en laine bouillie, imbibés d'huile. La *paenula* est toujours munie d'un capuchon, le plus souvent terminé en pointe. De loin, sous la pluie, bon nombre de Romains ressemblent à de petites pyramides ambulantes, leurs visages dépassant d'ouvertures rondes, un peu comme ces hommes déguisés en bouteilles à l'entrée des supermarchés.

L'armature de la mondialisation à la romaine

Le commerçant ne se doute pas que la route qu'il emprunte sera considérée comme l'un des plus beaux chefs-d'œuvre de l'histoire de l'humanité. Car elle appartient à cet admirable réseau routier qui sillonne l'Empire.

Quand on s'interroge sur ce que les Romains ont construit de plus grand, ce sont le Colisée, le Circus Maximus ou encore les thermes de Caracalla qui viennent spontanément à l'esprit. En réalité, il s'agit des routes. Elles sont surtout l'ouvrage le plus durable qu'ils nous aient laissé et couvraient jadis plus de 80 000 kilomètres.

Pourquoi ont-ils créé un réseau de voies de communication terrestres aussi vaste ? Au départ, elles avaient un objectif militaire et devaient permettre aux légions de gagner rapidement n'importe quelle partie du territoire romain pour parer à toute menace. À cet égard, nous pouvons considérer ces routes comme les porte-avions de l'Antiquité. Telle fut leur fonction des siècles durant. Mais bien vite elles jouèrent un autre rôle, économique cette fois, en assurant le transit des marchands, des marchandises... et des sesterces. Elles avaient également une fonction culturelle en facilitant la circulation, dans tout l'Empire, des personnes et des idées, des mouvements artistiques et des modes, sans oublier l'information, la connaissance, les lois et les religions.

Cela permit à la civilisation romaine de se répandre un peu partout et de s'imprégner en retour (grâce aussi aux voies maritimes) des idées et des modes de vie d'autres cultures. Il en résulta une société pleine de diversité, multiethnique et dynamique. Ainsi donc, les routes furent d'abord les muscles du monde romain avant de devenir en outre son système artériel, et jusqu'à son système nerveux. Sans elles, la première mondialisation de l'Histoire n'aurait pas eu lieu. L'expansion se serait probablement limitée aux rives de la Méditerranée, comme celle des Phéniciens ou des Grecs ; la civilisation romaine n'aurait pu rassembler des dizaines de millions d'individus autour d'une même langue, des mêmes lois, de la même façon de s'habiller, de manger et de vivre. Et nous serions différents de ce que nous sommes aujourd'hui.

Le plus frappant, c'est que la notion de route chez les Romains se rapproche incroyablement de la nôtre. Nous pouvons le vérifier au quotidien, même si nous n'en avons pas forcément conscience : nous continuons, en ville, à emprunter régulièrement les routes romaines — pour nous rendre au travail, rejoindre le centre, conduire nos enfants à l'école, faire nos courses, mais aussi en dehors, pour gagner notre résidence secondaire ou notre lieu de vacances. L'asphalte a parfois simplement recouvert le tracé des ingénieurs romains ; dans d'autres cas, les routes modernes sont parallèles aux voies antiques. Il suffit de penser aux célèbres voies consulaires que sont la Flaminia, la Cassia, l'Appia, la Salaria ou l'Aurelia. Mais il existe aussi, dans les campagnes, tout un réseau de voies secondaires resté inchangé, preuve du bien-fondé de leur conception : les besoins des Romains se rapprochaient des nôtres parce que leur monde ressemblait au nôtre.

Si vous observez une voie consulaire comme l'Appia Antica, rectiligne sur des kilomètres et des kilomètres, vous comprendrez que les ingénieurs avaient même déjà inventé l'autoroute, à savoir une voie traversant le territoire en ligne droite, évitant les petites agglomérations et franchissant allégrement les obstacles constitués par les reliefs, alors qu'auparavant on n'avait d'autre choix que d'épouser le paysage. Car lorsque les Romains projetaient de construire une route importante pour les légions ou à des fins économiques, ce n'était pas eux qui s'adaptaient à la nature mais la nature qui s'adaptait généralement à leurs besoins. Ils abattaient des pans entiers de crête côtière (comme à Terracina, où passe la Via Appia), perçaient des tunnels (comme celui de la gorge du Furlo, dans les Marches, commandé par Vespasien, et qui porte aujourd'hui encore les marques des burins romains), aménageaient arches et chaussées à flanc de montagnes (comme à Donnas, dans le Val d'Aoste).

En montagne, toujours, ils savaient percer des voies qui franchissaient des cols à de très hautes altitudes (comme celui du Grand-Saint-Bernard) et furent sillonnées pendant des siècles par les voitures à chevaux, jusqu'à l'avènement de l'automobile. Viaducs, arches et ponts permettaient de franchir assez rapidement les vallées et les cols en limitant la déclivité des routes à 8 ou 9 pour cent (même si dans les cas exceptionnels elle pouvait atteindre 10 à 12 pour cent).

On ne le répétera jamais assez : les voies romaines ont représenté une véritable révolution. Pour la première fois, l'Europe s'est trouvée unifiée à travers un solide réseau routier, et cette invention a perduré jusque dans nos langues : la *via strata* (chemin empierré) a donné *via* (rue) et *strada* (route) en italien, *street* en anglais, *Strasse* en allemand.

Le secret des voies romaines

Lorsque nous observons les routes romaines, à Rome ou sur un site archéologique, nous nous demandons par quel miracle elles sont toujours en état deux mille ans après leur construction, tandis que les nôtres, à défaut d'un entretien régulier, se détériorent rapidement et présentent souvent des nids-de-poule. Cette question, on se la posait déjà au Moyen Âge, alors qu'on continuait à emprunter des ponts et des voies romaines, qu'on avait baptisés « chemins des Géants » ou « ponts et routes du Diable ». Le secret tient à leur conception même, parce qu'elles étaient prévues pour résister au temps. Les voyageurs en possession de notre sesterce peuvent le vérifier de leurs propres yeux. La pluie a cessé, or la route ne s'est pas transformée en bourbier pour autant et il n'y a pas la moindre flaque. Sa structure a assuré un bon drainage, comme sur nos autoroutes, empêchant l'eau de stagner. Comment est-ce possible ?

Les deux hommes passent à un endroit où des travaux d'entretien sont en cours. La chaussée a été ouverte comme pour une opération chirurgicale. Intrigués, ils s'arrêtent pour étudier son anatomie. Si l'on schématise un peu, disons que pour construire une route il faut creuser une tranchée large de 4 à 6 mètres et qui peut atteindre 2 mètres de profondeur. Elle prend alors l'aspect d'un long canal traversant la campagne. On commence ensuite à le combler avec trois couches de grosses pierres arrondies, suivies de gravillons de taille moyenne et enfin de gravier mêlé d'une argile qui doit provenir d'un autre lieu — sur ce point les Romains sont formels. L'usage de chaux, qui s'est répandu plus ou moins à l'époque qui nous concerne, confère à la route une meilleure résistance.

Le véritable secret des voies romaines réside dans cette superposition de couches de pierres, des plus grosses aux plus fines. Tel un filtre, elles empêchent l'eau de pluie de stagner. Mais l'affaire ne s'arrête pas là. L'ensemble est ensuite recouvert d'une ultime couche : des pavés de basalte disposés en écailles de tortue, qui constitueront le revêtement de la chaussée. En surface, on dirait de petites dalles plates, mais ce sont en fait de véritables blocs semblables à de gros cubes — autant de poids indispensables à la stabilité de la route. Leur disposition donne à la chaussée une forme légèrement bombée afin que l'eau de pluie, déjà en partie évacuée grâce aux diverses strates, puisse aussi s'écouler de chaque côté (exactement de la même manière que sur nos routes).

Pour tout dire, ce qu'observent le négociant en vin et son aide est l'exemple idéal. Le plus souvent, les ingénieurs sont confrontés à des sols tellement variés sur le plan géologique qu'ils sont obligés de revoir leur copie. Et c'est précisément la multiplicité et la complexité de leurs solutions qui font leur talent.

Lorsqu'un grand nombre de facteurs positifs sont réunis, les voies ont une largeur d'environ 4 mètres et permettent à deux charrettes de se croiser. Les bas-côtés sont bordés de trottoirs pour les piétons. Nombres d'illustrations ou de péplums sont donc dans l'erreur en montrant des personnages déambulant au milieu de la route. Il est du reste infiniment plus pratique d'emprunter ces trottoirs plats qu'une chaussée convexe. Et si vous demandez à des légionnaires d'aujourd'hui (c'est-à-dire à ces gens « en costume » qui effectuent un remarquable travail d'archéologie expérimentale) de marcher sur une voie romaine encore revêtue de pavés, comme on en trouve à Rome, à Ostie ou à Pompéi, ils risquent d'avoir de sérieux problèmes. Tout simplement parce qu'avec leurs *caligae* cloutées ils glisseront comme sur de la glace.

Nous en arrivons donc à la conclusion que sur les routes les légions marchent en formations ordonnées sur les trottoirs. (C'est l'un de ces détails qu'on oublie trop souvent de raconter.) Lesdits trottoirs sont généralement bordés de longues poutres de pierre disposées bout à bout, comme dans nos villes.

À cette différence près que bien souvent ont été placées à intervalles réguliers (quelques mètres) de petites bornes *(gomphi)* à l'apparence de bouteroues. Elles servent à monter à cheval ou à en descendre. Les étriers n'ayant pas encore été inventés, elles sont l'équivalent d'un marchepied. Elles permettent également de descendre de charrette.

L'esprit pratique des Romains transparaît dans une multitude d'autres détails liés au domaine routier. En plaine, les voies ont tendance à être légèrement surélevées pour qu'on les repère facilement sous la neige. Mais aussi pour les protéger de l'eau. Dans ce qui est devenu la Vénétie, elles sont ainsi rehaussées de 4 à 7 mètres et tracées sur des terre-pleins larges d'une trentaine de mètres. De manière générale, on préfère les faire passer à flanc de colline plutôt qu'au fond des vallées, pour éviter les crues des rivières et se trouver en position favorable en cas d'attaque ennemie. En montagne, on aménage des ornières dans la chaussée afin de guider les roues des charrettes et d'éviter qu'elles ne se précipitent dans le vide.

Mais les routes romaines sont-elles véritablement dépourvues de nids-de-poule ? Non, car leur qualité diffère d'un endroit à l'autre. Si en Italie même chaque voie est sous la responsabilité d'un *curator*, chargé de veiller à son entretien par l'intermédiaire d'un service de contrôle (l'équivalent de la DDE), il en va autrement ailleurs, où ce sont les communautés locales, sous l'autorité du proconsul, qui doivent maintenir les chaussées en bon état. Or bien souvent, écrasées d'impôts, elles ne le font pas correctement, ou du moins pas rapidement.

L'autre mythe à combattre est l'idée que chaque route de l'Empire est immanquablement pavée de dalles de basalte, sur le modèle de la Via Appia Antica. C'est totalement faux. En réalité, seules le sont les artères principales. À la sortie des agglomérations, le pavage ne continue pas bien longtemps ; il disparaît pour céder la place à un cailloutis, pour la simple raison qu'il est trop coûteux. Bien que toujours constituée en profondeur de ses couches drainantes, la route devient ainsi une *via glarea strata*. Autre particularité : la poussière, dont bon nombre d'auteurs latins se plaignent, y compris Cicéron, qui évoque l'*aestuosa et pulverulenta via* : « Nous cheminons par la chaleur et la poussière[4]. » La chose tourne au cauchemar dans les tunnels, comme en témoigne Sénèque quand il emprunte la Crypta Neapolitana reliant Naples à Pouzzoles : « Nous prîmes notre couche de poussière sous la grotte de Naples. Rien de plus long que ce cachot ni de plus sombre que ces flambeaux qui, au lieu de faire voir dans les ténèbres, rendent seulement les ténèbres visibles[5]. »

L'un des éléments fondamentaux d'une route, ce sont les bornes milliaires implantées tous les mille pas, comme leur nom l'indique, soit l'équivalent d'un mille romain (1 478,5 mètres). Quand on y réfléchit, une enjambée d'environ un mètre et demi est impossible pour un marcheur, mais le « pas » en question n'est achevé qu'au moment où le même pied vient retoucher le sol. Il s'agit donc en réalité d'un double pas. Ces bornes sont de véritables compteurs « kilométriques » pour les voyageurs. On y trouve gravées des indications telles que la distance parcourue ou restant à parcourir, les sites dignes d'intérêt le long du trajet, ou encore les noms des magistrats ayant pourvu à l'entretien de la route.

Le *milliarium aureum*, à Rome, cette colonne de marbre recouverte de bronze doré qu'Auguste a fait ériger sur le Forum et sur laquelle sont inscrites les distances entre la capitale et les principales villes de l'Empire, marque le point zéro de cet immense réseau routier. Curieusement, ce caractère central du Forum par rapport aux voies consulaires subsiste encore en partie aujourd'hui. Si vous empruntez la Via Cassia en vous éloignant du centre, vous remarquerez que la numérotation des maisons sur les plaques de marbre correspond à leur distance métrique depuis le Capitole, qui symbolisait jadis le « cœur » de la cité romaine, à quelques pas du Forum.

Quand Paris ne comptait que quelques milliers d'habitants

La pluie a cessé et nos deux cavaliers longent au pas une route bordée d'un long aqueduc. Entre ses arches, on entrevoit une nécropole, signe que la ville est proche. En effet, les cimetières se trouvent toujours un peu en dehors des cités. Déjà apparaissent les premières habitations. Très vite, les deux hommes se retrouvent dans la rue principale, parmi une foule bruyante. De quelle cité s'agit-il ?

Notre regard tombe sur une pancarte à l'entrée d'une taverne. À côté des prix figurent le nom de l'établissement et un dessin : « Au Gaulois de Lutèce. » Nous sommes à Lutetia Parisiorum, qui deviendra Paris. Ce n'est encore qu'une agglomération de moins de 10 000 habitants, plus petite que Pompéi (qui en compte environ 20 000), et sa superficie est à peine équivalente à celle de l'actuel Quartier latin.

Nous suivons à présent le *cardo maximus*, l'axe principal nord-sud que les Français baptiseront plus tard « rue Saint-Jacques ». Les maisons sont basses et comptent rarement plus d'un étage. Il serait amusant de tenter de retrouver des signes de la future métropole dans cette localité gallo-romaine. Nous ne sommes pas au bout de nos surprises. Tout d'abord, Lutèce n'est pas une capitale mais une modeste ville de province. La capitale de la Gaule, c'est Lyon (Lugdunum), autrement plus grande, et probablement la plus importante cité à l'ouest des

Alpes. Paris prendra son nom actuel vers la fin de l'époque romaine et deviendra capitale dans quatre siècles seulement, en 508, sous les Francs.

Continuons notre promenade. Nous passons devant un bistrot lutécien, qui n'est autre qu'une *popina*, une taverne, comme il en existe partout dans l'Empire. Nous cueillons au vol la conversation d'une poignée d'hommes qui se tiennent debout, avec à la main un verre (en terre cuite) contenant du vin blanc, ce même petit blanc que nous commandons aujourd'hui au comptoir.

« Une jeune esclave d'une réputation plus qu'équivoque, semblable à ces femmes que l'on voit assises au milieu du quartier de Subure, était dernièrement mise en vente par le crieur Gellianus. L'enchère fut longtemps médiocre ; le vendeur alors, pour convaincre le public de la pureté de la belle, l'attire par la main, et, malgré sa résistance, l'embrasse deux, trois et quatre fois. Que lui rapportèrent ces baisers ? Celui qui venait d'offrir 600 sesterces refusa de les donner. »

Fou rire général.

Allez savoir si l'histoire est vraie ou si le narrateur a purement et simplement plagié l'une des *Épigrammes* de Martial[6] ?

Observons un peu les autres clients : des physionomies gauloises ou de marchands arrivés en bateau par la Seine. C'est que la situation de Lutèce présente beaucoup de similitudes avec celle de Londres. Il s'agit là encore d'une invention romaine.

À l'origine vivaient ici les Parisii, appartenant au peuple des Gaulois sénonais. Pendant la guerre des Gaules, les légionnaires de Jules César les vainquirent en 52 avant J.-C., et quelques dizaines d'années plus tard fut fondée une ville baptisée Lutetia Parisiorum (« la Lutèce des Parisii »). Le fleuve permettait l'acheminement des marchandises et le transport des soldats. Sans compter qu'au beau milieu de la Seine

...nt deux îles qui facilitaient le passage ...taient pas sans rappeler l'île Tibérine, à ... naquit Lutèce, sur la rive gauche de la ... sur la future Île de la Cité.

Sous le règne de Trajan, l'endroit réunit toutes les caractéristiques d'une ville romaine en dépit de sa petite taille. Comment ne pas songer que là où se trouve le Forum s'élèveront les immeubles de la future rue Soufflot et que du côté des thermes nous croiserons des myriades de touristes au carrefour des boulevards Saint-Michel et Saint-Germain ?

Nous voici sur les bords de Seine, au niveau du futur Petit-Pont. De nos jours, tout le monde a une conception romantique des ponts de Paris et des bouquinistes, avec en arrière-plan l'imposante silhouette de Notre-Dame. Mais qu'en est-il au temps des Romains ? Pas la moindre trace de bouquinistes : seulement des marchands, des marchandises et des esclaves affairés à les sortir d'embarcations amarrées aux appontements en bois, sur les rives boueuses du fleuve. Pas le moindre bateau-mouche bondé de visiteurs mais des *naves* destinées au transport de vin ou d'esclaves capturés hors des frontières. Et surtout, pas la moindre Notre-Dame à l'horizon : il faudra attendre plus d'un millier d'années avant de la voir surgir de terre ! Pour l'heure se dresse un imposant temple dédié à Jupiter, et la future Île de la Cité est d'une certaine manière pour Lutèce l'équivalent du Capitole pour Rome. Succédera au temple de Jupiter une basilique chrétienne, puis une église romane, et pour finir la gigantesque cathédrale. La sacralité du lieu, ancrée par les Romains, s'est perpétuée au fil des siècles, à l'image d'un témoin qui se serait transmis jusqu'à cette merveille architecturale qu'est Notre-Dame. Bien sûr, personne ne peut l'imaginer en ce début de IIe siècle.

Tout est-il donc si différent dans le « Paris » romain ? Pas tant que ça. Le charme opère déjà. Pour preuve, un couple d'amoureux, elle blonde et plantureuse, lui grand et celtique, en train de s'embrasser passionnément au bord de la Seine. C'est la version antique du fameux baiser de Doisneau, reproduit à l'infini sur des posters et des cartes postales. Mais poursuivons notre voyage avec le négociant en vin et son esclave. Ils se rendent au bord d'un autre cours d'eau, la Moselle, dans une région du nord de l'Empire qui produit l'un des nectars les plus réputés.

Trèves

Le nectar des dieux

Le vin du Nord

Après un long voyage sous une pluie battante, nous atteignons la cité d'Augusta Treverorum (Trèves). Deux mille ans plus tard, l'agréable ville allemande située à la frontière luxembourgeoise surprend le visiteur. Il ne s'attend pas à une telle profusion de vestiges romains au nord de l'Europe : pont, amphithéâtre, thermes, gigantesque basilique (salle du trône de l'empereur Constantin). Dans l'Antiquité, elle ne devait déjà pas manquer d'étonner ceux qui, après avoir cheminé des jours entre lacs et forêts, se retrouvaient devant tant de grandeur, de richesse et de romanité en ces froides contrées nordiques. Mais il est un autre monument que nous n'avons pas encore admiré et qui résistera beaucoup mieux au temps que les édifices de Trèves : c'est la culture de la vigne.

Le négociant en vin et son aide arrivent en fin d'après-midi, exténués. Ils confient leurs chevaux à une écurie et règlent la pension des bêtes de quelques pièces, dont notre sesterce. Nous ne reverrons plus ces deux hommes ; ils se perdront dans les méandres de l'histoire de l'Empire. Quant à notre monnaie, elle ne va pas appartenir longtemps à son nouveau propriétaire. Dès le lendemain matin, un jeune homme fort élégamment vêtu vient lui reprendre sa monture. C'est une bête magnifique, rapide et puissante — l'équivalent d'une voiture de sport —, raison pour laquelle il l'a confiée à un « garage » sûr et bien gardé. Il débourse un denier et quelques sesterces lui sont rendus, dont le nôtre.

Son cheval, ses riches vêtements et le fait qu'il possède des deniers témoignent de son appartenance à une couche élevée de la société. De fait, il est le fils d'un propriétaire viticole et se rend précisément dans l'un des domaines familiaux. Pour nous, c'est un coup de chance : le vin de Moselle nous attend.

En une heure à peine, nous sommes au cœur de la zone de production. La route longe la Moselle (Mosella), qui coule majestueusement entre des collines boisées et décrit de larges méandres, faisant penser à un gigantesque serpent. Le paysage est d'une beauté exceptionnelle, de ceux qui apaisent l'âme ; mais le plus époustouflant, c'est le vignoble qui recouvre les doux reliefs à perte de vue et semble presque plonger dans la rivière. Il en va de même aujourd'hui. Et s'il nous est encore permis de déguster des vins renommés en provenance de cette région, nous le devons aux Romains, qui avaient compris le potentiel de ces collines et imprimèrent un incroyable élan à la production vinicole.

Leur politique en matière de vin est pour le moins étrange. Pendant des siècles, ils en ont détenu le monopole absolu. Ce breuvage était particulièrement apprécié des populations du Nord, qui l'avaient découvert grâce aux Étrusques avant même de passer dans l'orbite de Rome avec les conquêtes de Jules César. Il était si prisé que les marchands d'esclaves romains négociaient l'achat d'hommes et de femmes contre des amphores de vin. (Des barbares capturaient d'autres barbares des contrées voisines pour les revendre à ces marchands.)

À vrai dire, le vin suivait les légions à la manière d'un chien fidèle et parvenait sur chaque nouveau lieu de colonisation. Il faisait partie des carburants de la vie quotidienne. Imaginez les quantités d'amphores parties d'Italie à destination des régions du Nord ! Les plus belles que l'on puisse admirer dans les musées (amphores de type Dressel 1 et Dressel 2, à la forme effilée ou au col allongé) datent précisément des années de conquêtes. Le simple fait de les contempler revient à regarder une photo de l'époque. Nous pouvons affirmer avec certitude qu'elles remontent aux décennies précédant la naissance du Christ, qu'elles étaient fabriquées exclusivement en Campanie et contenaient du vin provenant d'une zone s'étendant grosso modo du sud du Latium au nord de Naples. On exportait notamment le falerne, si vanté par les auteurs classiques.

Transportées par bateau dans un premier temps, les amphores étaient déchargées sur tous les rivages de la Méditerranée, mais surtout en Gaule. (Cependant, elles ne parvenaient pas toutes à destination, et une bonne partie des épaves romaines chargées d'amphores qui reposent au fond de la Méditerranée nord-occidentale appartiennent à cette période de l'histoire qu'est la colonisation du Nord.) Pas étonnant que les administrateurs romains aient flairé les bonnes affaires ! Ils interdirent même la viticulture dans les régions conquises, contraignant les populations locales à des importations onéreuses. Puis, avec l'extension de l'Empire, apparut une politique de concessions. Mais pendant longtemps, les seuls autorisés à cultiver la vigne furent d'anciens légionnaires, des vétérans ayant reçu dans les zones frontalières des terres en récompense pour avoir combattu au nom de Rome. C'est ainsi que se créèrent de grands domaines du type de celui que nous parcourons à présent.

Mais comment parvenait-on à produire du vin à une telle latitude, et avec quels moyens ? La région autour de Trèves est une mine pour les archéologues, qui ont pu reconstituer les différentes étapes de la production. Autant de découvertes riches en surprises.

Du vin selon la méthode romaine

Nous retrouvons notre jeune homme. Il croise ou dépasse quantité de charrettes montées sur quatre roues, tirées par des bœufs et surchargées de paniers de raisins. La saison des vendanges bat son plein et l'on peut voir, dans les vignes, des hordes d'esclaves aller et venir, leurs hottes remplies de grappes.

Ces vignes seront chantées quelques générations plus tard par le poète Ausone. Leur disposition est très différente de la nôtre : pas de sarments courant sur des dizaines de mètres le long de fils de fer mais une multitude d'arbustes. Leur forme également est curieuse, les sarments ayant été entortillés de façon à former un 8 de la taille d'un homme. Solution ingénieuse puisqu'elle permet de rassembler sur un espace restreint une quantité plus grande de grappes, qui mûrissent magnifiquement de chaque côté du 8 et à l'intérieur de ses boucles.

Le fils du propriétaire arrive devant un portail en bois. Sa monture piaffe. Le magnifique cheval blanc a été repéré de loin, signe d'importantes rentrées d'argent pour la famille. Un esclave ouvre aussitôt et salue obséquieusement le garçon. Celui-ci avance sans même le remarquer et poursuit son chemin au galop dans la montée jusqu'au bâtiment bas où sont foulés les raisins. À son arrivée, un groupe d'esclaves en file indienne interrompt son activité et dépose les hottes sur le sol, les yeux baissés en signe de déférence. Ils sont tout en sueur, à moitié nus, et le raisin coupé rend leur peau poisseuse, mais lui n'en a cure. Il leur ordonne sévèrement de poursuivre le travail et pénètre dans le bâtiment en bousculant l'un d'eux.

L'intérieur se compose d'une unique grande salle. Nous pourrions comparer l'ensemble à un entrepôt industriel. Des hommes déversent à tour de rôle dans un immense baquet ces lourds paniers qui leur labourent les épaules. D'autres esclaves, les *calcatores*, foulent le raisin. Ils sont totalement nus et en nage. C'est un labeur harassant, dans une nuée de guêpes et sous la surveillance de gardiens hurlants. Il faut piétiner les grains des heures durant, les écraser sans répit afin qu'ils rendent leur suc. Pour tromper la fatigue, les travailleurs entonnent des chants de leur pays d'origine, et pour garder l'équilibre ils s'appuient sur d'étranges bâtons qui s'apparentent à des béquilles — sans jamais interrompre leur tâche, bien entendu.

La scène se déroule sous l'œil vigilant de deux divinités peintes sur les murs et grandement vénérées dans la région : Sucellos, d'origine gauloise, protecteur des viticulteurs de Moselle, et Bacchus, d'origine méditerranéenne, protecteur des buveurs de vin.

Le jus de raisin s'écoule en abondance par les ouvertures en forme de gueule de lion et se déverse dans un baquet à travers des paniers d'osier faisant office de filtre pour retenir les peaux et les guêpes mortes. À intervalles réguliers, il est récupéré avec soin et versé dans de petites amphores. Comme sur une chaîne de production bien rodée, des hommes passent des bâtons dans les anses de ces récipients et les transportent dehors. Là, ils versent le moût dans de grandes jarres enfouies dans le sol et dont seul dépasse le col. Ces *dolia* ont la taille d'une machine à laver et vont permettre la fermentation. Si telle est

...de traditionnelle des Romains pour faire le ... ...aulois en ont une autre avec le tonneau ; ...conquérants l'ont adoptée puis répandue en de nombreuses régions de l'Empire. Dans la vallée de la Moselle, on utilise à la fois le *dolium* et le tonneau.

Ces domaines viticoles du nord de l'Europe, comme ceux disséminés dans d'autres provinces, ont déjà le souci d'optimiser leur productivité et d'augmenter les bénéfices en pressant jusqu'au dernier degré leur source de profit. Après le foulage, on peut encore extraire pas mal de jus, et cela les Romains l'ont parfaitement compris. Mais comment procéder ? En recourant à un pressoir qui porte le nom de *torculum*.

Au centre du bâtiment trône effectivement une sorte de casse-noix géant. Il s'agit d'une poutre de 12 mètres de long taillée dans un seul tronc de chêne, avec dessous un bloc de pierre pesant une tonne. D'un côté, la poutre est fixée à la paroi ; de l'autre, elle vient s'emmancher perpendiculairement dans une énorme vis en bois pourvue de bras formant une croix. Au signal, deux gars robustes les agrippent et la vis commence à tourner. Elle fait ainsi descendre l'extrémité de la poutre, qui finit par exercer une pression extraordinaire sur l'énorme pierre. Celle-ci peut alors écraser ce qui, après quelques jours de macération, est demeuré dans la cuve une fois le raisin foulé aux pieds. Ce dernier moût sera ensuite versé à son tour dans les *dolia* et les tonneaux. Le fils du maître des lieux contemple avec satisfaction cet or noir sucré qui s'écoule inlassablement du *torculum*. Il l'ignore encore, mais le pressoir à vis qu'il voit fonctionner restera presque inchangé jusqu'au xixe siècle.

À l'issue de ce dernier pressage subsiste un marc qui, une fois séché, sera transformé en briquettes pour allumer le feu dans les maisons. Rien ne se perd. C'est le recyclage écologique à la mode antique.

La maturation du vin va durer longtemps : dans l'Antiquité, on ne le consomme jamais jeune. Il peut même être conservé quarante ans avant d'être bu ! En théorie. La pratique, ce sont les propriétaires qui la dictent, car ils doivent vendre à tout prix leur vin dans les meilleurs délais pour faire rentrer de l'argent dès l'année suivante. Ils sont aidés en ce sens par la lenteur du système de distribution, tant sont nombreuses les étapes de la livraison par voie terrestre ou maritime (sachant que les navires ne sillonnent les mers qu'une partie de l'année). Entre le moment où une amphore est stockée chez le producteur et celui où le vin qu'elle contient est versé, il peut s'écouler des années.

Nous quittons le bâtiment du *torculum*, dénommé *torcularium*, pour retourner au cœur du vignoble. Quel type de raisin trouve-t-on le long de la Moselle ? Des cépages sélectionnés ayant démontré leur capacité à résister aux conditions climatiques du nord de l'Europe. La vallée du Rhône a probablement servi de voie de diffusion à partir des domaines agricoles autour de Lugdunum (Lyon).

Dans la vallée de la Moselle, on produit plutôt des vins blancs ou « gris ». Mais, fait curieux, les archéologues y ont aussi retrouvé des noyaux de cerises, ainsi que des mûres et des baies de sureau. Ça n'est pas le fait du hasard : des fruits sont ajoutés au vin pour le colorer et surtout pour l'aromatiser, ce qui n'est pas considéré comme du frelatage, pas plus que l'adjonction de miel, dont le sucre permet d'augmenter le degré d'alcool. Double avantage : le vin fort est grandement apprécié parce qu'il permet de s'enivrer, et il ne s'altère pas durant son acheminement vers les zones les plus reculées de l'Empire.

Ce qui déplaît, en revanche, c'est le vin issu du fumage — une méthode originaire de Gaule narbonnaise visant à obtenir un vieillissement accéléré, et qui laisse un désagréable arrière-goût de fumée, comme le souligne le poète Martial. Mais soyons francs, les vins de la Rome antique n'ont strictement rien à voir avec les nôtres : ils ont souvent la consistance de la mélasse et sont allongés d'eau bouillante l'hiver, d'eau glacée l'été, sans parler des adjonctions d'épices. Par ailleurs, le fait que les grains soient pressés sans être débarrassés de la rafle qui les porte rend le breuvage naturellement amer. D'où les édulcorants tels que le miel, mais aussi les sels de plomb.

Ouvrons une parenthèse à ce sujet. On entend souvent dire que la chute de l'Empire romain serait due à une intoxication par le plomb provenant des tuyaux qui distribuaient l'eau potable dans les villes. C'est une idée reçue aussi tenace qu'erronée. Bien sûr, les Romains en ignoraient les risques (intoxication, saturnisme, anémie, ictère, convulsions et œdème cérébral), et il est certain que le plomb faisait des victimes ; cependant il n'était pas absorbé de manière suffisamment massive et généralisée pour fragiliser et décimer un empire tout entier, de la classe dirigeante au peuple, en passant par l'armée. Même les épidémies comme celle qui emporta peut-être l'empereur Marc Aurèle en étaient incapables.

Quoi qu'il en soit, le vin de Moselle est très apprécié, si l'on en juge par le nombre d'embarcations et de chariots transportant tonneaux et amphores. Répétons-le : il est exporté aux quatre coins de l'Empire, et cette région vinicole est donc une sorte d'Eldorado pour de nombreuses familles. Les archéologues y ont découvert une grande quantité de cruches et de coupes en céramique. Elles sont agrémentées de décorations et de propos éloquents, transcription des toasts qui étaient portés au cours des banquets. Ce sont en quelque sorte les voix fossilisées des convives. Ces toasts s'adressaient au héros du jour, à l'amante, à la vie, ou encore à l'hôte pour qu'il ne coupe pas trop le vin — comment lui en vouloir, étant donné son degré d'alcool !

L'une de ces phrases a traversé les siècles. Lorsqu'un Allemand lève son verre en disant *Prosit !* il utilise une expression latine, et un Romain de l'époque que nous explorons le comprendrait parfaitement. *Prosit !* signifie : « Grand bien te fasse ! » Autrement dit : « À ta santé ! » Ce souhait, souligné par le geste, résume à lui seul tout un univers. Celui du vin à l'époque romaine.

Lorsque les morts vous parlent : la Spoon River de l'Empire romain

Rejoignons le fils du propriétaire viticole. Il est en train de regagner Trèves. À l'approche de la ville, comme dans toutes celles de l'Empire, la route devient allée de cimetière. C'est en effet une véritable cité des morts qui nous accueille. Tant à gauche qu'à droite, pierres tombales, sarcophages et autres mausolées émergent de l'herbe. Des noms surgissent partout, tandis que des bustes et des statues nous observent d'un air sévère. On a l'impression de passer en revue une armée de défunts. Puis notre regard tombe inévitablement sur ces inscriptions, qui sont de précieuses sources d'informations.

Nous découvrons alors que les Romains ne vivaient pas bien vieux. La plupart des monuments funéraires évoquent de jeunes disparus. On trouve un tas d'adolescents, et encore plus d'enfants. Quantité d'adultes sont morts avant l'apparition de leurs premiers cheveux blancs. Les statistiques sont impitoyables : dans l'Empire romain, les hommes vivent en moyenne quarante et un ans et les femmes vingt-neuf. Cette médiocre espérance de vie s'explique principalement par le fort taux de mortalité infantile, et l'écart considérable entre les hommes et les femmes est dû au fait que celles-ci commencent à enfanter très jeunes (parfois dès l'âge de quatorze ans) et meurent souvent en couches ou peu après.

N'oublions pas cependant qu'il s'agit là de données statistiques. C'est un peu comme affirmer que tout le monde mange un demi-poulet le dimanche, alors qu'il s'avère que seul le riche en mange un entier, tandis que le pauvre n'en mange pas. Il n'en reste pas moins que les chiffres font état d'un demi-poulet par personne, comme le rappelle plaisamment le poète italien Trilussa. De la même manière, presque aucun Romain ne mourra sous vos yeux le jour de ses quarante et un ans. Certains vivent longtemps, mais ils sont rares. Les enfants pullulent dans les rues tandis que n'y déambulent que quelques vieillards. Exactement comme aujourd'hui dans les pays du tiers-monde. Il est cependant des exceptions. Dans un cimetière pour gens pauvres découvert au Vatican, j'ai pu lire, gravés dans la pierre, des mots qui honoraient la mémoire d'un certain Abascantus, mort à l'âge de... quatre-vingt-dix ans ! Il avait donc vécu plus du double de l'âge moyen d'un homme romain. De son temps, il devait vraisemblablement passer pour un immortel.

Le plus étonnant, c'est qu'au moyen des inscriptions funéraires les Romains font parler les morts à l'adresse des vivants. Alors que sur les tombes d'aujourd'hui on lit presque toujours des hommages aux défunts, l'usage romain veut que ce soit au contraire la personne décédée qui transmette une information.

L'agencement même des cimetières engendre ce désir de communication, car contrairement à notre époque les nécropoles ne sont pas délimitées ou séparées du monde des vivants : elles en font partie intégrante. On a vu que les tombes étaient nombreuses au bord des routes les plus fréquentées, à l'entrée des villes. Il est donc tout naturel que les morts veuillent parler aux vivants, et leurs propos ne sont pas destinés à leur famille mais aux passants.

En somme, ils ressemblent un peu à ces gentils petits vieux que l'on voit assis sur le pas de leur porte : quand vous passez devant eux, ils vous gratifient de quelques mots.

Les Romains ont une raison supplémentaire d'« humaniser » les tombes : ils pensent que l'âme du défunt erre autour de sa sépulture, car pour le commun des mortels il n'y a pas de véritable au-delà (paradis, enfer ou purgatoire) mais le royaume gris des trépassés (l'Hadès), où les âmes, pâles et froides, errent sans conscience parmi les ombres, comme le décrit le chant VI de *L'Énéide*. Les Champs-Élysées sont réservés à de rares élus ayant accompli des actions grandioses et jouissant du privilège de rencontrer les héros du passé.

Souvent, les épitaphes reflètent également la personnalité du disparu. Il peut se montrer romantique, sarcastique, voire doté d'un sens de l'humour qui prête encore à sourire aujourd'hui.

En voici quelques-unes, relevées en différents lieux de l'ex-Empire romain, dont bon nombre par Lidia Storoni Mazzolani[7].

Hymne à la vie
« Les bains, le vin et Vénus usent nos corps. Mais les bains, le vin et Vénus font la vie. »

Un grand travailleur
« C'est ici que je gis, moi, Lemiso, dont seule la mort a pu interrompre le labeur. »

Quoi qu'il arrive, on n'y coupera pas !
« Eh, toi qui passes, viens ici et repose-toi un peu ! Ah, tu secoues la tête ! Tu ne veux pas ? Il faudra pourtant bien que tu reviennes un jour. »

« Voici ton logis. Moi j'y viens à contrecœur, et pourtant il le faut bien. »

tu es aujourd'hui, voyageur, je l'ai été, [...] que je suis aujourd'hui, toi aussi tu le [...] un jour. »

[...]i êtes toujours vivants, profitez de la vie !
« Ici sont les os de Prima Pompea. Le destin promet beaucoup à tant de gens, mais il ne dure pour personne. Vis au jour le jour, heure après heure, car rien ne nous appartient. »

« Jusqu'à mes dix-huit ans, j'ai vécu de mon mieux pour la joie de mon père et de tous mes amis. Ris, amuse-toi, je te le recommande, car ici la rigueur est extrême. »

« Toi qui liras ces mots, porte-toi bien et puisses-tu aimer et être aimé en retour jusqu'à ta dernière heure. Le bien aux hommes de bonne volonté. »

J'ai quitté le terrain
« Je me suis éclipsé, je ne suis plus. Espoir, Fortune, je vous salue. Je n'ai plus rien à voir avec vous. Jouez-vous de quelqu'un d'autre. »

La mort a ses avantages
« Mes ossements, ce qui reste d'un homme, reposent en paix. Je ne me soucie plus de me retrouver soudain réduit à la famine et suis à l'abri des crises de goutte. Je ne dois plus assurer le paiement d'un loyer et jouis pour l'éternité d'un logement gratuit. »

Le sens de la vie et le sens de la mort
« Nous ne sommes rien et fûmes mortels. Toi qui lis ceci, réfléchis-y : issus du néant, nous retournons bien vite au néant. »

« Qui sommes-nous ? De quoi parlons-nous ? Enfin, qu'est-ce que notre existence ? Récemment, un homme vivait parmi nous, désormais il n'est plus. Seuls restent une pierre tombale et un nom. Nulle autre trace. Au fond, qu'est-ce que la vie ? Ça ne vaut pas la peine que tu cherches à le savoir. »

« La vie est-elle bonne ? La vie est-elle mauvaise ? La mort n'est ni bonne ni mauvaise. Demande-toi, si tu as un brin de bon sens, laquelle des deux tu préfères. »

Partir sereinement
« Au terme d'une digne vieillesse, accablé par le poids des ans, les dieux me rappellent à eux. Mes enfants, pourquoi pleurer ? »
« On m'a ôté le soleil. »

Disparitions soudaines
« À Caius Tadius Severus, enlevé par des bandits à l'âge de trente-cinq ans. »
« À Philomenos et Eutychia, qui se couchèrent ensemble en pleine santé et furent découverts sans vie dans les bras l'un de l'autre. »

Mourir en couches
« L'accouchement et le mauvais sort furent la cause de ma mort. Mais sèche tes pleurs, mon bien-aimé, et donne ton amour à notre enfant. Mon esprit a désormais rejoint les astres dans le ciel. » (*Rusticeia Matrona, qui vécut vingt-cinq ans.*)

Une erreur médicale vieille de deux mille ans
« Ici repose Ephesia, bonne mère et bonne épouse, emportée par une fièvre maligne causée par les médecins et qui dépassa leurs prévisions. À ce crime il n'est qu'une consolation : je pense qu'une femme si douce n'a pu mourir que parce que sa nature convenait davantage à la compagnie des dieux. »

Mort d'un « centaure »
« C'est ici que je gis, moi, Florus, enfant aurige. Très tôt j'ai voulu courir, très tôt je fus happé par les ténèbres. »

Trop, c'est trop !
« J'ai été suffisamment pleurée ; il serait bon que la douleur cesse. Une fois que nous sommes morts, les gémissements sont inutiles. »

Un comédien plein d'humour
« Leburna, maître dans l'art du mime, repose ici, lui qui vécut près de cent ans. Je suis mort tant de fois, mais jamais de cette façon ! À vous, là-haut, je souhaite une bonne santé. »

Le plus surprenant, sur les tombes romaines, c'est la précision quasi obsessionnelle avec laquelle est donné l'âge. On y trouve parfois, outre la mention des années, des mois et des jours, celle des heures ! Comme si le moindre souffle de vie devait être pris en compte :

« Callista vécut seize ans, trois mois et six heures. Elle devait se marier le 15 octobre mais mourut le 11. »

On découvre quantité d'autres curiosités à la lecture de ces inscriptions lapidaires. Certaines comportent des rappels à l'attention du voyageur peu scrupuleux, telle que l'interdiction de faire ses besoins en ce lieu, et s'adressent directement à lui en le qualifiant de *cacator*.

« Lucius Caecilius, affranchi de Caius Lucius Florus, vécut seize ans et sept mois... Que celui qui déféquera ou urinera sur cette tombe s'attire la foudre des dieux du haut et du bas. »

Avouons que la faible fréquentation des nécropoles et la quantité de monuments permettant d'y échapper aux regards indiscrets incitent à utiliser ces endroits comme toilettes. Il n'est pas rare non plus d'y croiser quelques prostituées dans l'exercice de leurs fonctions. Pour une bonne et simple raison : tout comme aujourd'hui aux abords des villes, ces routes sont fréquentées principalement par des hommes en déplacement pour leurs affaires. Et là encore, il est facile de s'isoler parmi les tombes, histoire de préserver un peu d'intimité.

Des gratte-ciel pour les morts (riches)

Grâce aux inscriptions funéraires, nous sommes donc en contact direct avec des gens morts il y a deux mille ans. Des personnes ordinaires, bien sûr, mais aussi et surtout les membres de familles très importantes. Il suffit de poursuivre notre promenade dans la nécropole de Trèves pour nous en rendre compte, car ces familles ont fait construire des tombeaux gigantesques qui se dressent tels des gratte-ciel. Certains se présentent sous forme de tours carrées dont le sommet en pointe culmine à plus de 20 mètres (ainsi dans l'actuel Igel, village situé à quelques kilomètres de la ville). Si de leur vivant les riches possèdent de somptueuses villas, il en va de même après leur mort avec ces mausolées dont on peut admirer quelques exemples au musée archéologique de Trèves (Rheinisches Landesmuseum). Nombre d'entre eux datent du IIIe siècle, mais nous pouvons aisément supposer qu'il en existait déjà de semblables au IIe siècle. Ce sont parfois de véritables chefs-d'œuvre, avec, reproduites dans la pierre, une multitude de scènes montrant les disparus quand ils vaquaient encore aux activités quotidiennes des vivants — activités dont le choix ne relève jamais du hasard et qui témoignent invariablement de leur richesse, ainsi exhibée sous nos yeux.

Ce qui surprend dans ces scènes, c'est qu'elles visent à raconter la façon dont la famille s'est enrichie. On va jusqu'à figurer l'ancêtre assis à une table, ses clients ou serviteurs défilant pour déposer devant lui des sacs pleins à craquer de pièces de monnaie. Le défunt est alors montré en train de consigner scrupuleusement les rentrées d'argent sur un grand registre, avec la minutie d'un comptable. Sur une autre face du tombeau apparaît parfois son épouse, installée dans un fauteuil à haut dossier en osier (très semblable aux nôtres) et entourée d'esclaves qui la coiffent avec soin. On découvre ailleurs la progéniture, assise autour du précepteur qui lui fait cours.

La représentation sculptée d'amphores au sommet de plusieurs monuments funéraires ne nous a pas échappé. Elles sont empilées telles les oranges au marché. Le mort s'était donc enrichi grâce au commerce du vin. Et un incroyable détail nous saute aux yeux : chacune de ces amphores est revêtue de paille tressée, à l'exception du col et des anses. De toute évidence, c'est un procédé pour éviter la casse durant le transport. Nous pensons à certaines de nos bouteilles de vin, protégées de la sorte. Peut-être, au cours d'un repas, avons-nous été témoins, sans même en avoir conscience, de la pérennisation de cette coutume, véritable fossile archéologique légué par les Romains.

Un autre tombeau, très spectaculaire, a la forme d'une embarcation. Sa proue ornée de deux yeux semble réellement fendre l'eau. À l'avant, une tête de dragon comme sur les drakkars. À l'arrière, une tête d'ours. On distingue également un grand nombre de rameurs et, au centre du bateau, cinq énormes tonneaux que le défunt, présent à bord, désigne avec l'air de dire : « Voyez la quantité de vin que j'ai vendue. Vous n'imaginez pas à quel point je me suis enrichi ! » Plus personne aujourd'hui ne se ferait représenter ainsi sur sa tombe ; mais à une époque où seuls importent l'argent et la position sociale, c'est tout naturel.

On peut d'ailleurs imaginer ce qui traverse l'esprit du fils du propriétaire viticole tandis qu'il passe à cheval devant ce monument. Dans un tel système, les gosses de riches se trouvent en effet dans une posture inconfortable. Tant que leur père est en vie, ils demeurent sous leur autorité et ne peuvent en aucun cas gérer le patrimoine ou disposer de biens propres. Normal quand ils sont encore jeunes. Mais l'affaire devient délicate si le père, parvenu à un âge avancé, persiste à vouloir tenir les cordons de la bourse alors que ses enfants commencent à voir apparaître leurs premiers cheveux blancs. Il n'est donc pas étonnant que certains rejetons en viennent à tuer leur paternel. Les dettes sont parfois la cause d'un tel geste, et engager des tueurs ou recourir au poison doit permettre d'accéder enfin au coffre familial et de rembourser les créanciers. C'est le motif qu'avança Macedo, un homme ayant vécu sous Vespasien, pour justifier le meurtre de son père. L'affaire fit grand bruit et le Sénat vota une loi *(senatus consultum Macedonianum)* qui interdisait à quiconque de consentir un prêt aux individus encore sous l'autorité paternelle.

À quoi s'expose un parricide ? À un châtiment terrible. Le coupable est enfermé dans un sac avec un serpent, un coq, un singe et un chien vivants. L'ouverture est ensuite cousue, puis le sac jeté dans une rivière. Ce supplice a été infligé maintes fois à Rome. Nous en trouvons trace sous Constantin, mais déjà aussi sous Claude, qui, selon Sénèque, « ensacha » en quelques années plus de parricides que tous ses prédécesseurs réunis.

Le vin glacé

Le cavalier pénètre enfin dans Trèves, qui de nos jours attire des touristes du monde entier. Cette ville est probablement le site romain le plus extraordinaire que l'on puisse trouver au nord de l'Europe, et la Porta Nigra (« Porte Noire » en latin) en est véritablement le symbole. Elle est flanquée de deux tours qui s'élèvent respectivement sur trois et quatre niveaux avec une multitude d'arcades et d'ouvertures. Une certaine émotion s'empare aujourd'hui de nous lorsqu'on la franchit en songeant aux nombreux Romains qui firent de même au fil du temps.

Mais notre jeune homme, lui, ne la voit pas : il faudra attendre un bon demi-siècle avant qu'elle soit construite. Elle sera si monumentale qu'au Moyen Âge sa partie inférieure deviendra une église, et le haut un monastère ! Puis Napoléon ordonnera la démolition des ajouts religieux et la Porta Nigra retrouvera son aspect initial. C'est étrange comme certains lieux marquent plusieurs fois le cours de l'Histoire. Saint Ambroise, dont le père était préfet des Gaules, verra le jour à Trèves. Très longtemps après, à un jet de pierre de la Porta Nigra, naîtra Karl Marx. Sa maison, encore visible aujourd'hui, est l'une de celles qui longent l'ancien axe romain à partir de la gigantesque porte de la cité.

À notre époque, cette artère est jalonnée de magasins, de restaurants et de glaciers, mais qu'en était-il dans l'Antiquité ? En compagnie du garçon, nous avons l'impression de passer devant les mêmes boutiques, les mêmes tavernes. Rien ne semble avoir changé au fil des siècles.

Il met pied à terre devant une *popina*. Une fois son cheval attaché, il s'installe à l'une des tables disposées le long du trottoir — les terrasses envahissent déjà la voie publique — et demande du vin, naturellement.

« Bien glacé », précise-t-il.

Au XXIe siècle, il se verrait apporter du blanc sorti du réfrigérateur. Mais comment faisait-on au IIe siècle ?

La commande a aussitôt été transmise à l'intérieur de l'établissement. La jeune fille derrière le comptoir sort un peu de glace d'un compartiment, la dépose dans une passoire en bronze et la broie. Elle s'empare ensuite d'un pichet et verse le vin dessus. La glace prend alors la couleur du « nectar des dieux » et le vin refroidi, pour ne pas dire glacé, s'écoule des ouvertures, emplissant une belle coupe en terre cuite. La fille ajoute ensuite quelques épices. Ses gestes sont rapides, assurés et infiniment gracieux.

Après avoir déposé la coupe de vin frais sur un plateau, elle se faufile entre les tables. Nombre de clients ont remarqué cette jeune créature très brune, menue, aux manières délicates et aux yeux en amande, qui se déplace avec une légèreté surprenante.

Elle s'approche discrètement du fils du propriétaire viticole, qui est en train de regarder vaguement les passants. Il découvre alors cette serveuse aux yeux rieurs et pleins de vie, sort machinalement notre sesterce sans cesser de la contempler puis le dépose sur le plateau. C'est un bon pourboire, une façon de signifier à la serveuse qu'il est conquis par tant de beauté.

Se précipiter à l'autre bout du monde

À la table voisine, un client a observé la scène du coin de l'œil, le sourire aux lèvres. Il est grand, blond, avec des yeux clairs. Il a tout d'un Nordique. De plus, sa courte barbe nous indique qu'il est probablement militaire. C'est qu'on ne porte guère la barbe sous le règne de Trajan, et il en est ainsi depuis des décennies. L'homme romain semble toujours fraîchement rasé, à l'image de l'empereur. Les choses changeront avec Hadrien, son successeur : ce barbu lancera une mode qui traversera les générations.

À l'époque qui nous intéresse, quiconque se laisse pousser la barbe est soit quelqu'un en deuil, soit un accusé tentant d'attendrir ses juges, à moins qu'il ne s'agisse d'un barbare ou d'un soldat. Difficile, pour ces derniers, de rester parfaitement imberbes quand ils sont en campagne. Légionnaires et troupes auxiliaires sont donc dispensés du rasage de près.

Le militaire indique à la jolie fille qu'il souhaite régler le repas qu'il vient de consommer, et il reçoit notre sesterce en monnaie. Il se lève alors et se dirige vers son cheval. Quelle sera notre prochaine destination ? Il doit se rendre sur l'une des frontières de l'Empire, celle établie le long du Rhin. C'est un centurion. Il était en permission, mais ordre lui a été donné de rejoindre de toute urgence sa centurie, l'unité de base d'une légion (80 hommes). Il en a déduit que quelque chose se préparait...

Curieusement, notre pièce est passée assez vite de la frontière du nord de la province de Bretagne à celle qui longe le Rhin, sans doute plus sensible encore. Car par-delà le grand fleuve vivent les peuples barbares probablement les plus redoutables : les Germains.

À mesure qu'il se rapproche de sa destination, le centurion comprend l'importance de l'opération à venir. Il croise un nombre impressionnant d'unités et de détachements *(vexillationes)*, envoyés par d'autres légions ou forts de frontière. Certains marchent depuis des jours. À leur tête flottent les enseignes, ostensiblement brandies par les *signiferi*.

L'officier découvre alors que les principales légions du Nord ont toutes envoyé des renforts, à l'exemple de la Legio VIII Augusta, cantonnée à Argentoratum (Strasbourg), et qui s'est illustrée dans maintes batailles, notamment celle d'Actium contre les troupes de Marc Antoine et de Cléopâtre. Il y a aussi des soldats de la Legio I Minervia, stationnée à Bonna (Bonn), dont les étendards arborent l'effigie de la déesse Minerve, et qui a affronté les Daces quelques années plus tôt, lors de sanglantes batailles à l'initiative de Trajan pour la conquête d'un territoire correspondant à peu près à l'actuelle Roumanie.

Tous sont des professionnels de la guerre capables d'éliminer un être humain de la façon la plus expéditive qui soit. C'est à cela qu'ils ont été formés. Pour l'heure, ils s'acheminent en silence vers leur nouvelle mission, pointant leur lance vers le haut et supportant un lourd attirail. Seul résonne un bruit métallique cadencé, le cliquetis choral de leurs armes et armures à chaque pas. On l'entend de loin, tel un tambour annonçant leur arrivée. Pour rythmer leur marche, certaines unités entonnent des chants militaires, repris par les commandants eux-mêmes.

Le centurion salue ses frères d'armes au passage, sans poser de questions. À en juger par leur pas régulier et soutenu, l'ordre est de toute évidence d'atteindre rapidement le Rhin. La vitesse à laquelle les légionnaires se déplacent est véritablement hallucinante. Ils sont entraînés à parcourir 20 milles romains (30 kilomètres) en à peine cinq heures, avec 30 kilos sur le dos !

Chaque soldat est en effet habitué à porter son propre matériel : armure, armes, ustensiles de cuisine, outils de forage, ainsi que deux pieux pour ériger l'enceinte du camp, qu'il faut aussitôt monter en territoire ennemi au terme de la marche quotidienne. Cela implique de creuser tout autour une tranchée de 3 kilomètres de long, pour une profondeur de 1 à 3 mètres (selon le degré de danger du moment) et une largeur équivalente, puis de former sur le bord du fossé, avec la terre excavée, un remblai où planter les pals. Il faut enfin monter les tentes de 6 000 soldats à l'intérieur de ce périmètre défensif. Comme elles sont en peau de chèvre, les Romains ne disent pas qu'ils partent « sous les drapeaux » mais *sub pellibus*, « sous les peaux ». On obtient au final un quadrilatère d'environ 800 mètres de côté, avec des tentes rigoureusement alignées et réparties en quartiers, des allées principales, un Q.G., etc.

Avez-vous une idée du temps qu'il faut aux soldats romains pour construire ce gigantesque campement ? Deux heures à peine ! Pour la bonne et simple raison que chacun des 5 000 à 6 000 hommes d'une légion sait parfaitement ce qu'il a à faire et s'exécute rapidement en un endroit donné.

Il n'est donc pas étonnant que les légions soient considérées depuis des lustres comme une armée d'exception. Alors qu'il est d'usage en cas de guerre de rassembler d'urgence le maximum de soldats disponibles en misant exclusivement sur le nombre et la violence — ainsi procèdent les barbares —, les Romains, eux, ont créé une armée de métier soumise à un entraînement régulier. Même en temps de paix, les légionnaires parcourent 36 kilomètres trois fois par mois avec leurs 30 kilos sur le dos, et ce pendant les vingt à vingt-cinq années que dure leur service, chaussés des éternelles *caligae* sur les chemins de terre comme en rase campagne, sous la chaleur écrasante de l'été comme sous la pluie battante de l'automne, et bien sûr aussi dans le froid perçant de l'hiver.

Les légions romaines ont sans conteste une mobilité supérieure à celle de n'importe quel ennemi, et ce n'est pas leur seule qualité : elles savent aussi comment se positionner au mieux lors des combats et quelle partie du corps de l'adversaire frapper de leurs glaives. Elles représentent une machine de guerre bien huilée où discipline, promptitude, entraînement et capacité d'adaptation sont les clés de la victoire. En ce sens, nous pouvons les comparer aux armées modernes, où organisation, stratégie et technologie constituent la base de toute intervention.

Dans ces conditions, il n'est pas facile de devenir légionnaire : la sélection est rude, l'entraînement très éprouvant, comme dans tous les corps d'élite contemporains, marines ou autres forces spéciales. Nous sommes habitués à voir dans les films américains des recrues se faire tabasser par des sergents sadiques, mais pour les légionnaires romains la situation est pire encore. Les centurions se montrent particulièrement impitoyables et frappent les soldats, novices ou confirmés, de leur gourdin en bois d'olivier. En cas de manquement grave (comme le fait de s'endormir pendant son tour garde en territoire ennemi), le fautif sera battu à mort par ses camarades.

Les recrues s'exercent au combat en recourant aux méthodes des gladiateurs, lesquelles consistent à viser un poteau planté dans le sol, de manière à affiner leur tir sur une cible longue et étroite. Car chaque coup porté à l'adversaire sur une ligne allant du front au pubis aura plus de chances d'être mortel. Dans un premier temps, les hommes s'entraînent durant de longues périodes avec de lourdes armes en bois et des boucliers en osier pesant le double des boucliers ordinaires, ce qui permet d'acquérir de la force dans le mouvement. Une fois ce niveau atteint (selon l'avis des officiers supérieurs supervisant les entraînements depuis des tribunes), on passe aux armes véritables. Elles semblent bien plus légères en comparaison, et seront d'autant plus fatales. Dans ces conditions, on comprend qu'un contemporain ait décrit les entraînements comme des batailles où le sang n'est pas versé, et les batailles comme des manœuvres sanglantes.

Par-delà le Rhin

Une bataille contre les barbares

Un aéroport romain

Nous retrouvons le centurion parti de Treverorum. Il se nomme Titus Alfius Magnus et arrive enfin à Mogontiacum, l'actuelle Mayence. Le Rhin s'étend majestueusement à ses pieds. La ville est en effet un port important. Avez-vous noté cet élément surprenant ? La quasi-totalité des grandes cités de l'Empire romain se trouvent en bordure de fleuve ou de mer. Ça n'est plus le cas aujourd'hui, où la proximité d'une voie navigable n'est pas indispensable. Mais au IIe siècle il en va tout autrement : l'eau demeure un élément primordial pour les grands centres urbains. Essentielle à divers aspects de la vie quotidienne et aux activités productives, elle offre une solution de transport idéale à l'intérieur des terres. Les cours d'eau sont l'équivalent de nos avions : ils permettent la circulation des biens et des personnes à grande échelle, et plus rapidement que sur les routes, où les chariots sont non seulement lents mais d'une capacité limitée.

Mogontiacum est donc un véritable aéroport de l'Antiquité, l'ancêtre de celui de Francfort, et les nombreux bateaux amarrés sont un peu comme les avions reliés aux passerelles. Mais c'est également une cité militaire, un lieu stratégique aux frontières de l'Empire. En plus des « avions civils », on remarque des « appareils de combat » ou réservés au transport de troupes. Car Mogontiacum est l'un des principaux ports de la Classis Germanica, la flotte du Rhin. Pour les Romains, l'existence d'une flotte militaire est aussi nécessaire sur les fleuves que sur mer. Le Rhin et le Danube ont certes une importance capitale en matière de commerce, mais ils constituent également des frontières. Des embarcations aussi légères que rapides patrouillent en permanence sur leurs eaux, et ce sont elles qu'observe notre centurion tandis qu'il longe le quai à cheval.

Une liburne *(liburna)* s'avance, bercée par les flots, et amorce un large virage. C'est un bateau à la silhouette effilée, d'une vingtaine de mètres de long, dont la proue en forme de fer à repasser pointe vers le courant, tandis que la poupe en demi-boucle s'élance vers le ciel. La grande voile carrée a été repliée et les soldats souquent ferme pour faire avancer ce navire qui fait penser à un mille-pattes glissant sur l'eau. Au rythme d'ordres secs, ils manient des rames de plus de 4 mètres de long.

Savamment manœuvrée par le timonier, la liburne s'apprête à accoster, et deux hommes sautent à terre pour accéder aux bittes d'amarrage en bois. Mais comme si elle rechignait à mettre un terme à son périple sur le Rhin, elle dévie un peu sur le côté et ses cordages tendus émettent de longs crissements. Puis elle capitule et vient se ranger le long du quai. Les soldats quittent leur poste pour récupérer leur équipement et leurs armes — des lances, mais aussi des arcs, parfaits pour frapper l'ennemi sur les berges.

Le centurion découvre, à la proue, l'artillerie de la liburne, qui n'a rien à envier à nos canons actuels. Il y a là un scorpion, l'arbalète géante sur trépied que nous avons déjà vue à Vindolanda. Mais ce modèle-ci est légèrement différent : le chargement est assuré par un curieux système à manivelle entraînant une sorte de chaîne de bicyclette capable de tendre la puissante corde qui décochera les flèches. Cela n'est pas sans rappeler une invention de Léonard de Vinci. Pendant ce temps, deux embarcations très légères passent sur le Rhin. Leurs rames, la kyrielle de boucliers ronds ornant leurs flancs et la tête de dragon hérissée à la proue évoquent les futurs drakkars. Ces prestes navires sont les avions de chasse de l'époque. À la lueur du crépuscule, leurs coques colorées laissent deux sillages nets sur les flots. On dirait des comètes glissant silencieusement sur la nappe dorée du fleuve.

Dans le port militaire, l'activité bat son plein ; on charge du matériel, des tentes et des vivres. Apparemment, on prévoit une opération d'envergure. Tout en se posant mille questions, le centurion presse son cheval en direction du fort de la ville, où est cantonnée sa légion, la XXII Primigenia.

De l'autre côté du Rhin commence un monde de ténèbres, selon les Romains. Dans d'épaisses forêts, des peuples belliqueux vivent encore à l'âge de fer et n'hésitent pas à en sortir pour venir vous massacrer dès que l'occasion se présente.

Une habile stratégie aux frontières

Quelle est la meilleure façon de protéger une frontière comme celle établie le long du Rhin ? Il s'agit là encore d'une invention romaine. Naturellement, les solutions apparaissent différentes selon le type de terrain et les périodes de l'Empire. D'une manière générale, nous ne pouvons parler de frontière au sens où nous l'entendons aujourd'hui, c'est-à-dire une délimitation sur une carte, qui fait que de ce côté-ci du tracé nous sommes dans un pays et de ce côté-là dans un autre. La frontière romaine est une large bande de territoire sillonnée de routes et jalonnée de forts, sur laquelle évolue l'armée.

L'exemple de notre peau peut nous aider à le comprendre : elle n'est pas composée d'une simple couche mais de plusieurs strates solidaires les unes des autres. La partie superficielle, formée de cellules pouvant se renouveler (l'épiderme), subit le premier impact de nos ennemis (bactéries, égratignures...) ; la couche suivante, très épaisse, est un tissu où les vaisseaux sanguins et lymphatiques assurent la circulation des troupes (anticorps, globules blancs...) et des vivres (graisse, sucres, oxygène...). C'est plus ou moins ce qui se passe aux limites de l'Empire. Cette bande de territoire, à l'exemple de la peau, se compose de plusieurs frontières situées à différentes distances des contrées non conquises. Pour chacune, une route permet les mouvements de troupes et de matériel ; elle se ramifie en voies secondaires afin d'atteindre fortins, places fortes et tours de guet, disséminés de manière stratégique.

Les Romains choisissent toujours une barrière physique qu'ils pourront border d'une route : une montagne ou un fleuve (comme ici le Rhin) ; dans le cas contraire, ils en érigent une (ainsi le futur mur d'Hadrien). L'idée est simple : au-delà de cette barrière se trouvent des avant-postes tenus par des troupes qui ne sont pas romaines mais néanmoins alliées — les fameuses troupes auxiliaires. Elles constituent la « peau morte » de l'Empire parce qu'elles subissent les premiers assauts et se remplacent facilement.

Du côté intérieur de la barrière, des forts abritent d'autres troupes, plus nombreuses et mieux organisées. Enfin, plus en retrait encore, des légions sont cantonnées dans des places fortes. Jamais elles ne sont placées en première ligne. La logique qui prévaut consiste à opposer à l'ennemi des soldats n'appartenant pas à l'élite ; quand cela ne suffit pas, on a recours à la fine fleur de l'armée romaine. Un peu comme si, lors d'un match de foot, le meilleur joueur n'évoluait pas en milieu de terrain mais en défense. Un attaquant d'en face doit alors vaincre tous les autres adversaires avant de pouvoir se mesurer au plus fort. Mais cette configuration frontalière n'est pas toujours applicable. Dans les déserts d'Orient ou d'Afrique, par exemple, la construction de forts se limite aux oasis et aux villes, lieux alimentés en eau, ainsi qu'aux carrefours d'échanges commerciaux.

Outre la frontière militaire, il en existe une que nous pourrions qualifier de « diplomatique ». L'Empire jouxte souvent des États tampons. Ils sont ses clients et n'ont d'autre choix du fait de la menace des légions toutes proches. Au-delà de ces entités, une zone de sécurité supplémentaire est formée de peuples ou de tribus sur lesquels l'Empire exerce une influence moins directe mais toujours efficace, que ce soit à coups de pièces d'or ou en semant la discorde entre eux, privilégiant l'un au détriment de l'autre pour empêcher qu'en s'unissant ils ne deviennent une force impossible à contenir. C'est le principe du « diviser pour mieux régner », et nombre d'invasions surviendront parce que Rome ne saura plus se faire respecter hors de ses frontières.

La XXIIe légion marche contre l'ennemi

Notre sesterce, mêlé à d'autres pièces dans la bourse du centurion, a été caché au pied d'un arbre, sous une racine. Leur propriétaire ne tient pas à ce qu'elles tombent aux mains de l'ennemi s'il venait à mourir ou à être capturé. Beaucoup de soldats accomplissent, comme lui, ce qui est devenu un geste superstitieux. C'est que l'officier et ses hommes cheminent depuis l'aube en territoire chatte, mais cette vaste « opération de police » ne laissera aucune trace, car nul document ne viendra en témoigner.

Les troupes ont mis deux jours pour parvenir jusqu'ici. Toutes les embarcations disponibles ont été réquisitionnées pour transporter hommes, matériel et chevaux : des véloces liburnes aux plus gros chalands (l'équivalent de nos péniches). S'est ensuivie une longue marche jusqu'aux confins du territoire tampon.

La destruction de plusieurs tours de guet et de deux avant-postes d'auxiliaires par un gros contingent de barbares chattes est à l'origine de l'intervention romaine. Ces agresseurs sont des Germains fiers et belliqueux qui, au cours des dernières décennies, se sont opposés à Rome en de violents affrontements et lors d'incursions dévastatrices. Depuis longtemps ce peuple entretient la pression aux frontières de l'Empire, qui n'a jamais réussi à établir d'accords durables avec lui. Cette fois, il est fort probable que les Chattes veuillent profiter du fait que Trajan est retenu très loin du Rhin par la guerre en Mésopotamie. Il faut absolument repousser l'offensive des Chattes, qui cherchent à tester les défenses romaines, avant que l'idée que Rome est affaiblie ne se propage à d'autres tribus.

La Legio XXII Primigenia, dédiée à la déesse Fortune (Fortuna Primigenia), fut fondée en 39 de notre ère par l'empereur Caligula. Ce n'est pas la première fois qu'elle affronte des Chattes, et elle les a toujours vaincus. Elle a la réputation d'une armée de durs à cuire, rompus à combattre les adversaires les plus coriaces. Oublions les années qui suivirent la chute de Néron, où lors de confrontations fratricides contre d'autres légions elle fit parfois le mauvais choix. Elle sut ensuite se racheter, notamment en étant la seule légion à avoir résisté aux attaques des révoltés bataves, en 70, ce qui en dit long sur la trempe de ses soldats. En 89, elle contribua à la défaite de l'usurpateur Lucius Antonius Saturninus, et en récompense l'empereur Domitien lui conféra le titre de *Pia Fidelis* (« dévouée et loyale »).

À bien observer les visages de ces hommes qui marchent, on remarque leurs regards assurés et leurs corps rendus plus forts et résistants par des années de vie aux frontières, comme en témoignent leurs cicatrices. Mais ce qui frappe surtout, c'est leur détermination de guerriers professionnels et leur impatience à se mesurer à leur ennemi juré. La colonne progresse dans la plaine et l'on devine dans le lointain de sombres forêts. C'est de là-bas, si l'on en croit les survivants, qu'ont surgi les hordes de barbares qui ont donné l'assaut, et c'est dans ces mêmes forêts qu'elles ont ensuite disparu, telles des murènes dans les rochers.

Une légion en mouvement répond à une organisation bien précise. En tête, il y a toujours la cavalerie qui, tel un essaim d'abeilles, ouvre la voie en déjouant d'éventuelles embuscades. Viennent ensuite les troupes auxiliaires, avec des armes légères, et enfin la légion elle-même, divisée en cohortes, avec le ravitaillement et les machines de guerre.

Titus Alfius Magnus se trouve pratiquement en tête avec sa centurie. De temps en temps, il se retourne pour jeter un œil à la longue colonne. Il aperçoit même le cheval blanc du légat *(legatus),* qui commande la légion, un homme déterminé et sûr qu'il tient en haute estime. Il distingue parfaitement, entre le légat et lui, les emblèmes de la XII Primigenia : le capricorne et Hercule, représentés sur les nombreux insignes et étendards flottant au-dessus des casques. Sans oublier l'aigle d'or, véritable âme de la légion, qui avance avec la première cohorte au bout d'une longue hampe. L'honneur de la porter revient à l'*aquilifer*, un soldat dont le casque est recouvert d'une peau de lion, gueule béante, laquelle lui descend jusqu'aux épaules telle une cape. Perdre cette aigle au cours d'une bataille constitue un immense déshonneur parce qu'elle est bien plus qu'une simple enseigne : elle incarne l'esprit de la légion, c'est presque une divinité. Et si jamais elle vient à être prise ou détruite, cela peut provoquer la dissolution du corps d'armée.

Le profil en or de Trajan, placé dans une niche au sommet d'une autre hampe, revêt une importance tout aussi capitale : il symbolise le lien direct entre l'empereur et la légion.

À cette forêt de symboles se mêlent d'autres insignes pour le moins curieux. Chaque centurie possède en effet de très longues lances sur lesquelles sont fixés des disques d'or et un croissant de lune. Leur signification n'est pas claire. Peut-être se réfèrent-elles aux campagnes déjà menées par la légion (disques) et aux mers ou aux fleuves franchis pour livrer bataille (croissant de lune). Toujours est-il que leur nombre ne dépasse jamais six par légion — un chiffre dont là encore le sens nous échappe. Elles sont terminées par une couronne de lauriers dorée ou d'autres symboles tels qu'une main ouverte (comme si elle saluait en signe de loyauté). Quant aux porte-enseignes *(signiferi)*, ils sont revêtus d'une peau d'ours ou de loup dont la gueule, tous crocs dehors, recouvre leur casque.

La légion en chiffres

Pendant que nous y sommes, tentons d'éclaircir brièvement quelques termes qui nous sont familiers. Qu'est-ce qu'une cohorte ? Une centurie ?

Partons d'un lieu insolite : une chambrée dans un fort romain. Chacune est occupée par huit soldats qui finissent par devenir très proches et forment un *contubernium*, l'unité de base de l'armée romaine. Voici comment, à partir de là, on aboutit à une légion :
– 10 *contubernia*, soit 80 hommes, représentent une centurie ;
– 6 centuries constituent une cohorte ;
– 10 cohortes forment une légion.

On le voit, les Romains ont le sens pratique. Mais les faits sont loin d'être aussi simples, les cohortes n'étant pas toutes homogènes. Alors pardonnez-moi, mais tant qu'à être précis…

Chaque légion est ainsi composée :
– 9 cohortes classiques de 6 centuries, soit 480 hommes par cohorte ;
– Une cohorte spéciale (première cohorte) de 800 hommes, composée de 5 centuries doubles (160 hommes) ;
– 120 cavaliers.

Soit un total de 5 240 hommes.

Chaque centurie est commandée avec la plus grande sévérité par un centurion. À l'exemple de Titus, qui d'un coup de bâton a fait redresser un bouclier porté trop bas par un légionnaire distrait.

L'idée de ces huit hommes constituant l'élément de base d'une légion est véritablement ingénieuse. Les déplacements se font d'ailleurs sur dix rangs de huit soldats. C'est l'un des secrets de l'armée romaine : vivre ensemble durant tant d'années unit très fortement ces compagnons d'armes lors des combats, et cela contribue à la cohésion de la ligne offensive.

Ennemi en vue !

Notre centurion est l'un des premiers à apercevoir, derrière une éminence, un nuage de poussière qui est encore loin mais monte déjà dans le ciel : l'ennemi est en marche vers la légion. Des cavaliers à l'avant se retournent pour confirmer l'information. Peu après, le commandant se détache de la colonne et grimpe sur la colline avec une escorte et ses lieutenants.

D'en haut, le spectacle est impressionnant. Les Chattes se trouvent encore à plusieurs kilomètres, mais ils se sont adjoint de nouvelles forces et se comptent désormais par milliers. Sûrs d'eux, ils foncent droit sur les Romains à la manière de prédateurs affamés. N'oublions pas qu'ils sont sur leur propre territoire et considèrent donc leurs adversaires comme des intrus.

Membres de la XXIIe légion et des troupes auxiliaires, soldats envoyés par la VIII Augusta et la I Minervia : tous ont les yeux rivés sur le légat à cheval, qui à grand renfort de gestes secs donne des instructions précises. Des officiers reviennent au galop. Ordre est donné de grimper sur la colline et de se déployer sur l'autre versant, face à l'ennemi. C'est là qu'aura lieu la confrontation. Nous n'irons pas au-devant des barbares : nous les attendrons.

Décider du lieu où se déroulera la bataille est une attitude typique des généraux romains. Tout comme ne commencer à se battre que si l'on est sûr d'occuper la position la plus favorable. Or ce versant revêt une importance stratégique. Il permettra aux Romains de dominer par leurs tirs l'assaut des hordes germaniques. En outre, ils auront le soleil dans le dos alors que les Chattes l'auront dans les yeux.

Le son du cor et les injonctions des centurions s'élèvent en différents points de la colonne. Les étendards sont inclinés sur le côté pour indiquer la colline. Rapidement, mais dans l'ordre, des milliers de soldats la gravissent et commencent à se déployer de l'autre côté.

Les chariots contenant le matériel s'arrêtent au sommet, gardés par quelques centuries d'auxiliaires et des légionnaires de la VIII Augusta. Ces derniers se mettent rapidement à creuser un profond fossé de défense tout autour. L'équipement est vital et doit être protégé. Les pièces d'artillerie sont alignées et montées sans délai. Il y a là des *scorpiones* ainsi que le modèle supérieur, des balistes *(ballistae)*. Chaque légion possède au moins une soixantaine de pièces, mais ici elles sont plus nombreuses, d'autant que des armes insolites ont fait leur apparition : des *scorpiones* hissés sur de petites charrettes tirées par deux chevaux. Ces ancêtres du char d'assaut ont déjà été utilisés lors de la conquête de la Dacie. Deux hommes se tiennent dans le véhicule, l'un vise et décoche les traits, tandis que l'autre réarme la machine grâce à un curieux système de manivelle permettant de ramener la corde en arrière pour la tendre. Les projectiles, munis d'une pointe de fer, mesurent 60 centimètres de long. Formidablement précis, ils peuvent atteindre une cible à 100 mètres.

Ces armes sont d'une violence inouïe et l'on connaît l'exemple d'un chef goth qui s'est retrouvé cloué à un arbre par un tel dard ! En tirant vers le haut pour obtenir une trajectoire parabolique, on augmente la portée (jusqu'à 400 mètres) et la cadence (trois à quatre coups par minute). Naturellement, la précision est moindre, mais l'ennemi n'en reçoit pas moins une pluie de 240 projectiles à la minute, transperçant casques, armures, crânes et poitrines.

Les soldats de notre centurion sont disposés en deuxième ligne, la première étant constituée comme toujours d'auxiliaires. L'armée romaine en comprend de toutes sortes. Ceux qui se trouvent devant la centurie de Titus Alfius Magnus sont des Rhètes, habitants de l'actuelle Bavière et des régions des Alpes centrales. Leurs étendards nous informent qu'il s'agit de la IIe cohorte ; ils viennent donc d'un fort situé à un jour de marche (Saalburg). Sur leurs grands boucliers jaunes de forme ovale sont figurés un ours donnant un coup de patte et un croissant rouge *(lunula)*.

Nous constatons que ces hommes n'ont strictement rien à voir avec les légionnaires de Titus. Ces derniers se distinguent par une cuirasse segmentée, une tunique qui leur descend jusqu'aux cuisses à la manière d'une jupette et un bouclier rectangulaire. Surtout, ils sont citoyens romains, contrairement aux Rhètes, revêtus d'une cotte de mailles et d'une sorte de pantalon court. Les représentants des peuples soumis peuvent s'avérer fort utiles lorsque ce sont, comme aujourd'hui, de robustes Germains.

Ainsi donc, les barbares chattes affronteront sous peu d'ex-barbares, les auxiliaires « bavarois », dans une bataille fratricide. Car les Romains font preuve d'un grand pragmatisme : ils exploitent les capacités guerrières de leurs anciens ennemis en les plaçant devant. Certes, la récompense visée est l'obtention de la citoyenneté romaine. Encore faudra-t-il que ces auxiliaires parviennent au terme de leur service en ayant combattu systématiquement en première ligne. Le comble, c'est que, quoique plus exposés que les légionnaires, ils sont payés trois fois moins (et quarante fois moins que les centurions romains qui les commandent).

Titus regarde les Chattes approcher. Leur nombre est deux à trois fois supérieur aux effectifs romains. Bien qu'une grande distance sépare encore les adversaires, il resserre les lanières de son casque et agite la tête pour s'assurer de sa stabilité. Ce faisant, il at[tire] l'attention de ses hommes, le casque des centurio[ns] étant conçu pour être aisément reconnaissable par leurs soldats grâce à sa grande crête horizontale en plumes d'aigle qui ressemble à un éventail.

Une guerre psychologique

Les Chattes sont encore loin, mais le tintement métallique de leurs armes et de leurs armures résonne déjà. Des milliers de barbares approchent avec la ferme intention d'anéantir les Romains, et il est normal que ces derniers nourrissent quelque appréhension.

Les commandants des légions savent que ce moment est extrêmement délicat. L'aspect psychologique est crucial. Pendant que les centurions continuent à distribuer les ordres aux légionnaires et aux auxiliaires d'une voix rauque, le légat, toujours à cheval, entame un bref discours. Il pèse ses mots et prend soin de les articuler clairement, de façon à être entendu de tous. Après avoir loué le mérite de ses troupes, il les somme de remporter la victoire. C'est la fameuse *adlocutio*. Tout général se doit de parler ainsi avant le combat pour donner du courage à ses hommes et leur faire savoir qu'il est à leurs côtés.

Titus, accoutumé à de tels discours, n'en écoute même plus la teneur. Son attention se concentre sur les lieutenants du légat qui se tiennent en retrait : les tribuns. Ces fils de famille, qui ne sont pas des militaires de carrière, sont issus de la classe sénatoriale (la vieille élite politique) ou de l'ordre équestre (l'élite économique et administrative). Le centurion en sait plus long sur la manière de se comporter lors d'une bataille que tous ces hommes réunis. Cependant, ils sont ses supérieurs et il leur doit obéissance.

discours du légat terminé, les soldats [pouss]issant cri de guerre et commencent à [frapper les bo]ucliers de leurs lances. L'ennemi est [tout p]roche, la guerre psychologique qui [précède la] bataille a commencé.

Les Chattes entonnent un chant vantant les exploits du plus brave de leurs héros. Les paroles en sont incompréhensibles, déformées par des milliers de bouches comme dans nos stades. Ils enchaînent avec un thème lugubre pour instiller la peur chez l'adversaire. Ils utilisent en quelque sorte le chant comme une arme, un projectile qui doit l'atteindre au plus profond de lui-même. C'est le bardit, ce que Tacite nomme *barditus* (qui a donné « barrissement ») : « Ils cherchent surtout à émettre des sons rauques dans un grondement syncopé en plaçant les boucliers devant la bouche. La résonance amplifie les voix en les rendant plus pleines et plus graves[8]. »

Au-delà de l'impact dramatique, le résultat serait, selon certains experts, d'une grande subtilité : il libérerait une onde sonore basse fréquence apte à stimuler le système nerveux autonome, en particulier le système sympathique, qui s'active dans les situations d'urgence telles que la peur ou l'instinct de fuite, et provoque entre autres une augmentation du rythme cardiaque, une dilatation des pupilles et une hyposalivation. Bien évidemment, les Germains ignorent tout cela. Tout ce qu'ils savent, c'est qu'en agissant de la sorte ils impressionnent généralement l'ennemi et accroissent son anxiété. Toujours selon Tacite, ils sont conscients que l'issue de la bataille dépend de l'interprétation plus ou moins réussie du *barditus*.

À ce chant funèbre s'ajoutent d'étranges sons dont l'effet est tout aussi psychologique. La plupart des enseignes des Chattes et de bien d'autres peuples barbares représentent des têtes de loup ou de dragon, gueule béante. En métal creux tels des tubes, elles se terminent par une longue queue d'étoffe légère qui ondule au vent à la façon d'une manche à air. La tête est fixée au bout d'une longue lance. En orientant celle-ci selon la direction du vent, on parvient à faire résonner la gueule comme si l'on soufflait dans le goulot d'une bouteille. On obtient alors un long hurlement qui s'apparente à celui du loup. Quand ces instruments se comptent par milliers, l'effet produit est réellement impressionnant.

Pour les Romains, les Chattes sont l'une des tribus germaniques les plus redoutables. Selon Tacite, ils sont particulièrement robustes, extrêmement déterminés, ingénieux et très habiles sur le champ de bataille. Ils combattent uniquement à pied et obéissent aveuglément à leurs chefs, choisis parmi eux. Une telle description nous donne le sentiment d'avoir affaire à de véritables commandos.

Un autre détail frappant caractérise ces barbares. Titus parvient désormais à mieux les examiner et remarque parmi eux des soldats barbus à cheveux longs. Tacite nous explique pourquoi : « Dès la puberté, [les Chattes] laissent croître cheveux et barbe. Ils doivent avoir tué un ennemi pour renoncer à cet aspect. [...] Ils dégagent leurs visages sur le sang des dépouilles. Ce n'est qu'alors, disent-ils, qu'ils ont mérité de naître et sont dignes de leur patrie et de leur famille[9]. » Et l'historien de préciser que c'est à ces soldats barbus et chevelus, toujours en première ligne, que revient l'honneur de débuter les hostilités.

La bataille commence

Les Chattes forment maintenant une masse très dense qui vocifère de plus belle et occupe, telle une forêt vivante, toute la plaine herbeuse s'étendant devant les Romains. Ceux-ci serrent leurs lances d'une main moite. Et voici que dans un long hurlement des milliers de Germains foncent sur les soldats de Rome. On voit leurs épées scintiller au soleil et les boucliers colorés s'agiter en rythme.

Ils ne sont plus qu'à 300 mètres, mais le signal de l'attaque n'a toujours pas été donné côté romain. Le légat attend le moment propice. Il hurle enfin l'ordre tant attendu. À l'exemple d'une machine qui se met en route, il est relayé par les commandants des différentes troupes. Les cors, de la taille d'une roue de bicyclette, retentissent également. Ce sont les talkies-walkies de l'Antiquité. Du sommet de la colline, *scorpiones* et balistes décochent des dizaines de longs traits qui passent en vrombissant au-dessus de Titus. Leur bourdonnement fait penser à une colonie de frelons enragés. En quelques secondes ils atteignent les barbares. C'est un véritable carnage ; beaucoup d'hommes s'écroulent comme s'ils étaient aspirés par la terre, créant des trous dans la horde qui avance. Mais l'assaut se poursuit. Les projectiles ne cessent de pleuvoir et les Chattes sont si serrés que la plupart des tirs font mouche, ce qui n'empêche pas l'ennemi de se rapprocher de plus en plus.

D'autres sons de cor se font entendre. Cette fois, des flèches partent des rangs des Syriens, soldats auxiliaires, qui détiennent les arcs composites les plus puissants de l'Empire. Si les *scorpiones* et les balistes sont les canons de l'Antiquité, ces arcs peuvent être assimilés à des mitrailleuses. Au-dessus du centurion et de ses hommes s'ajoute donc au vrombissement des traits le sifflement des flèches, qui s'apparente à des cris désespérés d'animaux. Les tirs sont précis, à la faveur d'une journée sans vent. Les archers syriens comptent parmi les plus appréciés. Leurs troupes sont facilement reconnaissables, sur la colline, à leurs casques coniques à pointe ainsi qu'à leur vêtement descendant jusqu'aux pieds.

Et ça n'est pas fini. Encore un son nouveau : celui des projectiles lancés par les frondeurs des Baléares, qui font également partie des troupes auxiliaires. Les Romains ont toujours adopté les armes et les techniques les plus redoutables de leurs anciens ennemis. Ces insulaires peuvent abattre avec leur fronde les oiseaux en plein vol ; alors atteindre des êtres humains est pour eux un jeu d'enfant. Ils ont la capacité de viser le front d'un adversaire à une centaine de mètres. Ce sont de véritables tireurs d'élite et chacun de leurs tirs est digne d'un fusil de précision. Il leur suffit de faire tourner la fronde deux fois en l'air pour que le projectile parte à une vitesse hallucinante. Lorsqu'il atteint sa cible, il va souvent se loger en profondeur et la chair blessée se resserre, rendant son extraction difficile.

Ces projectiles de la forme et de la taille d'un gland sont en plomb. Ce sont donc ni plus ni moins des balles. On les fabrique très simplement en coulant du plomb fondu dans de petits moules ou dans des trous creusés dans le sable avec un doigt. Il arrive que les soldats y inscrivent des insultes ou autres railleries à l'encontre de l'ennemi. Une phrase célèbre a été retrouvée sur un projectile utilisé lors des guerres civiles et conservé au musée civique de Reggio Emilia. Un partisan de Marc Antoine y avait gravé un message fort éloquent à l'adresse d'Octave, futur empereur Auguste : *Peto culum Octaviani.* (« Octave, je lui troue le cul. »)

De nombreux Chattes sont tombés, mais la horde poursuit son avancée. La force brutale est l'essence même de la stratégie de la plupart des peuples germaniques. Une onde de choc balayant tout sur son passage : tel est le principe de leurs assauts, tandis qu'ensuite, au moment de la mêlée, c'est chacun pour soi. La stratégie romaine, elle, est diamétralement opposée : les soldats se battent en groupe, on gagne parce qu'on reste unis.

Ainsi Titus ordonne-t-il à ses légionnaires, désormais sur quatre lignes, de se tenir prêts. Ils empoignent leur javelot *(pilum)*, qu'ils ne vont pas tarder à envoyer et qui partiront par salves. D'abord de la première ligne, puis de la deuxième, de la troisième, et enfin de la quatrième, dans une sorte de « ola » meurtrière. Le centurion hurle le signal. En un laps de temps très court, quelque quatre-vingts *pila* partent de ces seuls rangs et viennent s'abattre sur les Chattes, transperçant corps et boucliers. C'est un massacre.

De fait, le *pilum* est une arme redoutable que les Romains ont améliorée au fil des générations. Il ne s'agit pas d'un javelot ordinaire mais d'une arme high-tech. Elle se compose d'un long manche en bois pourvu non pas d'une pointe en forme de feuille mais d'une longue et mince tige de métal qui se termine par un gros cône pointu. Une boule de fer ou de bronze grevée entre le métal et le bois permet d'augmenter sa force de pénétration.

Les Chattes brandissent leurs boucliers pour parer la pluie de *pila*. En vain. Si la pointe d'un *pilum* atteint directement un individu, elle le transperce de part en part. Si elle touche son bouclier, elle passe au travers et frappe également l'individu. À moins qu'elle ne se torde lors de l'impact, car elle est en fer doux. Mais dans ce cas le barbare ne pourra l'extirper et encore moins la relancer sur les Romains : il sera contraint d'abandonner son bouclier, alourdi par le *pilum* tordu ; or un homme sans bouclier au combat est presque déjà un homme mort. Les *pila* sont donc les fusils Winchester de l'époque romaine.

Une fois sa réserve épuisée, chaque légionnaire dégaine son glaive. Les lignes resserrent leurs rangs dans l'attente de l'ennemi, s'apprêtant à effectuer ce qu'un général romain a qualifié de « travail de boucher ». Nous n'allons pas tarder à en avoir confirmation.

Les Chattes ont ralenti, allant jusqu'à marquer le pas pour se réorganiser et combler les trous dans leurs rangs, leurs pertes étant très élevées. La centurie de Titus a reçu l'ordre de se ranger aux côtés des auxiliaires pour contrer l'impact, car les barbares se sont étendus et leur nombre est vraiment impressionnant. Les légionnaires sortent l'épée. Curieusement, le fourreau n'est pas fixé à gauche, selon l'usage, mais à droite, afin de ne pas gêner le bras qui tient le bouclier. Pour sortir le glaive, la main doit donc opérer une rotation, mais les légionnaires y sont habitués et le dégainent en un éclair.

Le mur de boucliers des légionnaires

L'ennemi fonce maintenant sur les lignes romaines. Les légionnaires ancrent fermement leurs pieds dans le sol et empoignent leurs armes plus fermement encore. Flanqués des auxiliaires, ils forment un long mur de boucliers que les Chattes s'apprêtent à ébranler. Le choc est d'une violence inouïe, comparable aux vagues d'une tempête venant se fracasser contre une digue très solide. Et le carnage commence.

Le glaive est une épée singulière, massive et relativement courte (une cinquantaine de centimètres). Son maniement est donc pour le moins déroutant. On n'apprend pas aux légionnaires à frapper de taille (avec le tranchant, bien que double ici) mais d'estoc (avec la pointe), par des attaques rapides, car chacun sait qu'une blessure profonde de « quatre ou cinq doigts » est généralement mortelle. Par ailleurs, il n'y a aucun risque que le glaive reste enfoncé dans le corps : il est retiré rapidement pour être de nouveau opérationnel.

Les légionnaires font preuve d'une grande efficacité en la matière, tant et si bien que fusent à l'improviste, de part et d'autre des boucliers, des éclairs argentés qui viennent surprendre l'adversaire avec la vivacité d'une morsure. Et ce dernier s'écroule. Certains Romains visent délibérément le visage, les blessures à la figure étant plus impressionnantes et effrayant davantage l'ennemi, tandis que d'autres soulèvent leur bouclier à la manière d'une porte de garage et frappent par en dessous.

Le centurion fait son travail ; il se bat, tout en encourageant ses hommes :

« Au ventre, Marcus ! Au ventre ! Frappe vers le bas ! »

C'est presque un jeu d'enfant. Les barbares sont certes munis de longues épées, parfaites pour asséner des coups de lame ; mais lorsqu'ils lèvent le bras, ils exposent leurs flancs. Ceux du légionnaire, au contraire, sont bien protégés. Il porte une cuirasse segmentée qui malgré ses 15 kilos lui assure une grande mobilité. Chose curieuse, cependant : il n'existe qu'une seule taille de cuirasse, des lacets permettant d'agrandir ou de rétrécir l'armure en fonction du gabarit de celui qui la porte.

Le plus surprenant, c'est qu'au beau milieu de la bataille les centurions continuent à dispenser conseils, critiques et exhortations, exactement comme s'ils se trouvaient à l'entraînement. Ils se comportent à la manière d'un coach en contrebas d'un ring de boxe. À ceci près qu'ils investissent eux-mêmes le ring et prennent part aux hostilités.

Alors que les Chattes, faisant fi de l'esprit d'équipe, s'acharnent individuellement sur les boucliers romains, selon la logique du combat héroïque conforme à leur tradition, les Romains, on l'a dit, œuvrent en groupe. Pendant qu'un légionnaire se bat, celui qui se trouve derrière lui lève son bouclier et l'incline légèrement en avant afin de protéger le cou et le flanc gauche de son camarade. Au besoin, il en assène un bon coup sur la figure de l'ennemi, car le bouclier peut s'avérer une arme redoutable.

L'espace d'un instant, Titus voit trente-six chandelles : il vient de recevoir un effroyable coup sur son casque. Mais le renfort cruciforme sur le timbre lui a sauvé la vie. Sans se démonter, il enfonce son glaive dans la gorge de l'attaquant, qui s'effondre, puis dans le flanc du Chatte d'à côté, qui voyant son ami frappé à mort s'était arrêté une fraction de seconde.

Cependant, la première ligne romaine est affaiblie. Tout en continuant à se battre, Titus s'en rend compte et attend le moment propice. Dès que les barbares reculent pour préparer une nouvelle offensive, il ordonne : *Mutatio !* (« Changement ! ») Alors les hommes de la première ligne reculent d'un pas et ceux qui se trouvaient derrière eux prennent leur place. Il y a donc des soldats frais sur le devant, tandis que les Germains s'épuisent et perdent courage.

Soudain, le centurion découvre avec horreur qu'un auxiliaire vient de décapiter un Chatte : il tient sa tête par les cheveux, entre ses dents. Ce genre de scène n'a rien de surprenant. Les auxiliaires sont des barbares, et chez ces peuples la tradition veut que l'on tranche la tête de l'adversaire. Certains clouent les crânes de leurs ennemis sur les poutres de leurs habitations, comme s'il s'agissait de trophées de chasse, ou exposent les têtes coupées à l'entrée des villages. Au-delà des frontières romaines, l'Europe est décidément peuplée de coupeurs de têtes.

Retournement de situation

La bataille a pris une tournure évidente : les Chattes ne sont pas parvenus à enfoncer les lignes romaines et ont refréné leur élan, notamment parce qu'une pluie de projectiles continue de s'abattre sur eux. Nous sommes à un moment crucial de la confrontation.

Conscient que l'ennemi est en train de faiblir, le légat donne l'ordre d'attaquer. Il sait qu'une telle décision, si risquée soit-elle, peut apporter la victoire. Les bannières sont inclinées en avant et les cors sonnent la charge.

Titus, en nage, du sang dégoulinant de sous son casque en raison du coup qu'il a reçu, brandit son glaive et voit au loin l'étendard de sa cohorte s'abaisser et pointer vers les Chattes. Il n'a pas, comme le légat, la possibilité d'apprécier le champ de bataille depuis une position élevée : il est au cœur de la mêlée, avec son lot de hurlements, de sueur et de sang. Mais il obéit sans sourciller et donne l'ordre d'attaquer : il bombe le torse et met dans sa voix toute la puissance des coups qui sont portés contre les barbares.

Les soldats de la première ligne le considèrent un instant pour s'assurer que dans le feu de l'action ils ont bien interprété ses propos. La position même du centurion, le glaive en avant, leur en donne confirmation. S'en remettant aux ordres secs du chef, ils avancent d'abord lentement puis accélèrent la cadence. Titus veille à ce que le rang progresse en restant soudé, boucliers parallèles. L'alignement est essentiel pour éviter les brèches. Il doit s'en assurer, tout en pensant à sauver sa propre peau. Dieu merci, l'*optio*, son second, est à ses côtés pour veiller à ce qu'aucun Chatte ne débouche à l'improviste.

Les légionnaires progressent, tenant leur bouclier à l'aide d'une poignée horizontale, un peu comme une valise. Et ils avancent dans la posture d'un boxeur, le côté gauche en défense avec le bouclier et le côté droit prêt à l'attaque avec le glaive.

Les barbares ne mollissent pas et maintiennent fièrement leur position pendant que le bloc de soldats romains fonce sur eux. Le légat lui-même perçoit le choc des boucliers. C'est pour lui de bon augure. Les soldats romains s'entraînent quotidiennement au combat rapproché ; ils ont l'habitude de l'affrontement physique et du maniement des armes dans des espaces restreints, qualités qui font vraisemblablement défaut aux Chattes, si l'on en juge par le nombre de cadavres qui jonchent le champ de bataille.

La cavalerie romaine, que jusqu'alors le légat avait tenue à l'écart, fond maintenant sur les Chattes pour donner le coup de grâce. Elle vise avec succès leur flanc droit, là où ils ne s'y attendaient pas. Ainsi renversés, ils se bousculent mutuellement en cherchant à sauver leur vie. Dans l'Antiquité, on recourt à la cavalerie non pas pour décimer à coups de glaive et de lance mais pour anéantir l'adversaire à la manière d'un rouleau compresseur, telle une boule de bowling pulvérisant des quilles. L'irruption de dizaines de chevaux a de quoi épouvanter. Dès lors qu'on est en train de combattre frontalement et qu'on voit surgir des cavaliers sur le côté, on se disperse, on fuit, et tout le bloc est ébranlé.

Une fois l'ennemi divisé, il cesse d'effrayer : du fait de sa désorganisation, il n'est plus un groupe mais une somme d'individus qui sont autant de proies faciles pour des professionnels de la guerre de la trempe des légionnaires. C'est précisément ce qui est en train de se produire, d'autant que le légat envoie en renfort les détachements de deux autres légions, la VIII Augusta et la I Minervia, qui amorcent une manœuvre enveloppante.

Les Chattes comprennent que tout est joué. Un mur de boucliers rouges les pressent de plus en plus de toutes parts. Bien qu'ils soient des milliers, ils se font massacrer par les glaives des légionnaires et les épées des auxiliaires. Exactement comme lorsqu'on croque dans une belle pomme, Rome les tient dans sa main et les déchiquette progressivement. Tandis que les plus acharnés des Chattes continuent rageusement à se battre, parvenant encore à tuer des Romains, les autres comprennent que demeurer là n'a plus aucun sens, et ils battent en retraite, pourchassés par les légionnaires.

Les combats se poursuivent jusqu'en fin d'après-midi au niveau des chariots des barbares, derrière lesquels ceux-ci ont réussi à organiser une ultime et vaillante défense, comme dans un fort. Puis, tel un incendie achevant de se consumer, leurs derniers feux de guerre s'éteignent. C'est la fin, et les quelques survivants se dispersent dans la forêt.

Cris de joie et devises des cohortes fusent sur le champ de bataille. Mais on entend aussi des hurlements. Si Titus est toujours vivant, il y a deux morts et quinze blessés parmi ses hommes. Il est assis dans l'herbe aux côtés de son *optio*, dont le visage est un masque de souffrance et qui porte à la cuisse une longue plaie. Un médecin est en train de la panser, et il n'est pas le seul praticien présent. L'armée romaine peut compter sur un corps médical permanent (autre analogie avec les armées d'aujourd'hui). Elle n'est pas la seule dans l'Antiquité : un traité indien, l'*Arthashâstra* (350-280 avant J.-C.), fait mention d'un service d'ambulances tirées par des chevaux ou des éléphants.

Les médecins n'ont pas chômé durant la bataille. Même s'ils sont loin de disposer des moyens et traitements actuels, ils maîtrisent déjà pas mal de techniques. Ils s'efforcent d'arrêter les hémorragies, savent extraire les pointes de flèches sans abîmer les artères et pratiquent des amputations avec une rapidité déconcertante, avant une cautérisation au fer rouge.

Le centurion est prié de retirer son casque. Il avait presque oublié le coup reçu lors du moment d'inattention où il dispensait ses ordres. Ce sont les risques du métier. Par chance, la blessure est peu profonde et le médecin lui applique un cataplasme à base d'huiles et de plantes. Titus contemple son casque. Le glaive du Chatte a brisé son panache en deux, mais le renfort cruciforme l'a empêché d'aller au-delà ; la lame a glissé le long du timbre et la visière métallique l'a arrêtée. Sans elle, le barbare aurait tranché net le nez de notre officier.

Si vous examinez le casque d'un légionnaire romain, vous constaterez que chaque point susceptible d'entrer en contact avec l'épée ennemie est doté de protections. Il est muni à l'arrière d'une large plaque de métal destinée à parer les coups sur la nuque, de garde-joues dégageant uniquement la bouche, le nez et les yeux, ainsi que d'une épaisse visière recouvrant le front d'une oreille à l'autre. Quant aux ouvertures pour lesdites oreilles, elles sont pourvues de protections en arc de cercle, telles de petites visières. On songe aux casques antiémeute de nos policiers. Même ressemblance pour les boucliers et la façon de s'opposer à des manifestants. Au fond, la situation est très similaire : d'un côté, de petites formations entraînées et soigneusement alignées, de l'autre, une masse désordonnée d'assaillants.

La quête du butin commence. Chaque soldat farfouille au milieu des cadavres et des blessés, donnant le coup de grâce aux protestataires — les Conventions de Genève ne s'appliquent pas encore. Des auxiliaires passent en tenant toujours par les cheveux des têtes de Chattes. Pour eux il s'agit bien d'un butin, et le centurion observe la scène sans un mot. Des prisonniers ligotés sont poussés dans un coin où d'autres attendent déjà, assis, les mains liées dans le dos. Des femmes se trouvent parmi eux. Tous ont le regard dans le vague. Leur vie va changer à jamais, et ils le savent. Peut-être certains seront-ils interrogés, mais ce qui est sûr c'est que les légionnaires ont tout intérêt à ne pas leur faire de mal, étant donné que ces captifs font également partie du butin. Ils seront vendus à des marchands d'esclaves et les vainqueurs se partageront la recette.

La plaine est redevenue étrangement calme. Des milliers de corps gisent dans la fine brume qui commence à s'élever du sol et confère à la scène un côté surréaliste. Tous ces cadavres où restent fichés flèches et traits de baliste sont orientés différemment, à la manière de tombes dans un cimetière abandonné. Le soleil est une boule de feu posée sur l'horizon. Ses rayons caressent pour la dernière fois ceux qui, quelques heures plus tôt, étaient encore des hommes pleins de vie et de fierté. Dans les deux camps. Titus Alfius Magnus arpente ce charnier et marque le pas devant deux corps symboliquement enlacés. Ce sont ceux d'un légionnaire et d'un jeune Chatte portant la barbe et les cheveux longs. À l'évidence, celui-ci n'avait encore jamais tué.

Quelqu'un a dit un jour que deux armées qui se battent, c'est comme une grande armée en train de se suicider. Quand on assiste comme notre centurion à un spectacle aussi funèbre, où les victimes se ressemblent toutes, cela tombe sous le sens. Mais l'heure n'est pas à ce type de discours. Seul s'applique ici le principe : *Mors tua vita mea.* (« Ta mort pour ma vie. »)

Tout en marchant, Titus promène son glaive sur ces barbares inertes, l'arme semblant les flairer pour vérifier qu'ils sont bien morts. Soudain, il se penche sur l'un d'eux : c'était un chef. Il se souvient l'avoir vu en action, une vraie bête féroce et un vaillant ennemi. Il lui retire une bague et un bracelet puis lui prend son épée — un beau souvenir qui sera conservé au fort de Mogontiacum. Aux vaincus, cette confrontation armée laissera un souvenir très différent par-delà les forêts, comme nous allons le découvrir.

La force de dissuasion

Nous avons vu des légionnaires au combat, la fine fleur des soldats de l'Antiquité, qu'on entraîne avec acharnement sans lésiner sur les moyens. Quittons un instant la plaine de Germanie pour tenter de nous mettre dans la tête d'un Romain. Que représente cette bataille à laquelle nous avons assisté, et surtout cette victoire ? La réponse tient en un mot, qui explique en partie la longévité de l'Empire romain : dissuasion. Les légionnaires se sont battus pour éliminer un groupe de barbares qui, honnêtement, ne représentaient pas un réel danger pour Rome. Mais leur initiative, elle, en était un. Si elle n'avait pas été sanctionnée, si ces Chattes n'avaient pas été anéantis, d'autres peuples, ailleurs, les auraient imités, ce qui aurait probablement créé de gros problèmes.

La stratégie romaine pourrait se résumer ainsi : intimider. Les légions sont en quelque sorte les armes nucléaires de l'Antiquité. Mais pas seulement, car bien des armées ont semé la terreur au cours des siècles. Cependant, les régimes, les nations et les empires qui les ont engendrées (d'Attila à Gengis Khan, de Napoléon à Hitler) ne se sont pas installés durablement dans l'Histoire, comparativement aux mille ans d'existence de Rome en Occident, suivis d'un millénaire supplémentaire en Orient avec Byzance. Les Romains ont su équilibrer exercice du pouvoir et usage de la force d'une manière incroyablement efficace, permettant ainsi à leur civilisation de perdurer, et les légions constituaient le socle de leur stratégie. Ils ont mis sur pied une machine de guerre redoutable... pour se dispenser de combattre, puisque l'existence même d'une telle armée était réellement dissuasive. Assurer son pouvoir en recourant le moins possible à la force : telle fut la règle que la Rome impériale s'est toujours efforcée de suivre. En gros, le message adressé à l'ennemi était le suivant : « Je suis prêt, toujours prêt, et hyperpuissant. Ose me défier et je te détruirai. » Autrement dit : *Si vis pacem para bellum.* (« Si tu veux la paix, prépare la guerre. »)

L'exemple de Massada, en l'an 73, illustre parfaitement ce principe. La grande révolte juive en Palestine avait été réprimée dans le sang. De petits groupes de rebelles parvinrent à se réfugier en des lieux reculés tels que Massada, où en 66 un millier de zélotes (hommes, femmes et enfants) s'emparèrent d'une forteresse érigée sur une hauteur surplombant de 400 mètres les alentours.

Aujourd'hui encore, contempler le site de Massada produit une forte impression. C'est comme un iceberg dans la région infernale de la mer Morte, soumise à une chaleur extrême. Cela n'empêcha pas Vespasien d'y envoyer une légion entière (Legio X Fretensis) plus 7 000 hommes en renfort. Les Romains encerclèrent Massada en installant huit camps reliés par un mur. Je vous laisse imaginer les difficultés logistiques qu'impliquaient le maintien de 13 000 hommes durant plusieurs mois (peut-être deux ans) dans l'un des déserts les plus arides du globe et leur ravitaillement en produits de première nécessité (eau, nourriture, bois…).

Mais un simple siège ne suffisait pas. Le message devait être clair : « Nous vous neutraliserons où que vous soyez. » On construisit donc une longue rampe d'assaut à l'aide de sédiments, de sable et de troncs d'arbres (provenant on ne sait d'où). Cette œuvre gigantesque permit aux soldats de Rome d'atteindre les murs de la forteresse avec une tour en bois montée sur roues, d'une hauteur de huit à dix étages et dotée d'un bélier. Lorsque le lendemain, après avoir percé une brèche, les légionnaires entrèrent enfin dans Massada, les zélotes s'étaient tous suicidés. La nouvelle se répandit partout, notamment grâce au récit de Flavius Josèphe, et servit d'avertissement : quiconque, dans les provinces romaines, tenterait de se rebeller serait exterminé.

Expédier pour plusieurs mois toute une légion dans le désert a un coût considérable, notamment quand il s'agit de ne capturer qu'un millier d'individus. Mais on en tirera un avantage énorme : nul dans Empire n'osera plus se révolter, ce qui permettra d'éviter des dépenses supplémentaires, plus lourdes encore. Edward Luttwak, grand spécialiste américain des stratégies militaires, nous le confirme : en faisant la démonstration de son pouvoir sans avoir à prendre trop souvent les armes, Rome le raffermissait, alors qu'il aurait été dangereux pour elle d'être perpétuellement en guerre[10]. Une bataille tue bon nombre de soldats qui s'étaient longuement entraînés ; faire systématiquement usage de la force la transforme en faiblesse, tandis qu'en user habilement l'accroît tout en limitant les dépenses, ce qui fait une énorme différence. En somme, bien que les Romains aient disposé de l'armée la plus puissante de l'Antiquité, ils l'utilisaient avec parcimonie — de manière chirurgicale, dirions-nous aujourd'hui. Mais ils menaient chaque jour d'autres types de combats sans être contraints de déplacer les légions : les batailles de la dissuasion.

Le secret de la puissance des légions

Comme le souligne Luttwak, personne ne songeait à recruter un soldat en janvier pour l'envoyer en Irak en novembre. Un minimum de deux années s'écoulait avant que les nouvelles recrues puissent affronter un ennemi. Elles suivaient un long entraînement pour devenir des professionnels de la guerre.

Chaque légionnaire représentant un véritable investissement, il était donc logique qu'on ne le place pas en première ligne.

Sans compter que sous l'Empire on décourageait toute forme d'héroïsme. Les actes de bravoure appartenaient aux mondes grec et germanique. Les mots lancés par Scipion l'Africain à un adversaire qui l'avait défié au combat singulier sont restés célèbres : « Ma mère m'a fait naître pour être général, non pour être soldat. »

Cependant, lorsque Rome décidait de partir en guerre, elle se montrait impitoyable. Le recours à la force ne visant qu'une cible bien précise, il convenait de l'exercer de la manière la plus brutale et la plus rapide qui fût pour rétablir la paix dans l'Empire très rapidement. Les Romains pouvaient se le permettre parce qu'il n'y avait pas la télévision pour les dénoncer ni une opinion publique horrifiée par le spectacle de civils massacrés. Ils pouvaient donc se rendre coupables de crimes contre l'humanité, comme nous les qualifierions aujourd'hui, d'une ampleur inédite. À cet égard, leur monde différait totalement du nôtre.

Il est une chose à laquelle nous ne pensons jamais et qui pourtant explique la violence de ces affrontements. L'Europe et le bassin méditerranéen comptaient à l'époque d'immenses forêts, de vastes contrées quasiment inhabitées et de petites agglomérations. La population totale de l'Empire s'élevait à une centaine de millions d'habitants, ce qui paraît vraiment très peu sur un territoire s'étendant du sud de la Méditerranée au nord de l'Europe, et de l'actuelle Angleterre à l'Asie. De ce fait, rares étaient les batailles qui permettaient de conquérir des régions entières ou de vaincre un ennemi pour très longtemps. Cela revenait à remporter un match sec, pas un championnat, et les Romains avaient compris que le meilleur moyen d'atteindre cet objectif consistait à recourir à leur armée de métier.

Mais que défendaient au juste les légions ? Pas l'empereur ni les villes, mais le mode de vie romain : des réseaux commerciaux aux finances, en passant par la culture et l'art de vivre. L'Empire offrait une existence agréable. La satisfaction des besoins essentiels (nourriture, vin, sexe, bains) était peu coûteuse. On savait lire, écrire et compter. Des spectacles gratuits ou presque étaient proposés quotidiennement. On était donc à des années-lumière des barbares vivant dans les forêts.

Pour beaucoup de ces derniers, la civilisation romaine avait un parfum de paradis. Ils exerçaient donc une forte pression aux frontières de l'Empire, non pas pour le détruire mais pour y être intégrés, tout comme quelqu'un vivant aujourd'hui dans le tiers-monde ne souhaite pas forcément voir disparaître New York ou l'Occident mais simplement porter des jeans, des baskets, et jouir des avantages du système.

Ce que désiraient les Goths, par exemple, c'était des endroits où s'installer. Et au fil du temps ils parvinrent à leurs fins puisque l'Italie devint un royaume ostrogoth. Le fameux sac de Rome, en 410, ne relève pas de la volonté d'anéantir la civilisation romaine mais d'une vengeance des Wisigoths, auxquels l'empereur Honorius refusait de donner des terres. Ils s'établirent finalement dans le sud de la Gaule et en Hispanie, tout comme les Vandales, les Burgondes, les Francs, les Angles, les Saxons et les Lombards s'implantèrent dans différentes régions d'Europe après la chute de l'Empire romain — une « chute » qui fut principalement une désagrégation politique, car au quotidien le style de vie demeurait romain, avec ses rues, ses fresques, ses thermes et ses courses de chevaux, malgré un déclin bien amorcé. Tous les envahisseurs finirent par obtenir ce à quoi ils avaient toujours aspiré : se civiliser. Fini le nomadisme avec ses chariots et ses tentes, à eux la belle vie dans les cités. Ils changèrent leur façon de se vêtir, de s'alimenter... Il y avait cette attractivité de la société occidentale qui pousse aujourd'hui des milliers d'individus à migrer à tout prix en tentant de traverser la Méditerranée ou la frontière mexico-américaine. Cette attractivité existait déjà dans l'Antiquité, et elle portait le nom d'« Empire romain ».

Des siècles durant, les légions ont donc refréné les barbares en recourant au seul système possible : la menace de pouvoir user de la force à tout moment. Mais combien cela coûtait-il au contribuable romain ? Selon Edward Luttwak, l'efficacité d'une stratégie se mesure à sa capacité à assurer la sécurité de la collectivité. Il cite un exemple à propos de Rome. Caligula, considéré comme un féroce dictateur, fut en réalité un stratège de premier plan en matière d'administration. De son temps, l'Empire était protégé par 25 légions, soit quelque 130 000 hommes, auxquels s'ajoutait un nombre équivalent d'auxiliaires. Autrement dit, un total à peine supérieur à 250 000 individus, ce qui est fort peu pour défendre l'Empire dans sa totalité (même si à l'époque de Caligula la Bretagne n'en faisait pas encore partie). Ils étaient décemment rémunérés, bien nourris, et bénéficiaient de soins médicaux. Leurs soldes représentaient certes un poste de dépense important, mais l'idée que la protection d'un empire s'étendant sur trois continents soit confiée à un nombre de soldats pouvant à peine remplir deux ou trois stades de football est proprement hallucinante. C'est un fait unique dans l'Antiquité.

L'armée était financée par les impôts et les taxes, et tout était soigneusement organisé dans les provinces pour faire rentrer de l'argent. Mais les choses ne s'arrêtèrent pas là. Avec des ouvrages tels que le mur d'Hadrien et, ailleurs, les systèmes de palissades, fossés et forts, l'Empire put réduire ses troupes aux frontières et faire ainsi des économies. Le mur

d'Hadrien était en quelque sorte un
qui se substituait aux légionnaires, à l...
des machines dans l'industrie. Plus tard, lors...
adopté un nouveau système de contrôle du lim...
que la ligne de défense fut remplacée par une fro...
tière ouverte avec des forces armées disséminées à
l'intérieur du territoire, les dépenses augmentèrent,
au moment précis où l'argent commençait à manquer, et le déclin s'amorça.

Quand vient la nuit

Le combat terminé, l'armée romaine a rebroussé chemin, non sans avoir érigé un trophée sur le champ de bataille : on a orné un gros tronc d'arbre en forme de Y d'un beau casque, de boucliers et d'armes ennemies pour constituer une sorte d'épouvantail militaire. Et puis, après divers rituels de remerciement aux dieux, on a quitté les lieux, ne laissant derrière soi que les cadavres des vaincus, sur lesquels on voyait déjà des corbeaux.

Titus Alfius Magnus a regagné Mogontiacum. Depuis leur retour à la caserne, tous les soldats ont enfin quartier libre. Dans les rues fusent les cris de joie, les éclats de rire et une musique de fête provenant des établissements où se célèbre la victoire. Tandis que le centurion passe devant une taverne, une femme avec un grand gobelet de vin à la main lui glisse un bras autour du cou, l'embrasse et tente de l'attirer à l'intérieur, mais il la repousse d'un geste brusque.

Il a un rendez-vous autrement plus important, et privé. Au beau milieu d'une rue, il tombe sur l'enseigne d'une auberge faiblement éclairée par la lueur d'une lampe : un homme gravissant une montagne y est représenté. C'est la bonne adresse. Un peu plus

/ Empire

...oin se trouve une porte, anonyme. Elle donne accès à une maison de trois étages. Titus y pénètre. Les bruits de la fête s'estompent et il découvre, dans la pénombre, un escalier menant aux étages. Les marches en bois grincent à chaque pas. Arrivé en haut, il voit une lumière filtrer sous une porte. Il tourne résolument le loquet et l'huis s'écarte.

Apparaît une pièce à la décoration élégante. Des lampes en bronze, dans les coins, créent des îlots de lumière qui dévoilent une partie du mobilier : deux chaises pliantes à lanières de cuir, une table en marbre, des étoffes tendues sur l'un des murs, semblables à des tapis et probablement orientales. Les poutres apparentes, au plafond mansardé, évoquent certains de nos intérieurs.

Sur une petite table, à côté du lit, se trouve une sculpture en verre bleu représentant une magnifique colombe stylisée, les ailes repliées. Sa queue est brisée. Elle a été rompue sciemment car il s'agit d'une fiole de parfum.

À l'époque romaine, les souffleurs de verre sont capables de confectionner des flacons en forme d'oiseau doté d'une longue queue, qui sont de vrais petits chefs-d'œuvre. Ils y versent le parfum puis les scellent en refermant à chaud la queue. La femme qui voudra en utiliser le contenu devra rompre cette extrémité comme on brise une ampoule de verre. Certains de ces flacons se sont miraculeusement conservés et sont exposés dans divers musées. Il est surprenant que l'idée (ou du moins la forme) n'en ait pas été reprise par quelque grande marque actuelle.

Titus découvre enfin, au fond de la pièce, la personne avec laquelle il a rendez-vous. Il perçoit d'abord des yeux verts qui le fixent, puis un sourire charnu sur un visage encadré de cheveux blonds. Du regard le centurion caresse le corps élégamment étendu sur un divan placé sous une double fenêtre. C'est une femme de la noblesse locale avec laquelle il entretient une relation passionnée, et ce lieu est leur petit nid d'amour. Elle porte une tunique de soie transparente qui dévoile une bonne partie de son anatomie. La lampe, dans le coin, éclaire sa peau d'une lumière douce, telle une poussière dorée.

Ils n'échangent pas un mot, leurs yeux parlent pour eux. Titus se dirige vers la lampe et l'éteint. Il se tourne ensuite vers sa maîtresse, qui entre-temps s'est levée. Il se déshabille et prend de grandes respirations comme si l'air lui manquait. Ses doigts défont le vêtement de sa bien-aimée et parcourent sa peau aussi délicatement que le toucher d'une plume. Ses mains meurtrières sont à présent capables d'une infinie tendresse.

D'un simple geste, il retire le soutien-gorge romain *(strophium)*, bande en peau de daim très souple qui comprime la poitrine tout en la soutenant. Il dénoue ensuite les lacets de la lingerie : une culotte de cuir, elle aussi fort souple, agrémentée sur le devant d'une multitude de petits trous décrivant des arabesques et autres motifs géométriques. Des sous-vêtements de ce genre ont effectivement été retrouvés par les archéologues et donnent à penser que depuis deux mille ans rien n'a changé.

Les amants s'étreignent. Ses mains à elle frôlent les cicatrices du soldat ; ses mains à lui caressent l'opulente féminité. Le centurion aurait très bien pu ne pas être là si ce maudit coup d'épée l'avait frappé plus violemment à la tête. Il y voit une raison supplémentaire de s'abandonner aux parfums et aux sensations de la nuit. Le soleil du matin trouvera Titus et sa bien-aimée toujours enlacés.

Milan

L'émancipation de la femme

Le commerce de l'ambre

Un petit convoi de chariots traverse une forêt de grands arbres sombres. Le vent enlace les feuilles et les fait tourbillonner. Un sifflement continu, qui évoque un hurlement lointain, accompagne leur sinueux ballet, comme si tous les loups de ces bois s'étaient mis à hurler à l'unisson.

L'homme qui conduit le dernier chariot a les traits tendus. Il ne cesse de lever les yeux à gauche et à droite, puis regarde plus bas, au niveau des troncs, pour scruter l'épaisse forêt et s'assurer que rien ne bouge. Une attaque de Germains n'est pas à exclure dans ces contrées, étant donné que nous nous dirigeons vers le sud, parallèlement à la frontière toute proche, mais c'est peu probable. Cet axe est constamment surveillé, sans compter que des gardes à cheval sont postés à proximité des points stratégiques. L'homme le sait ; il vend de l'ambre et a souvent emprunté cet itinéraire. Mais ce qui l'inquiète, cette fois, c'est qu'il n'a jamais transporté de trésor d'une telle valeur.

Vous l'avez compris, notre sesterce est désormais dans sa bourse. Il l'a reçu lors de l'achat d'une nouvelle paire de sandales chez un commerçant de Mogontiacum, lequel l'avait reçu d'un centurion venu faire l'acquisition d'une magnifique paire de sandales de femme brodées. « Pour ma fiancée », avait-il précisé. Le marchand d'ambre est entré dans la boutique quelques instants plus tard, de retour d'un long périple aux frontières au cours duquel il avait percé ses semelles. Mais cela en valait la peine, car lors de ce voyage il a acquis des morceaux d'ambre d'une qualité et d'une taille exceptionnelles.

L'ambre provient de la Baltique, sur les rives de laquelle le recueillent les populations locales. Nul Romain ne s'aventure jusque-là. C'est bien trop risqué. Mais un vaste réseau de petits négociants locaux et de transporteurs se charge d'acheminer, telles des fourmis, les morceaux d'ambre vers l'Empire. Ils empruntent des sentiers connus d'eux seuls, qui constituent les différents itinéraires de la Route de l'Ambre, équivalent européen de la Route de la Soie. Y circulent des millions de sesterces, un véritable or rouge qui afflue vers le monde romain. Destination finale : Aquileia (Aquilée), cité charnière proche de l'actuelle Trieste. Là, de simples morceaux de résine fossilisée sont transformés en magnifiques pièces d'art et d'orfèvrerie.

Pour tout dire, ce ne sont pas les Romains qui ont découvert l'ambre. Il était déjà fort apprécié il y a six mille ans. Femmes et rois de la civilisation mycénienne paraient leur corps de perles d'ambre, de même que les Égyptiens, les Grecs ou les Étrusques. Il permet la réalisation de pendentifs, de colliers, de bagues, de dés à jouer, de petits accessoires de toilette féminins (boîtes à fard ou coupelles en forme de coquillage avec spatule pour étaler la crème). Et aussi de statuettes, vendues si cher qu'elles font l'objet de railleries de la part de Pline l'Ancien dans son *Histoire naturelle* : « Tel est le prix exorbitant de cet objet de luxe qu'une toute petite effigie humaine en ambre se vend plus cher que des hommes vivants et vigoureux[11]. »

Pourquoi l'ambre est-il si prisé ? Pour sa couleur et sa rareté, certes, mais surtout pour ses propriétés électrostatiques qui, dans l'Antiquité, devaient relever de la magie. Par frottement, il se charge en effet d'électricité et attire les cheveux ou les poils du bras, propriété incontestablement surnaturelle. Les Grecs le désignaient d'ailleurs sous le nom d'*elektron*.

S'il se vend si bien, c'est que les Romains lui attribuent également des vertus curatives. Fin observateur, Pline l'Ancien confirme cette croyance : « Aujourd'hui encore, les paysannes transpadanes portent un collier d'ambre comme ornement, sans doute, mais aussi comme remède : en effet, on pense qu'il est bon pour les affections des amygdales et du cou. »

L'ambre fascine, et de nos jours encore est largement répandue l'idée qu'il soulage les maux de tête et chasse les cauchemars, peut-être en raison des insectes qu'il renferme. Nous n'ignorons pas que ces animaux sont morts il y a quarante-cinq millions d'années, piégés dans la résine coulant d'arbres préhistoriques, mais comment les Romains justifiaient-ils la présence de ces insectes ? À une époque où le terme « fossile » n'existe pas encore, l'explication de Pline l'Ancien est pour le moins saisissante et nous révèle un sens de la déduction digne de l'inspecteur Columbo :

« L'ambre se forme d'une moelle qui découle d'une sorte de pin, comme la résine découle des pins et la gomme des cerisiers. [...] Ce qui prouve qu'il provient du pin, c'est que frotté il exhale l'odeur de cet arbre, et qu'enflammé il brûle à la façon et avec l'odeur des torches résineuses. [...] Ce qui prouve qu'il est d'abord à l'état liquide, c'est qu'on voit à l'intérieur, grâce à sa transparence, différents objets, tels que des fourmis, des moucherons, des lézards.

Il est évident que ces objets, retenus par le succin encore liquide, y sont restés renfermés quand il a été durci. »

Il s'agit là de l'explication d'un Romain rationnel. Bon nombre de ses contemporains nous fourniraient une interprétation mythologique, à savoir que les perles d'ambre sont les larmes versées par les Héliades, filles du Soleil, à la mort de leur frère Phaéton, qui avait voulu conduire le char de leur père et tomba dans le Pô. Or ce fleuve n'est pas évoqué par hasard puisqu'il marque la dernière étape de la route de l'ambre depuis la Baltique.

Bien entendu, notre négociant ne s'embarrasse pas de telles questions. Son seul souci est de mener de rondes affaires, et il excelle en la matière. Grâce à un émissaire germain et à de précieux contacts, il a réussi à se procurer des morceaux d'ambre exceptionnels en les détournant de l'itinéraire habituel pour les récupérer directement à la frontière. Et le jeu en valait la chandelle. Il s'agit de la variété dite *falernum* parce que sa couleur rappelle celle de ce vin prestigieux. Un ambre transparent qui a l'aspect du miel chauffé.

De la marchandise humaine

Le commerçant n'a plus désormais qu'un objectif en tête : gagner au plus vite l'Italie pour y revendre son précieux chargement. Et cet itinéraire à travers la forêt ne lui dit rien qui vaille. C'est pourquoi il s'est joint au convoi d'un marchand d'esclaves, avec ses cages montées sur charrettes, où s'entassent des dizaines de Germains. Nous pourrions sans peine les comparer à ces camions chargés de bétail que nous croisons sur nos autoroutes. Combien de fois nous sommes-nous interrogés, en les voyant, sur le sort des brebis, vaches ou cochons ? On devine que les heures de l'animal sont comptées et qu'il finira prochainement — sous une autre forme — dans un rayon de supermarché ou sur l'étal d'une boucherie. Puis on accélère, le camion disparaît et l'on n'y pense plus.

Il en va de même sous Trajan. Combien de fois un homme, une femme, un enfant romains ont-ils vu passer des chargements humains devant chez eux ? Très souvent. Ils ont regardé un instant ces visages d'esclaves et sont retournés à leurs occupations. L'esclavage est chose banale, il ne choque personne, et c'est l'une des différences majeures entre l'Empire romain et notre époque. Cependant, l'esclavage existe encore chez nous : celui de l'industrie du sexe et des travaux agricoles. Dans une démocratie telle que la nôtre, qui se soucie des droits des chiens ou des chats, c'est tout bonnement inadmissible. Les marchands d'esclaves et leurs clients n'ont donc pas disparu, ils se trouvent toujours parmi nous et ils n'ont pas l'apparence de monstres. Peut-être occupent-ils au restaurant la table voisine de la vôtre.

Retour à notre convoi et à une scène jamais racontée dans les livres d'histoire. Ce qui frappe d'emblée, ce sont les charrettes elles-mêmes. Elles grincent et ballottent, tressautant au moindre nid-de-poule. Leurs roues sont pleines et sans rayons, elles font penser à des guéridons. Quant aux cages, celles pour adultes sont pourvues de barreaux en fer, celles pour enfants de barreaux en bois.

Observons maintenant leurs occupants. Tous ces Germains ont les cheveux crasseux et hirsutes, en particulier les femmes. Mais nul n'en a cure. Leurs corps sont sales et à demi dénudés. Leurs maigres vêtements sont déchirés ou souillés. Ces gens sont en route depuis si longtemps ! Or personne ne songe à les laisser se laver. Ils sont simplement de la marchandise vivante. Sans compter l'odeur. C'est sans doute le pire : une puanteur âcre et fétide. Non seulement ils ne se nettoient pas mais, dès que le convoi se met en route au matin, plus question de s'arrêter pour se soulager — ce qu'ils font dans les cages.

Nos yeux cherchent naturellement ceux des esclaves, sans grand succès. Tous ont le dos tourné aux barreaux comme s'ils souhaitaient s'isoler du monde. Certains se tiennent debout, d'autres assis. Nul ne parle. Ils fixent le sol, brisés par un destin qui les a soudain fait passer du statut d'hommes et de femmes libres à celui d'objets. Ils savent que désormais leur vie ne sera que souffrances. Jusqu'à leur mort. Peut-être prochaine. Comment réagiriez-vous à leur place ?

Le plus stupéfiant, c'est le silence des enfants. Nous avançons vers leur chariot, plus petit que les autres. Aucun ne pleure ni ne proteste. Leurs larmes se sont taries. L'un d'eux se tient recroquevillé au fond de la cage, immobile. Ce petit corps ainsi lové sans que personne ne lui porte secours résume à lui seul l'inhumanité de l'esclavage. Une vive douleur nous étreint. Ce sera probablement la pire chose que nous aurons vue au cours de notre voyage. La détresse d'un enfant devenu esclave est extrême, cela revient à tirer un trait sur l'avenir. Non seulement le sien, mais celui de l'humanité tout entière. On ne peut s'empêcher de penser à d'autres convois qui, près de deux mille ans plus tard, dans ces mêmes contrées, effectueront le trajet inverse sur des rails, avec à leur bord des êtres humains voués à l'extermination.

Une fillette nous observe. Les barreaux encadrent son visage. Difficile de percer son regard. Ce n'est pas de la supplication, de la colère ou de la tristesse. Elle nous fixe des yeux, voilà tout, à la façon des êtres qui n'ont plus rien dans le cœur. Alors qu'à son âge elle devrait s'amuser avec d'autres enfants, elle va aller égayer les nuits d'un marchand grec ou, pis, terminer dans un bordel de la côte dalmate.

Nous ne nous habituerons pas à ce triste spectacle. Comment est-il possible que personne dans l'Empire ne réprouve le commerce des êtres humains ? Pourtant, s'il est un personnage que les Romains détestent, c'est bien le marchand d'esclaves *(mango),* un homme qui peut devenir immensément riche sans le moindre scrupule, comme nous allons le voir.

La porte d'un chariot couvert s'ouvre, et c'est justement le *mango* qui en sort, lorgnant en direction de son chargement. Nous apercevons, par l'entrebâillement, un minuscule appartement ambulant doté d'un lit recouvert d'une fourrure sur lequel se tient une fille aux cheveux blonds, vraisemblablement une esclave.

L'homme a de petits yeux impitoyables, un long nez et des lèvres fines. Il a le ventre proéminent de ceux qui mangent à satiété et des bagues qui témoignent de la bonne santé de ses affaires. C'est vrai qu'il ne chôme pas. Il se trouve souvent aux confins de l'Empire, où il réceptionne les prises de ses correspondants germains, lesquels capturent des membres d'autres tribus pour les lui vendre. À moins qu'il ne suive les légions lors de leurs opérations de surveillance aux frontières ou de leurs affrontements avec des barbares. Ses charrettes ne se composent pas uniquement de soldats ennemis captifs mais également de femmes et d'enfants enlevés au cours d'attaques de villages germains.

En l'absence d'actions militaires d'envergure, il a d'autres moyens de s'approvisionner en esclaves, comme envoyer ses sbires dans les villes romaines pour y récupérer les gosses abandonnés. Chaque agglomération dispose d'un lieu où les déposer, de nuit ou à l'aube : un temple, une colonne au coin d'une rue ou encore une décharge. Pourquoi abandonne-t-on ses enfants ? Parce que les parents ne souhaitent pas ou ne peuvent pas s'en occuper. Parce qu'ils sont trop pauvres et que la famille est déjà nombreuse, ou encore parce que ces bébés sont nés d'une prostituée. Certains sont également considérés comme indésirables par les bonnes familles parce qu'ils sont soupçonnés d'être le fruit d'un adultère, ou simplement parce qu'ils ne sont pas du sexe désiré. Enfin, casser le bras d'un enfant ou le mutiler est monnaie courante : il sera ainsi plus rentable à ceux qui recourent aux petits esclaves pour mendier.

Et puis, il y a les enlèvements de Romains, citoyens libres disparus, par exemple au cours d'un voyage d'affaires, et qui servent eux aussi à alimenter les marchés des esclaves. Nous aurons l'occasion de revenir sur le sujet au cours de notre périple, dans une autre partie de l'Empire romain.

Passer la douane

Le convoi a traversé les Alpes et s'apprête à pénétrer dans la plaine du Pô. Il a franchi des cols par grand froid. Les cimes sont encore couvertes de neige, mais de toute façon personne ne s'aventure là-haut à l'époque romaine. L'alpinisme n'existe pas, et il n'y a pas non plus d'amoureux de la montagne. Les sommets sont perçus comme un milieu particulièrement inhospitalier, un peu comme les grands fonds océaniques aujourd'hui. Nul ne se risque à les affronter, à l'exception de quelques chasseurs de bouquetins ou de chamois.

Bien que les Germains capturés soient accoutumés aux conditions extrêmes, trois esclaves sont déjà morts. D'autres présentent des plaies aux chevilles ou au cou, causées par les anneaux et les colliers de fer qui les retiennent prisonniers. Le *mango* s'est vengé du manque à gagner en fouettant sauvagement ses serviteurs, sachant pertinemment qu'ils n'y étaient pour rien ; à chaque voyage les pertes sont inévitables. Maintenant il reste un dernier obstacle à franchir : la douane, incontournable lorsque l'on passe d'une province de l'Empire à une autre. Chaque marchandise est taxée, bien qu'en provenance d'un territoire romain. Vous pouvez imaginer les formalités interminables, tous les prétextes étant bons pour extorquer de l'argent. C'est le cas actuellement, le convoi étant immobilisé depuis des heures.

La législation est simple : ce qui sert au voyage n'est pas soumis à des droits de douane (chariots, bœufs, mules, chevaux, vêtements, ainsi que tous objets *ad usum proprium*, tels que bagues ou autres bijoux personnels, documents divers ou cadrans solaires de poche) ; tout le reste l'est, absolument tout. Deux frères sur une petite charrette parlementent avec un douanier désireux de taxer l'urne contenant les cendres de leur père, qu'ils rapatrient en vue d'une inhumation dans le tombeau familial. Même un mort est taxé. Reste à définir ce qu'il vaut, et tel est l'objet du débat.

La première chose que vous demandent les douaniers *(portitores)*, c'est la liste des biens que vous transportez *(professio)*. Les taxes appliquées sont cependant raisonnables puisqu'elles s'échelonnent entre 2 et 5 pour cent de la valeur de la marchandise. Sauf pour les produits de luxe. Soie, pierres précieuses et belles étoffes sont taxées à 25 pour cent. Autant dire que notre marchand d'ambre devra débourser une sacrée somme. Mais il a tout prévu, car c'est un homme d'expérience. Il a exprimé le désir de s'entretenir seul à seul avec le chef. Une fois ce dernier à bord du petit chariot couvert, l'autre lui remet une belle somme en pièces d'or pour l'ambre déjà comptabilisé, puis il lui glisse une grosse perle d'ambre dans la main, histoire que l'inspection ne soit pas des plus complètes. « De quoi offrir un beau bijou à ta femme », lui dit-il.

Bien entendu, les morceaux d'ambre les plus précieux ont été dissimulés et échappent au contrôle. N'est pris en compte que l'ambre de qualité intermédiaire, placé bien en évidence par le marchand. En réalité, les deux parties sont de connivence. Les *portitores* savent pertinemment que s'ils fouillaient mieux ils trouveraient, mais ainsi tout le monde est content. Officiellement, le chef douanier a quand même encaissé une coquette somme (suffisamment importante pour qu'il se serve ensuite dans la caisse avec ses collègues). De son côté, le négociant a la satisfaction de ne pas avoir payé autant de taxes qu'il aurait dû. À vrai dire, ça n'est pas la première fois que les deux hommes se rencontrent, et ce genre d'accord tacite pour ne pas pousser les contrôles plus avant a toujours existé. Il semble que rien n'ait changé depuis deux mille ans...

Le chef descend du chariot et donne l'ordre à ses subalternes d'apposer sur la *professio* du marchand le cachet qui l'autorise à repartir : celui-ci peut quitter le convoi et poursuivre sa route.

L'instant d'après retentissent les cris de joie d'un douanier : il a découvert au fond des sacs d'un muletier de magnifiques plats en argent. De toute évidence, jouant de son allure modeste et anonyme, l'individu tentait de faire passer des produits de luxe. Ces objets ont-ils été volés ? Agit-il pour le compte d'un maître cherchant à échapper aux contrôles ? Nous n'en savons rien. Nous pouvons simplement constater que cette fois le flair des *portitores* a fait mouche. Des années d'expérience leur permettent de repérer certains voyageurs, pauvres et ordinaires en apparence, qui peuvent réserver bien des surprises et des satisfactions.

Que va-t-il se passer maintenant ? La loi est formelle : tout doit être saisi. Mais le responsable a la possibilité de racheter les biens confisqués. Au prix fixé par les douaniers, naturellement, soit au minimum le double de la valeur des objets !

Cacher des esclaves à ses risques et périls

La situation est quelque peu différente concernant le transport d'esclaves. Le *mango* fait nerveusement les cent pas, pressant les douaniers car sa marchandise dépérit dans le froid. Mais cela n'a d'autre effet que de rendre l'inspection plus tatillonne. Irrités par son ton brusque et arrogant, les *portitores* entreprennent de tout passer au peigne fin, y compris ses bagages personnels, en quête d'objets non déclarés. Ils étendent même leur perquisition aux hommes d'escorte et à l'ensemble des membres du convoi.

Le *mango* ne se formalise pas ; il est en règle, il sait qu'on ne trouvera rien. À vrai dire, c'est sur un autre plan qu'il fraude. La mort de trois des esclaves va réduire d'autant ses bénéfices, aussi tente-t-il d'en faire passer deux pour des membres de sa famille : la petite blonde que nous avons aperçue sur le lit et la fillette au regard absent. Il les a bien habillées puis installées à l'avant du chariot, à ses côtés. Il prétend qu'elles sont sa femme et sa fille.

Il les a choisies parce qu'elles représentent les plus belles pièces de sa marchandise : leur jeunesse et leur beauté lui permettront d'en tirer un très bon prix sur le marché. En outre, il sait qu'il peut compter sur leur silence. La première est terrorisée et tremble devant le *mango* qui a menacé de la tuer. Quant à la seconde, elle ne parle pas. La combine a déjà fonctionné pas mal de fois, mais c'est risqué. Comme le rappelle Lionel Casson, qui fut professeur émérite à l'université de New York et un grand spécialiste des voyages dans l'Antiquité, la loi romaine en la matière est claire : si un individu tente de faire passer clandestinement un esclave à la frontière en déclarant qu'il s'agit d'un membre de sa famille et que cet esclave révèle sa véritable identité, il est affranchi sur-le-champ[12].

Considérant la jeune fille et la gamine, le chef douanier trouve l'affaire louche. Il n'y a bien sûr rien d'anormal à ce qu'un marchand d'esclaves ait une belle épouse et une fille, mais un détail cloche : en examinant le chariot, il ne découvre qu'un seul lit. Déjà très étroit pour une personne, à plus forte raison pour un couple. Par ailleurs, où dort l'enfant ? La place manque, même au sol. Observant ensuite les deux filles, il est sidéré par le regard désemparé de la petite. Un regard qui ne s'oublie pas. Alors il comprend tout.

Mais comment affranchir la fillette ? Il faut que ce soit elle qui révèle sa condition d'esclave. Il lui vient alors une idée. Il retire son casque, s'approche de l'enfant, lui sourit et entonne tout bas une berceuse dans une langue germanique, une de ces chansons que son épouse fredonne à leur fille nouveau-née. La femme qu'il a épousée est une affranchie, autrement dit une ancienne esclave devenue libre. Elle aussi vient de Germanie. Difficile, cependant, de savoir si sa tribu d'origine est voisine de celle de la gamine. Là-bas, les peuples sont si nombreux, les parlers et les mœurs si divers ! Mais ces langues ont des racines communes. Peut-être cela permettra-t-il de décoincer l'enfant.

Le chef des *portitores* regarde la gamine droit dans les yeux en chantant le premier couplet. Sans succès. Il chante le deuxième. Toujours rien. Il entame le troisième, murmurant doucement à l'oreille de l'enfant. Elle l'entoure alors de ses petits bras. Ses yeux étincellent et elle réclame à grands cris sa mère.

Telle une feuille ballottée par le courant, son destin change à nouveau brutalement. Le douanier la soulève, puis il tend la main à la jeune « épouse » et l'entraîne vers le bureau. Le *mango* tente de les arrêter en se ruant sur eux, mais il renonce lorsque deux douaniers ayant assisté à la scène dégainent leurs glaives pour les pointer sur son torse et sur sa gorge. Le marchand lève les mains en l'air et recule jusqu'à son chariot. Il a compris que les dés étaient jetés.

Le convoi doit se ranger sur le bas-côté de la route pour ne pas entraver la circulation. On fait venir la femme du chef douanier. Lorsqu'elle pénètre dans le bureau de son mari, elle découvre la fillette aux yeux bleu foncé et aux cheveux blonds en bataille, drapée dans une couverture, un bol de lait à la main. Quelques paroles affectueuses dans sa langue suffisent pour que la petite coure se réfugier dans les plis de son long vêtement. Elle ne tarde pas à avouer que le *mango* n'est pas son père et que sa mère n'est nullement l'autre blonde. Il est plus ardu de faire parler cette dernière, tétanisée par la peur. Une fois encore, l'épouse du douanier recourt à leur langue commune pour rompre peu à peu la glace. Elle apprend ainsi que les deux créatures ont été capturées par des chasseurs d'hommes de leur propre peuple.

Après avoir réuni ses subordonnés, le chef se dirige vers le *mango* et lui retire officiellement tout droit sur les deux esclaves, qui se retrouvent immédiatement affranchies. Le coupable écarquille les yeux, rouge de colère, mais il est dans l'incapacité de réagir. Après s'être acquitté de ses droits de douane, il repart avec son couvoi. Ballottées au rythme de brusques secousses, les cages sur roues reprennent leur itinéraire vers la plaine du Pô. Derrière les barreaux, personne ne se retourne. Chacun attend de voir ce que le destin lui réserve au prochain marché d'esclaves, qui n'est plus qu'à quelques jours de voyage.

Blottie contre sa nouvelle maman, la fillette regarde les charrettes jusqu'à ce qu'elles disparaissent. Le chef douanier l'a bien compris : à dater d'aujourd'hui sa famille compte un membre de plus.

Milan sous Trajan

Le marchand d'ambre atteint enfin la plaine du Pô. Il aurait très bien pu aller à Aquileia, avec son florissant marché, pour vendre ce qu'il a rapporté de Germanie. Mais il a préféré se rendre auprès d'un très bon client pour écouler ses beaux morceaux d'ambre brut. Celui-ci appartient à l'une des familles les plus influentes de Mediolanum (Milan) — romanisation d'un nom celtique car la ville a été fondée par les Insubres.

À l'époque romaine, la cité est encore très en deçà de sa taille actuelle. Il suffit de songer que l'endroit où s'élèvera le futur château des Sforza, en plein centre-ville, se trouve encore hors les murs, en rase campagne. Milan occupe cependant une place prépondérante sur l'échiquier de l'Italie impériale. Elle a constitué une solide base arrière lors des campagnes de Jules César, et plus tard Auguste l'a fait entourer d'un long mur d'enceinte.

Mais qu'en est-il réellement de ses dimensions ? Alignez six ou sept places du Dôme et traversez-les : vous aurez parcouru la ville antique de part en part. Mediolanum n'est donc pas très étendue, mais, outre son forum, ses thermes et un beau théâtre, elle dispose pour les courses de chars et de chevaux d'un grand cirque intra-muros, ce qui est plutôt rare dans les agglomérations de l'Empire romain.

Nous sillonnons maintenant ses rues, et plus précisément le quartier du théâtre. La Scala sera construite non loin de là, à quelques pâtés de maisons de son ancêtre. Le sesterce a une nouvelle fois changé de propriétaire. Il est désormais dans la bourse d'un membre de cette grande famille milanaise qui a reçu le marchand d'ambre. Ils étaient nombreux autour de la table à admirer ses trésors. À ce moment-là, le négociant n'était déjà plus en possession de la pièce de monnaie : il l'avait glissée à un esclave de la maison afin qu'il veille sur son chariot, stationné à l'entrée de la ville. Et le sesterce appartient maintenant à l'une des filles du patricien qui a acheté les morceaux d'ambre pour en faire des bijoux.

C'est une belle femme, grande, la taille fine, avec des cheveux noirs enroulés en un chignon compliqué sur la nuque et relevés au sommet du crâne en une haute structure qui rappelle la tiare papale. Sa coiffure a été réalisée à l'aide d'une armature en bois léger recouverte de cheveux en provenance d'Asie — une forme d'extensions capillaires de l'époque romaine. Mais le plus surprenant, ce sont ses vêtements, d'excellente facture et probablement très onéreux. Personne dans la rue n'en porte d'une telle valeur. Nous dirions aujourd'hui qu'il s'agit de vêtements de haute couture.

Elle est en compagnie d'une autre femme, une amie de même rang social car vêtue comme elle. Leurs chaussures sont en cuir, décorées et parfumées. (Les Romains savent en effet tanner les peaux de sorte qu'elles dégagent une odeur agréable, une idée que personne n'a reprise aujourd'hui.) Elles portent de très fines tuniques particulièrement seyantes. Les bandes d'étoffe rouge vif croisées sur la poitrine et entourant la taille mettent leurs formes juvéniles en valeur. Si les hommes, dans la rue, sont surtout attirés par leur physique, les autres femmes, à leur fenêtre ou du fond des boutiques qui les emploient, les observent pour leurs tenues avec des regards envieux.

Ce qui attire surtout l'attention, c'est leur *palla*, le châle de soie légère qui drape leurs épaules. Se procurer une étoffe d'une telle qualité n'est pas chose facile, et seuls les riches peuvent se le permettre. Cette soie provient de contrées lointaines, comme nous aurons l'occasion de le découvrir au cours de notre voyage. Par-delà l'Empire romain : de Chine. Et elle est parvenue jusqu'ici grâce au relais ininterrompu de marchands ayant traversé déserts brûlants, montagnes enneigées et mers.

Il est clair pour tous que ces deux femmes appartiennent à la haute société de Mediolanum, comme le laissent aussi supposer les deux esclaves élégamment vêtus qui leur servent de gardes du corps et les suivent de très près. Mais le plus frappant, c'est leur désinvolture, leurs éclats de rire, la façon dont elles s'arrêtent pour contempler puis acheter des voiles exposés dans une boutique ou des bijoux à un petit artisan au coin d'une rue. Et elles règlent leurs achats avec une nonchalance et une frivolité qui témoignent de leur richesse. Elles en sont conscientes et s'en félicitent. Ce sont elles qui gèrent personnellement leur argent, et non leurs époux ou leurs frères.

Deux mille ans plus tard, cette scène nous semble banale, de celles auxquelles nous assistons tous les jours dans les rues chics de Milan ou de toute autre grande ville. Mais qu'en est-il sous le règne de Trajan ? Nous avons coutume de penser que les femmes doivent se plier à des règles strictes dans la société romaine. Manifestement, ce n'est pas le cas de ces deux-là. Leur indépendance relève-t-elle de la norme ou de l'exception ?

Femmes libérées

Pour tout dire, la désinvolture de ce comportement est le fruit d'un long parcours d'émancipation de la femme depuis quelques générations. L'époque est révolue où celle-ci restait assise sans rien dire sur un tabouret tandis que son mari, allongé sur un triclinium, profitait de ses invités.

La femme romaine peut désormais gérer librement et en toute légalité son patrimoine et l'argent de la famille sans l'intervention du conjoint ou d'un frère. Elle mange allongée lors des banquets, se rend aux thermes et — horreur suprême — boit comme les hommes. Elle s'attire les foudres d'auteurs misogynes. Ainsi Juvénal, coutumier du fait, écrit-il dans ses *Satires* : « Tel qu'un long serpent tombé au fond d'un tonneau, elle boit et vomit. Aussi l'époux, le cœur affadi, ferme les yeux et retient à peine sa bile prête à s'échapper[13]. »

Sous l'Empire, l'indépendance de la femme a atteint un niveau équivalent à celui des sociétés occidentales actuelles. Les similitudes avec notre temps sont stupéfiantes, y compris en ce qui concerne les relations de couple, et notamment le divorce. Si vous pensez que les divorcés sont typiques du monde moderne, où les anciennes valeurs familiales n'ont plus cours, vous faites erreur : il est tout à fait habituel au IIe siècle de rencontrer des hommes et des femmes ayant divorcé non pas une mais plusieurs fois. Pour les femmes, ce peut être pour une histoire de dot, et les rebondissements sont alors dignes d'un roman-feuilleton.

Efforçons-nous de comprendre ce « monde de l'an deux mille » vieux de deux mille ans.

Divorces à répétition et pas d'enfants

Nos deux promeneuses finissent par croiser un homme de belle mine, bien vêtu, aux manières agréables et au sourire charmeur. Il prend la brune par le bras : c'est son nouveau fiancé. Après des années auprès d'un mari plus âgé qu'elle, cette femme lui a imposé le divorce puis s'est trouvé un nouveau compagnon qu'elle souhaite épouser. Il est vrai qu'il est plus jeune et fringant que le précédent. Cependant, il passe pour un coureur de dots. Divorcé lui-même de fraîche date, il était depuis quelque temps à la recherche d'un bon parti.

De tels individus sont légion dans la société romaine et se comportent en véritables requins en quête de proies. Au point que Martial ne manque pas d'y faire allusion dans ses *Épigrammes* :

> *Gemellus depuis quelque temps*
> *Recherche Alcine en mariage ;*
> *Soins empressés, prières et présents,*
> *Pour l'obtenir il met tout en usage.*
> *– C'est donc une beauté ? — Difforme à faire peur.*
> *Sa richesse peut seule égaler sa laideur ;*
> *Elle est vieille ; de plus, maussade, acariâtre.*
> *– Et c'est d'un tel objet qu'il se montre idolâtre*
> *Au point d'en vouloir être époux !*
> *Comment a-t-elle pu le séduire ? — Entre nous,*
> *C'est par sa toux opiniâtre*[14].

La toux est bien sûr une allusion à une santé fragile, à une maladie qui conduira probablement Alcine au tombeau, de sorte que Gemellus héritera de toute sa fortune.

Le trio disparaît au bout de la rue, riant et parlant fort, les deux discrets esclaves continuant à le suivre telles des ombres. Comme nous l'avons dit, ce groupe n'a rien d'exceptionnel dans l'Empire romain, et encore moins le fait qu'aucun des trois n'ait ou ne souhaite d'enfants. Personne ne procrée et tout le monde divorce ? Les racines de ce phénomène sont profondes. Sous la République, l'hymen a toujours été favorable à l'homme, jamais à la femme. Le mariage *cum manu* impliquait que la puissance juridique sur la jeune épousée *(manus)* passe du père au mari, comme si elle était un objet ou un animal domestique. D'ailleurs, jusqu'à récemment, la tradition voulait que le fiancé se rende chez le futur beau-père pour lui demander la main de sa fille. Il ne s'agissait pas de la « main » de celle-ci mais de l'autorité sur elle, qui n'avait rien à dire, la décision appartenant à son père.

Il est bien évident que dans ce type d'union la femme romaine ne pouvait décider de quitter son époux. Elle se trouvait sous sa *patria potestas* (puissance paternelle), au même titre que ses enfants. L'homme, au contraire, pouvait la répudier à tout moment et sous n'importe quel prétexte, aussi banal soit-il.

Progressivement, vers la fin de la République, cette formule fut remplacée par le mariage *sine manu*, l'épouse demeurant théoriquement sous l'autorité de son propre père, ce qui signifiait qu'elle aussi pouvait répudier son mari. Si elle était issue d'un milieu aisé, contrairement à l'homme, ce dernier pouvait se retrouver du jour au lendemain sans ressources. Puis un fait nouveau vint lui donner plus de liberté encore par rapport à son conjoint : le Sénat romain vota une loi qui lui permettait de garder la main sur l'argent et les biens qu'elle avait éventuellement hérités de son père (ce qui était impossible auparavant, seuls le mari ou un frère pouvant les gérer).

Ainsi donc, la femme romaine sous l'Empire est financièrement indépendante et jouit dans le mariage des mêmes droits que l'homme. Pour divorcer, il suffit que l'un des époux fasse une déclaration devant témoins : l'union est aussitôt dissoute — procédure autrement plus rapide qu'aujourd'hui. Le divorce est devenu d'une telle simplicité qu'il s'est répandu comme une traînée de poudre. On assiste carrément à « une épidémie de séparations conjugales », selon Jérôme Carcopino, qui fut l'un des plus éminents spécialistes français du monde romain[15].

D'ailleurs, en passant en revue les grands noms de l'histoire de Rome, il n'est pas rare de rencontrer des personnages divorcés plusieurs fois — un thème que les livres d'histoire abordent rarement. Voici quelques exemples :

Sylla : après quatre divorces, il se remaria dans ses vieux jours avec une fille également divorcée.

César : il divorça une fois.

Caton d'Utique : il divorça de Marcia puis la réépousa, essentiellement pour raisons financières, car entre-temps elle s'était remariée et, devenue veuve, s'était retrouvée plus riche encore.

Cicéron : il répudia Terentia, mère de ses enfants, après trente ans de vie commune, pour épouser une fille beaucoup plus jeune et immensément riche, Publilia. Mais l'épouse répudiée ne se démoralisa pas et, en digne femme émancipée, se remaria encore deux fois.

Vous l'avez compris, ces « élans du cœur » sont souvent motivés par des histoires d'argent, notamment parce qu'en cas de divorce la femme peut récupérer sa dot, à l'exception d'une partie que le juge estimera nécessaire à l'ex-mari pour l'entretien des enfants ou à titre de dédommagement.

La femme riche, à l'époque impériale, est donc une personne puissante dans la société : indépendante, elle est la seule administratrice légale de ses biens et peut tenir la dragée haute à son mari (même célèbre), surtout si ce dernier l'a épousée pour son argent.

Il n'est donc pas étonnant que les femmes décident d'imiter les hommes en contractant plusieurs unions au cours de leur vie. Elles se marient par choix, par amour, par convenance, et non plus sous la contrainte, comme jadis leurs aïeules. Dans la nécropole découverte au Vatican, une certaine Julia Threpte a fait placer côte à côte les autels funéraires de deux époux. (Qui sait comment aura réagi le troisième, en admettant qu'il y en ait eu un.) Le plus drôle, c'est que l'autel du premier mari est d'excellente facture alors que celui du deuxième est plus modeste, et son épitaphe des plus sommaires.

À propos de cette société qui semble presque plus évoluée que la nôtre, Sénèque demande : « Quelle femme rougit aujourd'hui du divorce, depuis que les femmes de la première qualité ne comptent plus leurs années par les noms des consuls, mais par ceux de leurs maris[16] ? »

Et voici comment Jérôme Carcopino décrit, non sans un certain sarcasme, l'évolution de la femme romaine entre la République et l'Empire : « La femme était strictement soumise à l'autorité de son seigneur et maître ; elle l'égale, elle le concurrence, quand elle ne le domine pas. Elle était placée sous le régime de la communauté des biens ; elle vit à peu près sous celui de leur complète séparation. Elle s'enorgueillissait de sa fécondité, et elle la redoute. Elle était fidèle, et elle est volage et dépravée. Les divorces étaient rares, et ils se succèdent à un rythme si rapide qu'y recourir avec cette désinvolture c'était vraiment, comme dit Martial, pratiquer l'adultère légal[17]. »

La baisse de la natalité dans l'Empire romain

La réduction du nombre des naissances est une caractéristique de cette époque où la femme s'émancipe. La société romaine est confrontée depuis plusieurs générations à une dénatalité chronique, comparable à celle que connaissent actuellement certains pays occidentaux.

Au XXIe siècle, cela s'explique notamment par un recul de l'âge du mariage (avec une difficulté croissante pour les femmes à être enceintes), mais également par le coût de la vie (appartements hors de prix, crédits divers, voiture, alimentation, etc.). Autant de freins à la fondation d'une famille nombreuse. De même que la tendance à adopter des habitudes consuméristes, l'argent étant plus volontiers investi dans la qualité de la vie que dans les enfants (contrairement à nos aïeux qui voyaient dans leur progéniture un investissement pour l'avenir et l'équivalent d'une retraite).

Mais quelles sont les raisons de la dénatalité du temps des Romains ? Elles ne sont pas claires. De nombreuses suppositions ont été avancées, par exemple une intoxication due au plomb contenu dans le vin, ce qui, comme on l'a déjà dit, paraît peu probable à l'échelle de toute une population. Il y aurait aussi le refus de procréer chez les femmes de la bonne société afin que leur train de vie ne soit pas entravé par les contraintes de la maternité ni leur corps avili par les grossesses à répétition, par ailleurs très risquées, comme nous n'allons pas tarder à le découvrir.

Il va sans dire que dans la valse des mariages et des divorces les enfants pouvaient représenter un encombrant fardeau. Mais toutes ces explications cadrent mal avec la propension naturelle de la femme à vouloir mettre au monde des enfants et à les élever. Quoi qu'il en soit, le problème existe bel et bien. Comme le souligne Carcopino, innombrables sont les épitaphes où le défunt sans descendance est pleuré par ses seuls affranchis.

Naturellement, l'Empire a ses antidotes. Pour pallier le manque d'enfants, le recours à l'adoption se répand dans les classes aisées. Ainsi, sur leurs vieux jours, beaucoup de riches adoptent des personnes déjà adultes pour perpétuer leur lignée. En outre, affranchir ses esclaves de son vivant ou par testament apporte du sang neuf à cette société qui par essence est multiethnique (mais « monoculturelle », caractéristique essentielle de la civilisation romaine).

Portrait-robot de la femme romaine émancipée

Si nous invitions à dîner l'une de ces Romaines émancipées, quel genre de créature verrions-nous débarquer chez nous ? Certes, de l'eau a coulé sous les ponts depuis deux mille ans, mais nous pouvons nous faire une idée, et il suffit de lire Juvénal entre les lignes pour dresser une sorte de portrait-robot à partir de ses caricatures. Nous découvrons alors un être extraordinairement authentique, spirituel, intelligent, capable d'aborder au cours d'un repas tous les sujets, de la poésie à la politique internationale. Quelqu'un qui s'informe, s'efforce de comprendre son époque et surtout n'hésite pas à donner son avis — ce qui effraie passablement les hommes et les rend si critiques.

Dans sa sixième *Satire,* Juvénal déplore justement que les femmes aient cessé de broder, de jouer de la lyre, de chanter et de lire à haute voix. Elles se passionnent désormais pour la politique, sont avides de nouvelles en provenance des quatre coins de l'Empire et à l'affût de révélations sur les procès en cours ou des potins circulant en ville ou en haut lieu : « Supputant la gravité des menaces suspendues sur le roi d'Arménie, [elles sont] assez impudentes pour exposer, en présence de leurs maris silencieux et avec une bruyante effronterie, leurs théories et leurs plans à des généraux », écrit Jérôme Carcopino[18].

En somme, elles s'ouvrent à la société, sortent de chez elles en ayant pris soin d'abandonner leur burqa mentale et sociale. Elles flânent dans les rues, se rendent au théâtre, au Colisée, voire au cirque pour suivre les courses de quadriges. Elles fréquentent également les thermes ; elles s'y déshabillent et se baignent avec les hommes — une révolution inconcevable pour le mâle romain de l'époque archaïque.

Ces Romaines-là sont souvent instruites ; elles aiment lire, écrire, débattre de questions intellectuelles. Des femmes modernes. De vraies femmes. Et cela vaut également sur le plan sexuel. Pourquoi les hommes devraient-ils être les seuls à profiter des plaisirs de l'existence maintenant qu'elles jouissent d'une indépendance financière et ont la possibilité de divorcer quand bon leur semble ? Quelqu'un a prétendu qu'en raison de cette liberté même elles étaient devenues, dans bien des cas, de simples colocataires de leurs maris. C'est probable, mais il arrive que les maris en question prennent du bon temps avec une concubine dans une pièce du domicile conjugal même lorsque l'épouse est présente dans la maison. Chose parfaitement légitime et acceptée par la société romaine. Et alors ? Alors peut-être que la vie de ces femmes se résume en deux mots : *Vivere vitam*. (« Vivre sa vie. »)

Combien au juste profitent de cette émancipation ? Un grand nombre, mais pas toutes. Loin s'en faut. Les femmes du peuple et de la campagne restent attachées à l'ancienne conception de la relation de couple, et la révolution des mœurs, répétons-le, concerne surtout les classes aisées dans les grandes villes. Dommage que les témoignages sur la condition féminine qui nous soient parvenus émanent d'hommes. Il aurait été intéressant de connaître l'avis des intéressées sur la question !

Mariées à dix ans

À Mediolanum, le trio composé des deux femmes et du futur époux de l'une d'elles vient de tourner au coin de la rue. Ils n'ont pas remarqué une fille en train de raser les murs. Nous comprenons à ses vêtements qu'elle est de condition modeste. Elle avance, tête courbée, enveloppée dans une *palla* de médiocre facture. Elle suit un homme à quelques mètres de distance : son mari, qui la précède sans lui prêter la moindre attention. Il est beaucoup plus âgé qu'elle et pourrait même être son père. Dans quelle sorte de monde vit cette fille ? Un monde de peur et de mort.

Imaginez une médaille : sur une face, le visage de la femme émancipée ; sur l'autre, celui de la femme encore sous le joug des vieux principes. Ces deux profils coexistent au sein d'une même société.

Les femmes soumises à la tradition n'ont guère la vie facile. Leur enfance est de courte durée, sous Trajan comme à toutes les époques de l'Empire. Elles sont en effet données en mariage très jeunes. Pas à moins de quatorze ans, selon la loi, mais il arrive que dès l'âge de dix ans elles aillent vivre chez leur futur époux. Dans pareil cas, il est prévu que celui-ci s'interdira toute relation sexuelle avec la promise, et cela restera l'usage dans le monde romain et ensuite dans le monde byzantin, mais nous savons que certains hommes enfreignaient la règle et provoquaient des déchirures irréversibles chez les fillettes.

Cette terrible coutume consistant à marier les femmes à un âge très précoce, voire avant la puberté, a de quoi impressionner ceux qui, comme nous, sont habitués à ce qu'elles se marient de plus en plus tard — et même à un âge que très peu de Romaines avaient la chance d'atteindre. Mais pourquoi donc marier les filles si jeunes ? Pour de multiples raisons, la principale étant qu'elles devaient mettre au monde beaucoup d'enfants, en sachant que bon nombre d'entre eux mourraient et qu'elles-mêmes auraient la vie brève. Extrêmement brève.

À l'époque romaine, la mortalité infantile est très élevée, comme dans le tiers-monde aujourd'hui, voire plus forte encore. Elle peut atteindre 20 pour cent, ce qui signifie qu'un enfant sur cinq meurt avant l'âge d'un an, mais elle est parfois plus élevée, ainsi que le révèle la nécropole de Portus à Isola Sacra (Ostie), qui a livré un impressionnant échantillon de sujets de la Rome antique (2 000 défunts, dont 800 présentaient un squelette complet). Les chercheurs qui l'ont étudiée en ont conclu que la mortalité infantile était de l'ordre de 40 pour cent.

Chaque couple romain sait donc qu'il doit engendrer un grand nombre d'enfants s'il veut avoir l'assurance que quelques-uns survivront. La loi les y encourage : confronté à un terrible déclin démographique, Auguste, le premier empereur, a décrété que pour bénéficier d'avantages économiques et fiscaux une Romaine devait avoir donné naissance à trois enfants minimum (quatre pour une affranchie). Même si elle le souhaite, il ne lui est guère facile d'atteindre ces chiffres. N'oublions pas qu'à cela s'ajoute, dans les milieux aisés, une réticence croissante à enfanter. En revanche, chez les femmes attachées aux vieilles valeurs romaines, la peur de ne pouvoir procréer est palpable dans tous les sanctuaires dédiés à la fertilité (souvent en lien avec une source aux vertus miraculeuses) et sur les ex-voto mis au jour par les archéologues. Nous mesurons toute la pression sociale pesant sur elles. La mauvaise alimentation, très répandue alors, peut être à l'origine d'une difficulté passagère à concevoir. Or les femmes l'ignorent et sont bien en peine d'y remédier. Et puis il y a le facteur temps : elles savent que leur vie est plus courte que celle des hommes et que les accouchements en sont précisément la cause. En l'absence des connaissances médicales et sanitaires qui sont aujourd'hui les nôtres, mettre un enfant au monde dans la Rome antique relève de l'héroïsme.

L'accouchement, ou la roulette russe

Si dans l'Italie d'aujourd'hui près d'une femme sur 10 000 meurt en couches, certains estiment qu'à l'époque romaine c'était le cas d'une femme sur 10. Une véritable roulette russe. Hémorragies, infections et autres complications : quand on songe à tous ces risques et au fait que les femmes accouchaient plusieurs fois au cours de leur vie, il n'est pas surprenant que peu d'entre elles soient parvenues à un âge avancé ou aient survécu à leur mari.

Une stèle funéraire retrouvée à Salona (aujourd'hui Solin, sur la côte dalmate) en dit long là-dessus. On peut y lire, sous le nom d'une esclave : « Elle souffrit cruellement pendant quatre jours pour accoucher, mais n'accoucha pas et ainsi quitta la vie. Justus, son compagnon d'esclavage, lui rend hommage. »

Si le simple fait de mettre un enfant au monde s'apparente à une mission de guerre, les autres aspects de l'existence s'avèrent tout aussi compliqués pour beaucoup de Romaines. À côté des femmes émancipées qui se trouvent désormais sur un pied d'égalité avec les hommes, il en existe une multitude dont la vie est dictée par autrui. Une jeune adolescente se marie parce que son géniteur en a décidé ainsi. Elle est promise à un homme beaucoup plus âgé qu'elle (jusqu'à trente ans de plus), souvent un vieil ami de son père, et avant même les noces elle est envoyée vivre chez lui. Inutile de préciser que dans ces mariages arrangés l'amour n'a pas sa place.

Que se passe-t-il ensuite ? La morale et la législation romaines imposent à l'épouse des règles très précises : fidélité absolue au conjoint et réserve en public. À l'exemple de celle dont fait preuve cette fille qui marche derrière son époux et maître dans la rue. Il a maintenant franchi la porte qui mène à leur petit appartement, au deuxième étage d'un bâtiment anonyme. Elle le suit et pénètre dans sa prison.

Louer une voiture de ville à l'époque romaine

Retour à Mediolanum. À l'aube, une jeune femme et son esclave — un géant — pressent le pas dans la rue principale de la ville, quasi déserte encore. On ne voit, au milieu de la chaussée, que deux chiens en train de se disputer un os jeté cette nuit d'une auberge au moment du nettoyage. La fille recouvre sa tête d'une longue *palla* pour se protéger du froid. Son serviteur, au contraire, est insensible aux basses températures ; il revêt une simple tunique qui laisse entrevoir un torse puissant. C'est un Germain au regard bienveillant, avec les cheveux et la barbe prématurément blanchis. Il porte avec une aisance déconcertante deux énormes sacs contenant tout le nécessaire pour le court voyage que va entreprendre sa maîtresse.

Qu'emporte-t-on en voyage en ce temps-là ? Les objets les plus encombrants sont les ustensiles de cuisine, étant donné qu'il faudra se faire à manger en chemin. Viennent ensuite les affaires de toilette, une couverture, une serviette, quelques vêtements de rechange et du linge de corps, des sandales confortables ainsi que de grosses chaussures pour affronter le mauvais temps, et puis aussi, naturellement, un couvre-chef pour se protéger de la pluie ou du soleil, selon la météo. Par ailleurs, il faut prévoir un habillement adapté aux régions traversées et aux saisons : manteau sans manches *(lacerna)*, manteau à capuche (le *birrus*, semblable au burnous nord-africain) ou *paenula*, le poncho romain pour les jours de pluie. Il ne faut pas non plus omettre les présents destinés à la personne qui recevra les voyageurs. Plus quelques autres objets…

En réalité, à moins de se déplacer en chariot on ne peut pas emporter grand-chose. Si vous connaissez quelqu'un ayant effectué le pèlerinage de Saint-Jacques-de-Compostelle, il vous dira qu'on apprend rapidement deux choses : premièrement, à ne mettre dans un sac à dos léger que le strict nécessaire (autrement dit trois fois rien, le moins lourd possible) ; deuxièmement, à adopter au bout de trois jours de souffrance intense un rythme de marche régulier permettant de parcourir un grand nombre de kilomètres au quotidien. Dans un certain sens, c'est un peu comme si les Romains se rendaient chaque jour à Compostelle, tant ils sont habitués à marcher — bien plus que nous.

Et l'argent, où les voyageurs le cachent-ils ? Dans des bourses qu'ils attachent généralement à leur ceinture, ou à l'intérieur de petits sacs en cuir fin qu'ils portent autour du cou, sous leur tunique. (C'est toujours le cas aujourd'hui : il n'y a qu'à voir le genre de pochettes qu'on trouve dans les *duty free* des aéroports.)

Outre l'argent, on dissimule les objets de valeur. Bien entendu, il est déconseillé aux femmes de faire étalage de leurs bijoux : bagues, boucles d'oreilles, bracelets et colliers doivent rester hors de vue. Certaines les cachent dans le rembourrage de leur soutien-gorge, d'autres les cousent dans des plis invisibles de leurs vêtements, à l'image de la jeune fille en possession de notre sesterce.

Mais ça ne s'arrête pas là. Les Romains doivent préparer en outre un bagage d'un genre particulier : le bagage psychologique. Ils croient énormément aux rêves prémonitoires. Ce sont pour eux des messages, si brefs soient-ils, des sortes de SMS envoyés par les dieux, un véritable feu tricolore autorisant ou non le départ.

Feu vert si l'on rêve d'un ciel dégagé et étoilé, de la déesse Aphrodite ou du dieu Mercure, protecteurs des voyageurs.

L'âne et la mule sont également de bon augure : ils signifient que le périple se déroulera sans encombre, mais… lentement !

Feu orange quand une gazelle apparaît en rêve : si elle est agile, pas de problème ; mais si elle boite ou qu'elle est couchée, c'est mauvais signe.

Feu rouge, sans hésitation, lorsqu'on rêve d'un sanglier (violents orages), d'une chouette (tempêtes et brigands), du dieu Dionysos ou des Dioscures (les fameux Castor et Pollux de la guerre de Troie).

Enfin, si dans un songe on a l'impression de voir s'animer la statue d'une divinité, on peut partir tranquille car on est sûr de jouir de la faveur des dieux.

Nous aurons l'occasion de revenir sur ces signes annonciateurs au moment d'embarquer à Ostie pour traverser la Méditerranée, et nous découvrirons alors d'autres superstitions liées aux voyages.

Mais retournons aux côtés de la jeune patricienne de Mediolanum et de son esclave. Ils voient des esclaves lourdement chargés : étant donné l'interdiction pour les charrettes de circuler en ville après le lever du soleil, beaucoup de maîtres sur le départ font transporter leurs bagages par leurs propres serviteurs ou par des porteurs (esclaves eux aussi) jusqu'aux véhicules qui les attendent aux portes de la cité. Il arrive qu'ils se fassent transporter eux-mêmes. Une matrone est mollement étendue sur une litière que quatre hommes soutiennent avec peine. Par chance, le trajet n'est pas long.

À l'une des portes de la cité, la jeune femme et son accompagnateur s'arrêtent devant une écurie déjà ouverte. Ils consultent les tarifs affichés sur un panneau puis franchissent le seuil. L'endroit est l'équivalent antique d'Avis ou de Hertz. Dès leur entrée, le responsable (un esclave grec) leur présente les moyens de transport disponibles. Il y a là une *birota*, voiture légère à deux roues ne pouvant accueillir plus de deux passagers, et un *essedum*, cabriolet plus grand et plutôt élégant. Nous pourrions comparer la *birota* à un utilitaire de petite taille et l'*essedum* à une voiture de luxe, genre décapotable. Le Grec nomme des clients haut placés ayant utilisé ces véhicules. (Allez savoir la part de vérité…) On voit aussi une *raeda*, chariot découvert à quatre roues, ainsi qu'une *carruca*, la version couverte (comme au Far West). C'est l'équivalent d'un grand monospace à sept places pour famille nombreuse. Certains modèles de *carrucae* sont même aménagés de façon à ce qu'on puisse y dormir — des camping-cars de l'époque romaine. Pour les gros gabarits, outre un conducteur il faut un *cursor* contraint de faire la route à pied à côté des chevaux, qu'il tient par la bride.

La cliente opte pour un *covinnus*, voiture à deux places, petite et maniable, que nous pourrions comparer à une citadine. Elle est très répandue, mais contrairement à une Smart elle n'est pas conçue pour rouler en ville, puisqu'on a vu que la circulation sur roues était interdite pendant la journée.

Une fois le prix convenu, nos deux protagonistes montent à bord. Le serviteur prend les rênes. À peine franchie la porte de la cité, il fait claquer son fouet et les chevaux partent au trot. À travers l'ondoiement de leurs sombres crinières, la patricienne entrevoit la route blanche qui se déroule jusqu'à l'horizon. Elle sourit. L'aventure commence.

Le trafic sur les autoroutes de l'Empire

Les deux voyageurs dépassent un petit convoi. C'est celui d'un homme fortuné. Outre le nombre impressionnant de bagages, les chariots transportent quasiment de quoi monter un appartement chaque soir. Car les riches ne dorment pas dans les auberges : ils font suivre tout le nécessaire pour se loger. Les serviteurs dresseront une grande tente et installeront, en plus d'un lit assez confortable, sièges, tables et tapis. Bien entendu, ils ont emporté également de la vaisselle et de la nourriture, laquelle complétera celle achetée en route. Tout cela n'est pas sans rappeler les safaris de luxe d'aujourd'hui, où le touriste, après avoir fait un tour en 4 × 4 avec un ranger, rentre au camp pour le dîner servi par des garçons en livrée, avant d'aller se coucher sous une vaste tente meublée, voire équipée d'une douche et de toilettes.

Nous apercevons ensuite un avocat étendu sur une litière. Il lit le texte de la plaidoirie qu'il devra prononcer dans la prochaine ville. Il gesticule en parlant à haute voix. Ses huit porteurs semblent ne pas prêter attention à cette radio beuglante.

Ceux qui, comme lui, préfèrent la litière à un véhicule sur roues n'ont qu'une idée en tête : éviter les secousses. Seulement le voyage est beaucoup plus long. Mais il n'y a pas d'urgence : les Romains prennent leur temps, contrairement à nous. Il n'est cependant pas à exclure qu'à l'étape suivante l'avocat remplace ses esclaves par deux mules qui seront attelées aux limons.

Qui sillonne les « autoroutes du Soleil » de l'Empire ? Des gens radicalement différents de ceux que nous voyons sur les autoroutes du XXIe siècle. Les Romains circulent pour d'autres motifs que les nôtres. Les touristes sont peu nombreux et personne n'engorge les routes au retour du week-end. La majorité des gens se déplacent pour raisons professionnelles. À commencer par les membres de l'administration impériale. On assiste à un va-et-vient permanent de fonctionnaires en tout genre : messagers, collecteurs d'impôts, hauts dignitaires, et même des gouverneurs de provinces. La suite d'un tel représentant du pouvoir impérial, composée de collaborateurs, de soldats, de personnels divers et d'esclaves, est si impressionnante qu'on croirait que c'est lui l'empereur.

Mais quand c'est vraiment l'empereur qui voyage, alors quel événement ! Tout s'arrête (comme lors des courses organisées dans nos villes, où des barrières bloquent la circulation). C'est une véritable parade, digne d'un jour de fête nationale, et l'on se presse pour apercevoir l'homme le plus puissant du monde.

Un seul type de cortège est plus long que la suite impériale, et mieux vaut ne jamais le croiser : c'est le passage d'une légion. Avec ses milliers de soldats, ses chariots pour le ravitaillement et ses machines de guerre démontées, elle bloque la route durant des heures. Et si par malheur vous croisez une armée entière, alors montez la tente car vous risquez d'être coincé pour plusieurs jours. C'est ce qui s'est produit lorsque Trajan a rappelé plusieurs légions pour envahir la Dacie. On imagine sans peine les routes encombrées, la curiosité et la peur des habitants des petites cités traversées par un flot grossissant de soldats et de véhicules — mais aussi les affaires rondement menées par certains commerçants, tirant profit des besoins de milliers d'hommes en marche.

En voyage, on croise l'équivalent de nos poids lourds (lents chariots tirés par des bœufs), de nos utilitaires (charrettes), de nos autobus (diligences), de nos motos (chevaux) et de nos bicyclettes (mulets). Mais l'on rencontre surtout des personnes à pied : les semelles sont le moyen de transport le plus utilisé dans l'Antiquité !

Il est un détail curieux à propos des chevaux « romains ». Ils sont nettement plus petits que ceux que nous connaissons aujourd'hui, à peine de la taille d'un poney. En raison de leur gabarit et de leur manœuvrabilité, il semble donc naturel de les comparer aux motos. On ne voit pas vraiment de chevaux du genre de ceux attachés devant les saloons dans les westerns. Les Romains les auraient considérés comme des géants, peu adaptés aux déplacements et aux batailles, et auraient jugé leurs articulations trop vulnérables sur les terrains accidentés. De toute manière, la plupart des gens ne peuvent débourser la somme nécessaire à l'achat et à l'entretien d'un cheval. Voilà pourquoi circulent surtout des ânes.

Parmi les citoyens ordinaires sur les routes de l'Empire, il y a également des malades partis en pèlerinage dans tel ou tel sanctuaire renommé, ou en cure dans une localité thermale non moins réputée. Ce sont là des aspects de l'Antiquité très proches de notre société contemporaine, tout comme les marcheurs faisant de l'auto-stop. Le plus souvent, ils parviennent à se hisser sur des charrettes de paysans. Le trajet est interminable et pénible pour qui a l'ouïe sensible, car elles grincent terriblement.

Restoroutes et motels

À neuf milles de Mediolanum apparaissent les toits de tuiles rouges de plusieurs habitations, à l'emplacement de l'actuelle ville de Marignan (Melegnano). Il est fort probable que ces maisons en aient constitué le noyau, mais pour l'heure elles forment une *mutatio*, un relais de poste impérial. Nos deux voyageurs s'arrêtent et mettent pied à terre. L'esclave fait boire les chevaux et vérifie leurs sabots. La jeune femme pénètre dans la cour.

Nous pourrions comparer la *mutatio* à ces restoroutes qui sont aussi des stations-service et des garages pour réparations urgentes. Car ici on peut remplacer les bêtes fatiguées par des chevaux frais (autrement dit, faire le plein d'essence), d'où ce nom de *mutatio*. Y travaillent palefreniers, vétérinaires, maréchaux-ferrants et charrons. On y trouve aussi un service de restauration. Pas de sandwiches « Néron » ou « Jules César », mais une cuisine simple et nourrissante — viande d'agneau ou de porc, fromages frais, galettes…

Il est assez fréquent de pouvoir disposer en pareils lieux d'un lit… et d'une prostituée. Mais la plupart des voyageurs n'y dorment pas. Ils se comportent comme nous, mangent un morceau, changent de chevaux et repartent. Au cours de la journée, une ou deux *mutationes* se dresseront sur leur itinéraire. Puis, comme par enchantement, à la tombée de la nuit surgira sur le bas-côté un grand motel. Les Romains lui donnent le nom de *mansio*. Jamais plus d'une cinquantaine de kilomètres ne séparent deux établissements. Ici, on pourra manger et dormir, mais aussi se plonger dans un bon bain, car la plupart du temps les *mansiones* disposent de petits thermes. S'ajoute à cela un changement gratuit de vêtements pour les postillons et les messagers trempés ou crottés.

Enfin, pour surveiller les routes et rendre les trajets plus sûrs, se sont multipliés au fil des ans les postes de police *(stationes)*. Dans certaines zones, il y a même des sentinelles placées tous les milles.

La poste impériale : usage et abus

Parmi les étapes, certaines sont destinées tout particulièrement à ceux qui occupent une fonction officielle et voyagent pour le compte des autorités. Ainsi les messagers *(speculatores)*, qui doivent présenter chaque fois un document *(diploma)* tenant lieu de sauf-conduit et les autorisant à remplacer leurs chevaux ou à profiter des thermes. C'est le système du *cursus publicus*, la poste impériale, instauré par Auguste pour assurer principalement l'échange de courrier à travers tout l'Empire entre représentants du pouvoir, et non entre citoyens ordinaires. Les *speculatores* peuvent alors changer rapidement de monture et se reposer avant de reprendre la route. Une idée de génie, quand on sait que le service postal ne gagnera plus en rapidité avant l'invention de la locomotive.

Le voyageur lambda peut se sustenter ou dormir dans ces établissements réservés en principe aux fonctionnaires, à condition qu'il y ait de la place. Il devra payer tous les services de sa poche, alors que les détenteurs d'un *diploma* y ont accès gratuitement. Mais s'il a pris une chambre et qu'une délégation officielle débarque sans trouver d'hébergement, il sera délogé sans ménagement.

Naturellement, bon nombre de personnes influentes essaient d'entrer en possession du fameux *diploma* pour se déplacer dans de meilleures conditions, mais il faut l'autorisation de l'empereur. Beaucoup intriguent pour l'obtenir. D'autres adressent une demande en bonne et due forme au premier des Romains afin qu'il accepte de faire une entorse au règlement. C'est le cas de Pline le Jeune, qui à titre de gouverneur de la province de Bithynie, en Asie Mineure, s'adresse ainsi à Trajan en l'an 111 : « Maître, jusqu'à présent je n'ai donné à personne de sauf-conduit. [...] Ma femme ayant appris la mort de son grand-père voulait courir auprès de sa tante, et j'ai estimé qu'il serait inhumain de lui refuser cette facilité[19]. »

Il va sans dire que les abus ne manquent pas, avec force pots-de-vin et reventes de sauf-conduits — des délits théoriquement punis de mort. Certains fonctionnaires enfreignent aussi les règles en essayant de réquisitionner les chevaux fournis dans les *mansiones* (qui abritent généralement une quarantaine de montures, mules et chevaux confondus) ou en hébergeant amis et parents dans leur chambre.

Alors que la jeune patricienne de Mediolanum et son esclave quittent la *mutatio* pour poursuivre leur route, ils croisent un cavalier déboulant au galop. L'homme met pied à terre. C'est un *speculator*. À sa mine inquiète, le tenancier comprend qu'il s'agit d'une urgence. Le messager impérial, très jeune, avec des taches de rousseur et des joues rougies par la chevauchée, sort son *diploma* d'un étui, le lui tend et demande le cheval le plus rapide. L'autre ordonne qu'on prépare sur-le-champ le meilleur de l'écurie, déroule le sauf-conduit pour la forme, sans même y jeter un regard, puis fixe le *speculator* dans les yeux :

« Tout va bien, mon garçon ? »

Le jeune homme boit goulûment à même un pichet et des filets d'eau ruissellent sur sa poitrine. L'épouse du gérant, qui lui a offert d'étancher sa soif, l'invite à avaler doucement. Elle arbore un sourire maternel.

Ce garçon lui rappelle un de ses fils, incorporé dans une légion du Nord, la XXII Primigenia.

On a eu vent du conflit frontalier par un autre messager, quelques jours plus tôt. Depuis, silence radio. Les *speculatores* sont supposés ne rien révéler, mais certaines informations filtrent parfois, ainsi sur cette victoire contre les Chattes. Le messager, assez ému, assure que les vainqueurs recevront prochainement des citations et des promotions, et que le document dont il est porteur est destiné au commandant de la légion à Mogontiacum.

Le tenancier sourit, pose sa main sur l'épaule du jeune homme et lui remet une gourde contenant du vin avec ces mots :

« Tiens, fais-en bon usage, mais seulement à destination ! »

L'autre, un brin intimidé, le remercie avant de mordre à belles dents dans une galette à la ricotta que lui a préparée la patronne. Il n'a pas le temps de la terminer. Son cheval est prêt. D'un bond il l'enfourche, faisant fi du marchepied que le palefrenier a installé à son intention. Puis il se retourne, sourit et salue le couple.

En un éclair, il a déjà franchi le portail dans un nuage de poussière.

La vitesse d'un *speculator* est en moyenne de 7 kilomètres à l'heure, en tenant compte des arrêts pour les chevaux, ce qui équivaut plus ou moins à 70 kilomètres par jour (contre 20 à 30 kilomètres pour les voyageurs à pied et 35 à 45 kilomètres pour ceux utilisant une voiture à roues). Lionel Casson a calculé qu'un messager parti de Rome ralliait Brindisi en 7 jours, Antioche en 40 et Alexandrie en 55. C'est digne de ce que sera le Pony Express au Far West[20].

À vrai dire, en appuyant sur le champignon les *speculatores* peuvent tripler leur vitesse et couvrir jusqu'à 210 kilomètres en vingt-quatre heures, avec des arrêts aussi rapides que sur les stands de Formule 1. C'est ce qui s'est produit en 69 lors d'une mutinerie de légionnaires en Germanie (Mayence). Le messager a gagné Rome en une huitaine de jours à peine.

REGGIO D'ÉMILIE
Les blagues de l'Antiquité

Un beau mariage

Après un long voyage, la jeune patricienne de Mediolanum a passé la nuit dans une auberge de Placentia (Plaisance). Elle s'est remise en route de bon matin pour arriver à temps aux noces de sa meilleure amie, à Fidentia (Fidenza). Ce fut une cérémonie magnifique. La mariée portait une ravissante *palla* couleur safran, et son visage était recouvert en partie d'un voile d'un orange flamboyant (d'où son nom de *flammeum*) surmonté d'une couronne de myrte. L'époux était encore plus séduisant qu'à l'époque où elle avait fait sa connaissance. Peut-être en jugeait-elle ainsi parce qu'elle le revoyait en ce grand jour, à moins que ce ne fût sous l'influence de son amie, une femme exceptionnelle.

Elle n'a pas perdu une miette du rituel, même si elle n'a pu s'empêcher de fermer les yeux au moment du sacrifice du taureau. Cependant, l'haruspice a souri si spontanément en examinant les entrailles, et rendu un verdict si favorable pour le couple, que cet optimisme en a surpris plus d'un. Il est rare d'entendre des présages aussi positifs, mais ce couple-là le méritait amplement.

Il y eut ensuite un grand banquet qui s'est prolongé jusque tard dans la nuit, malgré le vent qui a donné du fil à retordre aux nombreux convives. Puis l'invitée venue de Mediolanum a dû remplir sa mission. Lorsque tout le monde s'est levé et que le cortège s'est dirigé vers le domicile de l'époux, c'est elle, la meilleure amie de la mariée, qui l'a conduite jusqu'au lit conjugal, où l'attendait l'homme avec une expression pleine de désir. Tandis que tout le monde s'éclipsait, elle a jeté un dernier regard aux nouveaux conjoints et les a vus s'embrasser passionnément. Alors elle a refermé la porte et souri en soupirant, avant de rejoindre les autres.

Maintenant que les invités se dispersent, munis de torches et de lampes, attardons-nous un instant. La nuit est fraîche et les étoiles nombreuses. Revenons à la dernière image des époux : les Romains s'embrassent donc, mais s'y prennent-ils comme nous ?

Baisers à la romaine

Oui, les Romains échangent comme nous des baisers profonds. Il serait d'ailleurs plus juste de dire que nous les imitons, puisqu'ils nous ont précédés... Ils connaissent trois sortes de baisers. Tout d'abord, le tendre *basium*, propre aux amoureux, tel qu'on le découvre en regardant des statuettes exhumées à Trèves : elles représentent précisément des couples en train de s'étreindre et leurs personnages inclinent la tête vers la droite, tout comme nos lycéens (ainsi que les deux tiers des couples actuels, paraît-il). Vient ensuite l'*osculum*, respectueux, entre membres d'une même famille. Et puis il y a le *savium*, érotique et réservé aux rapports sexuels, notamment avec les prostituées.

Si cette diversité de baisers romains vous intrigue, observez attentivement le monde qui vous entoure et vous comprendrez qu'il existe aujourd'hui beaucoup plus de sortes de baisers. Nous embrassons sur les deux joues les amis et parents que nous n'avons pas vus depuis un certain temps, alors que nous ne donnons qu'un baiser aux êtres qui partagent notre quotidien (ainsi le mari saluant sa femme avant de partir au travail). Dans certains pays, on échange un plus grand nombre de baisers : en Hollande et en France, en particulier, on ne s'interdit pas trois bises (parfois quatre ou cinq, selon les régions). Et si l'on tient compte du baisemain et du fait que les Russes ont conservé jusque très récemment la tradition du baiser sur la bouche entre personnes du même sexe, on comprendrait qu'un Romain s'embrouille un tantinet face à ces pratiques contemporaines : il embrassait plus simplement que nous !

L'un des baisers à la romaine répondait à une curieuse coutume. On prétend qu'à l'origine le chaste *osculum* avait un dessein inquisiteur. Le mari s'assurait ainsi que son épouse n'avait pas bu de vin, et chaque parent qui le souhaitait pouvait procéder de même pour vérifier l'haleine des femmes du foyer. Cette sorte de contrôle croisé visait à préserver la bonne réputation de la famille.

Mais si les Romains embrassaient beaucoup, nous apprenons avec stupeur qu'ils furent probablement les premiers à interdire cette pratique ! L'empereur Tibère prohiba ainsi les baisers en public pour combattre une épidémie d'herpès labial. En l'absence de connaissances scientifiques dans ce domaine, il avait néanmoins pris la bonne décision, car c'est bien par le baiser que se transmet le virus. Nous ignorons jusqu'à quel point il fut obéi, et pendant combien de temps, parce que nul règlement ne saurait interdire un baiser.

L'humour romain

Quelques jours se sont écoulés. Le sesterce laissé par la jeune fille à l'auberge en règlement de sa nuitée est en route pour Regium Lepidi (aujourd'hui Reggio d'Émilie), à une cinquantaine de kilomètres de Fidentia. Un autre client de l'établissement l'y ramène avec lui, et cet homme se trouve maintenant devant une *popina* en compagnie d'un ami.

Après une longue marche, les deux compères prennent place dans cette taverne de campagne, non loin de leur destination finale. Ils gardent un moment le silence, assis sur de simples tabourets en bois, à l'ombre d'un gros platane, et savourent la fraîcheur de la douce brise qui caresse leurs visages.

Soudain, l'un d'eux, assoiffé, hèle le tavernier :

« Deux rouges à peine allongés, mais pas noyés, hein ! »

Comme nous avons déjà eu l'occasion de l'évoquer, le vin, sous l'Empire romain, a un degré d'alcool si élevé qu'il est d'usage d'y ajouter de l'eau. Mais depuis plusieurs décennies la plupart les aubergistes allongent le « nectar des dieux » à outrance, histoire de grossir leurs bénéfices. Tout près d'ici, à Ravenne, c'est exactement l'inverse qui se produit. Au dire du poète Martial, la cité aurait si peu d'eau potable qu'elle y serait aussi chère que le vin !

D'ailleurs, l'un des deux voyageurs lance :

« À Ravenne, un coquin d'aubergiste m'a fait une sacrée blague : je lui ai demandé du vin coupé, et il me l'a servi pur. »

Puis il éclate de rire.

Et l'autre de répliquer :

« Oui, l'eau est si chère là-bas qu'il vaut mieux posséder une citerne de flotte qu'une vigne. On en tire de meilleurs bénéfices. »

C'est le genre de boutades faciles et féroces, exprimées dans un latin fortement mâtiné d'accent local, que l'on retrouve dans les *Épigrammes* de Martial. Il a séjourné dans cette région où il était d'usage de plaisanter et de prendre du bon temps après une rude journée de labeur, et ça n'a pas changé au fil des siècles. Raconter des histoires drôles entre amis autour d'un bon verre de vin fait toujours partie des mœurs locales.

Quel genre d'humour au juste pratiquaient les Romains ? Était-il si différent du nôtre ? Existait-il de leur temps l'équivalent des blagues italiennes sur les carabiniers et des blagues françaises sur les Belges ? La réponse est oui !

Le *Philogelos (L'Ami du rire)* rassemble 265 blagues rédigées en grec aux alentours du ve siècle. Classées par catégories comme dans les recueils actuels, elles visent les habitants soi-disant pas très futés de certaines cités (Cumes, Sidon ou Abdère) ou des personnages affublés de gros défauts et dépeints dans leur quotidien — le bougon, l'avare, le lâche, le pince-sans-rire, l'envieux, celui qui a mauvaise haleine, etc. Surtout, près de la moitié des plaisanteries tournent autour de la figure de l'intellectuel pédant complètement déconnecté de la réalité, une sorte de Monsieur-je-sais-tout dans les nuages.

Par essence, l'humour ne saurait être immuable : pour être vraiment comique, la blague doit respecter une certaine primeur et s'inscrire dans une actualité récente, faute de quoi elle n'est plus appréciée. (Avez-vous remarqué combien nous avons du mal à rire des plaisanteries de nos grands-parents ?) Nous constatons cependant que certaines histoires drôles de l'Antiquité n'ont rien perdu de leur saveur. Imaginez alors que vous preniez place dans cette *popina* pour écouter celles qu'échangent les consommateurs.

Un barbier à son client : « Comment dois-je te couper les cheveux ? »
Le client : « En silence ! »

Un homme à son médecin : « Docteur, quand je me réveille, j'ai la tête qui tourne pendant une demi-heure, puis tout rentre dans l'ordre. Que me conseillez-vous ? »
Le médecin : « Dormez une demi-heure de plus ! »

Un pédant a rêvé qu'il marchait sur un clou et s'est bandé le pied. Un ami, pédant lui aussi, lui demande la raison de ce bandage et lui fait remarquer : « Au fond, ils n'ont pas tort de nous prendre pour des idiots. Pourquoi ne gardes-tu pas tes chaussures pour dormir ? »

Deux jumeaux. L'un meurt. Un pédant au survivant : « Mais qui est mort, ton frère ou toi ? »

Un citoyen d'Abdère (province de Thrace) voit passer un eunuque en compagnie d'une femme. Il demande à un ami s'il s'agit de l'épouse de l'eunuque. Et lorsque l'autre lui répond qu'un eunuque ne peut être marié, il s'exclame : « Dans ce cas, c'est sûrement sa fille ! »

Un pédant rencontre un ami : « On m'avait dit que tu étais mort ! »
L'ami : « Comme tu vois, je suis bien vivant. »
Le pédant : « Pourtant, celui qui me l'a dit est bien plus digne de confiance que toi. »

Une terrible tempête éclate au cours d'une traversée en mer. Voyant ses esclaves sangloter, un pédant leur dit : « Cessez de pleurnicher ! Je vous ai affranchis dans mon testament. »

L'ami d'un pédant sur le point de partir en voyage lui demande : « Tu pourrais me ramener deux esclaves de quinze ans ? »
L'autre : « Entendu. Et si je fais chou blanc, je t'en ramène un de trente. »

Un avare rédige son testament et nomme comme seul héritier... lui-même !

On demande à un trouillard lesquels, des bateaux de guerre ou de commerce, sont les plus sûrs pour voyager. « Ceux qui sont en cale sèche ! » rétorque-t-il.

Un homme à l'haleine repoussante rencontre un médecin et lui dit : « Docteur, examinez-moi ! Je crois que ma luette est descendue. » Il ouvre la bouche et le médecin s'exclame : « Ce n'est pas ta luette qui est descendue ; c'est ton cul qui est remonté ! »

Dans une école de Sidon (province de Syrie), un élève demande à son maître : « Quelle est la capacité d'une amphore de cinq litres ? »
Réponse du professeur : « Tout dépend si tu parles de vin ou d'huile. »

À la mort de son père, survenue à Alexandrie, un homme originaire de Cumes confie le corps aux embaumeurs. Ceux-ci tardant à agir, il finit par exiger la restitution de la dépouille. Le responsable, qui a quantité d'autres cadavres en dépôt, lui demande alors un signe distinctif pour l'aider à l'identifier. « Il toussait beaucoup ! » répond le fils du défunt.

Un misogyne ayant perdu son épouse suit le cortège funèbre.
Un passant : « Qui donc vient de gagner un monde meilleur ? »
Le veuf : « Moi, enfin délivré de ma femme ! »

Un séducteur à l'œuvre

Un soldat prend du bon temps dans cette même taverne et va se trouver en possession de notre sesterce lorsqu'il réglera sa consommation. Lui ne se rend pas à Regium Lepidi mais à Modena (Modène). C'est un officier de cavalerie, et il éclate de rire à certaines des blagues racontées par les deux autres voyageurs sur les relations hommes-femmes. Elles trouvent une résonance profonde en lui : il n'a jamais voulu se marier, c'est un vieux garçon. Mais s'il n'a pas d'épouse, il a probablement quelques enfants ici et là. Nous dirions aujourd'hui de ce célibataire endurci qu'il est un don juan.

Avouons que c'est de famille. Son grand-père, Quintus Petillius Cerialis, a laissé un souvenir épique en raison de ses rocambolesques aventures galantes et de ses nombreuses conquêtes. Un vrai Casanova de l'Antiquité ! En 60 de notre ère, sous le règne de Néron, il commandait en Bretagne la Legio IX Hispana lorsque éclata la révolte de Boadicée, dont les soldats, on l'a vu, détruisirent Londres. Cerialis tenta alors de rassembler le maximum d'hommes disponibles pour défendre la cité de Camulodunum (Colchester). En dépit d'une résistance héroïque, ses troupes, insuffisantes, furent rapidement défaites et lui-même échappa de justesse à la mort.

Mais il ne perdit pas toutes ses batailles. Loin de là. L'empereur Vespasien, son beau-frère, l'envoya commander une autre légion, en Germanie, et il se trouva confronté à une nouvelle révolte, cette fois contre des Bataves. Grâce à la Legio XXII Primigenia, que nous avons déjà rencontrée, il vainquit l'ennemi, et Vespasien le gratifia de tous les honneurs militaires. Cette guerre donna lieu à un épisode cocasse. Une nuit, le camp des Romains fut

attaqué par les barbares. Or Cerialis était absent...
Il était engagé dans un autre genre d'action — avec
une noble dame des environs — et débarqua à moitié
nu sur le champ de bataille.

Mais ses frasques ne s'arrêtèrent pas là. Alors qu'il
s'était embarqué de nuit sur le Rhin pour rejoindre
un avant-poste de l'armée romaine, des commandos
barbares, à bord de petites embarcations, larguèrent
discrètement les amarres du bateau qui lui servait de
quartier général, lequel se mit à dériver lentement
sans que personne s'en aperçoive. Lorsque l'ennemi
monta à bord pour massacrer Cerialis, la surprise
fut de taille : il avait disparu. Il était en compagnie
d'une autre belle dame de la région et eut bien du
mal à rejoindre ses hommes pris au piège.

L'année suivante, il fut nommé gouverneur de Bretagne et se trouva cette fois confronté aux Brigantes.
Il ne renonça pas pour autant à ses turpitudes amoureuses et noua une relation « diplomatique » avec
l'ancienne reine de ce peuple, Cartimandua, sorte
de Cléopâtre nordique à la personnalité affirmée et
charismatique. Il acheva sa carrière et sa vie à Rome.
Nommé deux fois consul, il évolua sous Domitien
dans les plus hautes sphères de la cour. Selon Tacite,
il fut davantage un soldat impétueux qu'un général
réfléchi, toujours prêt à risquer le tout pour le tout.
Comme avec les femmes. Le fort ascendant qu'il
exerçait sur ses hommes, il le devait à sa façon de
s'exprimer, simple et sans détour, et à sa loyauté
sans faille. Et c'est probablement ce caractère bien
trempé, franc et déterminé qui plaisait également au
beau sexe.

Son petit-fils est parvenu à destination. Allongé sur
un triclinium dans une salle de banquet, il compte
parmi les invités d'un important marchand de tissus
de Modena. Entre tel plat et tel autre, entre la lecture d'un poème et une courte danse, les discussions
portent sur les sujets les plus divers : des récoltes

abondantes aux nouvelles d'Orient, en passant par les souvenirs de voyages dans des provinces aux mœurs étranges.

Le militaire s'exprime poliment mais pas très souvent parce qu'il est concentré sur un tout autre type d'échange. Il a commencé à flirter avec l'épouse du maître de maison, étendue à ses côtés. Exercice risqué, et d'autant plus excitant. L'hôtesse, bien plus jeune que son mari, semble vouloir entrer dans le jeu. C'est une femme plantureuse au regard profond, avec de belles boucles rousses qui lui tombent sur les épaules tels des pampres.

Notre homme ne s'est pas lancé dans cette entreprise à la légère : il applique les conseils d'Ovide dans ce genre de situation — une sorte de charte de la séduction à l'usage des participants à un banquet. Voici ce que le grand poète, mort un siècle plus tôt, préconise dans son *Ars amatoria (L'Art d'aimer)*.

Première chose : se retrouver à côté de la créature convoitée. « Alors tu pourras, à mots couverts, dire mille choses que ta voisine sentira dites pour elle[21]. » Car il faut se livrer à de tendres flatteries « pour qu'elle lise sur la table qu'elle est maîtresse de ton cœur, et la fixer dans les yeux avec des yeux qui avouent ta flamme ». L'auteur se fait ensuite plus audacieux et conseille de s'emparer de la coupe dans laquelle elle vient de boire pour poser les lèvres à l'endroit précis où elle a posé les siennes, dans une sorte de baiser différé. Mieux : « Tous les mets que ses doigts ont effleurés, prends-en, et, les prenant, effleure sa main. »

Qu'en est-il du mari dans l'histoire ? La façon dont Ovide suggère de le flatter, de se montrer hypocrite et flagorneur, peut paraître choquante : « Désire plaire également à l'amant de ta belle ; il vous sera plus utile, devenu ton ami. »

Ne pas hésiter non plus à recourir à de petits stratagèmes. Lors d'un banquet romain, la coutume veut qu'un tirage au sort désigne le roi du festin, lequel veille à la qualité des vins et fixe le nombre de coupes à boire tout au long de la soirée. Le poète conseille au séducteur, s'il est désigné, de passer le flambeau au maître de maison et d'approuver chacun de ses propos : « Si le sort t'accorde la royauté du festin, cède-lui cette royauté ; donne-lui la couronne posée sur ta tête ; même si, par sa place au festin, il est ton inférieur ou ton égal, laisse-le toujours se servir avant toi et ne néglige pas de dire comme lui. »

Mais Ovide n'a-t-il pas mauvaise conscience ? Si. Du reste il l'admet, tout en laissant hypocritement entendre qu'on ne peut éviter un tel inconvénient : « C'est un moyen sûr et fréquent de tromper en se cachant sous les dehors de l'amitié, mais tout sûr et fréquent que soit le moyen, il est coupable. »

L'officier applique donc ces conseils à la lettre avec la maîtresse de maison ; leurs mains se frôlent souvent, ils échangent des regards langoureux, leurs pupilles se dilatent...

Mais ensuite ? Voici ce que suggère Ovide : « Lorsque les convives quitteront la table, la foule même te fournira le moyen et l'occasion de l'approcher. Faufile-toi dans la foule, glisse-toi près d'elle pendant qu'elle s'en va, pince-lui la taille de tes doigts et touche son pied de ton pied. »

Désormais, les choses sont claires, et il faut aborder la femme dès que l'occasion se présente : « Voici le moment de l'entretien : fuis loin d'ici, rustique Pudeur ! »

Commence alors pour l'homme le « sale boulot » : flatterie et supercherie permettront au chasseur de ferrer sa proie. Au dire du poète, l'art de la séduction repose sur les fausses promesses et le véritable séducteur (tant romain que contemporain) est un expert en la matière. Jugez plutôt :

« Il te faut jouer l'amant et, dans tes paroles, te donner les apparences d'être blessé d'amour ; ne néglige aucun moyen pour le persuader. Et il n'est pas facile d'être cru : toute femme se juge digne d'être aimée ; si laide soit-elle, il n'en est pas qui ne se trouve bien...

« Et promets hardiment : ce sont les promesses qui entraînent les femmes ; prends tous les dieux à témoin de tes engagements...

« Les larmes également sont utiles : avec des larmes tu amollirais le diamant. Tâche que ta bien-aimée voie, si tu peux, tes joues humides. Si les larmes te font défaut (car elles ne viennent pas toujours à commandement), mouille-toi les yeux avec la main. »

Nous nous arrêterons là, non sans renvoyer à la lecture de l'œuvre complète pour approfondir les conseils amoureux qu'Ovide adresse aux hommes — ainsi qu'aux femmes.

Le jeune militaire a réussi à s'isoler quelques instants avec l'épouse de l'hôte, tandis que ce dernier fait découvrir ses magnifiques chevaux de course à ses invités. Nous n'entrerons pas dans leur intimité... mais l'on peut se demander à quoi ils s'exposent s'ils sont découverts.

Que risquent les amants adultères ?

Durant des siècles, les Romains ont eu une vision unilatérale de l'adultère, qui se limitait pour eux à une relation sexuelle entre une femme mariée et tout autre que son époux. Celui-ci était libre d'avoir des relations extraconjugales, surtout avec des esclaves vivant sous son toit, tandis que sa conjointe devait faire preuve d'une fidélité exemplaire.

Avant le règne d'Auguste, un mari trompé pouvait en théorie se faire justice lui-même en tuant sa femme. L'amant, lui, risquait la mort, ou plus vraisemblablement la castration, lorsqu'il était pris en flagrant délit. Puis Auguste tenta de lutter contre les relations extraconjugales dans un contexte plus général visant à rétablir les grands principes qui avaient fait la gloire de Rome, mais aussi à enrayer la chute de la natalité et l'augmentation du nombre de divorces. La *lex Julia de adulteriis coercendis*, promulguée en 18 avant J.-C., édictait clairement la façon dont les coupables devaient être jugés. Elle reçut quelques ajustements par la suite mais resta en vigueur durant toute la durée de l'Empire.

Entre l'arbre et l'écorce, la justice mettait donc le doigt. L'adultère cessait d'être une affaire privée pour devenir un délit. Le mari trompé devait réclamer un procès devant un jury. S'il ne le faisait pas, c'est le père de sa femme qui pouvait intenter une action, puis, passé un nouveau délai, n'importe quel citoyen romain.

L'épouse adultère devait être répudiée, elle perdait la moitié de sa dot, un tiers de ses biens, et se voyait condamnée à la relégation sur une île *(ad insulam)* : Julie l'Aînée, la propre fille d'Auguste, fut exilée sur l'île de Pandateria. La loi interdisait en outre à toute femme convaincue d'adultère de se remarier et de revêtir la *stola*, longue robe des matrones : elle était tenue de porter la toge brune généralement réservée aux prostituées. Et l'amant dans tout ça ? Il était déporté sur une île différente de celle de sa maîtresse et se voyait confisquer la moitié de ses biens.

Cette loi était-elle souvent appliquée sous le règne de Trajan ? Non. Rares étaient les condamnations pour adultère. De telles dispositions dataient d'un autre temps, et depuis quelques dizaines d'années elles étaient pratiquement tombées en désuétude. Cependant, lorsqu'à la fin de l'Empire romain émergeront de nouveaux royaumes, la vengeance privée de l'ancien temps reprendra le dessus.

En dépit de son caractère encore archaïque, la *lex Julia de adulteriis coercendis* marquait des avancées considérables. Pour la première fois, l'homme adultère s'exposait également à des sanctions, quoique pas aussi sévères que pour une femme. Par exemple, il devait restituer la dot en cas de divorce. Quant aux épouses infidèles, les nouvelles dispositions leur évitaient d'être exposées à des actes de cruauté de la part de maris assoiffés de vengeance.

On a vu cependant qu'il était devenu assez simple de divorcer, ce qui dans bien des cas évitait l'adultère. Quand néanmoins il se produisait, garder le secret n'était pas toujours chose facile. Jens-Uwe Krause, professeur d'histoire ancienne à la Ludwig-Maximilians-Universität de Munich, raconte qu'à l'époque comme aujourd'hui la rumeur circulait, notamment dans les petites villes où tout le monde se connaissait[22].

Retournons au banquet où a été invité le fringant descendant de Cerialis. Pourquoi l'épouse du maître de maison est-elle si bien disposée à l'égard de ce jeune officier qu'elle ne connaît pas ? Ses manières et son physique y sont probablement pour beaucoup. Et puis une femme a rarement l'occasion d'avoir des contacts avec l'extérieur ! Elle ne sera jamais en mesure de se constituer un cercle d'amis ou de connaissances en dehors de son domicile. Elle devra se contenter de celui de son mari. Et c'est précisément au sein de ce cercle qu'elle pêchera ses amants. Du coup, on ne sait plus très bien si notre homme, fort de ses atouts de séducteur, est le chasseur ou la proie.

L'amant, à l'époque romaine, est soit un ami ou une connaissance de l'époux, soit un membre de son entourage professionnel. Il existe cependant une troisième catégorie (mis à part les partenaires occasionnels, rencontrés lors d'un voyage, par exemple) : ce sont les esclaves. Constamment à portée de main et d'une disponibilité sans faille, ils ont surtout pour qualité première d'être tenus au silence.

Rimini

Une délicate opération chirurgicale

L'échiquier de la civilisation

L'officier quitte Modène tandis que les autres invités continuent à chanter et à réciter de la poésie en compagnie du maître de maison. Ils ont perdu le fil du nombre de verres qu'ils ont bus, tout comme notre militaire a perdu le fil du nombre de ses conquêtes. Il sait simplement que depuis ce soir son tableau de chasse en compte une de plus.

Un esclave s'est occupé de son cheval ; il l'a même étrillé. Le militaire est touché par ce geste qu'il n'avait pas sollicité. Il plonge sa main aux ongles soignés dans sa bourse, en extrait notre sesterce et le lui donne. Puis il enfourche sa monture et se fond dans la nuit.

Les doigts du garçon se referment sur la pièce. Ses mains rugueuses, dont la peau ressemble à du cuir, sont celles d'un homme rompu au travail des champs. En un rien de temps, le sesterce s'est trouvé transposé dans un autre univers, celui d'un esclave — un esclave qui jouera demain un rôle important au cours d'une mission délicate. Son nom est Lusius.

Le grincement des roues du petit chariot accompagne les voyageurs comme une vieille mélopée.

Chacun se tait : les conversations se sont interrompues il y a quelques heures, à la manière de chandelles qui peu à peu s'éteignent. Le véhicule, tiré par deux mulets, transporte à son bord un couple et leur fils malade. Celui-ci dort dans les bras de sa mère, indifférent aux secousses. Lusius et un autre esclave tiennent les rênes, mais le premier est assurément le préféré du maître, son factotum.

C'est là le voyage de la dernière chance pour tenter de sauver l'enfant, comme nous allons le découvrir. Ouvrons d'abord une petite parenthèse. Le paysage que nous observons est pour le moins insolite. Des deux côtés de la route s'étend une succession de champs de même taille et de même aspect qui se jouxtent avec une précision chirurgicale. Si nous pouvions admirer cet endroit depuis le ciel, un panorama incroyable s'offrirait à nos yeux : les espaces vierges (forêts, lacs et rivières) ont cédé la place à un immense échiquier de champs tous semblables, un échiquier au dessin parfait, à l'image des parkings de nos centres commerciaux. Nous avons l'habitude de ce genre de paysages au XXIe siècle, mais ils nous paraissent surprenants au IIe.

Ce rigoureux agencement est le fruit du morcellement des terres conquises par les légions, en vue de les répartir entre les nouveaux colons. C'est la fameuse « centuriation » des campagnes, instaurée par l'administration romaine dans de nombreuses régions de l'Empire. Sans trop entrer dans les détails, disons que le territoire que nous traversons a été divisé en 100 grands carrés de 50 hectares chacun, soit l'équivalent, pour un Romain, de 200 jugères : le terme *jugerum* dérive de « joug », la pièce de bois servant à atteler les bœufs à la charrue. Le jugère correspond à l'aire pouvant être labourée par un attelage en une seule journée, soit environ 2 500 mètres carrés. Comme toujours, nous pouvons constater que les Romains sont très pragmatiques.

Dans les montagnes, où les terres sont plus difficiles à labourer, le jugère est plus petit — détail qu'il vaut mieux avoir en tête quand on souhaite acquérir un terrain dans de telles contrées. Pourquoi « centuriation » ? Quel rapport avec le chiffre 100 ? Chacun de ces grands carrés porte le nom de *centuria* parce qu'il est composé de 100 lots de deux juchères.

Ailleurs, sur les terres relevant d'usages locaux, les carrés sont remplacés par des rectangles (*strigae* ou *scamna*, selon leur orientation), mais ce ne sont que les variantes d'un même système. Un formidable réseau de routes et de petits chemins parcourt cet échiquier, à la manière des *cardines* et *decumani* des cités romaines. Il en résulte ce découpage géométrique en parcelles allouées par l'administration aux colons et divisibles uniquement sur autorisation du Sénat. C'est une nouvelle façon d'apprivoiser la nature, et dans bien des régions de l'Empire la centuriation modèle le paysage de manière inédite. La campagne de la future Émilie-Romagne en est un parfait exemple.

Le chariot passe devant des hommes munis de curieux instruments en bois pour vérifier l'alignement des cippes et des piquets, probablement en raison d'une querelle au sujet d'une délimitation de terrain. Elles sont fréquentes, si l'on en croit certains documents ; d'aucuns s'amusent en effet à déplacer les bornes pour « dérober » un bout du champ voisin. Mais ici la tâche des arpenteurs n'est pas trop rude et le différend sera vite réglé.

Il est tout de même stupéfiant qu'à une époque où les ordinateurs, le laser et la photo aérienne n'existent pas encore, le quadrillage des parcelles soit si nettement défini. Comment arrive-t-on à pareil résultat ? Grâce aux relevés des géomètres, ces hommes que nous venons de croiser, lesquels s'appuient sur des outils simples mais efficaces, comme la *groma*, que l'on peut admirer dans quantité de livres ou de musées. Elle rappelle un peu l'armature d'un petit parasol, mais les baleines sont remplacées par une croix horizontale en bois à branches égales d'où pendent des fils à plomb afin de maintenir bien droit l'ensemble. Faisant office de viseur, elle permet de poser des cippes pour délimiter les terres avec précision. Le tracé, aussi rectiligne qu'un rayon laser, est obtenu par l'alignement de deux des plombs avec le point de mire, matérialisé par un piquet planté plus loin. De cette façon, on parvient aussi à construire des routes ou des murs si droits qu'on se demande toujours comment s'y prenaient les Romains !

Le plus extraordinaire, c'est que ce quadrillage des champs n'a pas totalement disparu : si vous avez l'occasion de survoler l'Émilie-Romagne, vous aurez parfois l'impression de planer au-dessus d'un gigantesque plaid à carreaux multicolore. Dans *Le Christ s'est arrêté à Eboli*, Carlo Levi fait d'ailleurs allusion aux trains traversant les « campagnes mathématiques de Romagne[23] », et quantité de noms de communes actuelles d'Émilie-Romagne (et de la plaine du Pô) portent le sceau de la centuriation. C'est notamment le cas de Cento, de Ducenta et de Nonantola (qui vient de *nonaginta*, « quatre-vingt-dix »).

Derrière ce découpage géométrique, Rome mettait en œuvre une stratégie de conquête. Ainsi, les légionnaires quittant le service se voyaient attribuer à titre d'« indemnité de départ » des terres où vivre avec leurs familles. Des générations durant, ces vétérans contribuèrent à la colonisation des régions conquises, et donc à l'expansion de la civilisation romaine. Leur présence rassurait : ils servaient d'avant-postes aux frontières, signalaient les menaces imminentes, mais surtout exportaient la romanité chez les barbares. Un peu comme une terre en friche peut se transformer en champ de blé, ces nouveaux territoires devenaient le tissu vivant de l'Empire.

Le voyage de la dernière chance

Un hurlement brise soudain le silence dans le chariot. L'enfant pleure à chaudes larmes, le visage déformé dans un masque de souffrance, tandis que sa mère tente vainement de le calmer. Il porte ses petites mains à sa tête avant de plonger dans le giron maternel, en quête de réconfort. Il n'a guère plus de quatre ou cinq ans et son crâne présente un volume anormal sur le côté droit. Il souffre d'hydrocéphalie. La tumeur qui s'est développée peu à peu a entraîné une asymétrie de l'encéphale. L'os pariétal droit a dû supporter cette augmentation de volume et s'est peu à peu déformé. De violents maux de tête affligent le petit garçon en raison d'une tension interne croissante — une véritable torture, devenue presque constante.

Les parents ont tout essayé contre ces souffrances, des préparations médicales aux sacrifices divins, en passant par les remèdes improbables de femmes du peuple adonnées à la magie. Sans succès. Ils se sont même tournés vers la déesse Carna, souvent invoquée par les mères et les nourrices pour chasser les stryges *(striges)*, ces oiseaux nocturnes considérés dans l'Antiquité comme l'équivalent de nos vampires. Afin d'éloigner ces créatures qui, selon la croyance populaire, s'introduisent dans les maisons à la faveur de la nuit pour sucer le sang des enfants et se nourrir de leur chair, ils ont pratiqué un rituel : après avoir frappé à trois reprises le seuil de la chambre de leur fils d'une branche d'arbousier, ils ont répandu de l'eau lustrale et offert en sacrifice aux stryges les entrailles d'une jeune truie, les implorant d'épargner les organes du malade. Pour finir, ils ont suspendu un rameau d'aubépine au montant de sa fenêtre. En vain.

La seule solution consiste désormais à recourir à un chirurgien, lequel devra faire un trou dans le crâne afin de soulager la pression intérieure, a-t-on expliqué aux parents. Mais il n'est guère facile d'en trouver un digne de confiance et réellement compétent ; et puis il y a le coût de l'opération, exorbitant pour ces gens issus de la plus humble des classes de la société romaine. Ce sont des esclaves agricoles appartenant à la *familia* d'un gros propriétaire des environs de Bologne. Pourtant, ils s'apprêtent à consulter à Ariminum (Rimini) l'un des meilleurs médecins à la ronde. Comment est-ce possible ? Qui a bien pu les aider ?

Il s'est produit une sorte de petit miracle. Leur maître, ému par un tel drame, a décidé ce voyage de la dernière chance et pris tous les frais à sa charge. Pourquoi a-t-il agi de la sorte ? Peut-être tout simplement pour répondre à sa qualité de « père » au sein de la communauté des esclaves. C'est en tout cas ainsi que se conçoit le rôle de *pater familias* dans la mentalité romaine. À moins qu'il n'y ait une autre raison, à l'encontre de nos clichés sur les relations maîtres-esclaves, car il est faux de prétendre que tous les maîtres sont violents et inhumains. Souvent s'instaurent entre eux et leurs serviteurs des relations pacifiques fondées sur l'estime mutuelle, voire sur l'amitié ou l'amour, avec la perspective d'un affranchissement ou même d'un mariage.

Mais voici que les pleurs et les cris de l'enfant redoublent. Il est en nage. Le chariot s'immobilise et les parents s'efforcent d'apaiser le malade en le cajolant.

Au cours de cette halte improvisée, Lusius en profite pour jeter un œil alentour. Le hasard a voulu qu'on s'arrête à la hauteur d'un petit temple. Il y a probablement une source sacrée dans les environs, étant donné que nous sommes en rase campagne. Cette construction nous rappelle un peu les chapelles qui se dressent au bord des routes. Ces dernières ont d'ailleurs souvent été construites là où s'élevait jadis un temple païen : un lieu de culte a beau changer d'apparence, son rôle ne change pas.

L'esclave s'approche et gravit les marches. L'endroit est désert, mais de nombreux ex-voto *(donaria)* ornent les murs. Ils représentent divers éléments du corps humain et sont en terre cuite, en pierre ou en bois — dans les temples plus importants, ils sont en cuivre, en argent ou en or. Ils ont été déposés là par des gens implorant la grâce d'être guéris ou reconnaissants de l'avoir été. Les musées archéologiques en comptent aujourd'hui de belles collections.

À l'image de leurs visiteurs, Lusius scrute chaque ex-voto, surpris par la diversité des maladies évoquées. Voici par exemple deux oreilles accompagnées d'une inscription expliquant que le Gaulois Cuzion remercie les dieux de lui avoir fait retrouver l'ouïe. Un bras en terre cuite présente des renflements circulaires d'un centimètre de diamètre symbolisant probablement le psoriasis, déjà connu des Égyptiens. Un peu plus loin, une tête de femme en argile porte de rares touffes de cheveux ; Lusius n'a jamais vu ça, mais nous savons qu'il est devant un cas d'alopécie de type areata. Il est encore plus impressionné par tout ce qui concerne l'appareil génital — ici des testicules énormes, là un pénis à côté d'un autre plus petit... Il a les yeux comme des soucoupes !

Force est de constater que ces ex-voto traduisent à la perfection le rapport des Romains à la maladie. En l'absence de connaissances scientifiques suffisantes, on l'affronte en s'en remettant à deux types de médecine : la médecine sacrée, tournée vers les dieux, comme en témoigne ce temple, et la médecine savante, celles des chirurgiens, tel celui dont nous allons bientôt faire la connaissance. Au fond, rien n'a changé. Il suffit de pénétrer aujourd'hui dans une église ou un sanctuaire pour découvrir les mêmes ex-voto, le plus souvent sous forme de plaques en argent, figurant des jambes, des yeux ou quelque organe.

Les principales divinités invoquées pour raisons de santé à l'époque romaine sont Minerve, Carna, Febris et Méfitis. Il existe même une dynastie de dieux guérisseurs : Apollon est aussi médecin, tout comme son fils Esculape et la fille de ce dernier, Salus, déesse de la santé. Pour apaiser la colère des dieux durant les épidémies, le Sénat préconise parfois le lectisterne, c'est-à-dire l'organisation d'un banquet où les statues des dieux sont placées sur des lits d'apparat et celles des déesses sur des sièges, conformément à l'étiquette de la Rome archaïque. Il existe également des réjouissances spéciales permettant d'implorer le secours des divinités contre les maladies. Le 21 décembre, par exemple, la fête des Divalia (ou Angeronalia) est célébrée en l'honneur de la déesse Angerona, dont le nom peut nous sembler familier puisqu'il est construit sur la racine d'*angor* (suffocation, angoisse), soit l'équivalent de notre angine de poitrine (Angerona guérit notamment les maladies cardiaques).

Lusius contemple maintenant un ex-voto reproduisant un combat dans l'arène : un gladiateur a sans doute tenu à remercier les dieux pour avoir survécu à ses blessures. Décidément, la maladie n'épargne personne ; elle place tout le monde sur un pied d'égalité, des sénateurs aux gladiateurs, comme en témoignent ces centaines de reproductions anatomiques.

Une pression sur le bras de l'esclave l'arrache à ses méditations. La main qui le touche, bien réelle celle-là, maigre et osseuse, est celle du servant du temple. Le prêtre, lui, est absent : il est allé ensevelir les ex-voto en surnombre dans une fosse sacrée, un « ménage » périodique indispensable dans les temples de l'Antiquité, et qui a livré de belles trouvailles aux archéologues. Le temple est donc sous la seule garde de cet esclave à demi aveugle. Émacié et chauve, il porte une longue barbe ; sa bouche ne compte plus que quelques vilaines dents et l'un de ses yeux est si voilé qu'il est presque blanc, l'affublant d'un regard morbide.

Terrifié, Lusius détale et rejoint les autres.

Dans Rimini, à la recherche du docteur Eutychès

Le chariot s'engage maintenant sur un long pont immaculé dont les cinq arches se reflètent dans l'eau. Il est le symbole de la cité d'Ariminum. Entreprise sous Auguste, sa construction fut achevée sous Tibère. L'ouvrage a été si bien conçu qu'il a résisté à deux mille ans d'Histoire (y compris lorsque les nazis en déroute tentèrent de le faire sauter). Au XXIe siècle, il demeure pour les voitures un point de passage essentiel.

Le petit groupe de voyageurs ignore — comme vous ? — d'où Ariminum tire son nom. C'est celui du fleuve qu'ils sont en train de franchir, et les circonstances dans lesquelles fut fondée la ville sont pour le moins étonnantes. Nous avons coutume, en effet, de penser que les barbares vivaient loin de Rome, dans les forêts de Germanie ou les régions arides de l'Afrique du Nord (le terme « berbères » vient d'ailleurs de « barbares »), voire plus loin encore, dans les déserts du Moyen-Orient. Cependant, à l'origine, Rome combattait les barbares « à domicile », au cœur même de la péninsule. Et la Romagne que nous avons traversée en est l'illustration parfaite. Il s'agissait, jusqu'en 268 avant J.-C., d'une terre étrangère habitée par de puissantes tribus gauloises, tels les Lingons et, plus au sud, les Sénons. La localité de Senigallia, dans les Marches, tire précisément son nom de ce peuple, à l'époque où les Romains y fondèrent la colonie de Sena Gallica. Il est difficile d'imaginer aujourd'hui que de féroces guerriers, commandés par le charismatique Brennus, partirent de cette petite ville pour mettre Rome à sac et lui faire payer un très lourd tribut. Au moment de la pesée de l'or remis par les Romains, Brennus jeta son épée dans la balance pour en augmenter le poids et prononça sa célèbre phrase : *Vae victis !* (« Malheur aux vaincus ! »)

Lors de la conquête du nord de l'Italie, le Sénat eut l'idée d'envoyer 6 000 hommes en Romagne pour y fonder une nouvelle cité, véritable colonie en terre gauloise comme point de départ de l'expansion romaine dans la plaine du Pô. C'étaient davantage des paysans-soldats que des militaires à proprement parler, d'autant qu'ils vinrent du Latium et de Campanie avec leurs familles. Ils décidèrent de construire leur ville à l'embouchure du fleuve Ariminus (aujourd'hui Marecchia) et la baptisèrent tout naturellement Ariminum.

Après avoir satisfait aux contrôles d'entrée dans la cité, le chariot prend la direction du centre. Le bruit des roues a changé : le cailloutis de la Via Aemilia, cette longue route consulaire qu'il a empruntée à travers la campagne, a disparu. À Rimini, la chaussée est pavée. Les jantes sont mises à rude épreuve sur les pierres et ne ménagent pas la colonne vertébrale des voyageurs. On perçoit à intervalles réguliers de petits chocs provoqués par la ligne de jonction entre les dalles ; ils sont, à l'époque romaine, l'équivalent de cette sonorité caractéristique qui rythme les déplacements en train, lorsque les roues du wagon passent d'un rail à l'autre.

La carriole parcourt maintenant l'une des rues principales, bordée des deux côtés d'arcades abritant de nombreux ateliers et boutiques. Aucun détail n'échappe à Lusius : trois hommes discutent, adossés à une colonne ; des élèves, assis par terre sous un porche, écoutent leur maître, qui fend l'air de son implacable férule ; un vieil aveugle a posé sa main sur l'épaule de son jeune esclave, qui l'aide à esquiver marchandises et passants sur le trottoir (c'est la version antique du chien guide d'aveugles) ; deux enfants jouent aux billes avec de petits cailloux...

Lusius sourit en voyant les efforts que fournit un gros homme pour attraper une amphore de vin suspendue à la devanture d'une boutique. Le marchand affolé se précipite vers lui, mais trop tard : par effet domino, le client renverse une série d'amphores posées à même le sol, et elles se mettent à rouler sur la chaussée.

La géométrie des rues, qui se coupent à angle droit, intrigue Lusius. Il s'étonne de voir les maisons si bien alignées. Il n'est jamais venu ici auparavant et a toujours vécu dans le même domaine agricole. Fils d'esclaves, il a été vendu dès la naissance à son propriétaire actuel. La règle est simple : les enfants nés d'esclaves appartiennent au maître de ceux-ci ; il peut en disposer comme bon lui semble et les vendre aussi simplement que nous le faisons avec les chatons et les chiots. En ce temps-là, non seulement une partie de l'humanité ne possède rien, mais en plus elle est privée de ses enfants.

N'oublions pas qu'un esclave a une vision très limitée du monde : il n'aura pas forcément l'occasion de connaître d'autres horizons que sa maison, son quartier et la ville où il travaille. Le reste lui échappera. Et s'il vit dans une ferme en rase campagne, c'est comme s'il était exilé. Il peut venir au monde, vivre et mourir au même endroit sans jamais avoir connu autre chose. Certes, les esclaves ne sont pas tous logés à la même enseigne. Beaucoup sont vendus, passent ainsi d'un lieu à un autre, ou bien ils travaillent sur différents sites. Ceux qui, ayant gagné la confiance de leur maître, se voient confier des commissions, des achats, des transports de marchandises, ou qui vont et viennent entre les différentes propriétés, restent une minorité. C'est pourtant le cas de Lusius, et pour la première fois il doit accomplir une longue mission. Si, de nos jours, il faut moins d'une heure en voiture pour effectuer le trajet qu'il vient d'accomplir, pour lui c'est une véritable expédition, l'équivalent d'un voyage à l'étranger.

Son regard croise maintenant celui d'une fille assise sur un banc de bois. Rien dans ses vêtements ne laisse penser qu'elle aussi est esclave. C'est peut-être une affranchie, voire une citoyenne romaine. Quoi qu'il en soit, Lusius ne devrait pas la dévisager de la sorte, mais l'instinct ne s'embarrasse pas de règles sociales. Elle le fixe également, avec un mélange de désir et de défi. Cet échange dure. Comme hypnotisés, les yeux bleus du jeune homme ne parviennent pas à se détacher de la fille : il est fasciné par cette beauté provocante.

Au moment où il s'apprête à lui adresser la parole, le chariot tourne au coin d'une rue et la mer apparaît. C'est la première fois que Lusius la voit. Il la contemple, bouche bée, ses boucles blondes flottant au vent, tandis que des voiles carrées pointent à l'horizon. Il a tellement entendu parler de la mer ! Et maintenant elle est là, à quelques dizaines de mètres, mais pas question pour lui de gagner le rivage : il est esclave et doit obéir aux ordres du maître. D'ailleurs, une main le saisit brusquement à l'épaule. C'est le père de l'enfant malade ; il veut savoir où se trouve la maison du chirurgien.

Lusius a soudain une idée. Il met pied à terre et se dirige vers la créature pour laquelle il vient d'éprouver un véritable coup de foudre. Il s'approche, tête basse, en signe de respect. Il sait qu'il risque gros en cas d'erreur, mais il sait aussi qu'il a déjà établi avec elle une sorte de relation secrète. La fille est surprise de le voir venir à elle, bien qu'elle l'ait intimement souhaité. Et elle le scrute de ses yeux à la fois sombres et lumineux. Sa chevelure noire a des reflets cuivrés, et à son cou un étrange pendentif en métal scintille au soleil.

Au bout d'un long moment durant lequel garçon et fille recommencent à s'étreindre du regard, Lusius lui demande si elle connaît la maison du chirurgien. Elle sourit, dévoilant des dents d'une incroyable blancheur qui tranchent avec son teint mat, puis propose de l'y conduire.

L'esclave a agrippé le harnais du cheval et mène la charrette à pied, aux côtés de la belle inconnue. Il ne peut s'empêcher de détailler son corps qui ondule harmonieusement sous sa tunique. C'est Vénus personnifiée, songe-t-il. En chemin, leurs mains s'effleurent plusieurs fois, discrètement. Il lui explique la raison de sa présence ici ; elle l'écoute en silence tout en jetant des coups d'œil pleins de compassion à l'enfant dans les bras de sa mère.

Le petit groupe arpente à présent le forum, zone exclusivement piétonne. Le chariot a été laissé dans une rue adjacente sous la surveillance de l'esclave cocher. Il y a foule, un peu comme dans une gare à l'heure de pointe : des hommes élégamment vêtus discutent entre eux, des jeunes gens désœuvrés chahutent, des pères marchent en compagnie de leurs enfants... Un détail ne nous a pas échappé : les femmes sont peu présentes. Il en est ainsi sur tous les forums et dans toutes les rues de l'Empire romain. En dépit de leur émancipation en ce IIe siècle, le monde hors du foyer reste l'apanage des hommes, comme aujourd'hui dans certains pays du Moyen-Orient.

Nous atteignons maintenant le centre du forum, là où se croisent *cardo* et *decumanus*, les deux rues principales de la cité. Lusius aperçoit une stèle surmontée d'une statue. Ce ne sont pas les statues qui manquent ici, mais celle-ci se démarque des autres : elle représente

Jules César. L'esclave écoute un garçonnet servir de guide à quelques étrangers : ici même, en 49 avant J.-C., après avoir franchi le Rubicon, César harangua ses troupes, résolu à marcher sur Rome. (Ce monument commémoratif n'a pas disparu, et aujourd'hui il se trouve toujours quelqu'un à Rimini pour le commenter aux touristes.)

En traversant la place du forum, nous croisons des litières sur lesquelles des femmes et des hommes au regard hautain se prélassent dans des poses recherchées. Nous sommes surpris par une chose qu'aucun livre, aucun auteur n'a jamais évoquée : aussitôt après leur passage, le parfum capiteux des matrones se mêle à l'odeur de sueur, âcre et insoutenable, des esclaves qui les transportent, générant une exhalaison indéfinissable, sorte de gaz d'échappement caractéristique de ces moyens de transport antiques.

Mais déjà notre attention est attirée par une scène insolite : des vieillards en toge se massent devant un mur d'une blancheur éclatante. Ils font penser à ces voyageurs qui consultent les horaires des trains dans les gares. En réalité, ils prennent connaissance des nouveaux édits et autres annonces que l'administration vient de communiquer aux citoyens sur ce mur. Il en existe de semblables dans chaque cité de l'Empire. On les passe régulièrement à la chaux pour y rendre publiques de nouvelles informations. La couleur blanche, *albus* en latin, a donné son nom officiel à ce type de mur : *album*. Ce mot qui nous est si familier est donc né sur les places romaines il y a plus de vingt siècles, puis le terme a désigné toutes sortes de supports sur lesquels livrer un témoignage.

Nos voyageurs ont pris une rue latérale et passent devant une *popina*. De l'intérieur émane une fumée blanchâtre qui s'accompagne d'une odeur aigrelette de saucisse grillée. La tentation est grande pour tous, mais il n'y a pas une minute à perdre. La fille aux yeux sombres marche d'un pas alerte. Elle se fraie un chemin parmi les clients appuyés au comptoir de marbre extérieur, à portée d'ouvertures circulaires donnant accès au vin et à de généreuses portions d'olives.

Un homme avise le fardeau que derrière elle une femme serre étroitement contre son sein, ainsi que les petits pieds qui gigotent. Il comprend d'emblée la situation et cède le passage au groupe. Tout le monde ici sait qu'un célèbre chirurgien du nom d'Eutychès réside au bout de la rue, et les scènes de ce genre sont quotidiennes.

Trouver l'entrée de sa maison est un jeu d'enfant. Les bancs de pierre, de chaque côté, sont occupés par une petite foule silencieuse qui attend des consultations. Une fois devant la grande porte verte aux anneaux de bronze, Lusius hésite, cherchant la lettre de recommandation rédigée par son maître sur une feuille de papyrus et marquée de son sceau. Mais la fille aux yeux sombres fait preuve de plus d'efficacité. Elle tambourine à la porte et hèle quelqu'un. Elle connaît l'un des esclaves qui s'occupent de la gestion de ce dispensaire. Décidément, quelle chance d'être tombé sur elle !

Peu après, la porte s'entrouvre et un visage souriant apparaît. C'est celui d'un jeune homme aux manières délicates, vêtu d'une tunique très propre. Après un bref échange, nos visiteurs se glissent à l'intérieur.

Étrange maison que celle-là. Son agencement n'a rien à voir avec celui de la *domus* tel qu'on peut le découvrir à Pompéi : au fil du temps, les cités romaines ont dû composer avec un inconvénient que nous connaissons bien : le manque d'espace. La prospérité de l'Empire s'est accompagnée d'une augmentation de la population urbaine, et donc d'un besoin accru de logements, à l'image de ce qui s'est passé chez nous après la guerre. Les mètres carrés des cités de la péninsule Italienne — et de l'Empire en général — sont devenus trop précieux et trop coûteux pour qu'on les destine à un usage non fonctionnel. Afin d'augmenter le nombre de pièces dans d'élégantes demeures, on a monté des cloisons, ajouté des étages et fait disparaître les atriums. Les magnifiques jardins intérieurs aux essences parfumées que nous avons l'habitude de contempler dans les films et sur les illustrations ont été réduits, voire convertis en simples cours sur lesquelles donnent les étages supérieurs. Il est fréquent qu'une *domus* soit divisée en deux logements indépendants ou plus. La maison du chirurgien en est un parfait exemple puisqu'elle est devenue pour moitié un cabinet médical. Aussi, un habitant de Pompéi ayant vécu deux générations plus tôt et accoutumé aux villas agrémentées de paisibles jardins et de délicates colonnades aurait bien du mal à reconnaître ces habitations, devenues sombres et bruyantes.

Lucius et les autres progressent à présent dans le long corridor menant à la salle d'attente. Chacun a la sensation de se trouver dans un lieu sacré. Le couloir est sombre ; seule une lampe à plusieurs becs suspendue au plafond l'éclaire faiblement. Et puis il y a ce fort parfum d'encens. Pourquoi en fait-on brûler ici ? Parce que l'encens possède des vertus antiseptiques et qu'il est recommandé dans les endroits où affluent les malades — dans les temples, les sanctuaires et, bien entendu, chez les médecins.

Les parents et l'enfant prennent place sur un banc de bois à côté d'autres patients, tandis que Lucius montre sa lettre de recommandation à qui de droit. Nous avons là un échantillon des maux de l'époque, et c'est pour nous l'occasion de découvrir de quoi souffraient les Romains.

Avoir mal aux dents à l'époque romaine

Il faut dire qu'en ce temps-là, et d'une manière générale au cours des premiers siècles de notre ère, on ne faisait pas de réelle distinction entre la médecine et la chirurgie. Un bon médecin devait être en mesure de pratiquer des interventions chirurgicales, mais aussi de fabriquer des remèdes tout comme un apothicaire. Aulus Cornelius Celsus, dit Celse, qui vécut sous Auguste et Tibère, a rédigé un traité qui nous éclaire sur l'art du médecin-chirurgien. « Le chirurgien doit être jeune, ou du moins peu avancé en âge, explique-t-il. Il faut qu'il ait la main ferme, adroite et jamais tremblante ; qu'il se serve de la gauche aussi bien que de la droite ; qu'il ait la vue claire et perçante ; qu'il soit intrépide ; que sa sensibilité soit telle que, déterminé à guérir celui qui se met entre ses mains, et sans être touché de ses cris, il ne se presse pas trop et ne coupe pas moins qu'il faut[24]. » Vous laisseriez-vous conduire dans une salle d'opération en sachant que le chirurgien n'accordera pas la moindre attention à vos cris de douleur ? Quelle formidable invention que l'anesthésie !

Deux hommes aux cheveux blancs sont assis en face du petit malade ; l'un porte un bandage qui lui passe sous le menton, entoure son visage et se termine par un nœud au-dessus du crâne. Du creux de la main, il s'efforce de protéger sa joue, enflée par une infection dentaire. Au bout d'un moment, il se tourne vers son compère et lui demande en marmonnant :

« Tu crois vraiment que c'était une bonne idée de venir ici plutôt que d'aller chez l'autre médecin, Diaulus ? »

Son ami tente de le rassurer par une boutade :

« Évidemment. Diaulus est devenu croque-mort. Comme médecin il tuait ses patients, maintenant il porte leurs cadavres. C'est le même métier, pour ainsi dire ! » Et d'ajouter : *Aegrescit medendo*. (« Le remède est pire que le mal. »)

Il est clair que les docteurs ne sont guère appréciés de la plèbe. Pour de multiples raisons : d'abord, les traitements sont loin d'être aussi efficaces qu'aujourd'hui ; ensuite, la connaissance des pathologies reste rudimentaire. Sans compter que des tas de charlatans abusent de la confiance des malades avec force remèdes miracles.

Comme pour confirmer ce préjugé populaire contre les médecins, une voix s'élève soudain dans le silence de la salle d'attente. Une femme passe sa colère sur un assistant du docteur à propos d'un autre praticien du nom de Symmacus :

« Je ne me sentais pas bien. Symmacus est venu me voir, accompagné d'une centaine de disciples. Cent mains gelées m'ont palpée : je n'avais pas de fièvre, maintenant j'en ai ! »

À quoi doit s'attendre l'homme à la joue enflée ? Il a opté pour le cabinet d'un grand chirurgien, mais il aurait très bien pu se rendre chez n'importe quel barbier, dont le second métier consiste à arracher les dents — par des méthodes expéditives que l'on n'ose imaginer...

Mais les choses sont-elles si différentes ici ? Ce que le patient ignore, c'est que, son tour venu, il devra endurer une véritable torture. Les dentistes romains recourent à toutes sortes d'instruments pour les extractions dentaires, mais le plus redoutable est sans doute la tenaille, ou *forfex*. Il arrive parfois que la couronne de la dent se casse au cours de l'intervention et que la racine reste coincée dans l'os ; il faudra alors recourir à une autre tenaille, plus terrible encore, dont le nom grec est *rhizagra*, ou « arrache-racine ». Tout cela pour une simple carie...

Au fait, comment les soigne-t-on avant d'en arriver là ? En lisant ce qui va suivre, vous apprécierez grandement de vivre au XXIe siècle.

Dans l'Antiquité, on pense que les trous dans les dents sont dus, comme pour les pommes, à un mystérieux ver rongeur qui attaque l'émail. C'est une théorie admise depuis les Babyloniens et qui subsistera jusqu'à l'époque moderne. La première étape consiste à éliminer les aliments susceptibles de provoquer des inflammations et à recourir à des remèdes et à des bains de bouche à base d'opium, d'encens, de poivre et de jusquiame. Celle-ci, qui appartient à la même famille que la pomme de terre et la tomate, possède, en plus de ses vertus anesthésiantes, de puissantes propriétés hallucinogènes, mais elle est toxique. Shakespeare l'évoque d'ailleurs à propos de la mort du père d'Hamlet.

Soigner une carie n'a donc rien d'une plaisanterie, et mieux vaut souhaiter qu'il n'y ait pas trop d'erreurs dans la préparation des traitements. C'est la raison pour laquelle on préfère généralement s'adresser à un esprit éclairé plutôt qu'au premier venu au coin de la rue. Car la phase suivante consiste à boucher la cavité dentaire avec des grains de poivre ou des baies de lierre. Si, comme on l'imagine, le remède ne fonctionne pas, on verse une décoction d'origan et de l'huile d'arsenic dans le trou avant de le reboucher à la cire. Certains font mieux : Rufus d'Éphèse, par exemple, a coutume de fabriquer ses « plombages » avec un mélange d'alun de roche, de myrrhe, de cumin, de poivre noir et de vinaigre — véritable amalgame high-tech de l'Antiquité.

Jusqu'à quel point tout cela est-il efficace ? Il est fort probable que la douleur subsiste : on la combat à grand renfort de vin et d'infusions d'herbe aux chats, mais le plus souvent on finit par arracher la dent. Les sourires de l'époque romaine ne correspondent absolument pas à nos canons actuels. Il est assez courant de voir des bouches où il manque quelques dents, et personne ne s'en formalise. Autre temps, autres mœurs.

Ce qui peut paraître surprenant — mais ne l'est pas vraiment quand on y réfléchit —, c'est que les caries et autres problèmes dentaires touchent plus les Romains aisés que les autres. L'alimentation riche en sucres et en hydrates de carbone ravage les bouches de ceux qui mènent grand train. Il est vrai qu'un pauvre souffrant de malnutrition finit quand même par perdre ses dents, mais la fouille de tombes près de Rome a révélé que dans la plupart des cas la denture des esclaves était bien mieux préservée que celle de leurs maîtres.

Et lorsque les dents tombent, que fait-on ? Pour combler le vide du sourire on peut les remplacer par des dents prélevées sur un bœuf ou sur un veau ; celles-ci seront façonnées de manière à s'insérer parfaitement dans la bouche. Rappelons qu'au Ve siècle avant J.-C. les Étrusques fabriquaient déjà des bridges en recourant à des lamelles d'or. Ces dernières étaient fixées aux dents saines et supportaient les fausses, faisant office de prothèse. Mais la méthode n'a guère remporté de succès à l'époque romaine.

Un dernier petit détail devrait vous glacer les sangs. Le fameux traité de Celse nous révèle qu'il existe une technique « inhumaine » (à nos yeux) pour traiter un abcès ou un problème de gencives : il suffit d'appliquer un fer rouge directement sur la partie malade. Est-ce à cela que songe cet homme d'Ariminum qui a tellement mal aux dents et regarde dans le vide ?

Résoudre les problèmes de cataracte

Une femme patiente à côté de son époux. Elle arbore une coiffure compliquée faite de tresses enroulées derrière la tête et retenues par une épingle en os placée à l'horizontale, tel un loquet de porte. Le mari a les yeux rivés au plafond et mastique une gomme composée de baies de genièvre et de pourpier (plante ornementale qui se consomme également en salade). Ce chewing-gum de l'Antiquité permet de lutter contre la mauvaise haleine ; il est l'ancêtre de nos pastilles rafraîchissantes, si fortes qu'elles vous coupent le souffle.

Mais c'est la femme qui a un sérieux problème. Elle ne voit plus d'un œil. Les collyres prescrits ces derniers mois n'ont servi à rien. Elle en tient d'ailleurs un dans sa main. Un tel remède n'est pas liquide comme aujourd'hui ; il se présente sous forme de bâtonnet de pâte sèche à diluer de préférence dans du lait maternel. Un curieux ingrédient entre dans sa composition : le *castoreum*, une substance aux vertus apaisantes issue des sécrétions génitales du castor européen. Franchement, instilleriez-vous ce produit dans votre œil ? J'en doute. Mais à l'époque il est considéré comme une panacée ! Bien souvent, le médecin a marqué ces bâtonnets de son cachet, histoire de se faire un peu de publicité, mais surtout pour éviter les contrefaçons — eh oui, les faux médicaments existaient déjà ! Outre son nom, figure parfois celui du principal ingrédient, voire un petit mode d'emploi du produit.

Cette femme d'Ariminum souffre de la cataracte et sera opérée dans les prochains jours. Les médecins romains sont en mesure de pratiquer de délicates interventions oculaires. On assiéra la patiente à contre-jour, dans une position plus basse que celle du médecin, et un assistant passera derrière elle pour immobiliser sa tête. Ensuite, avec d'infinies précautions, le praticien enfoncera une aiguille entre la cornée et la choroïde puis fera lentement descendre la cataracte.

Je perçois déjà votre malaise, aussi m'arrêterai-je là, surtout que d'étranges cris émanent d'une pièce voisine. Ils s'apparentent plutôt à des plaintes et se muent crescendo en des sortes de hurlements, avant de prendre fin dans un long gémissement étouffé et libérateur. Les esclaves du médecin se regardent du coin de l'œil en souriant. La patiente dont ils se moquent ainsi est atteinte d'un mal très singulier : l'hystérie. Rappelons au passage que le terme « hystérie » vient du grec *hustera*, qui signifie « utérus ». (Rien d'étonnant, donc, à ce qu'« hystérographie », « hystérosalpingographie » ou « hystérectomie » désignent aujourd'hui des examens ou interventions concernant exclusivement l'appareil génital féminin.)

Les médecins de l'Antiquité pensaient que l'hystérie touchait des femmes ayant accumulé trop d'énergie sexuelle : des veuves, des célibataires, et toute femme privée d'une activité sexuelle régulière. Dès le Ier siècle de notre ère, le traitement préconisé pour les soulager reposait sur l'orgasme clitoridien. Par un massage manuel, le médecin les amenait au « paroxysme libérateur », selon l'expression consacrée, et l'on retrouvera cette pratique à la fin du XIXe siècle.

Le cabinet du médecin

C'est au tour de l'enfant. Un esclave ouvre une porte, mais les parents hésitent un instant à en franchir le seuil avec le petit. Ils savent qu'ils s'apprêtent à affronter une épreuve cruciale. Le père finit par entrer, suivi de son épouse qui tient toujours le garçon dans ses bras.

Le médecin semble les ignorer. Assis à une table, Eutychès est en train de rédiger une ordonnance sur une tablette de cire. Le sol est revêtu d'une magnifique mosaïque à compartiments où apparaissent une panthère, des oiseaux, une gazelle et un lion autour d'un personnage central qui n'est autre qu'Orphée. Cela n'a rien d'étonnant puisque le personnage peut charmer les animaux sauvages au son de sa lyre et ainsi triompher de la mort. Sa représentation en ce lieu contribue donc à rassurer les malades.

On aperçoit une seconde pièce. C'est le *cubiculum*, où l'on distingue un lit, faiblement éclairé par une lampe. Cette chambre, réservée à l'hospitalisation de jour, est l'équivalent de nos centres de soins ambulatoires, et la mosaïque du sol est elle aussi d'une grande élégance.

Les yeux de la mère furètent dans tous les coins du cabinet. Des motifs colorés ornent les murs et une longue bande rouge court autour de la pièce dans sa partie inférieure. Le mobilier est sommaire. Outre le bureau, il y a un coffre et une étagère garnie de traités sous forme de gros rouleaux de papyrus.

Le regard de la mère s'attarde sur une longue table basse puis croise celui tout aussi peu rassuré du père : un esclave a déjà préparé les instruments chirurgicaux pour l'opération. On dirait du matériel de torture. Qu'un médecin opère à son cabinet peut nous sembler aberrant, mais à l'époque romaine la pratique est banale, et elle le restera longtemps.

Le père perçoit une caresse humide sur sa sandale et ses orteils : c'est un chiffon imbibé d'eau vinaigrée qu'un esclave passe sur le sol pour ôter les traces de sang de l'intervention précédente.

Eutychès se lève enfin : c'est un bel homme d'une quarantaine d'années, avec des cheveux noirs légèrement grisonnants, des traits réguliers et des lèvres charnues parfaitement dessinées. Il a des yeux de jais fascinants, peut-être en raison des rides souriantes qui encadrent son regard. Sa physionomie et son accent trahissent ses origines grecques.

Il connaît bien le maître de notre famille d'esclaves, s'est rendu plusieurs fois dans sa villa et a pratiqué sur lui avec succès une opération très difficile. Il écoute attentivement le récit des parents sur la maladie du gosse, lequel l'observe en se serrant plus fort contre sa mère. L'enfant n'a pourtant aucune appréhension et considère comme un ami cet homme qui le regarde avec bienveillance. On ne saurait lui donner tort : Eutychès, qui lui sourit, est la seule personne à pouvoir le soulager.

Ce visage rassurant aux traits méditerranéens est l'occasion d'évoquer un sujet fort intéressant. Au début de l'histoire romaine, les médecins n'existant pas, c'était le *pater familias* qui veillait à la bonne santé de ses proches et des esclaves vivant sous son toit en recourant à des remèdes et à des connaissances qui se transmettaient de père et fils. Après la conquête de la Grèce, Rome a vu débarquer des médecins professionnels issus des plus illustres écoles (Éphèse, Pergame, Smyrne, Antioche). La Méditerranée orientale était alors l'équivalent des États-Unis actuels, avec ses « pôles de recherche », ses universités et ses grands centres du savoir — il suffit de songer à la bibliothèque d'Alexandrie. Les premiers médecins venus à Rome étaient surtout des esclaves d'origine grecque, fort appréciés si l'on en juge par leur prix élevé sur le marché, mais ils furent rapidement affranchis et purent ouvrir des cabinets.

Aussi surprenant que cela puisse paraître, l'exercice de la médecine était indigne d'un Romain, notamment parce qu'il était impensable qu'un citoyen réalise des profits en soignant son prochain, du moins par le truchement d'une activité manuelle. Cependant, Jules César avait compris l'importance de cette profession, et en 46 avant J.-C. il accorda la citoyenneté romaine aux médecins affranchis, officialisant ainsi leur activité. Dans son *Traité des devoirs (De Officiis)*, Cicéron affirme cependant qu'un Romain instruit peut certes avoir des connaissances en médecine mais non l'exercer.

Sous Trajan, le médecin est une figure du quotidien : chez les riches se développe le concept du *medicus amicus*, que nous pourrions aujourd'hui rapprocher de celui de coach, autrement dit une sorte de conseiller personnel à l'écoute des problèmes tant physiques que psychologiques du patricien romain. La profession demeure aux mains d'hommes d'origine gréco-orientale : 90 pour cent, d'après les inscriptions trouvées sur les pierres tombales de l'époque, et encore 75 pour cent un siècle plus tard. Il existe en outre une sorte de service de santé public, dont le nombre de médecins varie de cinq à dix selon la taille de la ville. Nominations, salaires et avantages sont fixés par décrets impériaux.

Naturellement, la responsabilité pénale du médecin est engagée en cas de manquement grave, comme le prévoient la *lex Aquilia* (IIIe siècle avant J.-C.) et la *lex Cornelia de sicariis et veneficis* (Ier siècle avant J.-C.), laquelle réprime l'empoisonnement, mais aussi la prescription, la vente et l'achat de substances toxiques. Rien d'étonnant à ce que beaucoup de gens se méfient des médecins, en qui ils continuent de ne voir que des esclaves s'autorisant à inventer des remèdes. Pline l'Ancien les décrit comme des êtres « sans scrupules en quête de gloire », « une race perverse et indocile ».

L'opération

Eutychès fait asseoir les parents et leur parle d'une voix rassurante. Il sait la souffrance qu'ils endurent et s'efforce de les tranquilliser sans leur avouer combien une telle intervention est délicate. Pendant qu'il tente de leur expliquer la façon dont il va procéder, l'enfant ingurgite une boisson très sucrée qui doit l'assommer au point de le rendre pratiquement inconscient. L'anesthésie a commencé.

La mère ne parvient pas à détacher son regard de la trentaine d'instruments alignés sur la table. Ce n'est pourtant qu'une partie d'un arsenal bien plus important qui en comprend cent cinquante au moins, disséminés un peu partout dans le cabinet et destinés à plusieurs disciplines : l'odontologie et l'ophtalmologie, certes, mais aussi l'urologie ou encore l'orthopédie. Certains sont rangés dans des étuis cylindriques en fer, ressemblant à ceux de nos thermomètres, d'autres dans des coffrets en bois ou des fourreaux en cuir.

Lesquels vont être utilisés à présent ? Le choix est vaste. Nombreux sont les bistouris, avec leur manche en forme de feuille allongée. On dénombre une dizaine de types de lames, de tailles et d'aspects différents, depuis l'outil de précision jusqu'à celui servant à sectionner les muscles.

L'étendue des connaissances anatomiques et la modernité des techniques chirurgicales sont proprement hallucinantes, comme en témoigne un incroyable bistouri utilisé pour ouvrir le canal rachidien. Ce n'est qu'un exemple parmi tant d'autres. On trouve aussi tout un éventail de pinces rutilantes. Certaines sont destinées aux extractions dentaires, véritables petits chefs-d'œuvre réalisés dans des ateliers spécialisés à partir des recommandations du médecin. D'autres servent à retirer échardes ou flèches. D'autres encore permettent d'obturer les vaisseaux ou de recoudre les plaies. Un chirurgien d'aujourd'hui n'aurait aucun mal à reconnaître ces instruments, pas si différents des siens.

Notre œil tombe sur une drôle de pince : elle ressemble étrangement à celle qu'utilisent les pâtissiers pour attraper les gâteaux, mais elle a bien sûr une tout autre fonction avec ses mors crantés aux extrémités, qui la font ressembler à une mâchoire de crocodile. Elle permet d'atteindre les amygdales au fond de la gorge et de les arracher d'un coup sec par un mouvement rotatif.

Les instruments pour les interventions à risque ne manquent pas non plus, comme cette sorte de tube en S servant à retirer les calculs de la vessie par l'uretère, ou encore ce récipient de céramique en forme de pied, que l'on remplit d'eau chaude ou froide pour soulager l'arthrose, l'arthrite ou les inflammations.

L'enfant gît maintenant sur la table d'opération, sonné par la mixture censée lui avoir fait perdre connaissance. L'anesthésie générale n'existe pas à l'époque, seules des substances analgésiques permettent de mieux supporter la douleur. Les dérivés de l'opium, que connaissaient déjà les Romains, sont les plus efficaces s'ils sont associés à des breuvages à forte teneur en alcool.

Eutychès examine la tête du patient. La partie à inciser a été rasée. Dans un geste plein de solennité, il attrape un bistouri à la lame particulièrement affilée, le tient à la manière d'un stylo et le pose délicatement sur la peau souple de l'enfant. Le père ferme alors les yeux et la mère plisse les siens dans une grimace de souffrance. Exceptionnellement, on leur a permis de demeurer dans la pièce, mais ils se tiennent à l'écart.

Le chirurgien est assisté de deux esclaves, dont l'un maintient la tête du garçon. La lame incise la peau.

Un filet de sang jaillit presque instantanément. L'enfant esquisse un mouvement, mais les mains qui l'immobilisent (ainsi que les effets de la potion) réduisent ses efforts à néant. Une fois la peau décollée, le Grec la rabat sur le côté, telle la page d'un livre. Le cuir chevelu étant très irrigué, le sang coule abondamment. On nettoie la plaie avec un linge imbibé d'eau, le crâne étant désormais à nu. Le moment est venu d'inciser l'os.

Parmi la kyrielle d'outils à disposition se trouvent des trépans très sophistiqués, mais chez le jeune enfant les os crâniens sont encore minces et il convient d'agir avec une extrême prudence. La main du chirurgien survole lentement les instruments sur la table, s'arrête sur un scalpel, s'en empare et, avec une infinie délicatesse, l'applique sur l'os temporal.

Comme s'il soumettait l'os à une abrasion progressive, il se met alors à creuser en douceur un sillon avec le scalpel. La technique qu'il utilise est celle que Galien décrira quelques décennies plus tard dans son traité *De methodo medendi*, partant du principe que, lorsqu'on intervient sur des crânes très minces, une simple incision est préférable à une trépanation.

Le père demeure interdit. L'habileté de ce chirurgien est impressionnante. En un laps de temps très court, il a obtenu une sorte de trappe circulaire de cinq centimètres de diamètre. Il laisse tomber le scalpel dans un petit seau d'eau que l'un des aides emporte aussitôt — c'est ainsi que l'on « stérilise » le matériel chirurgical chez les Romains. Muni d'un autre instrument, il fait maintenant pression sur le disque osseux à extraire. Ce dernier se soulève progressivement, et il le retire. La première des méninges qui protègent le cerveau est maintenant visible. L'assistant approche une lampe pour permettre au médecin de nettoyer les contours de l'orifice afin d'éviter toute lésion.

Cette cavité fera office de soupape de sécurité et atténuera la pression que la tumeur exerce sur le cerveau. Si l'enfant survit, l'os repoussera jusqu'à la fermeture de l'orifice. Mais qu'en sera-t-il en réalité ? Le Grec sait pertinemment qu'il n'a pas résolu le problème : il n'a fait que réduire la douleur. Contre la tumeur même il n'a pas de solution.

Il referme la plaie en remettant en place le lambeau de chair grâce à des agrafes en os. (Galien, lui, préconisera de suturer avec du catgut, fil très fin obtenu à partir d'intestins d'animaux, et une autre méthode recourt au fil de lin celte.) Ensuite, d'un récipient en terre cuite portant en grec la mention *chamaedrys*, il extrait une substance visqueuse qu'il applique sur la plaie. Ce n'est autre que de la germandrée petit-chêne, également utilisée dans le traitement des lésions traumatiques et la cicatrisation des abcès et ulcères. (On continue de l'employer aujourd'hui, sous forme de collutoire ou contre la gangrène.) Un bandage serré vient alors envelopper la tête de l'enfant, qui semble vouloir réagir mais est encore trop sonné.

L'opération se termine par un curieux rituel. Même si ce médecin est l'un des meilleurs à la ronde, il ne peut sauver tout le monde. Quantité de morts restent inexpliquées, tant pour lui que pour ses collègues. Ils savent qu'en présence d'une plaie ouverte ils disposent d'un jour et d'une nuit pour intervenir avant infection, mais ils ignorent pourquoi. Personne à l'époque n'a entendu parler des bactéries ou des virus.

Il n'y a donc rien d'étonnant à ce qu'Eutychès s'entoure dans son cabinet de tout un arsenal d'amulettes, de porte-bonheur et de divers autres objets visant à s'attirer la protection des dieux. Parmi eux, cette petite main en bronze liée au culte de Jupiter Dolichenus, une divinité associée aux triomphes militaires. Un serpent s'enroule autour de son poignet avant de remonter vers son pouce, tandis qu'une pomme de pin surmonte son index. Cette main, fixée à l'extrémité d'un bâton, revêt des allures de sceptre que le médecin passe au-dessus de la plaie de l'enfant en récitant des formules sacrées en grec. Puis il se tourne vers le père, lui sourit et cligne brièvement des paupières pour lui signifier que tout s'est bien passé. D'un geste, il lui fait comprendre que son fils peut maintenant être porté dans la pièce attenante.

Combien de temps survivra le garçon ? Nous n'en saurons rien puisqu'il nous faut poursuivre notre voyage avec le sesterce. Mais une chose est sûre : les archéologues ont exhumé le squelette d'un enfant de cinq ou six ans ayant vécu entre le Ier et le IIe siècle, et dont les parents étaient des esclaves (ou des affranchis) de la campagne. Une tumeur au cerveau avait déformé son crâne, qui présentait sur un côté une ouverture pratiquée par un chirurgien. Il avait survécu à l'intervention et s'était probablement senti soulagé de ses terribles maux de tête. Soulagement de courte durée puisque la maladie avait fini par l'emporter. Ses restes sont conservés aujourd'hui au Musée d'histoire de la médecine de l'université de Rome (La Sapienza). Le seul élément qui diffère par rapport à notre récit, c'est qu'il vivait à Fidenae, presque aux portes de Rome.

Voir la mer pour la première fois

Il n'était pas question de se remettre en route aussitôt après l'opération. Parents et enfant ont trouvé l'hospitalité chez un client de leur maître. Il a mis à leur disposition une pièce de son logement, à deux pâtés de maisons du cabinet médical. Il fallait au petit opéré un repos absolu pendant plusieurs jours avant qu'il puisse repartir en chariot. Le chirurgien lui a rendu plusieurs visites, muni de pommades et de médicaments, changeant le pansement et surveillant la plaie. Bien que la souffrance soit son lot quotidien, il s'est pris d'une affection sincère pour ce jeune patient si durement frappé par le destin mais qui n'était pas avare de sourires, surtout quand le Grec arrivait avec un petit cadeau.

Durant cet intermède, Lusius a eu l'occasion de réaliser deux de ses rêves : découvrir la mer et succomber aux charmes de Vénus. La jeune fille qui l'avait guidé jusqu'au médecin l'a emmené sur la plage. L'esclave a souri et hésité avant de mettre les pieds dans l'eau. Il a scruté l'immensité de la mer, ses couleurs changeantes à mesure que le regard s'éloigne du rivage, et la force des flots. Il n'avait jamais vu une telle quantité d'eau et n'imaginait pas que cela fût possible. La tentation, cependant, était trop grande. Il a retiré sa tunique et s'est jeté dans la mer en laissant éclater sa joie, mais en veillant à rester là où il avait pied.

Sous l'Empire romain, la plage de Rimini n'a rien à voir avec celle que nous connaissons aujourd'hui : la côte est plus en retrait, mais surtout il n'y a pas âme qui vive. Pas de tourisme de masse, et par conséquent pas de parasols ni de cabines, pas d'infrastructures ni d'animateurs, pas de maîtres nageurs ni de baigneurs nordiques. La plage n'est qu'une simple frontière, un no man's land entre deux mondes, aussi aride et inhospitalier que le désert. Et c'est bien ainsi que l'endroit est perçu : il ne viendrait à l'idée de personne d'y prendre un bain de soleil ou un peu de bon temps. Seuls quelques rares pêcheurs s'y attardent, et parfois des enfants chahutent dans l'eau. Mais une chose est sûre, mer et plage ne font pas encore partie des loisirs des Romains.

Plus tard, lorsque les étoiles ont parsemé le ciel de leurs points lumineux, Lusius et la jeune fille se sont allongés derrière une barque abandonnée, coupés du monde. Par moments, ses yeux à elle semblaient avoir ravi toutes les étoiles du ciel, mais ils se sont fermés enfin dans un beau sourire.

Le matin du départ, l'esclave a réglé sa note dans la modeste auberge où il avait séjourné, et le sesterce a de nouveau changé de propriétaire. Il a atterri dans la caisse en bois du tenancier, une caisse dotée d'une serrure et déjà pleine de monnaies. Sans tarder, Lusius s'est remis en route.

De ce même établissement est sorti ensuite un homme robuste au regard sévère, qui logeait à deux chambres de la sienne. Port de tête raide, gestes expéditifs, démarche martiale. À chacun de ses pas, ses sandales mitraillent le sol de sonorités métalliques. Aucun doute possible, il porte des *caligae* à semelles cloutées. C'est un soldat batave appartenant à l'escorte de Caius Nonius Caepianus, célèbre chef militaire sous Trajan puis Hadrien, qu'il accompagne depuis des années. Il a participé avec lui à la campagne de Dacie, et maintenant que Caepianus est à la tête d'une unité d'élite de cavalerie, il est plus que jamais à ses côtés.

Il a reçu le sesterce en réglant lui aussi sa note à l'auberge. Il a contemplé la pièce un instant, souriant devant le visage de l'empereur, puis l'a glissée dans une bourse dissimulée sous sa ceinture, avant d'enfourcher son cheval pour sortir de la ville. Tandis qu'il franchissait le grand arc d'Auguste, il a croisé un couple d'amoureux en train de se faire de tendres adieux — ou était-ce un au revoir ? Il n'a pas reconnu Lusius et a passé son chemin, s'élançant comme toujours au galop jusqu'à n'être plus qu'un point sur la Via Flaminia.

Sur le Tibre

Arriver à Rome au fil de l'eau

Un fleuve vital

Un large fleuve vert pâle sillonne le paysage qui s'étend sous nos yeux. Il décrit des méandres à travers la plaine, à la manière d'un énorme serpent traquant sa proie. Ses rives sont bordées de grands arbres, première ligne d'une armée végétale qui se déploie sur les collines et les monts alentour, les tapissant à perte de vue.

Cette domination de la nature a de quoi surprendre au temps de l'Empire et dans l'Antiquité en général. Nous avons déjà eu l'occasion d'y faire allusion au cours de ce voyage, mais nous nous émerveillons à chaque fois : l'homme romain qui se déplace sur de belles routes et vit dans des cités de marbre, tel que le présentent nos livres d'Histoire, reste une exception dans cet océan vert qui foisonne de vie sauvage, avec ses forêts, ses montagnes, ses cascades, ses lacs et ses fleuves.

En l'occurrence, il ne s'agit pas de n'importe quel fleuve mais d'un cours d'eau qui a joué un rôle essentiel dans l'histoire de la civilisation occidentale. Tout comme le Tigre et l'Euphrate en Mésopotamie, le Nil en Égypte, ou encore le Yang-Tsé en Chine. Ce fleuve, c'est le Tibre, et vous n'êtes pas sans savoir qu'il est intimement lié à la naissance de Rome, tant historique que mythologique.

Selon la légende, Romulus et Rémus auraient été placés à leur naissance dans un panier déposé sur le Tibre. Il se serait échoué, puis une louve aurait recueilli les deux frères et les aurait élevés dans une grotte au pied du Palatin. Au cours d'une récente exploration souterraine à l'aide d'une sonde, des archéologues ont découvert une magnifique cavité de 15 mètres de profondeur. Une caméra plongée dans cet hypogée a révélé des plafonds ornés de moulures et de mosaïques polychromes. Andrea Carandini, de l'université de Rome, qui depuis bon nombre d'années mène d'importantes fouilles sur le Palatin et nous éclaire sur les origines immémoriales de la ville, estime qu'il pourrait s'agir du Lupercal, lieu que les Romains ont longtemps vénéré, tant ils étaient convaincus que cette grotte mythique avait accueilli Romulus et Rémus.

Au-delà de la légende, le Tibre a réellement joué un rôle fondamental aux origines de Rome. Sur ses rives se rencontraient les peuples du nord et du sud du Latium, dont les langues et les cultures étaient très différentes : Étrusques, Latins, Sabins (et avant cela, des hommes préhistoriques). Tous ces gens venaient vendre leur bétail, échanger des produits agricoles contre des objets artisanaux ou faire l'acquisition d'outils en métal. Sans parler des marchands qui remontaient le fleuve depuis la mer Tyrrhénienne. Le sel empruntait également cet itinéraire.

Ce commerce ne se pratiquait généralement pas sur les bords du Tibre mais sur un emplacement situé au milieu du fleuve, et qui existe toujours : l'île Tibérine. C'était l'endroit idéal pour le franchir, un peu comme une pierre au milieu d'un torrent. On a d'abord traversé le Tibre sur de simples barques, puis le pont Sublicius fut construit en aval de l'île. Sur la rive gauche, les fameuses sept collines (baptisées plus tard Aventin, Capitole, Caelius, Esquilin, Palatin, Quirinal et Viminal) constituaient d'excellents postes d'observation. Certains flancs particulièrement escarpés en faisaient des sites faciles à défendre. Rien d'étonnant, donc, à ce que des petits villages de cabanes y aient été construits très tôt, comme en témoignent les emplacements de pilotis et les nombreux objets mis au jour par les archéologues.

Au pied de ces collines s'étendaient des espaces plats propices eux aussi aux échanges commerciaux. S'y concluaient également des mariages et divers accords. C'étaient des sortes de forums primitifs. Ce n'est certes pas une coïncidence si quelques siècles plus tard, au temps de la Rome impériale, deux petits marchés continuaient d'exister sur de tels sites : le Forum Boarium (pour la viande et le bétail) et le Forum Holitorium (pour les légumes et les fruits).

Tout en méditant sur la continuité de l'histoire romaine, nous poursuivons notre chemin. Quand on voit le Tibre traverser avec indolence cette nature silencieuse et sauvage, Rome semble à des années-lumière avec sa vie trépidante, ses rues bruyantes et ses marchés bondés. Pourtant la capitale de l'Empire n'est qu'à quelques dizaines de kilomètres. Et comme pour nous en offrir un avant-goût, la ville la plus importante de la région se dresse devant nous. Elle a pour nom Ocriculum.

Ici se sont constituées d'immenses fortunes depuis la République. On a vu naître des classes de marchands, de véritables dynasties d'hommes d'affaires sachant comment accumuler les richesses. À quoi Ocriculum doit-elle d'être aussi riche ? Au commerce, bien sûr : la cité a bâti sa prospérité sur sa position stratégique, favorable aux échanges commerciaux entre Rome et l'Ombrie ou la Sabine. Située au croisement de la Via Flaminia et du Tibre, deux voies de communication majeures pour le transport de marchandises, elle est devenue une ville clé de l'économie, loin devant Assisium (Assise), Iguvium (Gubbio) ou Spoletum (Spolète), plus au nord. À l'époque moderne, la tendance s'inversera : Ocriculum retombera pratiquement dans l'anonymat sous le nom d'Otricoli, alors que les autres villes deviendront célèbres.

Situé dans une boucle du Tibre, le port d'Ocriculum génère un important trafic. Nombreuses sont les embarcations amarrées. Dans le brouhaha ambiant fusent cris et jurons, couverts à leur tour par le crissement des poulies. Un chien qui aboie en agitant la queue attire notre attention. Il est juché au sommet d'un gigantesque tas de bois, sur une barge qui vient de larguer les amarres et se retrouve aussitôt entraînée par le courant en direction de Rome. L'imposant amoncellement de rondins, de briquettes et de fagots défile derrière les bateaux amarrés, telle une montagne glissant sur le paysage. La cargaison est destinée moins à la fabrication de tables, de sols ou de poutres qu'au chauffage des habitations de la capitale et de ses thermes. Plus tard, ceux de Caracalla consommeront 10 tonnes de bois par jour, et selon certaines estimations leurs sous-sols permettront d'en stoker 2 000 tonnes, soit l'équivalent d'environ sept mois de chauffage ; mais les thermes de Trajan sont eux aussi gourmands, comme les centaines d'autres bains publics de l'immense cité, grands ou petits.

La Rome antique avait besoin chaque jour d'énormes quantités de bois pour des usages très divers. La demande, très importante aussi dans les autres grandes villes de l'Empire, était telle qu'elle a conduit à la destruction de forêts entières en Europe et dans de nombreuses régions de la Méditerranée, avec des conséquences désastreuses sur la faune, la flore et l'écosystème. D'une certaine manière, les Romains ont anticipé un phénomène auquel nous sommes confrontés aujourd'hui : la déforestation intensive. Le bois voyageait comme aujourd'hui par bateau, sillonnant la Méditerranée et les fleuves.

Celui que nous voyons à Ocriculum provient des forêts voisines du mont Fumaiolo, où le Tibre prend sa source. Mais la grosse barge qui a quitté le port ne reviendra probablement pas. Elle est trop volumineuse pour être remorquée à contre-courant ; une telle entreprise ne serait pas rentable. Un sort aussi simple qu'astucieux lui est réservé : puisqu'elle est en bois, elle sera tout bonnement détruite et revendue au poids, à l'instar de son chargement.

Seules les barges sont détruites à leur arrivée. Alors comment les autres bateaux retournent-ils à Ocriculum ? S'il est simple de se rendre à Rome (il suffit de suivre le courant), comment s'effectue le voyage inverse ? Pour remonter le courant on n'a d'autre solution que de recourir au halage, les embarcations étant tirées depuis les berges au moyen de longues cordes. Ici, il est effectué par des bœufs (encore utilisés au début du XXe siècle en Italie, comme l'attestent de vieilles photographies). Mais ailleurs, les Romains font appel aux esclaves (et de nos jours, en Chine, ce sont aussi des hommes qui effectuent ce travail le long de la rivière Shennong). Ils tirent les bateaux à la force de leurs jambes et à l'aide de cordes passées autour de leur buste. Ils avancent penchés en avant comme s'ils affrontaient une tempête. Ces scènes sont monnaie courante le long des cours d'eau de l'Empire. Cela signifie que, là où est pratiqué le halage, chemins ou routes longent les berges ; les arbres y ont donc été coupés — un détail souvent négligé quand on évoque les paysages de l'époque romaine.

Nous voyons un jeune homme monter lestement à bord d'une embarcation. Il est vêtu d'une tunique jaune orangé. Une bourse bringuebale à sa ceinture à chacun de ses pas. Notre sesterce se trouve à l'intérieur. Le garçon l'a gagné aux dés la veille au soir contre le militaire parti d'Ariminum à cheval. Un double-six est sorti et a changé le destin de notre pièce.

Son nouveau propriétaire ôte sa cape et se tourne vers le timonier :

« En route, Fulvius ! Nous partons. »

Après avoir largué les amarres, deux esclaves poussent le bateau pour l'éloigner du quai et sautent à bord. Très vite, la coque est happée par le courant qui doucement l'entraîne, telle une feuille morte. Le timonier manœuvre avec prudence, les yeux rivés sur l'horizon. La voie est libre. Le voyage s'annonce paisible jusqu'à Rome.

La ville d'entre les villes

Le fil de pêche se tend, vibre et semble vouloir fendre l'eau, il oscille violemment à gauche et à droite : ça a mordu ! Avec une grande dextérité, un gamin ramène la canne. Elle plie sous le poids du poisson, dont les reflets argentés émergent par intermittence de l'eau jaunâtre. Il faut dire qu'à Rome le Tibre a perdu la couleur verte qui est sienne quand il traverse les campagnes ; il s'est chargé des sédiments de l'Aniene, qui le rejoint un peu en amont, et avec ce changement de couleur il est devenu le « Tibre blond », comme on dit aujourd'hui.

Progressivement et avec une extrême précaution, le petit pêcheur ramène le poisson vers le rivage et le soulève au-dessus de l'herbe. C'est une belle prise ! Tandis qu'il s'escrime à retirer l'hameçon (identique aux nôtres), passe derrière lui, sur le fleuve, le navire chargé d'amphores d'huile parti d'Otriculum avec à son bord le jeune homme à la tunique jaune orangé. Trois jours se sont écoulés depuis le départ et il se tient à la proue, contemplant le rivage qui défile sous ses yeux.

Aborder Rome au petit matin depuis le Tibre, sous le règne de Trajan, c'est un peu comme arriver à Bénarès sur le Gange. À gauche, des marches descendent vers l'eau. Si les gourous ne font pas partie du décor, on découvre plusieurs groupes de personnes aux tuniques colorées et en pleine discussion. Ce petit port est le premier de la capitale ; il vise à faciliter l'acheminement des marchandises dans les rues et les ruelles. Des bateaux sont amarrés côte à côte, comme les gondoles à Venise, et des hommes déchargent les cargaisons pour livrer les boutiques qui accueillent déjà leurs premiers clients.

Notre embarcation vient se ranger contre l'arche d'un grand pont. Il en a déjà franchi un autre, le pont Milvius, mais celui-ci a pour particularité d'avoir été voulu par Néron pour accéder directement aux jardins et au portique d'Agrippine, sa mère. Il en reste des vestiges au niveau de l'actuel pont Victor-Emmanuel II, en direction du Vatican, une zone qui sous Trajan est encore un coin de campagne avec peu de constructions. On y trouve un hippodrome passablement délabré, où Néron fit martyriser les chrétiens, qu'il accusait d'avoir incendié Rome. C'est ici que mourut saint Pierre, en 64 de notre ère. Sa tombe se trouve parmi des milliers d'autres, dans une vaste nécropole qui a poussé le long de la route partant du pont, et les chrétiens ont érigé un édicule où ils viennent prier par petits groupes. Plus tard sera construite à cet endroit la basilique Saint-Pierre.

En passant sous le pont, nous remarquons que la circulation des personnes s'intensifie. C'est une heure d'affluence. Au-delà, le Tibre amorce son premier grand méandre dans la cité. Étrangement, les berges ne sont pas aménagées : aucune maçonnerie contre la montée des eaux, rien que de l'herbe, des roseaux et de petites plages. Les crues provoquent donc souvent des inondations catastrophiques. Selon Tite-Live, le peuple de Rome les considère comme de mauvais présages ; elles annoncent un événement plus grave encore, un fléau, un désastre pouvant menacer l'existence même de la ville. Pour se faire une idée de la fréquence des inondations et du volume de sédiments charriés par les eaux, il suffit de savoir qu'un monument tel que l'Ara Pacis, l'autel de la Paix édifié par Auguste, s'enfoncera tellement en l'espace d'un siècle et demi qu'il faudra le doter de marches pour y descendre.

Du fait que ses abords ne sont pas entretenus, en dépit de dispositions impériales, le Tibre ressemble à un fleuve du tiers-monde : ses rives sont jonchées d'amphores brisées, d'os d'animaux et de déchets en tout genre. On peut voir des enfants plonger depuis les petits pontons en bois et réapparaître, riant de toute la blancheur de leurs dents, leurs cheveux noirs et brillants plaqués par l'eau. Un peu plus loin, des aigrettes et des hérons sont perchés sur des troncs échoués. Une barque défoncée gît à proximité, tandis qu'émergent de l'eau les flancs de deux petites embarcations abandonnées, que le Tibre dévore peu à peu. Des barques en bon état, avec des motifs décoratifs bleus et rouges sur fond blanc, sont alignées au sec. Et voici que l'une d'elles, manœuvrée à la rame, quitte le rivage avec trois hommes à bord et des sacs soigneusement attachés. Elle dépasse une carcasse d'animal en décomposition prise d'assaut par des corbeaux.

C'est un spectacle qui détonne avec les fastes de la capitale impériale. Un peu comme si nous pénétrions dans la ville par l'entrée de service, celle qui, dans les films, donne toujours sur des ruelles pleines d'immondices. Mais il suffit de lever les yeux pour découvrir, à un jet de pierre de ce no man's land, une rangée de constructions qui fait penser à un mur de boucliers. Elles démarrent là où la berge est légèrement surélevée, et certaines comptent plusieurs étages. Il s'agit d'*insulae*. Elles donnent d'un côté sur les rues de Rome, de l'autre sur le Tibre. Quand on observe ces immeubles depuis le fleuve, défilent sous nos yeux une succession de fenêtres révélant des intérieurs délabrés, des balcons, du linge suspendu et surtout des scènes de la vie quotidienne. Un peu comme lorsqu'un train traverse lentement une ville et que l'on aperçoit des cuisines et des salles à manger, avec des gens en train de prendre leur repas ou de regarder la télévision.

Ici aussi nous saisissons au passage des instantanés de vie : un vieil homme grignote une galette, appuyé contre sa fenêtre. Un petit garçon enfile une tunique rouge. Un peu plus loin, une femme à peine éveillée ouvre ses volets et les rabat contre le mur en écartant les bras ; simplement vêtue d'une légère tunique de nuit, elle se couvre machinalement dès qu'elle nous aperçoit, nous foudroyant du regard. À deux fenêtres de là, un homme vide son pot de chambre depuis le quatrième étage.

Nous voici maintenant au niveau de la place Navone, à l'endroit où le fleuve contourne le Champ de Mars avant de filer tout droit vers l'île Tibérine. Des bâtiments à l'architecture grandiose se profilent. Nous voyons défiler colonnades, statues, portiques sous lesquels se pressent les chalands effectuant leurs premiers achats. Passé cette première série d'édifices, le reste de Rome s'offre à nous avec ses monuments sacrés, puis surgit dans la brume matinale, au sommet du Capitole, la masse imposante du temple de Jupiter Capitolin. Nous sommes désormais dans le cœur de la cité. L'histoire est omniprésente, tout comme les grands noms qui s'y rattachent, et nous passons ainsi sous un autre pont, construit par Agrippa, gendre d'Auguste.

En dépassant l'île Tibérine, nous remarquons qu'elle a la forme d'un navire. Les Romains ont profité de cette ressemblance pour y façonner une embarcation avec des blocs de pépérin recouverts de plaques de travertin. L'île est devenue un monument à part entière, et l'obélisque qui se dresse en son centre symbolise le mât. Ont été reproduites les lattes de bordage qui composent la coque, richement décorée, et la structure a été peinte comme si c'était un vrai navire. De loin, dans la brume matinale, sa masse fait songer à une trirème mouillant au milieu du fleuve.

L'île abrite depuis quatre cents ans le temple d'Esculape. Les raisons qui ont poussé les Romains à choisir cet emplacement sont purement pratiques : c'est un excellent moyen d'attirer les malades hors de la cité afin de diminuer les risques de contagion, le Tibre servant de cordon sanitaire naturel.

Pour le peuple, l'endroit a une tout autre fonction, sacrée celle-là : au IIIe siècle avant J.-C., une grave épidémie frappa Rome, et une délégation fut envoyée à Épidaure, en Grèce, pour en ramener une statue du dieu Esculape. Mais tandis que les ambassadeurs patientaient, un serpent — supposé être l'incarnation du dieu — rampa hors du temple, se glissa à bord de leur navire et, une fois à Rome, plongea dans les eaux du Tibre pour reparaître sur l'île Tibérine. On vit là un signe divin : un temple dédié à Esculape fut édifié en ce lieu et l'épidémie cessa.

Les ponts Fabricius et Cestius relient l'île aux deux rives du fleuve. Le long quai qui apparaît juste ensuite, à gauche du Tibre, sera notre prochaine étape. C'est ici que se concentrent les principaux entrepôts de Rome, les fameux *horrea*. Ils rappellent nos usines automobiles et couvrent une superficie immense dans un alignement de toitures. Quant aux arcades qui bordent le Tibre, elles font penser à des bouches béantes. Elles symbolisent les besoins alimentaires de Rome, véritable monstre démographique, sorte d'hydre dont les innombrables têtes comptent autant de bouches qu'il faut nourrir sans cesse.

Même de loin, le spectacle est impressionnant : sur les rampes reliant au quai les bateaux amarrés se traînent d'interminables files d'esclaves chargés de toutes sortes de produits, bientôt engloutis par les gueules béantes des *horrea*. Tout est coordonné comme dans une fourmilière géante. Certaines des marchandises viennent des contrées les plus reculées de l'Empire. Vu d'ici, on a la sensation très nette que tout cet empire tourne autour de la ville de Rome, qu'il n'existe que pour nourrir cette seule cité, la défendre et accroître sa puissance.

Rome

Le centre du monde

À travers rues

Nous arpentons maintenant Rome en compagnie du jeune homme à la tunique jaune orangé, fraîchement débarqué. En jetant un œil sur les documents qu'il a signés, nous avons appris qu'il s'appelait Aulus Cocceius Hilarus. À présent qu'il a livré sa marchandise et s'est acquitté des formalités d'usage, il a encore quelques achats à effectuer pour sa sœur avant de rentrer à Ocriculum. Comme on peut l'imaginer, quiconque se rend dans l'Urbs — la « Ville » — est immanquablement sollicité par quelque parent ou ami pour ramener des articles difficiles à trouver en province. Il faut dire qu'à Rome on trouve tout ! Hilarus, qui doit se procurer des épices et du parfum, commence par chercher une *taberna unguentaria*, autrement dit une parfumerie ; or un garde à l'entrée des entrepôts lui a indiqué un quartier où elles étaient nombreuses et plutôt bon marché.

Comme tous les étrangers, il emprunte les artères principales pour ne pas se perdre dans le dédale des ruelles. Il est impressionné par le nombre de gens qu'il croise. À Ocriculum, seuls les jours de fête connaissent une telle affluence, alors qu'ici c'est quotidien. La foule est si dense que le jeune homme passe plus de temps à éviter les heurts qu'à admirer la ville. Il croise surtout des esclaves, mais aussi des avocats élégamment vêtus qui vont au Forum, ou encore des femmes en train de faire leurs emplettes, accompagnées de leur époux ou d'un serviteur.

Comme dans un immeuble, les passants se répartissent sur des niveaux différents : en bas, la plèbe ; en haut, les VIP, allongés sur des litières. Elles sont très nombreuses dans les deux sens de circulation. On dirait un embouteillage de gondoles sur le Grand Canal. Lorsque deux litières sont sur le point de se croiser, leurs occupants se toisent de loin, et le plus souvent ils s'ignorent une fois à portée l'un de l'autre. Certains vont même jusqu'à tirer les rideaux pour marquer leur supériorité.

Hilarus se voit justement contraint de céder le passage à un tel moyen de transport. L'esclave qui le précède bouscule tous ceux qui se trouvent sur son chemin, fendant la foule tel un brise-glace. Pour éviter de se faire renverser, notre garçon grimpe sur le trottoir et en profite pour jeter un d'œil à l'intérieur de la litière : il y découvre une matrone à double menton drapée dans de précieux atours et en train de s'ennuyer ferme.

Le visiteur décide alors de longer les arcades qui bordent la plupart des grandes rues de Rome. Elles sont soutenues par des colonnes ou des piliers de brique recouverts d'un enduit clair, avec, dans la partie inférieure, cette bande rouge que l'on retrouve au bas de nombre de bâtiments. Inutile de préciser que ces maçonneries sont d'une saleté repoussante : l'enduit s'écaille et il y a partout des traces de mains ou des graffitis. Hilarus tombe sur une inscription : « Les amants, telles des abeilles, mènent une vie douce comme le miel. » Il sourit. Difficile d'imaginer une phrase si touchante dans un tel charivari. Adossé à une colonne, il décide de faire une pause, histoire d'observer la marée humaine.

Le facteur sonne toujours deux fois… quand il trouve son chemin

Parmi la foule, il remarque un facteur. Ce *tabellarius* du nom de Primus (comme le révélera une plaque funéraire exhumée par les archéologues) cherche une adresse. Il faut dire que les maisons n'ont pas de numéro dans la Rome impériale. Alors comment trouver le destinataire de la lettre qu'il doit remettre ? Observons-le attentivement : il est muni d'une petite tablette de cire dont les indications lui permettent de se repérer grâce aux monuments qu'il rencontre sur sa route. Ce facteur est donc en possession d'une sorte de GPS de l'Antiquité. Et que peut-on lire sur ladite tablette ? Eh bien, par exemple, cet itinéraire immortalisé par Martial dans l'une de ses *Épigrammes* :

> *Pars, mon cher livre, et sans retard.*
> *Cours au bel hôtel de Procule. […]*
> *Crains-tu de te perdre en chemin ?*
> *Du long trajet que tu dois faire*
> *Écoute et suis l'itinéraire :*
> *Longe le temple de Castor,*
> *Ensuite celui des Vestales,*
> *Puis, franchissant dans ton essor*
> *Du mont Sacré les hautes dalles,*
> *Tu verras l'auguste palais*
> *Où partout le marbre et l'ivoire*
> *De notre prince offre les traits,*
> *Où tout nous parle de sa gloire.*
> *Admire en passant la grandeur*
> *De cette statue imposante*

> *Dont le soleil, de sa splendeur,*
> *Revêt la tête rayonnante,*
> *Et dont celle qu'à Rhodes on vante*
> *Pourrait envier la hauteur.*
> *Dirige-toi vers la chapelle*
> *Où le vin coule pour Bacchus ;*
> *Plus loin est le dôme où Cybèle*
> *Est peinte avec ses attributs*
> *Au milieu de sa cour fidèle.*
> *Enfin, à gauche tu verras*
> *S'élever le noble portique*
> *De l'édifice magnifique*
> *Où doivent s'adresser tes pas*[25].

Une petite explication s'impose : quand on part du « point zéro » de Rome, à savoir le Forum, où se dresse le temple de Castor et Pollux, on passe devant le temple immaculé des Vestales, puis on remonte la Via Sacra (qui existe toujours) jusqu'à la gigantesque statue de Néron, coiffée d'une couronne faite de rayons de soleil, qui n'a rien à envier au Colosse de Rhodes. (Plus tard, Hadrien la fera déplacer à proximité du Colisée, auquel elle donnera son nom, « Colosseum » en latin.) Enfin, après avoir contourné d'autres temples et monuments du Palatin aujourd'hui disparus, on arrive à destination, tout près de l'Arc de Titus.

Les *tabellarii* de l'époque romaine avaient probablement une connaissance de leur territoire digne de celle des chauffeurs de taxis actuels et pouvaient donc se passer d'explications aussi alambiquées. Néanmoins, Martial nous apprend que ces points de repère urbains faisaient office de phares et aidaient quiconque à s'orienter dans Rome.

Qui sont les passants ?

Hilarus observe tout naturellement les personnes marchant lentement ou immobiles. Voici que s'avance un vendeur de pain ambulant, ballottant son panier en quête de clients et passant devant un charmeur de serpents autour duquel s'agglutinent les spectateurs. Parmi eux se trouve un enfant aux yeux écarquillés. Il ignore que les dents du reptile ont été arrachées, comme il ignore que le secret du charmeur ne réside pas dans sa musique mais dans la houppe de plumes colorées qu'il agite au bout de sa flûte pour faire onduler l'animal. Nul n'a le pouvoir de charmer les serpents. D'ailleurs, la litanie du psylle est peu à peu recouverte par la voix rocailleuse d'un cuisinier de rue qui trimballe ses saucisses fumantes sur des plaques chaudes. Il est l'ancêtre des vendeurs de hot-dogs new-yorkais.

Chargé comme un âne, passe le commis d'un épicier. L'heure des livraisons a sonné et il sait qu'il va devoir grimper dans les étages d'*insulae*. Par chance, les riches occupent les premiers : il aura donc rarement l'occasion de monter plus haut. Mais au bout du compte il gravira tellement de marches, il effectuera tellement d'allées et venues, qu'il finira la journée sur les genoux.

Parmi les personnes arrêtées dans la rue, Hilarus remarque un homme en train de monter la garde devant une boutique, tandis qu'un autre, vraisemblablement un poète à la petite semaine, attend le client. Il y a en effet des gens pour se faire composer, contre monnaie sonnante et trébuchante, de petits poèmes destinés à l'élue de leur cœur ou aux puissants qu'ils entendent flatter. Pour arrondir ses fins de mois, le poète en question rédige également des lettres pour les analphabètes, mais ils sont bien moins nombreux qu'au Moyen Âge.

Un autre artiste se fraie lentement un chemin parmi la foule : c'est un acteur qui discute avec un organisateur de spectacles, mollement allongé sur une litière. Les comédiens sont très mal vus dans la société romaine, qui les place à peu près au même rang que les prostituées, mais celui-ci fait exception à la règle. C'est un artiste très populaire, une sorte de George Clooney de l'époque, et son nom, Numerius Quinctius, nous indique qu'il s'agit d'un ancien esclave, affranchi par une puissante famille patricienne, la *gens* Quinctia. Il est accompagné de son épouse, affranchie elle aussi. Elle s'appelle Primilla Quinctia, car la coutume veut que les affranchis prennent le nom de leur ancien maître.

Tous ces personnages ne sont nullement imaginaires ; ils revivent dans les témoignages laissés par les auteurs antiques : écrits de Martial sur la vie quotidienne, entre autres, et inscriptions funéraires. Tout comme cette tirade qu'Hilarus entend soudain déclamer derrière lui. Intrigué, il se retourne et découvre deux hommes assis dans une *popina*. Deux amis de longue date :

Ô toi qu'une amitié par le temps éprouvée
Place au premier rang dans mon cœur,
À soixante ans bientôt ta carrière arrivée
Compte bien peu de jours marqués par le bonheur.
Ne diffère donc plus, saisis ce qui t'en reste.
Hors le passé, pour toi rien n'est certain ;
Sais-tu si la faveur céleste
À ce jour qui te luit réserve un lendemain ?
Des peines, des chagrins, quelque accident funeste
Peut-être de ta vie obscurciront la fin.
Le plaisir est un météore
Qui dans l'air brille et s'évapore :
Il fuit pour ne plus revenir :
Hâte-toi donc de le saisir.
Serre-le bien, et crains qu'il ne t'échappe encore.

Le Sage ne dit point : « Demain ! » Fais comme lui,
Demain serait trop tard : vis donc dès aujourd'hui[26].

Dans cette cité aux multiples opportunités, une telle philosophie de la vie conditionne l'attitude et les choix de centaines de milliers d'individus. Sous le règne de Trajan, elle est même solidement ancrée dans la plupart des esprits. Nous aurons l'occasion de revenir sur ce point : seul l'instant présent compte pour un Romain, étant donné qu'il n'y a rien après la mort.

Mais voici qu'Hilarus est alerté par des quintes de toux. Elles émanent d'un couple qui n'est plus tout jeune. Lui, grand et maigre, a les yeux clairs ; la femme, plus petite, est encore relativement alerte, mais c'est elle qui a une vilaine toux. Chez les Romains, déjà, l'humour est indissociable de la vie quotidienne, et en matière d'époux il se veut souvent très grinçant. Aussi l'homme déclare-t-il à sa compagne, en plagiant Martial :

> *Quatre dents te restaient, encore pas très entières ;*
> *Une première toux t'en a fait sauter deux ;*
> *Hier un autre accès t'emporta les dernières.*
> *Aelia, désormais à ton aise tu peux*
> *Tousser impunément nuit et jour si tu veux*[27].

Hilarus se remet en route. Mais une fois parvenu à hauteur de l'imposante statue de la Mater Matuta (déesse de l'Aurore), qui domine la rue, il s'engage dans une ruelle. La lumière a brusquement faibli et l'air s'est rafraîchi. Le soleil n'y est jamais visible et le garçon a l'impression que les maisons vont lui tomber dessus d'un instant à l'autre, tant elles sont rapprochées.

Les venelles romaines sont rarement rectilignes et celle-ci ne fait pas exception. Sur la chaussée de terre battue ruissellent les eaux usées. L'odeur est par moments insupportable, notamment quand on passe à proximité d'un tas d'ordures, d'où la nécessité de se boucher le nez. Hilarus croise de petits groupes d'hommes et de femmes appartenant à toutes les couches de la société. Bien que misérable, cette ruelle est arpentée chaque jour par des pauvres et des esclaves, mais aussi par des riches. Une litière aurait certes un peu de mal à s'y engager, sans compter qu'il faudrait ménager l'odorat de son propriétaire, mais Rome c'est aussi cela.

Nous débouchons enfin dans une rue digne de ce nom, jalonnée de boutiques. L'air devient respirable, et Hilarus est soudain happé par une odeur de poisson grillé venant d'en haut. Il marque le pas et lève la tête : une fumée blanchâtre s'échappe du premier étage. C'est là qu'on cuit le poisson. La vue de l'autre côté du fleuve est saisissante. Les *insulae* atteignent des hauteurs impressionnantes et les maisons sont reliées entre elles par un enchevêtrement de fils et de cordes sur lesquels les ménagères ont mis à sécher des tuniques et toutes sortes de linges.

Si de belles briques composent la partie basse des bâtiments, la qualité des matériaux se dégrade à mesure que l'on monte. Le crépi, lui aussi de médiocre facture, s'est écaillé avec le temps. Comme sur les illustrations des livres d'anatomie, les corps des bâtiments sont écorchés, laissant apparaître leur squelette et leurs muscles. On distingue parfaitement la charpente qui dessine le contour des étages et des différentes pièces, à l'exemple des maisons à colombages. À partir d'une certaine hauteur, les murs ne sont plus qu'un mélange de mauvaise argile et de cailloux fixé sur des treillis de branchages. Quant aux fenêtres, dépourvues de vitres en raison du prix exorbitant du verre, elles s'ouvrent et se ferment au moyen de simples battants en bois.

On peut voir à plusieurs endroits des sortes de bow-windows qui semblent suspendus aux façades.

Ces petits balcons couverts permettent, en gagnant un peu d'espace sur le vide, d'agrandir un appartement exigu. On y installe généralement des braseros destinés à la cuisson des aliments. Des fenêtres ou des grilles assurent la ventilation. D'autres structures en bois, plus petites et joliment décorées, font office d'écran pour protéger les fenêtres et permettent d'observer ce qui se passe dans la rue sans être vu, à la manière des moucharabiehs.

Les immeubles sont de hauteurs différentes. Certains se terminent par ce qui ressemble à des tours, d'autres se sont vu ajouter des étages au fil du temps. Tout là-haut, c'est le royaume des plus pauvres. On pourrait définir Rome comme une superposition de plusieurs cités, une stratification de matériaux, de populations, de mentalités. Les riches vivent en bas, et plus on monte, plus le désespoir augmente. Un peu comme si l'on associait dans un même immeuble l'opulence des quartiers chics et la pauvreté des bidonvilles de Calcutta.

Faire du shopping dans la Rome antique

Hilarus passe devant des échoppes et des boutiques proposant toutes sortes de marchandises. Elles semblent se succéder à l'infini. Alors, comment trouver la bonne parfumerie ? La foule est si dense que s'arrêter devant les devantures relève de l'impossible. On se croirait dans un souk du Moyen-Orient. Aussi le jeune homme fait-il exactement ce que nous ferions si nous étions pressés : il regarde les enseignes.

Chaque boutique a la sienne, comme nos commerces actuels, à ceci près qu'elles sont petites, tout au plus de la taille d'une valise. Elles sont généralement fixées au-dessus de l'entrée, mais parfois elles sont accrochées telles des banderoles aux poutres des portiques pour qu'on puisse les repérer de loin. Réalisées à partir de plaques de bois, de marbre ou de terre cuite, elles sont le plus souvent sculptées en relief et, à défaut de néons lumineux, affichent des couleurs clinquantes.

Cinq cuissots de porc alignés indiquent bien sûr une boucherie. L'enseigne mitoyenne représente une chèvre : on vend ici des produits laitiers, et aux murs il y a des petits paniers remplis de ricotta enveloppée dans des feuilles de vigne. Un peu plus loin, trois amphores signalent une taverne. Puis, à l'angle d'une ruelle, on peut lire sur un autre panneau : *Abemus in cena : pullum, piscem, pernam, paonem, benatores.* («Nous vous proposons poulet, poisson, jambon, paon et gibier.») Rien à dire (malgré la faute d'orthographe sur *habemus* et la transcription étrange de *venationes*) : il s'agit là d'une cuisine raffinée puisque même le paon s'invite au menu ! Le restaurateur a ajouté un cœur en signe de bon accueil. Vient ensuite la boutique d'un marchand de tissus. Hilarus le comprend aux coussins qui pendent au-dessus de la tête des clients et aux précieuses étoffes posées telles des serviettes de bain sur des tringles en bronze fixées au plafond. Il tombe juste après sur une bijouterie qui vend des colliers en pâte de verre, mais pas seulement : un client est en train de discuter le prix d'un magnifique bracelet en or en forme de serpent. D'autres bijouteries se trouvent à proximité, regroupées pour mieux assurer leur sécurité.

Un peu plus loin se dresse la boutique d'un marchand de vin. Le commerçant est assis à un comptoir, avec derrière lui une kyrielle d'amphores alignées. Mais le comptoir en question est assez particulier : il est si haut qu'on dirait un balcon. Hilarus s'arrête, médusé. C'est bien la première fois qu'il voit vendre du vin de cette façon. Ce qui ressemble à un balcon n'est autre qu'un distributeur de vin. Un client arrive avec sa propre amphore, demande tel type de nectar et paie d'avance. Il place ensuite son amphore dans une niche en la tenant fermement entre ses mains. Le patron verse alors le breuvage désiré dans une sorte d'évier formant entonnoir et raccordé à la niche. Le consommateur fait rapidement le plein et repart. La boutique compte au moins trois niches de ce genre, probablement destinées à des vins différents.

Soudain, Hilarus s'immobilise, alerté par un martèlement sourd. Les coups proviennent de l'échoppe d'un boucher qui débite énergiquement un gros quartier de viande. De nos jours, les bouchers utilisent un billot à découper, mais celui-ci travaille sur une planche de bois montée sur trois pieds. On dirait un tabouret. Aujourd'hui encore, on peut en voir dans certains pays comme l'Égypte. Tout autour de l'homme, des morceaux de viande déjà découpés et couverts de mouches sont suspendus à des crochets ; s'y ajoutent quelques têtes de porc. Son épouse est assise au fond de la boutique, les cheveux rassemblés dans un chignon postiche formé de trois tours de tresses. Son élégance et sa sérénité sont en total contraste avec l'activité de son mari, mais il faut dire qu'elle tient la caisse et semble tout occupée à sa comptabilité.

Hilarus aperçoit enfin la boutique d'un parfumeur. L'enseigne nous apprend qu'il se nomme Sextus Apparonius Justinus. Dès le seuil on est enivré de fragrances. Alors surgit le maître des lieux, tout sourire : « Puis-je vous aider ? »

Hilarus doit humer bon nombre de fioles en terre cuite avant de trouver ce qui conviendra à sa sœur. Il se constitue un stock — en quantité raisonnable, toutefois, car les parfums se conservent mal et virent rapidement.

Comme on peut s'y attendre, la boutique est surtout fréquentée par des femmes, mais quelques hommes y sont entrés, car n'allez pas croire que les cosmétiques masculins sont une invention de notre temps. Dans l'Antiquité, bien des hommes usaient de parfums, de crèmes et d'onguents. Or soigner son apparence pouvait prendre un temps fou, comme le souligne l'historien Romolo Augusto Staccioli : « Certains rivalisaient dans l'art de porter les parfums les plus extravagants et passaient des heures chez le barbier. » Et d'expliquer, dans un tout autre registre, qu'à l'amphithéâtre on répandait généreusement, parfois jusque sur les sièges, des substances dont les agréables effluves masquaient quelque peu l'odeur de sang et de mort qui émanait de l'arène où périssaient gladiateurs, condamnés et fauves.

Lorsque Hilarus règle son achat, notre sesterce change une nouvelle fois de main. Mais la pièce ne va pas rester longtemps dans la caisse de Sextus. À peine le jeune homme est-il sorti qu'un riche Romain fait son entrée. Il est grand et fort, a les cheveux blancs, les sourcils noirs, les yeux bleus et le regard franc. Son nez aquilin accentue la noblesse de ses traits. L'avons-nous déjà croisé quelque part ? En tout cas il nous observe, croyant peut-être reconnaître des « clients » dans l'acception latine du terme *(clientes)* : des gens qui viennent à sa porte pour lui témoigner leur respect, voire obtenir une faveur. C'est un personnage puissant, et à ce titre il est sollicité quotidiennement.

Il choisit un flacon en forme de colombe, et, une fois que le commerçant lui a rendu la monnaie, il considère le sesterce qui lui a été remis en murmurant : *Homo sine pecunia est imago mortis.* (« Un homme sans argent est l'image de la mort. ») Telle est sa philosophie de la vie, d'autant qu'un tel proverbe est criant de vérité dans la société romaine, où seul le statut social compte et où l'on est jugé selon le rang auquel l'argent nous a permis d'accéder. Il regagne ensuite sa litière, suivi de ses esclaves et sans doute aussi de quelques clients. Destination : le portique d'Octavie, où il doit rejoindre son épouse. Elle aura l'heureuse surprise de se voir offrir le parfum.

Déjà ville d'art à l'époque romaine

Le portique d'Octavie, qui se trouve un peu à l'écart de l'agitation urbaine, est un lieu idéal pour flâner, surtout qu'il regorge de statues grecques en bronze. Cela nous amène à constater que Rome est déjà une cité d'art dont les visiteurs se plaisent à fréquenter les « musées ». C'est l'une des multiples facettes de l'Urbs, que l'on pourrait comparer aujourd'hui à New York pour ses hauts immeubles, à Amsterdam pour ses quartiers chauds, à Calcutta pour l'étendue de ses bidonvilles, à Rio de Janeiro pour ses fêtes et ses « stades » démesurés (Colisée et Circus Maximus) dignes du Maracanã, mais aussi à Paris pour ses grands musées.

À l'origine, Rome était une ville « froide », comme peuvent l'être de nos jours certaines agglomérations américaines ne possédant pas de chefs-d'œuvre majeurs. Mais tout a changé avec les guerres de conquête, en particulier les guerres puniques. Statues grecques et peintures y furent envoyées après la prise de Syracuse, en 212 avant J.-C. Au cours des décennies suivantes affluèrent des quantités phénoménales d'œuvres d'art en provenance de Grèce et de ce qui est aujourd'hui la Turquie. À la faveur de la prise d'Ambracie, par exemple, arrivèrent ainsi dans l'Urbs 285 statues de bronze et plus de 230 statues de marbre. Et quand Paul-Émile, dit le Macédonien, remporta sa victoire sur Persée, il ramena à Rome une telle quantité de merveilles que le cortège de son triomphe semblait interminable. Je vous laisse imaginer l'état des cités grecques, une fois pillées. Des témoignages de l'époque évoquent les socles vides dans les temples, laissant apparaître les points de fixation des statues. Autant d'actes que nous n'hésiterions pas à qualifier aujourd'hui d'odieux, dans la veine de ceux perpétrés par Napoléon lorsqu'il faisait envoyer à Paris des œuvres en provenance d'Italie et d'autres pays.

Il y a deux mille ans, d'innombrables navires transportaient donc à Rome tout un patrimoine artistique dérobé à la civilisation grecque, mais un certain nombre faisaient naufrage, comme si la nature exerçait une vengeance. On ne cesse de remonter de magnifiques statues du fond de la Méditerranée, à l'exemple des bronzes de Riace, deux hommes datant du ve siècle avant J.-C. Et qui sait combien s'y trouvent encore, enfouies sous une fine couche de sable ou à des profondeurs si extrêmes qu'on n'a guère de chances de les découvrir. Gageons cependant que les futures techniques archéologiques permettront de les mettre au jour et de les confier à des musées où l'on pourra les admirer tout à loisir.

À l'époque romaine, de telles œuvres étaient visibles dans les temples et les lieux publics, mais il y avait aussi des collections personnelles. Déjà sous la République, les riches se plaisaient à en constituer, et dans leurs villas certains endroits leur étaient consacrés, constituant ainsi de véritables petits musées privés. Nous savons que Cicéron comptait parmi les collectionneurs. En outre, il défendit en justice les Siciliens contre un autre collectionneur, Verrès, propréteur sur leur île, accusé d'avoir accumulé des œuvres d'art par des moyens infâmes. Il en obtenait pour des sommes dérisoires (par exemple l'Éros de Thespies, de Praxitèle), mais il pouvait aussi en confisquer, voire en faire voler par des hommes de main.

Avec l'Empire les choses évoluèrent : l'art grec se fit très présent dans les lieux publics. Rome devint un musée à ciel ouvert dont les sculptures de Praxitèle, Polyclète, Lysippe, Myron et Scopas constituaient les pièces maîtresses, tout comme les peintures d'Apelle et de Zeuxis. On pouvait les admirer en des endroits où les gens se retrouvaient à d'autres fins : pour le plaisir de flâner (ainsi sous le portique d'Octavie, qui abritait notamment l'Éros de Thespies ainsi que les vingt-cinq statues de Lysippe représentant dans le bronze Alexandre et ses compagnons d'armes), mais aussi à l'occasion de manifestations sportives au Circus Maximus, où figurait par exemple l'Hercule de Myron.

Les Romains qui assistaient aux rituels religieux côtoyaient de même de grands chefs-d'œuvre, dont des peintures d'Apelle dans les temples de Diane et du Divin Jules (César) ; et quand on allait aux bains, on passait devant d'illustres statues telles que l'Apoxyomène de Lysippe aux thermes d'Agrippa. Quantité d'autres sculptures peuplaient le Capitole, et n'oublions pas les théâtres, entre autres lieux d'échanges... En plus d'être la capitale administrative, économique et militaire de l'Empire, Rome était donc devenue la capitale « mondiale » de l'art. Et comment ne pas frémir quand on songe à toutes les merveilles qui furent détruites dans des incendies, comme au temps de Néron, ou fondues au Moyen Âge pour la récupération du bronze ?

Il n'y avait pas que l'art qui était exposé, mais aussi des objets et des collections à caractère historique ou naturaliste. L'épée de Jules César était conservée dans le temple de Mars Vengeur. (Elle finit par être dérobée, comme il arrive parfois dans les musées modernes.) Nous aurions découvert le poignard qui tua Néron en nous rendant au temple de Jupiter, tandis qu'un autre endroit — un temple, toujours — abritait la peau d'un gigantesque serpent tué par des légionnaires dans l'actuelle Tunisie au cours de la première guerre punique. En remontant vers le Capitole, nous nous serions arrêtés devant un spectaculaire bloc de verre pesant 45 kilos. Et puis il y avait les collections de bijoux et de pierres précieuses, comme celles que Jules César fit exposer dans le temple de Vénus Genitrix.

C'étaient là autant de sources de plaisir, bien différentes de celles qu'on imagine habituellement réjouir les habitants de la Rome antique, à savoir les banquets ou les effusions de sang au Colisée. Ils aimaient certes assister à des exécutions, mais ils aimaient aussi contempler les œuvres de Praxitèle et de Lysippe au gré d'une promenade entre amis ou en compagnie de la personne aimée.

Où et comment draguer ?

Dans l'Urbs comme dans toutes les cités, la géographie des édifices publics et religieux est loin de se superposer parfaitement à celle de la vie sociale. Quand, de nos jours, vous cherchez dans une ville un quartier agréable où aller dîner, on vous indique invariablement une zone grouillante de petits restaurants et de bistrots dont l'emplacement ne correspond pas à celui des grands monuments. Eh bien c'était la même chose dans la Rome antique, en particulier lorsqu'il s'agissait de faire d'agréables rencontres. Nous n'en aurions rien su si les auteurs latins ne nous avaient pas éclairés sur la question. En effet, les murs et les plans muets de maisons découverts par les archéologues ne nous indiquent pas le meilleur endroit pour courtiser une femme, contrairement aux poètes, en particulier Ovide, lequel nous révèle, dans *L'Art d'aimer*, les lieux les plus propices à la drague. Car selon lui les belles femmes sont légion dans la capitale de l'Empire :

« Autant l'onde cache de poissons, le feuillage d'oiseaux, le ciel d'étoiles, autant il y a de femmes à Rome. [...] Si tu es séduit par des charmes jeunes et encore dans leur développement, à tes yeux s'offrira, intacte, une jeune fille. Préfères-tu une beauté épanouie ? Mille, dans l'épanouissement de leur beauté, te plairont, et, malgré toi, tu ne sauras où fixer tes vœux. Que si, par hasard, tu aimes un âge déjà mûr et plus expert, la troupe, crois-moi, sera encore plus compacte[28]. »

Le discours d'Ovide semble indiquer une certaine disponibilité de la part des Romaines, surtout d'âge mûr... Nous ne saurons jamais si cela correspondait vraiment à la réalité, mais le plus surprenant c'est la précision de ses conseils « géographiques ». Il suggère de se rendre sous les portiques de Pompée, de Livie ou d'Apollon, qui abritent des œuvres d'art ; or l'art et le calme sont fort appréciés de ces dames dans une ville aussi fébrile que l'Urbs. Le temple de Vénus, construit sur le Forum de César, près d'une fontaine, est selon lui un autre lieu idéal de rencontre. Il cite ensuite un temple égyptien dédié au culte d'Isis, parce que les femmes sont nombreuses à s'y rendre afin de formuler des vœux de fertilité. N'y a-t-il pas un certain cynisme, de la part d'un *latin lover*, à choisir un tel sanctuaire ?

Autres terrains de chasse : les théâtres. « Ces lieux, écrit Ovide, t'offriront plus que tu ne peux désirer. Là tu trouveras de quoi aimer, de quoi lutiner, de quoi faire une conquête passagère, de quoi nouer une liaison durable. » Promesse de machiste, et dieu sait s'ils étaient nombreux dans les sociétés antiques ! Les femmes aiment se rendre au théâtre, lieu mondain par excellence : « Leur nombre a souvent fait hésiter mon choix. C'est pour voir qu'elles viennent ; mais elles viennent aussi pour être vues. »

Mais le cirque, où se déroulent les courses de chars, est probablement le lieu qui offre le plus d'opportunités. Dans une telle cohue, nul besoin de recourir à l'arsenal des codes visuels ou gestuels comme au théâtre : on prend place à côté de la créature qu'on a repérée et la chose devient plus directe. Ovide dispense ainsi tout un tas de conseils sur la façon de draguer au Circus Maximus. Ces stratagèmes peuvent prêter à sourire aujourd'hui, mais ils sont malgré tout intéressants car ils témoignent d'un monde qui n'existe plus.

Voici quelques commandements tirés de *L'Art d'aimer* :

Assister aux courses les plus prisées, où rivalisent les meilleurs chevaux. (Un cirque bondé offre de multiples occasions et dispense de recourir au langage secret des doigts.)

S'asseoir sans tarder à côté de la femme convoitée.

Se rapprocher d'elle le plus possible en misant sur l'exiguïté des places, et rechercher le contact physique, qui facilite l'approche.

Trouver un prétexte pour engager la conversation. (Les propos du crieur dans l'arène constituent souvent une excellente entrée en matière.)

S'informer de l'écurie ou du cheval fétiche de la dame, de façon à applaudir et à s'enthousiasmer avec elle.

Se montrer prévenant : arranger son coussin, agiter l'air avec un éventail improvisé quand il fait trop chaud, glisser un petit tabouret sous ses pieds, ou s'assurer que ceux qui s'installent dans la rangée du dessus n'appuient pas leurs genoux contre son dos.

Trouver mille prétextes pour la caresser ou la toucher de quelque manière que ce soit. Par exemple, enlever du bout des doigts la poussière (réelle ou imaginaire) que le passage des chars lui envoie au niveau de la poitrine.

Pour éviter que sa tunique ou son manteau ne se salisse sur le sol, en relever le bord. Ainsi, sans qu'elle y trouve à redire, on pourra entrevoir ses jambes !

En somme, toutes les excuses sont bonnes, et comme le souligne Ovide : « De petites complaisances captivent ces âmes légères ; plus d'un s'est félicité d'avoir arrangé un coussin d'une main prévenante. » Naturellement, nous permettrons-nous d'ajouter, la séduction n'opère que si l'objet de désir consent à se laisser séduire : l'homme n'est chasseur qu'en apparence ; c'est en réalité la femme qui se laisse capturer et qui capture...

Du pain gratuit pour tous (ou presque)

Le sesterce est à présent dans la bourse d'un des « clients » du noble que nous avons vu acheter du parfum pour son épouse : il l'a reçu comme *sportula*, l'un de ces présents dont les personnages importants gratifient quotidiennement des clients, sous forme de nourriture ou d'argent.

Nous suivons cet homme à travers les rues de Rome. Il a dans les vingt-cinq ans et se prénomme Marcus. Nous tenons l'information d'un barbier qui l'a salué au passage. Il longe maintenant le mur du théâtre de Balbus. C'est le plus petit des trois théâtres de la ville puisqu'il ne peut accueillir que 7 700 spectateurs. Mais les Romains le considèrent comme un véritable joyau car il est magnifiquement décoré ; ils ne manqueront pas d'attirer votre attention sur de petites colonnes noires et brillantes — de l'onyx —, chefs-d'œuvre incontestables de la nature... et de la sculpture architecturale.

Mais Marcus ne s'intéresse nullement au théâtre et poursuit son chemin d'un pas alerte. Nous constatons qu'il tient un sac vide. À quoi donc va-t-il bien pouvoir lui servir ?

Au bout de la rue, un mendiant accroupi lui tend la main. En vain. Pourtant l'homme ne s'est pas installé là par hasard. Il a dû batailler ferme pour obtenir cet emplacement si stratégique pour demander l'aumône. Nous n'y avons pas prêté attention, mais la rue est jalonnée de miséreux assis ou adossés aux murs, des êtres véritablement désespérés. Certains semblent n'être plus qu'un tas de haillons, et il y a parmi eux des femmes avec des enfants en bas âge. Leurs visages sont sales et creusés, ces pauvres gens ont faim, mais Marcus ne leur accorde pas la moindre attention. Ils sont si nombreux dans le quartier qu'il ne pourrait les contenter tous.

Après avoir franchi un portail, il arrive dans une grande cour où attendent déjà, en file indienne, une centaine de personnes munies d'un sac comme le sien. Cette queue qui nous fait songer à celles devant les billetteries conduit au portique d'un grand bâtiment. Nous ignorons ce qu'il renferme. Marcus prend place derrière les autres. Ces gens d'aspects très différents n'ont en commun que leur mystérieux sac vide. C'est un savant mélange de jeunes et de vieux, de blonds et de frisés, de maigres et de gros — autrement dit, un bel échantillon de la population masculine romaine. Tiens, c'est vrai, les femmes sont absentes... Il doit s'agir de formalités administratives dont elles sont exclues ; du reste, la plupart de ces hommes sont munis d'une tessère en bois ou en plomb.

Récapitulons ce que nous avons vu : des sacs vides, des tessères et une population masculine hétérogène en train de faire la queue dehors... Mais bien sûr ! C'est l'endroit où s'effectue la distribution gratuite du blé, la fameuse *frumentatio*. Effectivement, quelques instants plus tard, nous voyons un vieillard descendre péniblement les marches avec un sac plein, aidé de son petit-fils. De temps à autre, quelques grains de blé s'échappent par un petit trou, déclenchant une lutte sans merci parmi les pauvres dès que les deux hommes se retrouvent dans la rue.

Chaque mois, un habitant de Rome peut recevoir gratuitement quelque 35 kilos de blé (soit 5 *modii*). Tout le monde ne peut y prétendre. Il faut figurer sur les listes officielles de distribution, dont les femmes et les enfants sont exclus, mais les critères d'attribution sont simples : être citoyen romain et résider à Rome même. Si ces conditions sont remplies, vous relevez de la catégorie des *accipientes*. On vous remet alors une tessère portant votre nom, le numéro de l'arcade sous laquelle recevoir votre blé et le jour du mois où vous y rendre. Un tel système permet de répartir efficacement la *frumentatio* entre les 200 000 bénéficiaires, et chaque jour, devant chaque arcade, se présentent ainsi 150 hommes. Des chiffres à donner le tournis, d'où la nécessité d'une organisation extrêmement bien rodée : l'annone *(annona)*. Elle est placée sous la direction d'un préfet *(praefectus annonae)*, véritable ministre du Blé, dont la tâche est loin d'être simple : il doit non seulement assurer les distributions mais aussi trouver le blé, l'acheminer jusqu'à Rome et le stocker dans des entrepôts spécifiques.

Ce service qui assure ainsi aux citoyens de l'Urbs leur pain quotidien est né sous la République. Le blé provenait alors des régions voisines. Au début, les distributions gratuites n'existaient pas, mais, un peu comme pour le pétrole aujourd'hui, les cités se dotaient de réserves stratégiques dans lesquelles elles pouvaient puiser en cas de famine, ou pour faire chuter le prix du pain s'il devenait trop élevé. Le blé était fourni à un prix bien inférieur à celui du marché, jusqu'à ce que, par la *lex Clodia frumentaria* de 58 avant J.-C., il devienne gratuit pour les citoyens romains, surtout les moins favorisés. Étaient donc exclus les sénateurs, fort riches, et les membres de l'ordre équestre, également fortunés — les premiers étant majoritairement des propriétaires terriens, les seconds l'équivalent de nos entrepreneurs.

Les puits de pétrole de l'Empire romain

La file avance lentement mais sûrement : le personnel de l'annone est extrêmement bien organisé. Tout en faisant la queue, on discute et on plaisante. Quant à nous, livrons-nous à quelques calculs. Si 35 kilos de blé permettent de nourrir 200 000 personnes par mois, cela représente un total de 84 000 tonnes par an. Où trouve-t-on tout ce blé, car en nous rendant à Rome nous n'avons pas remarqué qu'il était cultivé, pas plus qu'il ne l'est à grande échelle dans le reste de la péninsule ? C'est bien simple : on le fait venir de Sicile, de Sardaigne, d'Hispanie et d'Afrique du Nord. Toutes ces régions de l'Empire réunies envoient jusqu'à 200 000 tonnes de blé par an, soit bien plus que nécessaire.

C'est l'Afrique du Nord — surtout l'Égypte — qui est le véritable grenier de l'Empire. Si l'on en croit l'historien Flavius Josèphe, qui vécut jusque sous Trajan, les récoltes annuelles de l'Afrique proconsulaire (la Tunisie d'aujourd'hui) pourraient nourrir la ville de Rome durant huit mois, et celles de l'Égypte durant quatre mois. D'où l'importance stratégique de ces deux provinces pour la capitale de l'Empire, l'équivalent des pays du Golfe avec ses puits de pétrole. En l'absence de réelles technologies pouvant se substituer à l'homme, le pain est le carburant qui assure le bon fonctionnement des muscles et des esprits aussi bien dans l'administration que dans la production agricole et artisanale, ainsi que dans l'armée, d'autant que ce pain-là est deux fois plus calorique que le nôtre.

Poursuivons notre comparaison avec le pétrole, car l'époque romaine connaît déjà les pétroliers : ce sont de gros cargos destinés au transport du blé. Ils sillonnent la Méditerranée lorsque les conditions le permettent, sachant qu'en raison des nombreux risques maritimes la navigation s'interrompt de novembre à début mars. À la belle saison, lorsque les voiles de ces gigantesques navires se profilent à l'horizon, la nouvelle se répand à Rome comme une traînée de poudre et la population festoie. Nous qui avons constamment notre alimentation à portée de main au supermarché peinons quelque peu à comprendre ce phénomène. Sacrée différence avec l'époque romaine !

Les Romains connaissent déjà les supertankers : ce sont des navires surdimensionnés pour l'époque et destinés au transport de cargaisons exceptionnelles de blé. Nous en croiserons probablement en poursuivant notre voyage. Ils sont si imposants qu'ayant atteint les côtes italiennes ils ne peuvent accoster, aussi leur précieux chargement est-il ramené sur des bateaux plus petits. Les sacs arrivent d'abord au port de Trajan, près d'Ostie, puis remontent le Tibre à contre-courant sur des embarcations conçues pour la navigation fluviale exclusivement *(naves caudicariae)*. Elles sont halées par des bœufs ou des esclaves et rejoignent une succession de quais au pied de l'Aventin ; c'est là que le blé est déchargé et stocké — parfois sur plusieurs niveaux — dans les *horrea*, ces gigantesques entrepôts que nous avons découverts dans le chapitre précédent et qui abritent également d'autres denrées destinées au peuple de Rome, sous l'étroite surveillance des *horrearii*.

Mais comment parvient-on à convaincre les provinces d'« offrir » 200 000 tonnes de blé annuel à la population romaine ? C'est fort simple : ces régions règlent en nature plutôt qu'en espèces divers impôts et la location de terres appartenant au domaine public *(ager publicus)* ou à l'empereur.

Comme le souligne le professeur Elio Lo Cascio, de l'université Frédéric II de Naples, non seulement l'annone assure la nourriture de base d'une bonne partie de la population de Rome (même si en sont exclus esclaves, affranchis et étrangers), mais en le faisant gratuitement elle permet à un chef de famille de dépenser différemment son argent en achetant d'autres types de nourriture et des biens de consommation courante. On fait ainsi tourner l'une des roues de l'économie, une roue qui n'est pas des moindres puisque Rome est la plus grande cité de l'Empire, et même de l'Antiquité.

Notre tour arrive enfin. Marcus présente sa tessère à un homme assis derrière une table. L'ambiance est plutôt bon enfant. Tandis qu'il retranscrit les données, le fonctionnaire raconte à ses collègues une gaffe de son beau-frère pendant le dîner de la veille. Tout le monde s'esclaffe, mais au moment de la remise effective du blé le silence retombe et le préposé mesure les *modii* avec précision. Le *modius* est une sorte de seau en bois ou en fer contenant 6 ou 7 kilos de blé et valant pour unité de mesure. Afin d'éviter toute tricherie de la part de l'administration, qui pourrait employer des récipients de diamètre plus petit, une croix en fer barre l'ouverture pour que quiconque puisse s'assurer de la juste contenance du seau en mesurant la longueur des branches.

Le rituel revêt presque un caractère artistique : chaque fois, un esclave remplit le *modius* de blé jusqu'à ras bord. Naturellement, il se forme un petit monticule que le responsable nivelle avec une sorte de règle en T nommée *rutellum*. Ses gestes rotatifs font penser à ceux d'un pâtissier nappant son gâteau d'un glaçage ou à ceux d'un marchand de crêpes étalant sa pâte sur une plaque de cuisson.

Le sac est rempli en un rien de temps, et après avoir salué tout le monde Marcus repart. Il aura du pain pour tout un mois.

Le prétorien

On le retrouve le lendemain dans une boutique : il a besoin d'une nouvelle tunique car il a souillé la sienne en transportant le sac de blé qui était tout graisseux. Il essaie donc plusieurs modèles. Elles font penser à des tee-shirts descendant jusqu'aux genoux. Le choix est vaste, et quel n'est pas notre étonnement de découvrir des piles de tuniques fabriquées en série. Elles proviennent d'ateliers qui, vu le nombre d'esclaves y travaillant, ne relèvent plus du simple artisanat.

Marcus poursuit ses essayages, assisté du commerçant qui s'empresse à chaque fois d'arranger le plissé du tissu. Son choix s'arrête enfin sur une tunique toute simple, sans aucun motif et semblable à celles que portent la plupart des Romains. Sa texture en lin brut gratte l'homme lorsqu'il l'enfile. Il faudra un certain temps pour qu'elle s'assouplisse et devienne plus agréable à porter. Il débourse 15 sesterces (soit quelque 30 euros), dont le nôtre.

Mais notre sesterce ne va pas rester longtemps dans la caisse, parmi tout un tas d'autres pièces, chacune porteuse d'une multitude d'histoires que personne ne connaîtra jamais. Il est remis en circulation grâce à un client venu s'approvisionner en *subligaria*, autrement dit en caleçons à la romaine, sortes de pagnes en lin que l'on ajuste autour de la taille et entre les jambes pour envelopper les parties intimes.

Le jour suivant, nous voyons le nouveau détenteur du sesterce en train de le tourner et le retourner nerveusement. L'homme en question s'appelle Caius et sa famille est originaire d'Hispanie, plus précisément d'Asturica Augusta (aujourd'hui Astorga). Après une période d'entraînement, il s'apprête à entrer dans ses nouvelles fonctions. Bien que vêtu comme un soldat, il n'est pas légionnaire et n'aura pas à défendre les frontières de l'Empire. Il appartient à la garde prétorienne — la garde impériale — et doit prendre son service aujourd'hui même au palais impérial, sur le Palatin.

Les prétoriens sont loin de faire l'unanimité, notamment chez les légionnaires, pour la simple raison qu'ils n'assurent pas leur service dans un coin perdu de l'Empire mais dans la cité la plus animée et divertissante qui soit : Rome. Ils ne risquent pas chaque jour d'être tués par un barbare et n'endurent pas le froid dans un pays étranger, loin de chez eux. Pourtant, leur solde est supérieure à celle des légionnaires (qui touchent à peine 100 sesterces par mois) et leur service dure moins longtemps (seize ans au lieu de vingt-cinq), sans compter qu'ils bénéficient d'avantages plus intéressants au moment de leur démobilisation et de meilleures opportunités de carrière. À l'arrivée au pouvoir d'un nouvel empereur, lequel doit s'attirer les bonnes grâces de ses gardes du corps, ils perçoivent en outre une prime alléchante. Tout cela est amplement suffisant pour que leurs collègues couverts de cicatrices n'éprouvent pour eux que mépris et jalousie. Sans parler de la population civile, qui ne les apprécie guère et les craint. Il faut dire que c'est un corps d'élite éminemment puissant sur le plan politique et souvent mêlé aux intrigues liées à la chute d'un empereur ou à son accession au trône.

Cela ne signifie pas que ses membres sont dispensés de combattre. Lorsque l'empereur part en campagne, ils le suivent. Mais pas la totalité des dix cohortes : il faut des hommes à Rome même pour assurer la protection des biens et palais impériaux en l'absence du maître. Caius Proculeius Rufus appartient à cette catégorie. Il est arrivé à l'aube et on le fait patienter dans une annexe du poste de garde, où il fait nerveusement les cent pas. Il doit attendre la relève pour pouvoir entrer.

Soudain, il entend des pas. La porte s'ouvre, et se découpe dans la lumière la silhouette de son supérieur hiérarchique. Son casque agrémenté de décorations dorées et d'une sorte de crinière en plumes d'autruche d'un blanc éclatant le fait paraître très grand. Les prétoriens rappellent un peu les soldats de la garde républicaine. Leur tunique est blanche, contrairement à celle des légionnaires, qui est rouge, tout comme leur *subarmalis vestis*. De quoi s'agit-il ? Vous voyez ces espèces de jupettes à larges lanières dont sont affublés les guerriers romains sur les statues ? Eh bien ladite jupette n'est autre que le bas d'une tunique en cuir à manches courtes qui se porte sous l'armure. Elle est rembourrée autant pour protéger le corps du frottement métallique que pour amortir les coups durant les combats.

La blancheur de tels uniformes est symbole de pureté, mais les armes restent bien entendu les mêmes que celles des légionnaires : un glaive, un poignard, une lance et un bouclier sur lequel est représenté un scorpion. Pourquoi diable un scorpion ? Étant donné la réputation de ces militaires, la référence à un animal venimeux ne semble guère judicieuse, mais elle vise à rappeler l'importante réorganisation de la garde prétorienne opérée par Tibère, né en juin... sous le signe du Scorpion.

Après les présentations d'usage, le chef retire son armure d'apparat, la suspend dans un casier du poste de garde et accompagne Caius dans sa première visite du palais impérial. Grâce au présent propriétaire du sesterce, la chance nous est donnée de parcourir la résidence des empereurs romains. Ici ont vécu et régné les hommes les plus puissants de l'Antiquité. Ces lieux sont donc l'équivalent de la Maison-Blanche, mais pourquoi, parmi les collines de Rome, avoir choisi celle-ci pour y édifier le palais ?

Le Palatin à l'origine de Rome

Le Palatin est sans nul doute l'éminence la plus célèbre de Rome. Selon la légende, c'est au pied de cette colline, dans une grotte, que furent élevés Romulus et Rémus par une louve. Et c'est sur cette même colline que Romulus aurait fondé la ville en 753 avant J.-C., avant de tuer son frère.

Mais par-delà la légende une chose est sûre : des trous de poteaux révélant l'existence d'anciennes cabanes ont été découverts. Nous savons donc que le Palatin était habité dès le VIIIe siècle avant J.-C. Pas par Romulus et Rémus, bien sûr, mais par des hommes de la fin de l'âge du fer. Ils avaient choisi de s'installer là car de là-haut (et de l'Aventin voisin) ils pouvaient surveiller le seul point permettant de franchir le Tibre : un gué à hauteur de l'île Tibérine. Or nous avons déjà appris que cette zone était depuis très longtemps un lieu d'échanges économiques. Les Romains n'avaient donc pas tort d'associer le Palatin à la fondation de Rome et à l'origine de leur puissance. Mais l'idée qu'ils s'en faisaient reposait sur un mythe : bien avant Romulus et Rémus, le mont aurait été habité par des Grecs qui auraient accueilli Hercule puis Énée...

Tandis que s'étendait la cité, le Palatin devenait le lieu de résidence des gens importants, des familles patriciennes, des sénateurs. Ils possédaient des villas somptueuses avec force mosaïques, fresques, colonnades et jardins intérieurs. Les plus illustres citoyens de Rome, de Cicéron à Catulle, en passant par Marc Antoine et bien d'autres encore, vécurent sur cette colline.

C'est également sur ce mont que naquit le futur Auguste. À l'âge adulte, il décida de s'y installer. Deux mille ans plus tard, sa maison ainsi que celle de son épouse Livie, juste à côté, n'ont pas totalement disparu. On y admire des fresques aux couleurs vives. Une réelle émotion s'empare de nous quand on songe au nombre de fois où Auguste les a caressées du regard en songeant à Dieu sait quoi. De même, on peut toujours voir un cabinet de travail dont les peintures ont été patiemment restaurées : c'est l'endroit où Auguste méditait, écrivait et se reposait. Sa simplicité peut surprendre, mais l'homme le plus puissant de l'Empire n'était guère porté sur le luxe. Une belle leçon pour tous, à cette époque-là. Ses successeurs furent loin d'être aussi modestes. En l'espace d'un siècle, le Palatin changea totalement d'aspect et finit par ne plus abriter qu'un gigantesque palais où se succédèrent de nombreux empereurs.

Aujourd'hui encore, quand on monte du Forum en abandonnant derrière soi le flot de touristes, on se retrouve soudain transporté dans un havre de paix et de verdure, au milieu de ruines imposantes. C'est un réel plaisir de s'asseoir là pour bouquiner ou tout simplement pour méditer, comme plongé au cœur de l'Histoire.

Le palais des empereurs romains

Caius et son supérieur se trouvent devant un bâtiment de la taille d'une cathédrale, avec beaucoup de marbre, de colonnes et de statues. Ce n'est pourtant qu'un aperçu du palais impérial. Domitien a fait édifier ce magnifique complexe à la fin du Ier siècle,

Tibère ayant érigé avant lui un palais plus modeste. Rabirius, son architecte, eut la brillante idée de diviser le palais en deux parties tout aussi luxueuses, l'une réservée aux activités publiques de l'empereur, l'autre à sa vie privée.

Les deux prétoriens s'engagent sous une colonnade. Leur première étape est un corps de garde des prétoriens, une salle désignée aujourd'hui sous le nom de « laraire », en réalité une sorte de petite caserne dont le mur du fond est couvert de lances et de glaives soigneusement ordonnés. Cette pièce est une armurerie et contrôle l'accès à la résidence impériale.

Ils portent maintenant une toge — elle est obligatoire dans le palais. Le chef ouvre une porte et, tout sourire, invite la nouvelle recrue à le précéder. Il sait d'avance l'effet que l'endroit va produire sur ce garçon d'une vingtaine d'années. Celui-ci franchit le seuil sans mot dire et pénètre dans l'Aula Regia, véritable salle du trône. Il parcourt du regard cet espace magnifique et impressionnant. La sensation qu'il éprouve est proche de celle qui est la nôtre lorsque nous pénétrons dans la basilique Saint-Pierre.

La salle mesure environ 40 mètres sur 30 ; elle est très haute et entièrement revêtue des plus beaux marbres polychromes. Partout, des niches abritent des statues de basalte noir. Caius en reconnaît deux, qui représentent Hercule et Apollon. (Elles seront retrouvées au XVIIIe siècle et sont exposées au Musée archéologique de Parme.) De hautes fenêtres filtrent la lumière. Le plafond à caissons de bois est à plus de 20 mètres du sol et semble bien recouvert d'or. Quelle œuvre remarquable ! songe le jeune homme qui, de plus en plus ébahi, continue de parcourir l'Aula Regia. Il porte alors son regard sur le sol, un gigantesque échiquier de marbre dont les cases, aussi grandes que des tables, présentent une alternance de cercles verts et de carrés rouge. On dirait le déploiement d'une légion marmoréenne, remarque-t-il.

Mais voilà qu'il s'immobilise devant une abside semi-circulaire où se trouve le trône de l'empereur, sur un socle de marbre. C'est donc assis là que commande l'homme le plus puissant du monde ! Le trône est inoccupé depuis quelque temps parce que Trajan est en Orient, où il fait la guerre aux Parthes ; mais lorsqu'il se trouve à Rome, c'est bien dans cette salle qu'il accorde ses audiences, accueille les ambassades et reçoit les *salutationes*. Si Rome est le cœur de l'Empire, l'Aula Regia est le cœur de Rome, autrement dit le cœur de tout. Il y a de quoi être pris de vertige quand on pense aux événements ayant eu leur origine ici ou au nombre de décisions qui y ont été prises — décisions que l'on retrouve aujourd'hui dans nos livres d'Histoire... Car cette salle du trône n'est pas simplement un chef-d'œuvre architectural : elle est aussi une arme politique conçue pour rappeler dès le premier coup d'œil la puissance et la richesse de l'Empire. Durant près de trois siècles y ont été reçues des délégations étrangères, éblouies par le faste des lieux.

Nos deux hommes poursuivent leur visite. Une porte s'ouvre et ils découvrent une grande cour bordée de colonnes de marbre jaune. La quasi-totalité de sa superficie est occupée par un bassin carré. Une fontaine jaillit au centre d'un labyrinthe de marbre destiné aux jeux d'eau.

Le chef rappelle au jeune prétorien ses obligations, lui explique le règlement intérieur et l'informe des tours de garde, mais Caius a l'esprit ailleurs. Une fois qu'ils ont dépassé le bassin, d'autres portes s'ouvrent, puis apparaît la salle à manger de l'empereur, qui rappelle, par sa forme, ses marbres et sa décoration, l'Aula Regia, mais en plus modeste. Ce triclinium, également appelé Coenatio Jovis, change de température au fil des saisons. Sous ses dalles de marbre colorées, des cavités permettent, l'hiver, de faire circuler de l'air chaud comme dans les thermes. L'été, en revanche, deux nymphées rafraîchissent l'atmosphère de leurs jets d'eau. Trajan prend ses repas allongé dans une niche semi-circulaire surélevée.

La visite se poursuit dans ses appartements privés. Cette deuxième partie du palais, la Domus Augustana, qui forme un seul ensemble avec la Domus Flavia que nous venons de découvrir, s'élève sur deux niveaux pour épouser l'inclinaison de la colline. Une douzaine de mètres séparent le sol du niveau inférieur de celui du niveau supérieur, soit l'équivalent d'un immeuble de quatre étages. Les deux prétoriens traversent des salles aux plafonds très élevés où ne résonnent que leurs pas ; dans d'autres pièces, de moindres dimensions, seul le murmure de l'eau jaillissant de petites fontaines vient troubler le silence. Une magnifique collection de statues grecques les accompagne tout au long du parcours. C'est probablement l'un des plus beaux musées d'art antique au monde. Hélas, ces œuvres seront pillées au fil des siècles.

Impossible de dénombrer toutes les merveilles qui s'offrent aux yeux de Caius. Remarquons en passant un étonnant bassin entouré d'une élégante colonnade ; en son centre s'élève, sur un îlot, un petit temple dédié à Minerve. L'idée sera reprise par l'empereur Hadrien pour sa magnifique villa de Tivoli. Il y a aussi ce jardin de 160 mètres sur 50, véritable petit éden avec ses arbres, ses buissons aux essences parfumées, ses parterres géométriques, mais aussi ses fontaines et ses œuvres d'art, sans oublier les tourterelles et les paons. Il est entouré d'une colonnade sur deux niveaux. On imagine sans peine l'empereur flânant, méditant ou discutant ici en compagnie de quelques amis. Des esclaves s'occupent du jardin en silence.

Malgré l'absence du maître et de son épouse, le palais est entretenu comme si le couple était susceptible de rentrer à tout moment, et des fleurs fraîches sont disposées chaque jour dans des vases, sur les tables des différentes salles. Caius n'y a guère vu traîner de personnel. Où sont donc les serviteurs ? Son chef lui fait descendre un escalier. Très vite, ils se retrouvent dans la partie technique du palais : des passages souterrains empruntés par les esclaves, avec ou sans matériel, et par les prétoriens afin de ne pas troubler la quiétude des étages supérieurs. Hadrien reprendra aussi ce concept à Tivoli.

L'absence du couple impérial a permis cette exploration relativement décontractée. Si Trajan et Plotine avaient été là, il en aurait été tout autrement. Les deux prétoriens poussent même jusqu'aux thermes de l'empereur, dont l'alimentation est assurée par un raccordement à l'aqueduc Claudien. Ils achèvent leur visite de manière spectaculaire, au soleil couchant, sur un balcon surplombant le Circus Maximus. Lorsque Trajan se place à cet endroit, d'où il domine Rome, et que le disque rouge de l'astre s'incline face à lui, il doit vraiment avoir l'impression que le monde est à ses pieds.

Circus Maximus
Les secrets de Ben-Hur

Le lendemain de sa première visite au palais impérial, le prétorien Caius Proculeius Rufus décide d'aller fêter ses nouvelles fonctions avec quelques amis. Lorsque arrive l'addition, il paie la tournée générale et notre sesterce entre pour partie dans son règlement. S'éloignant des rires des convives, la pièce s'en va vers de nouvelles aventures. Mais pas bien loin : la table voisine est occupée par un homme seul à la barbe taillée en pointe et au regard absent. Lorsque l'aubergiste lui rend la monnaie, le sesterce atterrit dans sa bourse. Où va-t-il nous entraîner ?

Dangers nocturnes
dans les ruelles de l'Urbs

Le bras tendu de la statue d'Auguste semble indiquer un point lointain dans la nuit. Quelques gouttes s'attardent sous le membre de bronze doré. Il y a deux ou trois heures, l'eau ruisselait jusqu'au sol. Il a plu cette nuit à Rome. Le jour n'est pas encore levé, l'air est frais et humide. Les rares passants, emmitouflés dans leur manteau ou leur cape, se hâtent en rasant les murs, telles des ombres. Ils s'efforcent d'éviter les grosses flaques dans les ruelles en les contournant ou en les enjambant.

Il semble que les flaques d'eau ou de boue soient une malédiction dans l'Urbs. Si la chaussée des rues principales est revêtue d'un dallage de pierre en dos d'âne pour permettre l'écoulement des eaux pluviales, on s'y heurte souvent à des barrages de déchets urbains (paniers cassés, épluchures, chiffons, etc.), et de grandes mares se forment alors. Les commerçants et les habitants ne cessent de se plaindre, mais l'administration a d'autres chats à fouetter, d'autant qu'un simple coup de balai suffirait généralement à régler le problème. Pour les ruelles, en revanche, il n'y a malheureusement pas de solution : leur sol est en terre battue, et mieux vaut les éviter en cas de pluie car elles se transforment alors en véritables bourbiers.

L'homme maigre qui occupait tout à l'heure la table voisine du prétorien a toujours notre sesterce sur lui. À en juger par ses vêtements, il ne semble pas baigner dans l'opulence. Sa cape est toute rapiécée, sa tunique de couleur crème est élimée à plusieurs endroits. Mais il n'a pas pour autant l'air d'un pauvre ou d'un esclave. Quelque chose d'étrange émane de ce personnage qui marche d'un pas alerte comme s'il était en retard à un rendez-vous. Il patauge souvent dans de petites flaques, l'eau sale pénètre dans ses sandales et ressort entre ses orteils, mais il ne s'en soucie guère. Son regard brûle d'anxiété. Qu'est-ce qui occupe son esprit ? Pourquoi va-t-il si vite ?

Après avoir tourné au coin d'une rue, il se jette brusquement dans l'encoignure d'une porte, juste à temps pour éviter d'être renversé par une lourde charrette qui a soudain jailli de l'obscurité et le rase en filant comme l'éclair. C'est l'une de celles, nombreuses, qui approvisionnent chaque nuit les boutiques de Rome, or nous savons qu'elles ne sont pas autorisées à rouler de jour à cause de la densité du trafic « humain ». En effet, emprunter les rues principales durant la journée équivaudrait à vouloir avancer sur un quai de métro aux heures de pointe : on est constamment bousculé, impossible de suivre son chemin en ligne droite, il faut sans cesse jouer des coudes. La nuit, en revanche, c'est plus facile, mais nous venons de constater que ce n'est pas sans risques.

Notre inconnu a eu la trouille de sa vie ; il était trop perdu dans ses pensées. Quant au charretier, il a accéléré au tournant en l'abreuvant d'injures. Inutile de se mettre martel en tête à cause de ce « chauffard » : les énergumènes de son espèce sont violents et querelleurs. Celui-ci s'est fondu dans la nuit, franchissant le carrefour suivant avec un long cri de défi. Il file à vive allure parce que, s'il n'a pas quitté la cité avant le lever du jour, il s'expose à une lourde amende, voire à la saisie de son véhicule.

L'homme à la barbe en pointe soupire et se remet en route. S'il avait été renversé, personne n'aurait volé à son secours, personne n'aurait arrêté la charrette. Il n'aurait été qu'un cadavre de plus dans les rues de Rome. La mortalité nocturne a pour causes les vols, les querelles d'ivrognes, les bagarres entre pauvres et autres désespérés, les agressions par des bandes de jeunes « bien sous tous rapports » — et bien sûr la faim et le froid. Décidément, les nuits romaines n'ont rien à envier à celles en forêt : toutes sortes de prédateurs sont aux aguets.

Les premières lueurs de l'aurore illuminent le ciel et notre homme est pratiquement arrivé à destination. Nous n'allons pas tarder à découvrir la raison de son agitation. Il a ralenti le pas. Plus il avance, plus le nombre de personnes augmente autour de lui, jusqu'à former une foule convergeant vers un seul et même lieu, au bout de la rue. C'est une scène insolite, presque biblique.

Ici, les trottoirs ne sont pas plongés dans l'obscurité, loin s'en faut : le jour n'est pas encore levé, toutefois de nombreuses boutiques sont déjà accessibles, comme l'indiquent les lampes qui vacillent au-dessus des entrées. De nombreuses *popinae* ont également ouvert leurs portes. Accoudés au comptoir, les premiers clients se voient proposer saucisses grillées et galettes trempées dans du miel. Une serveuse verse un liquide fumant dans des gobelets en terre cuite. En cette heure si matinale, nous pensons bien sûr à du café... sauf qu'en ce temps-là personne ne sait ce que c'est. Ce qui deviendra un symbole de l'art de vivre italien pousse encore, en l'an 117 de notre ère, à l'état sauvage sur les hauts plateaux éthiopiens. Il faudra attendre quinze siècles pour que le café fasse son apparition dans les rues de Rome.

À peine la femme a-t-elle fini de remplir les gobelets que quatre hommes les portent à leurs lèvres. Le contenu est si brûlant qu'ils froncent les sourcils et le dégustent à petites gorgées. Si ce n'est pas du café, de quoi peut-il bien s'agir ? Rapprochons-nous un peu. Le parfum qui chatouille nos narines nous livre la réponse : c'est du vin ! Il est servi allongé d'eau bouillante et rappelle beaucoup notre vin chaud. Il ne viendrait à l'idée de personne aujourd'hui de boire du vin chaud avant le lever du soleil — pour ne rien dire des épices qui en dénaturent le goût...

Mais nous n'avons pas le temps de nous attarder. Notre inconnu veut dépasser tout le monde et s'enfonce sans ménagement dans la foule de plus en plus dense, soulevant quelques protestations. Les odeurs qui se dégagent de cette marée humaine sont indéfinissables. Les vêtements se sont imprégnés de celles des lieux que chacun a fréquentés avant de venir ici. Un mélange d'effluves d'huile de lampe, de saucisse grillée, de cheval, de feu de bois, d'oignon mal digéré et de tissu détrempé par la pluie... sans oublier les relents de crasse et de sueur, car personne n'est passé par les thermes avant de se rendre au Circus Maximus.

Des Sabines aux prostituées

C'est bien là que se rend aussi le personnage à la barbe en pointe. En levant les yeux, nous découvrons les gigantesques arcades de cet ensemble architectural. Elles sont comme autant de mâchoires béantes d'un monstre broyant la foule. Un monstre dont les yeux rendent les ingurgitations encore plus terrifiantes, les deux niveaux supérieurs étant percés d'une multitude de fenêtres carrées.

Dans la lueur bleutée précédant l'aube, se détachent les arcades du Circus Maximus sur plus de 500 mètres. Comment l'homme a-t-il pu construire pareil monument ? Il demeurera le plus grand complexe jamais réalisé pour accueillir des manifestations sportives. Eh oui, même notre époque n'en a pas l'équivalent.

En outre, le site du Circus Maximus est intimement lié à l'histoire de Rome. Saviez-vous que c'est ici que furent enlevées les Sabines ? Conformément à la tradition, Romulus, premier roi de Rome, convia les Sabins à des courses de chars, mais il profita de leur distraction pour ravir leurs femmes. Il s'agit bien sûr d'une légende, mais l'engouement pour les courses de chars est réel et cette passion remonte aux origines de Rome, à l'endroit même où nous sommes actuellement. Aux yeux de ses premiers habitants, cette belle vallée située entre le Palatin et l'Aventin (dite vallée de la Murcia) était un don des dieux, l'endroit rêvé pour organiser des compétitions équestres. Il suffisait de tracer une piste. Seulement il y avait un problème : un cours d'eau parcourait le site. La solution fut trouvée aux alentours de 600 avant J.-C.

par Tarquin l'Ancien, cinquième roi de Rome : il construisit un premier stade après avoir détourné la petite rivière pour qu'elle longe la piste tel un fossé de forteresse. Ledit fossé mesurait 3 mètres de large pour une profondeur équivalente. Mais à quoi servait-il ? À éviter que les fauves ne se précipitent sur les spectateurs. Rappelons qu'au début le Circus Maximus accueillait toutes sortes de manifestations : des courses de chars aux combats de gladiateurs, en passant par les chasses et les représentations théâtrales. Avant la construction du Colisée et des autres structures importantes dédiées aux spectacles, c'était le lieu idéal pour l'organisation de grands événements. Un concept très moderne, au fond, que nous nous sommes réapproprié en accueillant dans nos stades aussi bien des compétitions d'athlétisme que des matches de foot, des concerts et autres prétextes à des rassemblements de foule.

Rien d'étonnant, donc, à ce que le Circus Maximus ait été plus important pour les Romains que le Colisée. Il s'y passait toujours quelque chose. En cela, il représentait un sérieux avantage pour les empereurs et leur administration. Vous connaissez probablement la célèbre formule du poète Juvénal : *Panem et circenses*. Elle exprime un concept fort simple que l'on pourrait traduire en ces termes : « Donne au peuple du pain et des courses au Circus Maximus, et tu auras la paix. » Une politique fondée sur l'assistanat (pain, vin, etc.) et le divertissement était des plus populaires et distrayait l'opinion publique des affaires du pouvoir. Les empereurs en étaient pleinement conscients et voyaient dans ce gigantesque édifice un moyen non négligeable d'accroître leur puissance.

Pour toutes ces raisons — et aussi parce qu'il était une incroyable machine à faire de l'argent —, on peut pratiquement affirmer que le Circus Maximus fut utilisé sans interruption pendant plusieurs siècles.

Douze, pour être précis, avec bien sûr au passage diverses reconstructions et restaurations. La première course de chars fut organisée sur le site vers l'an 600 avant J.-C., la dernière en 549 de notre ère, sous le roi goth Totila. Vous imaginez un stade utilisé non-stop durant mille deux cents ans ? C'est comme si nous allions assister aujourd'hui à un match dans une enceinte construite sous Charlemagne, et qui depuis n'aurait cessé de servir. Voilà de quoi méditer sur le caractère exceptionnel du Circus Maximus. D'ailleurs, les Romains l'appelaient tout simplement « Circus », ce qui nous ramène à cette foule qui se presse sous les arcades dans le petit matin glacé. Qu'est-ce qui pousse aujourd'hui tous ces gens à se ruer ici à une heure pareille ?

L'homme que nous suivons se faufile sous l'une des arches du Circus. Nous constatons qu'elles communiquent entre elles et forment un long portique, semblable à ceux que l'on peut voir de nos jours dans bon nombre de villes italiennes. Il abrite de nombreuses boutiques qui exposent leurs marchandises à la manière d'un centre commercial tout en longueur — une véritable cité dans la cité. On y vend aussi bien de la nourriture à emporter sur les gradins (olives, pain, fromage, poisson en saumure) que des coussins, des protections contre le soleil et des capes contre la pluie ou le froid. D'autres commerces proposent des articles n'ayant rien à voir avec le monde des courses : vêtements, huile, épices, vaisselle en terre cuite, objets en cuivre, figurines votives... Nous sommes en plein cœur de Rome et le portique donne sur l'une des artères les plus fréquentées de l'Urbs ; l'endroit est donc particulièrement propice au business — toutes sortes de business.

Appuyées contre un mur, des filles aux traits orientaux font le pied de grue. Elles ont les cheveux frisés et la peau brune, des hanches plantureuses et des yeux dont la forme en amande est accentuée par un maquillage outrancier. Leurs voiles couvrent à peine leur anatomie : elles l'exhibent parce qu'elles en font commerce. Quelques hommes, la plupart d'un âge avancé, se sont arrêtés pour discuter le prix. Ils sont les premiers clients de la journée.

Ces femmes de la Méditerranée orientale remportent un vif succès auprès de la gent masculine et apparaissent comme l'expression même de la sensualité féminine. Contrairement à notre époque, les blondes aux yeux clairs de type nordique n'ont pas leur place dans l'imaginaire érotique romain.

Un homme d'une cinquantaine d'années, vêtu sobrement mais avec élégance, observe la scène depuis la rue. Son expression est pleine de mépris. Il griffonne quelques mots puis fait signe à son esclave de lui ouvrir la voie dans la foule. Il retrouve alors son regard habituel, un tantinet absent et voilé de tristesse, et se fond dans la cohue. Ce personnage d'allure simple et anonyme restera dans l'Histoire comme l'un des plus illustres et acerbes poètes de l'Antiquité. C'est Juvénal.

Sa causticité est légendaire, tout comme son pessimisme et ses références constantes aux générations précédentes, selon lui plus heureuses. Le sexe faible constitue sa cible de prédilection, notamment les femmes libres et émancipées. Elles sont les premières victimes de ses *Satires*. Il en a aussi après les homosexuels. D'ici à quelques années, il s'en prendra même au nouvel empereur, Hadrien, en raison de sa relation avec le bel Antinoüs, au point de s'attirer de gros ennuis : il sera vraisemblablement exilé en Égypte et disparaîtra du paysage, non sans nous avoir laissé ses virulentes critiques sur la société romaine.

La scène à laquelle il vient d'assister en notre compagnie, sous les arcades du Circus Maximus, prendra donc place dans la littérature latine. Son air de dégoût lui a inspiré les quelques phrases qu'il vient de noter dans un calepin improvisé et que nous lirons plus tard sous cette forme :

« Romains, je ne puis souffrir une ville remplie de Grecs. Que dis-je ? Cette lie achéenne n'est que la moindre partie des étrangers qui fondent ici de toutes parts. Ce n'est pas d'aujourd'hui que l'Oronte syrien a transmis au Tibre le langage, les mœurs et les instruments du climat qu'il arrose, ainsi que les courtisanes dévouées à la prostitution aux environs du Cirque[29]. »

Il est curieux de constater avec Juvénal qu'il y avait déjà des « filles de l'Est » sur les trottoirs d'Occident… même s'il s'agissait de l'est de la Méditerranée et non de l'Europe.

Parier au Circus Maximus

Les commerces n'occupent pas la totalité des arcades du Circus Maximus. Entre deux boutiques, nous repérons deux passages : l'un donne accès aux gradins inférieurs (pour les VIP), l'autre aux gradins supérieurs (pour la plèbe), et ce schéma se répète à l'infini. Mais cela n'explique toujours pas une telle affluence de si bonne heure. C'est bien simple : l'entrée est gratuite (ou à un prix dérisoire) pour la plèbe, qui peut se placer librement sur les gradins qui lui sont destinés. Certains historiens racontent que pour assister aux spectacles il faut être muni d'une tessère semblable à celle requise pour les théâtres, mais nous n'en voyons aucune. Tels les spectateurs qui se rendent de nos jours aux concerts rock, on n'hésite pas à arriver des heures à l'avance pour s'assurer d'être bien placés.

Quant aux gens importants, leurs places sont généralement réservées. Ils feront leur apparition beaucoup plus tard, lorsque les tribunes seront bondées, choisissant pour s'installer le meilleur moment afin d'être vus du plus grand nombre. Le Circus est une scène de choix pour le « gratin » de Rome, où les riches, les patriciens, les sénateurs et les membres de l'ordre équestre aiment à parader dans une ambiance digne d'une cérémonie des Oscars, avec son tourbillon de sourires, de toilettes et de bijoux.

Mais notre homme ne semble pas le moins du monde en quête d'une bonne place. Au lieu d'accéder aux gradins, il pénètre dans une des tavernes situées sous les arcades. Sur le seuil de cette *popina*, il croise deux clients passablement éméchés en passe d'en venir aux mains et se dirige vers un groupe qui se tient en retrait autour d'une table. Ils font des paris sur les courses du jour. Ces cercles sont légion dans les parages. Le marché des paris hippiques est si juteux qu'il pourrait justifier les compétitions hippiques à lui tout seul — et c'est toujours le cas au XXIe siècle. On s'attendrait, pour un tel brassage d'argent, à trouver d'immenses salles comportant une multitude de tableaux indiquant les courses programmées, les classements des différentes écuries, les noms des conducteurs de chars (auriges), voire des chevaux, le tout actualisé en permanence. Peut-être cela existait-il à l'époque romaine, mais les archéologues n'en ont pas trouvé trace.

Le bookmaker est un gros homme à la peau claire, aux yeux verts et aux cheveux clairsemés et blonds qu'il persiste à garder longs. Il tient une double tablette de cire où sont inscrits les noms des auriges, les courses du jour et les cotes. Les parieurs assis autour de la table l'observent avec attention. Mais qui sont-ils ? Des individus ordinaires, tout simplement. Il y a là un boucher à la tunique maculée de sang séché — sa femme ignore sa présence ici et le croit chez le grossiste —, un employé de l'administration publique, un marchand pratiquement chauve et de petite taille, un soldat en permission, un coutelier auquel manquent deux doigts — sans doute un accident du travail — ainsi qu'un esclave cherchant de quoi acheter sa liberté. À ses côtés se tient un homme élégamment vêtu, manifestement issu d'un milieu aisé. Il tourne et retourne nerveusement dans ses mains moites des pièces de monnaie qu'il s'apprête à miser.

Ces hommes ont certes des origines et des vécus très divers, mais tous ont le regard fébrile des gens ayant la passion du jeu. Nous comprenons d'autant mieux la tension qui habitait l'étrange personnage que nous avons suivi jusqu'ici. Son pas rapide, ses pataugeages dans les flaques d'eau, son air si absorbé qu'il a failli se faire renverser par une charrette : il est accro aux paris. Seul le frisson que procure le risque occupait son esprit dans les rues obscures de Rome. Bon nombre de Romains se sont ruinés dans ce milieu interlope. Il est de ceux-là. Les raccommodages et autres rapiéçages de sa cape sont les stigmates de ses problèmes financiers.

Le bookmaker s'éclaircit la gorge et poursuit son énumération des courses. Au moment où il prononce le mot « Sagitta », notre parieur à la barbe en pointe sursaute. Il est venu exprès pour ce cheval dont le nom, qui signifie « flèche » en latin, porte tous ses espoirs. Les Romains discutent pendant des jours et des jours, dans les rues et dans les tavernes, des prochaines courses au Circus Maximus. Ils connaissent les noms des auriges et des chevaux, ainsi que leurs pedigrees. Il n'est donc pas surprenant qu'au IVe siècle saint Jean Chrysostome ait déploré que les chrétiens de Rome ne sachent pas les noms des apôtres mais puissent citer ceux des chevaux de course les plus célèbres.

Sagitta n'est pas de ceux dont on parle ces temps-ci dans les rues de Rome. Il y a d'autres favoris. Sagitta, lui, a fait son temps. C'était autrefois un excellent cheval, mais pour de multiples raisons il n'a jamais remporté de victoires fracassantes, se contentant de classements honorables, d'où une cote restée en berne. Elle l'est d'autant plus qu'il est à deux doigts de la retraite. Décidément, personne ne s'attend à de grandes performances de sa part. Sauf que notre parieur a jeté son dévolu sur lui. Il est allé le voir à l'entraînement — ce que font bon nombre de passionnés de courses à Rome, se pressant ainsi en bordure des pistes privées des différentes écuries. Il a ainsi pu juger de sa vigueur, mais surtout du savoir-faire de l'aurige, un homme plus tout jeune totalisant une quantité impressionnante de victoires et capable d'arracher à l'animal jusqu'à sa dernière once d'énergie. Il s'est même demandé comment un conducteur de char aussi expérimenté pouvait avoir sélectionné Sagitta pour l'associer aux trois autres chevaux de son quadrige. Avait-il quelque intuition ? Toujours est-il que notre homme a choisi de miser sur ce quadrige-là, et pour ce faire il s'est encore endetté.

Les joueurs ont déposé sur la table un beau magot, et lui est le dernier à parier : il sort notre sesterce, y ajoute quelques *denarii* et trois *aurei*. C'est là toute sa fortune. Le bookmaker considère la mise, qu'il juge disproportionnée et saugrenue pour un canasson tel que Sagitta : certes, si le cheval remportait la victoire, il y aurait une sacrée somme à empocher du fait de sa cote basse, mais c'est quasiment impossible étant donné les champions qu'il devra affronter. Il scrute le parieur de ses yeux verts, puis, d'un geste rapide, glisse la somme dans le coffret en bois fermé à clé qu'il porte à sa ceinture, sous l'oeil de ses deux esclaves armés. Les jeux sont faits, il n'y a plus qu'à attendre la course. Notre homme se voit remettre, en guise de reçu, une tessère en os dont les données sont également inscrites sur une tablette de cire.

Le sesterce a donc une nouvelle fois changé de propriétaire. Regagnera-t-il la bourse du joueur, mêlé à beaucoup d'autres ? Tout dépendra de Sagitta.

Le plus grand stade de l'Histoire

L'homme quitte la *popina* et se dirige vers les gradins. Il a l'âme en paix, comme s'il venait d'accomplir son devoir, et gravit un long escalier en pierre dont les marches sont si usées par les piétinements qu'elles sont devenues lisses et glissantes. Un vieil homme perd l'équilibre, mais il est retenu puis aidé dans son ascension par le seul mouvement de la foule. Ce système d'escaliers composés de volées de marches en zigzag est extrêmement bien conçu puisque les gens peuvent gagner leur place sans arrêts intermédiaires. Une idée fort simple permet en effet de gérer le passage de la rue aux gradins : il n'y a pas un seul accès mais des dizaines, répartis sur tout le pourtour de l'édifice. Une fois franchies les arches de l'entrée, le Circus Maximus devient un vrai gruyère, truffé de galeries et d'escaliers permettant de répartir le public et de réguler rapidement l'affluence. La formule a aussi été adoptée au Colisée et dans bien d'autres structures destinées aux spectacles. Accueillir tout ce monde par une seule voie d'accès serait une véritable folie — comme ce sera le cas vingt siècles plus tard à Duisbourg, lors de la Love Parade d'août 2010 où périront 19 jeunes piétinés par la foule à l'unique entrée du site, un long tunnel de maçonnerie.

Dans un martèlement de pas et une cacophonie de voix, des milliers de Romains s'engouffrent dans les galeries intérieures du premier, puis du second niveau du Circus. Ensuite, les escaliers de pierre deviennent escaliers de bois pour donner accès aux derniers gradins, en bois eux aussi. Quelques marches encore, et nous y sommes. Comme par enchantement, le brouhaha cesse et la fraîcheur du dehors saisit les spectateurs un à un à leur sortie, mais le soleil qui les accueille a tôt fait de réchauffer leurs visages. D'ici la vue est spectaculaire et le Circus Maximus apparaît dans toute sa splendeur. On se croirait dans une vallée enchantée d'une blancheur éclatante dont les versants, formés par les gradins, se prolongeraient à l'infini. C'est un tout autre monde, comparé au chaos des ruelles alentour, comme si en cet endroit Rome avait été éventrée et qu'étaient apparus les rochers sur lesquels « se posent » à présent les spectateurs.

Trajan a donné un nouvel aspect au Circus. Un grand incendie avait ravagé ses deux longues ailes sous Domitien ; celui-ci avait entrepris des restaurations, mais il avait été assassiné. Trajan a donc repris les travaux, conférant à l'ensemble cette monumentalité qui a fait sa renommée aux quatre coins de l'Empire.

Hélas, le site tel qu'on le voit de nos jours a bien changé : il s'est transformé au fil des pillages, a été en partie recouvert de terre et de végétation, mais on peut toujours admirer le Circus sur des mosaïques, des pièces de monnaie ou encore des stèles funéraires. Et puis les auteurs antiques nous en ont laissé des descriptions qui sont comme autant d'émouvantes « photos ». Pline le Jeune, contemporain de Trajan, n'a-t-il pas résumé toute la splendeur de l'édifice en le qualifiant de « lieu le plus digne de recevoir le peuple vainqueur du monde » ?

En effet, ses dimensions parlent d'elles-mêmes : entre 620 et 660 mètres de long sur 150 mètres de large. La piste occupe plus de 45 000 mètres carrés, soit douze fois la superficie de l'arène du Colisée, et chaque gradin court sur près d'un kilomètre et demi. La capacité totale du Circus Maximus a toujours fait l'objet de polémiques. Nous ne disposons pas de données précises, mais Fik Meijer, professeur d'histoire ancienne à l'université d'Amsterdam, s'est livré à quelques calculs. Chaque spectateur occupe une place assise de 40 centimètres de large maximum sur 33 de haut et 50 de profondeur. Mais il faut tenir compte des nombreuses ouvertures pour accéder aux gradins et ressortir, ainsi que des marches pour gagner la rangée voulue, comme au cinéma. Sans oublier les murs de séparation… On arrive alors à une capacité totale de quelque 150 000 spectateurs, une estimation honnête, même si la structure est vraisemblablement en mesure d'accueillir un nombre plus important de personnes, comme semble le suggérer Pline l'Ancien. Dans son *Histoire naturelle* il parle carrément de 250 000 spectateurs, et les auteurs de l'Antiquité tardive iront jusqu'à avancer le chiffre, probablement exagéré, de 480 000 places assises.

Une capacité de 150 000 personnes est déjà considérable : c'est deux fois celle des principaux stades de foot italiens (un peu plus de 80 000 pour le Giuseppe-Meazza à Milan et 73 000 pour le Stadio Olimpico à Rome) ou du Grand Stade de France (81 000), et beaucoup plus que celle du mythique Maracanã de Rio de Janeiro (prévu pour accueillir 160 000 spectateurs, mais qui ne compte en réalité que 95 000 places assises), du Camp Nou de Barcelone (98 000) et de l'Azteca de Mexico (101 000). Il faut toujours prendre en compte les places véritablement assises et non ce qui est possible lors d'événements exceptionnels, quand bon nombre de spectateurs restent debout, serrés les uns contre les autres comme des sardines. Dans ce contexte, seules quelques structures hors pair ont une capacité proche de celle du Circus Maximus. C'est le cas, en Pennsylvanie, du Beaver Stadium, stade de football américain (107 000 places assises), du Melbourne Cricket Ground (100 000), du Salt Lake Stadium de Calcutta (120 000), du stade de Téhéran (90 000 à 100 000) et du monstrueux stade du Premier-Mai, en Corée du Nord, qui est également le principal lieu de rassemblements de masse du régime. Ce dernier est censé contenir 150 000 places assises, mais d'aucuns émettent de sérieuses réserves quant au mode de calcul ; et dans l'éventualité où ce chiffre officiel serait vrai, il égalerait à peine la capacité minimale du Circus Maximus.

Ces données nous permettent de prendre conscience du caractère exceptionnel de ce dernier dans l'Histoire. Nulle part dans le monde on n'est en mesure de bâtir une œuvre qui le surpasse, en dépit du progrès technologique, d'excellents matériaux, de logiciels sophistiqués et de brillants cerveaux. Peut-être, tout simplement, parce qu'il n'y a aucune raison de le faire : les fans du ballon rond, de courses diverses ou de concerts géants ne représentent pas la majorité de la population, alors inutile de construire des stades gigantesques. Il en allait tout autrement pour les courses de quadriges dans la Rome impériale. Selon certaines estimations, le Circus pouvait alors accueillir un habitant de la capitale sur sept, voire un sur quatre. Une telle affluence traduit parfaitement la passion des Romains pour les courses et l'importance de celles-ci dans la société. On l'oublie souvent, tant nous sommes convaincus que dans l'Urbs tout se passait au Colisée, même si, avec une capacité d'« à peine » 50 000 à 70 000 spectateurs, ce lieu jouait lui aussi un rôle fondamental dans la vie quotidienne et répondait à l'intérêt des Romains pour les combats de gladiateurs.

Dans les gradins

Les nombreux passages voûtés, ou *vomitaria*, continuent de « vomir » du monde et transforment peu à peu le Circus Maximus en véritable fourmilière. Quelque 35 mètres séparent la première rangée de la dernière, une distance suffisante pour permettre à la plèbe de reconnaître depuis là-haut les personnalités qui prendront place sur les premiers gradins — sénateurs, vestales, hôtes prestigieux et bien d'autres.

Les derniers rangs sont protégés par une longue toiture. Il s'agit en réalité d'une élégante colonnade couverte qui entoure la structure à la manière d'une couronne et ressemble plus ou moins à un temple. Malheureusement, cette dernière portion de gradins est le point faible de l'édifice. Au fil des générations, éboulements et affaissements ont blessé ou tué leurs occupants. Ils furent parfois terriblement dévastateurs. Un certain jour il y aurait eu 1 100 morts, selon les contemporains. Une autre fois, sous Dioclétien, ce ne sont pas moins de 13 000 personnes qui y auraient laissé la vie !

Les sièges inoccupés sont encore assez nombreux, et sous le soleil déjà haut la blancheur de leur marbre est éblouissante, cependant le vieil amateur de courses qui vient de prendre place à nos côtés exagère un peu en affirmant que le Circus est encore presque aussi nu que Vénus sortant du bain. Tandis que nous contemplons sa « peau » de pierre immaculée, une question nous vient à l'esprit : qui a fourni tout ce marbre ? Nous l'ignorons... mais nous savons où vécut au moins l'un des fournisseurs. Des archéologues ont localisé sa maison à Lunae (Luni), une cité romaine de la côte Ligure, dans les environs de La Spezia. De cette cité il ne reste aujourd'hui que quelques ruines. Elles affleurent dans la campagne et n'attirent guère de touristes. C'est regrettable : le site présente un réel intérêt, avec notamment les vestiges de l'amphithéâtre, du forum (où récemment a été retrouvé un véritable petit trésor en pièces d'or, lesquelles avaient été dissimulées avant une attaque ennemie), ainsi que des maisons de riches Romains.

C'est précisément sur le sol d'une de ces villas qu'a été découverte une mosaïque représentant le Circus

Maximus vu d'en haut, avec ses gradins et sa toiture. Le propriétaire des lieux était très certainement un négociant en marbre — les fameuses carrières où s'approvisionnera Michel-Ange sont proches — et devait donc se targuer d'en avoir fourni pour la plus énorme des constructions de Rome, au point d'avoir fait reproduire celle-ci sur son pavement. Cela n'a rien d'exceptionnel : bien souvent, les riches se plaisaient à expliquer sur des mosaïques l'origine de leur fortune (commerce de vin, animaux pour le Colisée, etc.) ; ils y montraient aussi leur puissance en y faisant représenter un événement qu'ils avaient offert à la collectivité. Si par exemple ils avaient organisé des combats de gladiateurs, cette journée mémorable était évoquée sur le sol de leur maison à grand renfort de blessés, de morts et de noms de champions célèbres.

Cela valait aussi pour les courses de chars. La description de celle à laquelle nous allons assister s'inspire des mosaïques de ce type, retrouvées dans des villas comme celle du Casale, en Sicile. Aussi incroyable que cela puisse paraître, aucune description détaillée des courses au Circus Maximus n'est parvenue jusqu'à nous par écrit. Ce sont donc ces reproductions sur pavements (mais aussi des bas-reliefs, des ornementations de lampes à huile ou de sarcophages, etc.) qui nous ont permis de comprendre le déroulement de telles manifestations sportives.

Dans les gradins le brouhaha devient infernal. On imagine qu'une telle nuisance sonore en début de matinée a dû agacer plus d'un empereur, dont on a vu que le palais du Palatin donne en partie sur le Circus Maximus. De fait, leurs réactions furent parfois excessives. Caligula envoya ses soldats pour disperser la plèbe à coups de massue, ce qui tourna au carnage. Héliogabale recourut à une arme utilisée lors des assauts, un peu l'équivalent de nos gaz lacrymogènes, mais en bien plus dangereux. Il fit même déverser sur la foule des serpents, probablement placés dans des amphores, d'où un sauve-qui-peut qui se solda par une nouvelle hécatombe.

Mais Trajan, lui, n'agit pas ainsi. Il est aimé du peuple et sait s'en faire aimer. Au lieu de s'installer dans le *pulvinar*, la grande loge impériale qui se dresse, tel un sanctuaire, à distance du public, il aime à s'asseoir parmi les spectateurs ; il discute avec eux dans son latin au fort accent ibérique, et les gens du peuple le considèrent presque comme l'un des leurs. À présent il est retenu loin de Rome, en Orient, mais même à distance il reste aux yeux de ses sujets un *pater familias* universel, l'homme qui a repoussé les frontières de l'Empire comme jamais auparavant et l'a rendu encore plus puissant, encore plus riche.

La « pompa circensis »

Le soleil éclaire maintenant tout le Circus, l'arène a été parfaitement nivelée et quelques garçons de piste courent se mettre en place. On règle les derniers détails d'une organisation qui s'est étalée sur plusieurs jours. Tout est fin prêt désormais. Le public trépigne d'impatience ; depuis quelques minutes, déjà, les différents groupes de supporters scandent les noms des chevaux et des auriges les plus célèbres, ainsi que des slogans, attisant leur rivalité. Et le public rit. L'ambiance est telle qu'on se croirait dans les tribunes d'un de nos stades avant un match de foot !

Avant la première course va avoir lieu une cérémonie assez comparable à celle qui ouvre nos jeux Olympiques. L'organisateur — autrement dit l'homme qui finance les épreuves d'aujourd'hui — fera bientôt son entrée sur la piste, avec un long cortège parti d'assez loin, parfois même du Capitole, ayant traversé le Forum au milieu de la foule et devant effectuer un tour d'honneur dans le Circus Maximus. Effectivement, des ovations parviennent à nos oreilles depuis l'extérieur ; elles gagnent en intensité, et puis soudain le début du cortège apparaît sur la piste, au son des trompettes. Les 150 000 spectateurs explosent de joie. Tous les regards se braquent sur l'imposant arc de triomphe qui se dresse à l'une des extrémités du stade, telle une montagne émergeant des gradins. Sa présence à cet endroit peut sembler curieuse, mais cette construction s'inscrit dans le parcours imposé des triomphes romains. Érigé sous Titus, il est un passage obligé pour les généraux vainqueurs de retour à Rome : leur itinéraire prévoit qu'ils traversent le Circus Maximus puis qu'ils prennent la direction du Forum et du Capitole, où ils rendront hommage à Jupiter — donc en sens inverse du défilé que nous suivons actuellement.

Les premiers à paraître sont de jeunes cavaliers issus des plus grandes familles de Rome. Viennent ensuite d'autres garçons, à pied. Après quoi les auriges en compétition font leur entrée sur leur quadrige. Chaque spectateur cherche son favori des yeux et, une fois qu'il l'a repéré, hurle son nom. Le public est debout et les conducteurs de chars saluent la foule avec de grands gestes du bras. Les ovations atteignent alors leur paroxysme et retentissent dans toute la cité. Des milliers de Romains en train de vaquer à leurs occupations tournent la tête en direction du Circus Maximus. L'espace d'un instant, comme par magie, celui-ci semble s'étendre à la ville tout entière. C'est la fameuse *pompa circensis*, et celle décrite par Denys d'Halicarnasse, sous Auguste, correspond exactement à la scène à laquelle nous assistons.

Deux quadriges suivent les athlètes qui participent aux autres épreuves de la journée : auriges concourant dans la catégorie « jeunes espoirs », cavaliers sur leur monture pour les courses de chevaux non attelés, sans oublier les acrobates, les danseurs et les musiciens vêtus de pourpre chargés des animations entre deux épreuves. La procession des porteurs de statues de divinités et d'objets sacrés ferme la marche.

Poussant la jubilation du public à son comble, entre enfin sur la piste le personnage qui offre cette journée de courses, un homme maigre aux cheveux blancs qui se tient debout sur son bige. Selon que les chars sont tirés par deux, trois ou quatre chevaux, on parle de « bige », de « trige » ou de « quadrige ». Il est arrivé que les attelages atteignent dix, voire vingt bêtes, mais c'était plutôt pour des exhibitions : il est quasiment impossible de concourir avec autant de chevaux, les chars devenant beaucoup trop difficiles à manœuvrer.

Le cortège poursuit son tour de piste solennel, et les quadriges défilent maintenant sous nos yeux. Nous distinguons parfaitement leurs conducteurs. Avec leur casque de cuir, leur corset à lanières (en cuir également) et leurs bandes molletières, on dirait plutôt qu'ils s'apprêtent à partir en guerre, d'autant qu'ils sont munis d'un poignard. À quoi bon tout cet attirail ? Il est essentiel à leur survie, car ces hommes risquent de trouver la mort pendant les courses.

Souvent les chars se renversent, et les chutes sont alors d'une extrême violence. Les auriges peuvent aussi passer sous les seize sabots au galop de l'attelage suivant, soit l'équivalent d'un mixeur. Mais ce qu'ils redoutent le plus, c'est d'être traînés par les chevaux. Ils ne se contentent pas de tenir les rênes dans leurs mains : elles sont passées autour de leur taille telle une ceinture, avec des passants. Le conducteur peut ainsi jouer de sa masse corporelle en se penchant dans tel ou tel sens pour donner plus de poids aux ordres intimés aux chevaux — un peu à la manière d'un marin qui se penche par-dessus bord pour équilibrer son bateau. Cela veut dire que si le char se renverse ou se démantèle, les chevaux éjecteront l'aurige et le traîneront sur la piste. Il devra alors impérativement sectionner les brides de cuir à l'aide du poignard qu'il porte entre les lanières de son corset. Mais en aura-t-il le temps ? Beaucoup périssent de cette façon.

Les chars sont très différents de l'idée que nous nous en faisons. Les biges que l'on peut voir dans *Ben-Hur* et dans de nombreux autres péplums n'auraient jamais pu courir sur la piste du Circus Maximus, pour la simple et bonne raison qu'ils sont trop lourds. On nous montre toujours des modèles massifs équipés de hautes caisses, idéales pour parader lors des marches triomphales de généraux mais totalement inappropriées lors des courses. C'est une erreur hollywoodienne, un peu comme si nos descendants pensaient dans deux mille ans que les courses de Formule 1 se disputaient à bord des Ferrari routières. En dépit de leur rapidité, ces voitures n'ont strictement rien à voir avec les modèles des grands prix, ultralégers, profilés et plus bas — bref, conçus pour grappiller le moindre centième de seconde pendant la compétition.

Il en va de même des biges. Les archéologues n'ont pas retrouvé de modèles de course. Ils étaient trop peu nombreux et trop légers pour résister à l'épreuve du temps. Sans compter qu'ils avaient une durée de vie limitée : on les démontait à la fin des épreuves et on les détruisait, exactement comme on le fait des véhicules de Formule 1. Dans vingt siècles, il sera bien difficile d'en retrouver un exemplaire complet. Une Ferrari routière aura de meilleures chances de survie. Et c'est précisément ce qu'ont pu constater nos archéologues : les tombes étrusques leur ont livré des vestiges de biges ou de quadriges d'apparat, mais aucun modèle de course.

Alors à quoi pouvaient bien ressembler ceux-ci ? Il en passe justement un sous nos yeux. Nous sommes surpris de découvrir qu'il diffère totalement de ce que nous avions pu imaginer. La caisse, incroyablement basse, arrive à mi-cuisses de l'aurige et se compose d'une solide rambarde en bois revêtue d'une protection de cuir décorée. Les roues sont toutes petites, du diamètre d'un plateau de service. Elles ne sont pas situées au milieu du char, comme on peut le voir dans *Ben-Hur*, mais très en arrière, de sorte que celui-ci penche en avant — une astuce pour maintenir bas le centre de gravité et continuer à adhérer au sol dans les virages.

Existe-t-il des écuries du type Ferrari, Williams, McLaren ou Lotus ? Oui. Ces *factiones* sont au nombre de quatre ; et de la même façon que l'on reconnaît essentiellement les voitures à leur couleur dans les courses de Formule 1, les écuries de l'Antiquité ont des couleurs spécifiques. Elles en portent d'ailleurs le nom : il y a l'équipe verte *(prasina)*, la rouge *(russata)*, la blanche *(albata)*, la bleue *(veneta)*, et les auriges revêtent une « combinaison » aux couleurs de leur équipe, tout comme les pilotes de Formule 1.

Autre élément surprenant : les chevaux. On ne peut pas dire qu'ils soient bien grands. Pour nous, ils s'apparentent davantage à des poneys. Mais il en est ainsi dans l'Antiquité : les chevaux sont de petits gabarits, y compris chez les légionnaires. Ils se fatiguent moins vite que ne le feraient des bêtes plus imposantes et sont plus agiles sur les terrains abrupts. L'animal le plus prisé est d'origine gétule (Afrique du Nord) ; il est probablement l'ancêtre des chevaux arabes. Mais sont également très appréciés les équidés de Cappadoce, d'Hispanie et de Sicile.

Accrochés aux harnais, scintillent des porte-bonheur en bronze, le plus courant étant un croissant de lune aux extrémités tournées vers le bas : c'est la fameuse *lunula*, un talisman également cher aux femmes romaines.

Le cortège de la *pompa circensis* longe maintenant le large mur *(spina)* qui divise en deux la piste sur une bonne partie de sa longueur. Il est habillé de marbres précieux (dont de la serpentine aux belles nuances vertes) et orné de statues, de petits temples ainsi que de fontaines. Mais le plus surprenant reste un gigantesque obélisque de plus de 25 mètres de haut, érigé en Égypte sous Ramsès II et qu'Auguste fit ramener à Rome.

En observant la *spina,* nous découvrons le dispositif servant à compter les tours de piste : sept dauphins dorés montés sur une sorte de portique. L'ensemble fait penser à une brochette de crevettes géantes. Les concurrents doivent en effet accomplir sept tours de piste dans le sens inverse des aiguilles d'une montre, soit environ 5 kilomètres. Il leur faut une petite dizaine de minutes pour les parcourir, et à chaque tour on fait basculer un dauphin, lequel crache une grande quantité d'eau par la bouche. Plus tard, ils seront remplacés par sept œufs tombant l'un après l'autre dans un bassin.

Mais voici que s'achève le défilé. La compétition peut enfin commencer.

Préparatifs d'une course très attendue

Plusieurs heures se sont écoulées, mais dans le Circus Maximus l'atmosphère reste fiévreuse. Il y a eu des victoires inattendues et des accidents spectaculaires. Le programme prévoit vingt-quatre courses, entrecoupées de divers tours d'adresse, d'acrobaties équestres (très applaudies) et autres divertissements. À certaines époques, on pouvait assister à quarante-huit courses dans une seule journée (sous Vespasien et Titus), et même jusqu'à cent (sous Domitien). La voix monotone du crieur annonce les différentes épreuves. Entre-temps, pas mal de spectateurs ont quitté leur siège ; certains sont revenus avec un en-cas, d'autres sont partis.

Jusqu'à présent se sont déroulées les courses de biges, de triges et de chevaux. On a suivi aussi les épreuves d'une étrange discipline nommée *pedibus ad quadrigam*. Elle consiste à accomplir un tour de piste avec un quadrige, puis, une fois franchie la ligne d'arrivée, à effectuer d'autres tours à pied. Cela nous fait penser à notre triathlon ; et si, devant des images de télévision montrant des athlètes à bout de force enchaînant natation, cyclisme, course à pied, vous avez pensé qu'il s'agissait d'une excentricité de nos temps modernes, dominés par la mode des salles de sport et des compléments alimentaires, une course de *pedibus ad quadrigam* vous prouvera une fois encore que nous n'avons rien inventé.

Mais tout cela n'intéresse pas le parieur que nous avons suivi. Pendant tout ce temps il n'a pas bougé, et maintenant il attend nerveusement l'entrée en scène de Sagitta. Un nouveau coup de trompette le fait bondir sur ses pieds. La voix du crieur (ils sont sans doute plusieurs, étant donné les dimensions du lieu) annonce enfin le début des courses de quadriges. C'est le moment le plus attendu des spectateurs, qui accueillent la nouvelle avec une clameur assourdissante. Beaucoup se lèvent. Tous les regards convergent vers l'une des extrémités du Circus où, sous les arcades d'un long bâtiment bas, sont alignées les stalles de départ *(carceres)*.

Les garçons de piste ont nivelé l'arène en traînant de lourdes nattes et tracé la ligne de départ à la craie. Les trous creusés par les accidents de chars ont été comblés. Le sang séché d'un aurige macule encore le marbre de la *spina*. Personne n'a eu le temps de le nettoyer. Tous les regards sont désormais braqués sur les stalles de bois, qui ne vont pas tarder à s'ouvrir.

Derrière cette « grille de départ », les auriges se préparent, les palefreniers s'empressent. C'est un autre monde. Dans un coin, un conducteur enfile son casque de cuir ; quelques mètres plus loin, un autre écoute le patron de l'écurie lui seriner pour la énième fois la bonne stratégie. Comme pour la Formule 1, l'équipe technique règle les derniers détails : certains vérifient les fixations des harnais et des brides, d'autres soulèvent les chars pour s'assurer que les roues ne sont pas voilées et tournent librement.

Deux quadriges arrivent de front et les chevaux s'emballent, obligeant les hommes à repousser les chars au prix de grands efforts. La nervosité de ces étalons contraste totalement avec le calme olympien de ceux qui sont attachés le long d'un mur — des chevaux de secours. Chaque écurie possède en effet quelques remplaçants pour les substituer aux bêtes blessées. Elle dispose également de tout un personnel prompt à parer au moindre problème. L'homme clé de cette organisation est un palefrenier qui calme les chevaux par des caresses, reste constamment à leurs côtés, vérifie leurs sabots (un geste capital, le ferrage étant encore inconnu) et leur susurre des mots rassurants. Les équidés sont pour lui comme des enfants.

Notre attention est attirée par un homme aux doigts couverts de bagues en or, richement vêtu et suivi d'un cortège de collaborateurs. Il s'entretient avec un aurige qui l'écoute, tête baissée et casque à la main en signe de déférence. Ce personnage n'est autre que le *dominus factionis*, le propriétaire de l'écurie. Comme ses semblables, c'est un homme d'affaires habile. Il sait forcer la main des organisateurs pour imposer son équipe, moyennant divers arrangements financiers.

Ce n'est là qu'un des aspects des magouilles autour des courses. Car avant le départ, une « épreuve » d'un tout autre genre se dispute en coulisse : on conclut des ententes secrètes pour favoriser telle ou telle écurie. Mais il arrive qu'elles capotent au dernier moment. Le public du Circus Maximus n'est pas dupe : il sait qu'existent des dysfonctionnements et des tricheries, que certains auriges se vendent et que d'autres feignent d'avoir été achetés pour faire monter les enchères auprès d'un concurrent. C'est justement ce qui rend les courses encore plus excitantes.

Sur la piste, les auriges se montreront sans pitié. Tous les coups bas sont permis : pousser un adversaire pour l'envoyer dans le mur n'est pas un délit, c'est même ce que tout le monde attend. En revanche, l'infâme char muni de moyeux à lames pour trancher les roues de l'adversaire, dans *Ben-Hur*, est une autre invention hollywoodienne. En outre, on préfère éviter les drames en début de course ; aussi la grille de départ est-elle constituée selon un système de tirage au sort, avec des boules aux couleurs des écuries — on dirait notre loterie nationale.

C'est parti !

L'organisateur des courses d'aujourd'hui, un magistrat vêtu d'une toge violette, s'apprête à donner le coup d'envoi de la première course de quadriges depuis la loge d'honneur, au-dessus des stalles. Le signe du départ sera le linge blanc (*mappa*) qu'il jettera sur la piste. Chaque aurige brandit son fouet, telle une épée, s'apprêtant à le faire violemment claquer sur les chevaux. Ceux-ci perçoivent la nervosité des conducteurs et s'ébrouent en raclant le sol de leurs sabots.

Quelques mètres au-dessus de leurs crinières parées de rubans, le magistrat tend le bras et le vrombissement de la foule enfle. L'espace d'un instant, tout semble s'arrêter, et puis soudain la blancheur éclatante du linge enfin lancé enflamme le Circus tout entier. En une fraction de seconde, les préposés aux stalles retirent la barre et les boxes s'ouvrent. Comme si un barrage venait de céder, une vague de lumière éblouissante déferle sur les chevaux et les auriges. Les chars s'élancent, le stade exulte. Tous les regards sont rivés sur celui qui prend la tête en début de parcours. C'est primordial pour parvenir à bien se placer au premier tournant. Il est interdit de doubler ses adversaires au départ et impératif de rester dans son couloir durant la première partie de la course. Ensuite, tout sera permis pour remporter la victoire...

Notre parieur est debout et hurle lui aussi pour encourager son quadrige. Celui-ci appartient à l'écurie bleue mais ne mène pas, quoique bien parti, alors que l'écurie rouge parvient dès la première ligne droite à placer deux de ses chars en tête. Chaque *factio* en engage trois dans la course, le principal étant protégé par les deux autres, qui font office de tampon ou s'efforcent d'anéantir les concurrents.

Douze quadriges foncent vers le premier virage. Les deux chars de tête (rouges, donc) suivent les meilleures trajectoires. Juste derrière, trois quadriges veulent se rapprocher de la *spina* pour tourner plus facilement. Parmi eux figure le troisième char rouge. Il est le plus proche du mur et semble garder toutes ses chances ; mais les deux autres, de l'équipe verte, le pressent plus encore contre la *spina*, dans l'espoir de freiner son élan, et finissent par lui couper la route à quelques mètres du virage. Les chevaux se désolidarisent, peut-être sont-ils même les premiers à comprendre l'imminence du drame. Ceux qui se retrouvent coincés le long du mur s'emballent et se jettent sur le quadrige des verts. Les bêtes se mélangent et on ne sait plus à qui elles appartiennent. De cet enchevêtrement émerge soudain l'un des chars rouges, le timon brisé. Le public voit l'aurige s'agripper désespérément à son véhicule, lequel disparaît dans le grouillement des chevaux, tel un navire qui sombre. Aussitôt après, un char vert part en diagonale, imprimant sur la piste un profond sillon de sa seule roue restante. Son conducteur tente de trancher les rênes avec son poignard. Soudain, la deuxième roue cède à son tour et ce qui reste du char écrase l'aurige après plusieurs tonneaux.

Les quadriges suivants parviennent à éviter l'accident. Pas un seul conducteur ne fait attention à l'homme qui gît sur la piste. Ce sont les risques du métier. Tous n'ont qu'une idée en tête : poursuivre la course. Et tous négocient le premier virage sans difficulté avant d'amorcer la deuxième ligne droite. Les supporters jubilent.

Notons au passage que les auriges se tiennent debout sur leur char, et non tels que les montre *Ben-Hur*. Dans le film, ils sont penchés en avant, les rênes à la main, comme s'ils secouaient du linge depuis un balcon, alors que la position réelle consiste à se pencher plutôt en arrière, à la manière d'un surfeur s'efforçant de garder l'équilibre, une jambe en avant et l'autre en retrait. Le fait d'utiliser le corps pour manœuvrer les rênes oblige l'aurige à adopter diverses postures, semblables à celles d'un boxeur qui esquiverait les coups au ralenti.

Dans la ligne droite, la vitesse des chars frise maintenant les 70 kilomètres à l'heure, alors attention à la surchauffe ! Munis de seaux et d'amphores, les garçons de piste des diverses écuries *(sparsores)* sont postés le long du parcours et déversent de l'eau sur les roues des chars, mais ils arrosent immanquablement aussi les auriges. La vitesse diminue dans les tournants mais se maintient tout de même à 30 ou 40 kilomètres à l'heure. C'est précisément là que surviennent les pires accidents. Tout le monde le sait et l'on vient de le constater. Chaque aurige se penche alors sur le côté à la manière d'un motard sur sa selle. Certes, les petites roues permettent de négocier des virages serrés en abaissant le centre de gravité du char, un peu comme les bolides de Formule 1, mais le rôle essentiel revient aux quatre chevaux.

Ceux placés sur les côtés *(funales)* sont véritablement les meneurs du quadrige : le coursier qui se trouve près de la *spina* doit pouvoir négocier le virage en serrant au maximum ; le cheval extérieur, lui, est obligé de parcourir bien plus de mètres tout en restant aligné avec les autres. Des années d'entraînement sont nécessaires pour parvenir à ce résultat. Ces animaux viennent parfois de contrées reculées où des professionnels des différentes écuries les ont repérés, exactement comme cela se pratique aujourd'hui pour les joueurs de foot.

Voilà que deux chars se rapprochent dangereusement l'un de l'autre puis se touchent. L'un des conducteurs fouette les chevaux de son adversaire. Il en a le droit, le règlement interdisant simplement de fouetter l'aurige concurrent. Voilà pourquoi les vétérinaires disposent d'une quinzaine d'onguents à seule fin de soulager les blessures oculaires infligées aux équidés par le fouet.

Les bêtes sont dressées pour ne pas se laisser distraire, mais l'aurige qui fait usage de son fouet a remarqué la nervosité d'un des chevaux de l'adversaire et s'obstine à le cravacher sauvagement. Jusqu'au moment où l'animal se désolidarise de l'attelage, fait ralentir le quadrige, puis l'entraîne dans une embardée quelques mètres avant le tournant. Devenu incontrôlable à l'endroit le plus délicat du parcours, le char quitte sa trajectoire. En un rien de temps il se couche, puis les quatre chevaux tombent à leur tour. Les quadriges qui suivent doivent s'écarter à la dernière minute et donc réduire leur allure.

L'aurige responsable de l'accident ne résiste pas à la tentation de se retourner pour constater le désordre qu'il a semé. Il sourit et pousse un rugissement tandis que l'inextricable amas de chevaux, de chars et d'hommes disparaît derrière lui. Mais ces quelques secondes d'inattention lui sont fatales.

Surgit brusquement devant lui ce qui reste du char accidenté en début de course. Les garçons de piste n'ont pas eu le temps de le dégager, la collision est inévitable, les spectateurs se lèvent. Les chevaux parviennent à sauter par-dessus le quadrige accidenté, mais le char qu'ils tirent le percute de plein fouet. Il se brise en deux comme du bois sec, et le bruit retentit jusque sur les gradins, prolongé par le long mugissement du public. L'aurige est arraché à sa caisse par ses quatre coursiers, qui n'ont rien compris du drame mais profitent de cet allégement soudain pour accélérer. L'homme est traîné sur la piste, soulevant un nuage de poussière. Sa main cherche en vain à atteindre le poignard. Au virage suivant, il roule plusieurs fois sur lui-même, déjà inconscient, et perd son casque, avant qu'enfin les chevaux soient arrêtés dans leur course folle.

Des hommes munis d'un brancard sortent en courant par l'une des portes latérales aux couleurs des écuries. Ils n'ont pas le temps d'essayer de réanimer le blessé car les autres quadriges se rapprochent. Ils l'emportent aussi vite qu'ils sont venus. En réchappera-t-il ? Allez savoir... Une chose est sûre : sa carrière est terminée. La course, elle, continue même en cas d'accident majeur — appelé *naufragium*, sans doute par allusion aux « épaves » de chars.

Une victoire sur le fil du rasoir

Le préposé au comptage des tours retourne l'avant-dernier dauphin. Les deux chars rouges encore en lice sont toujours en tête, tandis que le quadrige bleu de Sagitta est resté trop longtemps en queue, plongeant notre parieur dans la consternation. L'homme est vissé sur son siège, comme tétanisé. Peut-être le bookmaker avait-il raison : que peut-on attendre d'une bête proche de la retraite ?

Mais Sagitta et les trois autres chevaux amorcent soudain une remontée. L'aurige les a volontairement réfrénés pour qu'ils ne gaspillent pas leurs forces, et maintenant il les lance à l'assaut. C'est fréquent au Circus Maximus. Le public l'a bien compris et accompagne chaque dépassement d'une clameur chorale. Le char bleu fait dévier un char blanc, le double et se rapproche de plus en plus des rouges.

Un homme à cheval aux couleurs de l'écurie rouge surgit des stalles. Les *factiones* peuvent faire intervenir des cavaliers *(hortatores)* pour se rapprocher de leurs chars et informer les conducteurs de la position des concurrents. Très vite, l'*hortator* arrive à la hauteur des deux chars rouges et leur hurle les ordres de l'écurie : le char bleu ne va pas tarder à surgir, il va falloir agir de concert pour lui barrer le passage.

Le quadrige de Sagitta talonne désormais celui des deux rouges qui se trouve en deuxième position. Chaque fois qu'il tente de le dépasser, l'autre lui coupe la route. Le public est friand de ce type d'affrontement. Mais arrivé au tournant, le char rouge commet une erreur. L'aurige bleu feint un dépassement par l'extérieur puis fait une embardée, repoussant l'autre vers le mur. Les deux chars se retrouvent au coude à coude, mais à la sortie du tournant c'est le bleu qui est devant. Le public jubile. Notre parieur s'est levé et s'époumone, les yeux écarquillés.

La foule du Circus est au comble de l'excitation et assiste à l'affrontement final en scandant les noms des deux écuries. L'aurige bleu se rapproche de plus en plus du char de tête. L'aurige rouge a encore de la marge, mais il est obligé de se pencher régulièrement pour évaluer la distance qui le sépare de son adversaire. L'un et l'autre sont des conducteurs chevronnés, ce qui attise l'enthousiasme du public.

Une déferlante sonore accompagne le passage des quadriges. Bon nombre de spectateurs se lèvent, générant une véritable ola, mais ils ne s'exclament pas tous en même temps : après chaque virage, la *spina* empêche une bonne partie d'entre eux de bien visualiser la compétition. Ceux-là ont alors l'impression de vivre une longue éclipse. Cependant, au dire des contemporains, une telle attente nourrit l'excitation. Lorsque les chars réapparaissent de leur côté, la moitié du Cirque exulte, tandis que l'autre moitié a le souffle coupé.

Sagitta est attelé sur le côté extérieur du quadrige. À chaque tournant il doit donc galoper plus vite que les trois autres chevaux, tâche dont il s'acquitte avec une vigueur et une légèreté impressionnantes. Sa crinière, garnie de nœuds et de rubans bleus, ondule à chaque foulée, tel un étendard. Le public est confondu d'admiration : il a beau être proche de la retraite, Sagitta reste un cheval magnifique en synchronie parfaite avec son aurige, qu'il pourrait bien mener à la victoire. Le public aime les retournements de situation et encourage désormais ce char dont personne ne faisait grand cas avant le départ.

On renverse l'ultime dauphin. L'eau qui en jaillit est teintée de rouge pour signaler qu'il s'agit du dernier tour. Les deux chars s'apprêtent à affronter le dernier virage. L'aurige bleu simule de nouveau un dépassement par l'extérieur, mais cette fois son concurrent a compris la manœuvre : il reste collé au mur et ralentit légèrement pour contraindre le conducteur bleu à dévier de sa trajectoire. Ce dernier veut alors tenter malgré tout le dépassement par l'extérieur en s'écartant au maximum dans le virage. Il lui faudra certes parcourir bien plus de mètres, mais ses chevaux ont de l'énergie à revendre.

Sagitta sait ce qu'il doit à faire. Outrepassant ses limites, il accélère pour rester bien aligné avec les autres coursiers. Les deux chars négocient le virage côte à côte. Roues et chevaux se frôlent. Les quadriges sont si proches qu'à la sortie du dernier virage ils semblent ne plus former qu'un seul attelage de huit chevaux.

Mais une douloureuse surprise les attend. L'affrontement entre les autres chars a généré un accident. Deux se sont renversés. Un cheval a la patte brisée. Un aurige bleu est lui aussi à terre. Il reprend un peu ses esprits, mais c'est pour voir les deux quadriges de tête lui foncer dessus. Il porte ses mains à son casque, et l'autre aurige bleu, qui a reconnu son coéquipier, parvient à l'éviter de justesse.

L'aurige rouge, en revanche, n'a aucun scrupule ; il doit profiter de l'infime retard pris par son concurrent, c'est une opportunité inespérée. Alors il n'hésite pas à rouler sur l'homme blessé. On entend des sifflets et des protestations dans les gradins, mais les supporters de l'écurie rouge exultent : leur char reste en tête. Les supporters bleus, en revanche, hurlent leur désespoir, et notre parieur se rassoit, le regard dans le vide.

C'est alors que Sagitta accomplit un prodige. Il accélère et oblige les autres chevaux à faire de même. Le char bleu rejoint le char rouge et le pousse vers le mur. L'aurige rouge joue alors sa dernière carte : il fouette les chevaux du quadrige bleu et vise tout spécialement les yeux de la bête la plus proche, mais elle tient bon, comme encouragée par la vigueur de Sagitta, qui imprime une nouvelle accélération à son groupe et lui permet de prendre la première place.

Plus que quelques mètres... et puis enfin la victoire — de justesse, mais la victoire quand même. Le parieur jubile, remercie les dieux un à un et serre tout le monde dans ses bras. Le Circus Maximus semble être devenu un seul être vivant qui exprime sa joie. Néanmoins des groupes de supporters ne tardent pas à en venir aux mains. Parmi eux il y a l'équivalent de nos hooligans. Les autorités s'emploient à combattre ce genre de troubles, mais tout comme aujourd'hui il est difficile d'éviter les dérapages. Les rixes dégénèrent souvent en émeutes, et les coups de couteau font alors pas mal de blessés et même des morts.

Des sesterces en récompense

Les membres de l'écurie bleue ont débarqué sur la piste pour célébrer la victoire. Les palefreniers libèrent les vaillants chevaux et les caressent. Radieux, l'aurige retire son casque et lance un regard méprisant au vaincu.

On consigne scrupuleusement le résultat de la course, et à côté du nom de l'aurige bleu sont inscrits les mots : *Erupit et vicit.* (« A gagné sur le fil du rasoir. ») Chaque victoire s'accompagne ainsi d'une description aussi brève qu'efficace, qui est restée dans les annales. *Successit et vicit* signifie : « Longtemps à la traîne, il a finalement devancé celui qui menait la course et a remporté la victoire. » « *Occupavit et vicit* » veut dire : « En tête dès le départ, il s'est maintenu à la première place jusqu'au bout. »

Que va-t-il advenir du vainqueur ? Les podiums n'existant pas, seul le premier est récompensé. Le deuxième est vite oublié mais reçoit tout de même un lot de consolation. Comme le veut la tradition, l'aurige enfourche le cheval le plus méritant, généralement l'un des deux placés à l'extérieur, et son choix se porte tout naturellement sur Sagitta. Notre parieur pleure toutes les larmes de son corps. Il n'arrive pas à contenir son émotion : il va toucher une somme considérable pour la première fois de sa vie.

Pendant ce temps, les garçons de piste préparent le terrain pour la course suivante. Ils bouchent les trous, nivellent le sable et emportent les débris de chars susceptibles de blesser les chevaux.

Au fait, quelle est la composition de la piste du Circus Maximus ? Une étude fut réalisée pour le tournage de *Ben-Hur*, et il s'avéra qu'une piste en terre battue soulevait trop de poussière. En poursuivant les recherches, on en arriva à la conclusion qu'il devait y avoir eu plusieurs couches de gravier — assez gros en dessous puis de plus en plus fin, le tout recouvert de sable. La vraie réponse se trouvait enfouie à 8 mètres sous la surface actuelle, aujourd'hui parcourue par les touristes et les joggeurs. Des forages ont révélé un fond de gros débris de terre cuite destiné à drainer l'eau de pluie, qui autrement aurait transformé la piste en vrai bourbier. En remontant, on a trouvé des couches de matériau de plus en plus fin constitué de tuiles concassées. Cet agencement par strates s'inspirait certainement des voies romaines, dont nous avons déjà percé les secrets de construction.

L'aurige monté sur Sagitta vient d'achever son tour d'honneur et s'arrête sur la ligne d'arrivée. À sa droite se dresse le *pulvinar*, où en l'absence de Trajan l'organisateur des jeux va lui remettre son prix. Sous les acclamations de la foule, le vainqueur descend de cheval et franchit une porte pour gagner la tribune d'honneur et rejoindre l'homme à la toge violette. Le magistrat lui sourit et prononce avec solennité les phrases de circonstance avant de lui donner une palme et une couronne de laurier qu'il reçoit tête baissée, en sueur et couvert de poussière. Mais il reçoit aussi plusieurs dizaines de milliers de sesterces (30 000 à 50 000 au moins). Si le taux de change que nous avons adopté s'avère exact, à savoir 1 sesterce pour 2 euros, cela représente entre 60 000 et 100 000 euros — ce qui est beaucoup pour l'époque —, et si l'on tient compte du fait que les courses ont lieu deux à quatre fois par mois au moins (probablement plus souvent), on comprend que le monde inaccessible des auriges fasse rêver le quidam romain.

Précisions que, tout comme pour nos courses de motos ou de voitures, il existe de grands champions dans l'Empire. Quelques noms sont parvenus jusqu'à nous, dont celui de Calpurnianus, avec 1 127 victoires, ou celui de Dioclès, qui remportait une course sur trois et s'arrogea la première place à 1 462 reprises. Tous ces succès leur rapportèrent beaucoup d'argent. Le premier amassa plus de 1 million de sesterces et le second 36 millions, soit l'équivalent de 72 millions d'euros — une somme astronomique quand on sait qu'un légionnaire ne gagnait même pas l'équivalent de 200 euros par mois.

À quoi ressemblaient ces auriges ? De magnifiques bustes exposés à Rome, au palais Massimo alle Terme, nous en donnent une idée. Ce sont ceux de sept champions. Ils ont été découverts au XIXe siècle lors de la construction d'une gare romaine, parmi les restes d'un édicule dédié à Hercule. Les auriges se sont fait immortaliser dans le meilleur marbre et ont déposé leur statue dans ce lieu de culte, sans doute en signe de remerciement pour les victoires remportées aux courses. L'endroit est devenu une sorte de panthéon, et durant des générations on a pu y admirer ces « dieux du stade » qui enflammaient le Circus Maximus et vécurent probablement entre le règne de Néron et celui de Marc Aurèle. Certains sont représentés jeunes, d'autres plus âgés — ceux-là ont donc eu la chance de survivre. D'aucuns portent la barbe, comme le veut la mode sous Hadrien. Nous ignorons leurs noms, mais nous pouvons deviner leurs origines. Les traits de l'un d'eux, en particulier, trahissent de probables ascendances égyptiennes ou proche-orientales. Il était jeune et soucieux de son apparence. Sa coiffure soignée à l'excès en témoigne : ses cheveux sont arrangés en une succession de boucles méticuleusement alignées.

À force de victoires, ces auriges devenaient de véritables stars : ils étaient riches, adulés, capricieux et toujours vêtus à la dernière mode. On serait tenté de les comparer à bon nombre de nos sportifs. Certains habitaient de somptueuses villas et leur confort n'avait rien à envier à celui des patriciens. Ils suscitaient la convoitise des plus modestes, tout en étant méprisés des riches et des gens cultivés pour leur manque d'éducation. Le métier d'aurige, qui n'était pas considéré comme digne d'un citoyen romain, était le moyen de réussir pour des parias de la société — individus issus de milieux défavorisés, esclaves cherchant à acheter leur liberté... Ces hommes peu instruits et souvent rustres se retrouvaient soudain fortunés et reconnus. Mais devenir de véritables vedettes sportives n'effaçait pas leurs origines aux yeux de beaucoup.

Faire sauter la banque

Une partie des spectateurs quittent le Circus Maximus. Il est peu probable que la prochaine course soit aussi exaltante que celle qui vient de s'achever. Celle-là, on ne l'oubliera pas de sitôt ! Dans les tavernes ou les ruelles, dans les banquets mondains ou sur le Forum, le nom de Sagitta n'a pas fini de résonner.

Notre bienheureux parieur n'a plus rien à faire dans les gradins et prend la direction de la sortie. Il bouscule ceux qui lambinent, puis on le retrouve immobile, le front contre un mur noirci par ceux qui l'ont précédé. D'abord nous ne comprenons pas, mais tout s'éclaire au moment où deux hommes s'écartent : c'est un urinoir, un parmi tant d'autres dans le Circus Maximus. Il se présente sous la forme d'une saignée verticale qui se prolonge aussi bien au niveau supérieur qu'au niveau inférieur. En d'autres termes, on trouve en plusieurs endroits des superpositions d'urinoirs reliés entre eux de façon qu'un filet d'eau coule en continu le long de ces « colonnes » pour évacuer l'urine et les mauvaises odeurs. À côté se trouvent des fontaines où l'on vient s'abreuver, se laver les mains et se rafraichir le visage.

Ce sont là des latrines pour la plèbe. Les riches, les sénateurs et les VIP disposent de toilettes pour leur seul usage, du type de celles que l'on peut voir sur quantité de sites archéologiques : de longs bancs de pierre percés de trous en guise de sièges. La question de l'intimité ne se pose pas comme aujourd'hui, mais à l'aide des vêtements il est tout de même possible de dissimuler les parties intimes. Quant au reste (grimaces, odeurs, bruits), cela relève du domaine public ! Ce qu'il faut surtout retenir de tous ces aménagements sanitaires, c'est que l'accès à une telle quantité d'eau dans une structure aussi vaste que le Circus Maximus témoigne véritablement de l'audace de l'ingénierie romaine.

Nous débouchons dans la rue. Des pigeons passent au-dessus de nos têtes, une aile teintée de bleu. S'agit-il d'une trouvaille des supporteurs pour célébrer la victoire ? Pas du tout : c'est simplement une manière insolite de faire connaître au plus vite le résultat de la course. Il semblerait que l'idée en revienne à un Étrusque de Volterra, un certain Cecina, et la méthode est toujours appliquée sous Trajan. Nous ignorons quelle direction prennent les pigeons, mais une chose est sûre : la passion pour les paris sur les courses de chevaux est bien réelle dans tout l'Empire romain.

L'homme à la barbe en pointe est allé encaisser son gain. Nous le voyons passer avec deux sacoches, l'une pleine d'*aurei*, l'autre de sesterces. Pour des raisons de sécurité, il est ressorti par une petite porte de la *popina* après avoir empoché son gain. Il a pratiquement « fait sauter la banque » à la table des parieurs. Il marche maintenant comme si de rien n'était parmi tous ces gens qui ne lui prêtent pas attention. Qui sait ce qu'il va faire de tout cet argent ? Miser de nouveau ? Se ranger enfin ? Nous allons seulement savoir à quoi il destine l'une de ses innombrables pièces.

Perdu dans ses rêves, il s'apprête à traverser un carrefour mais doit céder le passage à une litière. Tandis qu'il attend, une main le saisit au coude. Il se retourne brusquement pour protéger son argent, mais il n'y a aucun danger : c'est un simple mendiant, un homme au visage creusé et barbu, au regard pénétrant et bienveillant. Le parieur l'examine longuement. Il ignore pourquoi, mais il sent qu'il doit venir en aide à ce type. Peut-être a-t-il le sentiment d'avoir une dette envers le destin, à moins qu'il n'y voie un signe divin, comme un écot dont il devrait s'acquitter pour remercier les dieux de la chance qu'ils lui ont accordée. Toujours est-il qu'il extirpe une pièce d'une des sacoches pour la déposer dans la main du miséreux, puis il se remet en route et se fond dans la foule.

Le mendiant découvre avec stupéfaction un magnifique sesterce commémorant la grande victoire de Trajan en Mésopotamie. C'est notre sesterce, une somme importante pour lui. Il s'empresse d'aller la dépenser en nourriture afin de permettre à sa famille de survivre un jour de plus. Le Circus Maximus disparaît peu à peu derrière lui, entre les maisons, tel un paquebot amarré à un quai qu'on quitte pour s'enfoncer dans une ville.

Ce théâtre du pouvoir, ce cœur vibrant de la vie romaine, ce poumon de la réussite financière d'une multitude de personnes — des directeurs d'écurie aux parieurs, en passant par les commerçants — continuera longtemps à faire vibrer de ses clameurs les rues de l'Urbs. Son destin est inéluctablement lié à celui de la Ville éternelle. Les dernières courses y seront organisées quatre siècles plus tard, puis l'endroit deviendra un vrai bourbier. Sous Charlemagne, on construira là des moulins pour tirer profit du cours d'eau qui servait à arroser la piste et à rafraîchir les essieux des roues des chars. Au fil du temps le Circus se verra dépouillé de ses marbres, et les papes lui enlèveront ses obélisques pour les réinstaller ailleurs dans Rome (Piazza del Popolo et Piazza San Giovanni).

Aujourd'hui, le site attire de nouveau les foules, mais pas pour des courses de quadriges : pour des concerts rock, de grands rassemblements, des festivités diverses, comme en 2006, quand l'Italie remporta la Coupe du monde de football. De nouvelles pages viennent ainsi s'ajouter à celles, historiques, qui composent ce formidable album plein de visages d'empereurs, d'auriges et de spectateurs anonymes de la Rome antique.

Ostie

La véritable tour de Babel

Du Roumain ou du Romain, qui est l'émigré ?

Le mendiant a dépensé le sesterce chez un commerçant qui vend du pain, du fromage et divers autres produits alimentaires. Nous ne le verrons plus : sa famille et lui font partie de ces milliers d'inconnus qui vivent, ou plutôt survivent, dans les rues de Rome. En revanche, nous continuons de suivre notre pièce. Au bout de quelques minutes, un esclave arrive en effet dans la boutique pour acheter du pain. Il reçoit le sesterce et le glisse dans la bourse que lui a confiée son maître pour les dépenses du jour. Nous voilà repartis. Où irons-nous cette fois ? Le jeune homme marche d'un bon pas. Il sifflote, car la mission dont il est chargé le conduit pour une fois hors de Rome et lui évite pour quelques heures les corvées qui lui incombent habituellement : il se dirige vers Ostie.

Ainsi donc, la pièce a quitté l'Urbs après y être restée assez longtemps, ce qui n'a rien d'exceptionnel étant donné que la capitale de l'Empire est alors la plus grande place commerciale du monde. Chaque jour, près d'un million de personnes y achètent quelque chose. Chaque jour ! C'est dire la quantité de pièces échangées quotidiennement, de sorte que le sesterce aurait très bien pu ne jamais quitter Rome.

Son sort est désormais entre les mains de ce jeune esclave au crâne rasé, tout juste sorti de l'enfance et originaire de Dacie. Nous dirions aujourd'hui qu'il est roumain, mais sa terre natale est devenue province romaine à l'issue de cinq années de sanglantes guerres de conquête (101-106 après J.-C.). Ayant été capturé par les vainqueurs, il vit à Rome depuis une dizaine d'années déjà. Certains des Daces faits prisonniers ont été envoyés dans les amphithéâtres comme gladiateurs ou pour combattre les fauves, et le peuple a ainsi pu mesurer la vaillance de ce peuple.

Grâce à l'annexion de cette région, l'or a afflué et rempli les caisses de l'Empire. Mais l'Histoire n'a pas retenu le sort des hommes, femmes et enfants arrachés à leur pays et devenus esclaves. Si l'on ajoute ceux qui ont péri et ceux qui ont fui, on comprend que la Dacie se soit vidée de ses habitants, au point qu'il a fallu la repeupler avec des colons. Ils venaient d'Italie, de Gaule et du sud de la Germanie. Eh oui, sous Trajan la situation était tout le contraire de celle d'aujourd'hui, puisque c'étaient les « Italiens », les « Allemands » et les « Français » qui émigraient en « Roumanie ». De nombreux habitants de la Roumanie actuelle descendent donc de nos « compatriotes » partis s'installer là-bas il y a presque deux mille ans, même si l'ADN de ceux-ci s'est mêlé au fil du temps à celui d'autres populations installées par la suite. Nous ignorons ce qu'il en reste, mais quelque chose d'autre demeure : si vous écoutez parler un Roumain, vous vous rendrez compte que des éléments de sa langue peuvent être compris par un Italien, un Espagnol ou un Français. Quand on l'entend dire : *Cum te numeşti ?* pour « Comment t'appelles-tu ? », *Cu Plăcere* pour « Je vous en prie » et *De unde eşti ?*

pour « D'où viens-tu ? », on a la preuve qu'une partie de l'« ADN culturel » de ces rudes colons romains a résisté aux invasions ultérieures.

Le jeune esclave emprunte la Via Ostiensis. Il a quitté Rome juste après avoir assisté à l'arrestation des gérants d'un important four à pain. L'événement va faire grand bruit. Dans ce genre d'établissement, on confectionne certes du pain mais on produit aussi la farine nécessaire. À côté, les responsables ont fait construire des tavernes où l'on peut boire, manger... et s'amuser à l'étage avec des prostituées. Or de nombreux clients venus acheter du pain ou se livrer à la débauche ont disparu. On vient de découvrir qu'ils avaient été kidnappés et réduits en esclavage pour tourner les meules. Les coupables ne s'en prenaient pas à des habitants du quartier mais à des étrangers. Qui serait venu les chercher à cet endroit ? Les choses ont mal tourné lorsqu'un soldat a été choisi comme victime : il ne s'est pas laissé faire et a même tué certains de ses ravisseurs.

L'histoire est authentique et elle nous est racontée par les auteurs anciens. Eh oui ! Rome c'est aussi ce genre de faits divers.

Expédier une lettre à l'époque romaine

S'il est possible aujourd'hui de gagner Ostie en quelques dizaines de minutes, à l'époque romaine le trajet est plutôt long. Notre esclave a fait de la « charrette-stop », profitant du trafic sur la Via Ostiensis. Elle est l'une des artères les plus fréquentées de l'Empire, car elle constitue la voie d'accès vers l'Urbs pour ceux qui arrivent par la mer. Rien d'étonnant à ce que nombre d'immigrés vivent dans le coin.

Que va donc faire l'esclave dace à Ostie ? Jouer les facteurs pour le maître, sa famille et ses amis. Aussi porte-t-il en bandoulière une sacoche contenant quelques missives. Nous avons vu qu'existait un service postal extrêmement bien rodé, le *cursus publicus*, afin que le courrier officiel soit rapidement acheminé aux quatre coins de l'Empire par des cavaliers. Mais les citoyens ordinaires, riches inclus, ne peuvent y recourir à des fins privées et doivent donc se débrouiller par leurs propres moyens.

La manière la plus simple consiste à s'en remettre aux voyageurs en partance. Si l'un de vos amis se rend chez son fils à Lugdunum (Lyon), vous pouvez lui confier une lettre pour votre tante, qui y habite et dont vous êtes sans nouvelles depuis trop longtemps. Un message datant du IIe siècle dit par exemple :

« Ayant trouvé à Cyrène [dans l'actuelle Libye] quelqu'un qui se rendait vers chez toi, j'ai voulu te faire savoir que je me portais bien. »

Comme l'explique l'historien Romolo Augusto Staccioli, il arrive que plusieurs personnes se mettent d'accord pour envoyer l'un de leurs esclaves distribuer des lettres selon un itinéraire qui puisse tenir compte de tous les destinataires. Si le système est ingénieux, il présente tout de même un inconvénient : il faut attendre que le courrier soit suffisamment abondant pour enclencher le processus, ce qui peut prendre du temps. À plusieurs reprises, Cicéron s'irrite de divers dysfonctionnements. Il avoue ainsi à l'un de ses correspondants : « Cette lettre m'est restée longtemps entre les mains, dans l'attente d'un messager. » Une autre fois il s'emporte : « Tu as de singuliers commissionnaires ! Quand ils partent, ils me demandent des lettres, et lorsqu'ils arrivent, ils ne m'en apportent pas. Ils ne me laissent pas le temps de t'écrire [...] et me font dire qu'ils attendent à la porte. »

Existe-t-il des enveloppes en ce temps-là ? Non. Au fort de Vindolanda, tout au nord de l'actuelle Angleterre, nous avions appris que l'on pouvait écrire sur des tablettes de cire ou des lamelles de bois. Mais ce que transporte notre facteur dace, ce sont des feuilles de papyrus, le parchemin étant très rarement utilisé pour la correspondance. Or le papyrus est cher, aussi les lettres sont-elles généralement brèves. On roule ensuite la feuille ou on la plie de manière à ce que la partie rédigée se trouve à l'intérieur ; on l'entoure d'une cordelette et on la scelle avec de la cire sur laquelle on appose son cachet, lequel garantira que la missive n'a pas été ouverte par d'autres que son destinataire. On comprend pourquoi les bagues sigillées sont si répandues dans la société romaine — et dans nos musées : on s'en sert pour cacheter le courrier, « signer » des documents, sceller un coffre, la porte d'un entrepôt, etc.

L'adresse est généralement succincte. Elle est inscrite sur le côté extérieur de la feuille. Du genre : « À Ausonius, de la part de son frère Marcus. » On espère simplement que la personne chargée de la distribution connaisse l'adresse précise dudit Marcus !

Mais comment envoyer une lettre dans une province lointaine ? Si par exemple vous devez écrire à un habitant d'Alexandrie, que vous ne connaissez personne sur le point d'y partir mais qu'il y ait un port pas trop loin de chez vous, cherchez-y un navire en partance pour l'Égypte et confiez votre missive à un passager — un peu comme si à notre époque vous la remettiez à quelqu'un dans un aéroport. En principe, aucun voyageur ne refuse de rendre un tel service ; la pratique est même courante, notamment parce qu'elle permet audit voyageur d'avoir un contact supplémentaire sur place (le destinataire) en cas de problème.

Des passants de toutes origines

Le jeune homme arrive enfin à Ostie. Il saute de la charrette et en salue le conducteur, lui aussi esclave au crâne rasé, qui poursuivra sa route en direction d'une ferme.

Devant le jeune Dace se dresse la gigantesque Porta Romana, qui marque l'entrée de la cité : un arc de marbre blanc flanqué de deux grosses tours carrées en maçonnerie faisant partie de l'enceinte construite par Sylla quelques générations plus tôt. Ostie est une ville très ancienne dont le nom vient du mot *ostium*, « embouchure ». Elle fut fondée au IVe siècle avant J.-C. à un emplacement stratégique : près de l'embouchure du Tibre et de marais salants. Nous n'y prêtons plus guère attention, mais le sel, que nous nous procurons sans peine aujourd'hui, fut pendant des milliers d'années une denrée très précieuse.

On peut considérer Ostie comme l'aéroport de la Rome antique. Arrivent ici par bateau des marchandises et des personnes venues des quatre coins de l'Empire. C'est un véritable sas économique, culturel et ethnique. L'aéroport de Fiumicino se trouve à 2 kilomètres à peine au nord du site. Quantité d'avions sur le point d'atterrir survolent les ruines d'Ostie. Passé et présent sont ici intimement mêlés.

Poursuivons notre comparaison avec l'aéroport de Rome, où l'on croise des gens de toutes origines. Il en va de même pour l'esclave dans l'artère principale d'Ostie *(decumanus maximus)*. Nous dirions aujourd'hui que ces visages d'hommes et de femmes de l'Empire romain sont ceux d'Allemands, d'Espagnols, d'Anglais, de Français, de Macédoniens, de Grecs, de Turcs, de Syriens, de Libanais, d'Égyptiens, de Libyens, de Tunisiens, d'Algériens, de

Marocains... Deux marchands blonds ayant pris des coups de soleil passent en causant dans une langue nordique incompréhensible aux articulations gutturales et non linguales comme le latin. Arrivent juste derrière trois marins à la peau très sombre et aux cheveux frisés. Dans leur bouche, les *r* sont comme des roulements de tambour, mais leurs paroles sont rapidement couvertes par le bruit métallique et cadencé d'une patrouille militaire. Le soldat qui ouvre la marche est roux et le cuir dont il est revêtu crisse à chacun de ses pas.

Les vêtements ont aussi leur langage et renseignent sur les différentes origines ethniques et sociales des passants : longues robes colorées des marchands orientaux, pantalons à carreaux des voyageurs gaulois, tuniques en lambeaux des marins, pagnes des esclaves. Parfums et odeurs ne sont pas moins éloquents...

Ce n'est pas la première fois que l'esclave dace vient ici, mais comme toujours il est surpris par une telle diversité de peuples et s'étonne d'entendre parler autant de langues en même temps. Encore une caractéristique qui fait ressembler Ostie à la zone d'enregistrement d'un aéroport international. C'est une véritable tour de Babel, sans doute la seule ayant jamais existé.

Tandis que le jeune homme progresse dans la rue commerçante, nous nous faisons une réflexion : toutes ces langues, qu'elles viennent de Libye ou de Germanie, continuent d'être pratiquées dans l'Empire et nul ne cherche à les faire disparaître au profit d'une seule. On veille au contraire à préserver les traditions et les cultures des peuples qui le composent. Sauf, bien sûr, si elles vont à l'encontre des lois et de l'ordre romains. D'où ce phénomène curieux : non seulement les langues locales subsistent dans les différentes provinces, mais elles coexistent avec le latin. Sauf que ce latin-là, deuxième langue pour une grande partie des sujets de l'empereur, est mal parlé, exactement comme l'anglais aujourd'hui. On n'a que l'embarras du choix avec les accents : imaginez un Germain, un Hispanique ou un Égyptien en train de causer latin ! Sans oublier la difficulté à trouver les mots justes... Naturellement, il est question ici du latin de la rue, car partout l'on trouve des gens pour le parler parfaitement.

Mais en réalité le latin n'est pas la seule langue « officielle » ; il y a également le grec. On peut sommairement découper l'Empire de la manière suivante : des îles Britanniques à l'Adriatique on sait parler latin, de l'Adriatique au Moyen-Orient on sait parler grec. Mais le grec est aussi la langue des gens cultivés, au point que dans les familles de l'élite romaine on est souvent bilingues.

Évidemment, qui dit multiples nationalités dit religions multiples. À Ostie étaient probablement pratiquées toutes les religions de l'Empire. Les archéologues y ont dégagé plusieurs lieux de culte liés à Mithra, une divinité originaire de Perse. Les fouilles ont également livré la plus ancienne synagogue d'Europe et plusieurs vestiges chrétiens. Nous savons aussi qu'on vénérait la déesse égyptienne Isis et plus encore Cybèle, la Magna Mater (ou Mère des Dieux), d'origine phrygienne. Une épitaphe de sarcophage nous apprend qu'une de ses prêtresses avait pour nom Metila Acte et qu'elle était mariée à un certain Junius Euhodus.

L'exemple d'Ostie, avec sa grande diversité ethnique et religieuse, illustre en somme les propos de Carlo Pavolini, qui y a mené de longues fouilles : « Jusqu'au XXe siècle, aucune société au monde ne fut aussi ouverte que la société romaine. » Mais hormis les gens de passage, qui étaient les habitants de cette cité ? Des armateurs, des affranchis, des ouvriers, des dockers, des artisans, des marchands, du personnel administratif pour les gigantesques entrepôts, des transporteurs par voie de mer ou de terre, des pompiers, des aubergistes, etc. On comprend qu'on ait pu dire d'Ostie qu'elle était une « petite Rome ».

Des squelettes qui parlent

Des archéologues ont mis au jour les sépultures des habitants de la localité voisine de Portus, dans la nécropole d'Isola Sacra, qui contenaient 800 squelettes, et ont pu ainsi dresser un tableau fascinant. Luca Bondioli, coordinateur du projet au musée Luigi Pigorini de Rome, a expliqué un fait particulièrement intéressant dans un entretien au *National Geographic* : les dents sont comme des sortes de boîtes noires, car leur émail conserve des traces d'isotopes de l'oxygène contenu dans l'eau ingérée au cours de leur croissance. En comparant les données de la première et de la troisième molaire (qui pousse plus tardivement), il est apparu qu'un tiers des individus enterrés là étaient originaires d'autres régions de l'Empire, qu'ils étaient arrivés à Ostie au cours de leur adolescence, probablement avec leur famille, et qu'ils y avaient donc vécu jusqu'à leur mort. Ce qui signifierait, d'après Bondioli, que non seulement des hommes migraient, mais également des familles entières.

L'analyse de ces sépultures a aussi révélé la plus ancienne amputation connue à ce jour : un fémur avait été scié au-dessus du genou, et le patient semble avoir survécu plusieurs années. Autre donnée étonnante : les femmes mesuraient en moyenne 1,52 mètre, les hommes 1,63 mètre. Si nous avions marché parmi la foule des habitants d'Ostie, nous nous serions sentis bien grands ! Cette cité étant presque un faubourg de Rome, les 800 squelettes étudiés par l'équipe de Bondioli correspondent à des gens que nous aurions très bien pu croiser aussi dans les rues de la capitale.

Mais voici que notre jeune Dace entre dans une *popina*. Il meurt de soif. En attendant d'être servi, il observe quatre hommes de modeste condition assis à une table. Ils travaillent dans les salines, se dit-il. L'un d'eux l'intrigue : il semble ne jamais ouvrir la bouche, comme s'il serrait quelque chose entre ses dents. D'ailleurs il ne mange pas. Quand il rit, sa mâchoire reste crispée, et l'esclave remarque qu'il lui manque les dents de devant. Que lui est-il arrivé ?

Le Dace l'ignore, mais cet individu est atteint d'une maladie congénitale rare, la syngnathie. La mandibule est soudée au crâne, impossible de desserrer les mâchoires. Pour que le sujet puisse s'alimenter, on lui a retiré les dents de devant, ménageant ainsi une ouverture dans sa denture scellée. Il se nourrit de bouillies, comme un nouveau-né. Mais ce n'est pas sa seule infortune : il fait bien partie des hommes qui exercent un métier très rude dans les salines.

Leur vaste nécropole a été découverte à un jet de pierre d'Ostie, après que des fouilles clandestines eurent commencé à exhumer des squelettes et divers objets. L'équipe de la Surintendance des biens archéologiques de Rome, sous la houlette de Laura Cianfriglia, a recensé 270 sépultures, dont une sur trois contenait des objets très modestes, à l'image de cette communauté très pauvre. Figurait pourtant parmi eux un étonnant collier, très simple, pour ne pas dire « primitif », mais émouvant parce que retrouvé au cou d'un enfant pour favoriser son passage dans l'au-delà : il se composait de dents d'animaux, de fragments de pots de céramique, de coquillages, d'ambre et d'un pendentif à l'effigie du dieu égyptien Bès — autant d'éléments plus vraisemblablement ramassés dans la rue qu'achetés. Les fouilles ont également livré 70 pièces de monnaie, qui avaient été placées dans la bouche des défunts ou à côté d'eux en tant qu'obole pour Charon. Parmi elles il y avait justement un sesterce à l'effigie de Trajan. Il a verdi sous l'effet de l'oxydation et le visage de l'empereur s'est estompé à force d'échanges, de frottements et de chocs, mais c'est une autre histoire...

Tous ces morts parlent : leurs squelettes nous content une vie de dur labeur à travers les données scientifiques recueillies par Paola Catalano. Bon nombre d'ossatures présentent des traces de fractures et autres détériorations, ainsi que des lésions de la colonne vertébrale, sans oublier les conséquences d'efforts prolongés et de stress mécaniques (protubérances osseuses, inflammations chroniques, etc.). On imagine le quotidien de ces travailleurs des salines transportant des sacs très lourds, soumis à une réverbération redoutable pour la vue et à la brûlure du sel sur la moindre égratignure. Leur espérance de vie était courte, ils mouraient entre vingt et quarante ans. Ce n'étaient ni des esclaves ni des affranchis, simplement des Romains pauvres. Et parmi leurs squelettes, il y avait les restes de cet homme atteint de syngnathie.

Le pichet arrive enfin, et notre esclave au crâne rasé boit goulûment, appuyé au comptoir. Son regard parcourt les murs de la taverne, couverts de dessins et d'inscriptions vulgaires, puis tombe sur une série de portraits plutôt réussis par rapport au reste. Ils représentent les Sept Sages grecs présocratiques, avec sous chacun un aphorisme résumant sa pensée. Intrigué, il se rapproche avec l'espoir d'en tirer quelque enseignement philosophique, mais il est pris d'un fou rire si retentissant que des clients se retournent. Voyons un peu ce que disent ces citations... Grâce à l'archéologie, elles sont parvenues jusqu'à nous et illustrent parfaitement l'atmosphère du lieu : « L'ingénieux Chilon enseigna l'art de péter en silence » ; « Thalès recommande aux constipés de pousser fort » ; « Un bon chieur dupe le docteur ».

Le grand port d'Ostie, jugulaire de Rome

L'esclave sort maintenant de la cité, car à l'époque impériale le véritable port se trouve à quelque 3 kilomètres au nord. Lorsque Rome commença à étendre sa domination, il apparut que le petit port fluvial d'Ostie était inadapté aux bateaux de marchandises de plus en plus nombreux. Ils transportaient notamment le fameux blé dont nous avons déjà parlé. Trop gros pour accoster, ils mouillaient au large ou à Pouzzoles, et des embarcations plus petites livraient ensuite leur cargaison à Ostie. Un port plus grand s'imposait donc pour la capitale de l'Empire. L'empereur Claude fit alors bâtir un gigantesque complexe au nord d'Ostie, dit « port de Claude ». La construction de deux jetées en arc de cercle permit de créer un bassin de 64 hectares où pouvaient s'amarrer 200 navires.

Mais l'ouvrage le plus impressionnant était incontestablement le phare, et pour lui donner un socle on se servit du gigantesque navire qui, sous Caligula, avait rapporté d'Égypte l'obélisque qui se trouve aujourd'hui place Saint-Pierre. Ces monstres marins n'étaient utilisés qu'une seule fois pour transporter des charges exceptionnelles. Ils étaient l'équivalent romain de *Saturn V*, le lanceur géant des missions Apollo. Et de même qu'un modèle de cette fusée est aujourd'hui exposé à Houston pour le plus grand bonheur des touristes, l'un de ces navires colossaux était offert à l'admiration du peuple dans les chantiers navals de Pouzzoles. À Ostie, les ingénieurs romains coulèrent celui de Caligula en le remplissant d'une sorte de béton. Ils créèrent ainsi une île artificielle sur laquelle ils élevèrent le phare, qui rappelait par sa forme celui d'Alexandrie.

La mer a reculé de 4 kilomètres depuis l'époque romaine et le site du port de Claude se trouve désormais dans la zone de l'aéroport de Fiumicino. Quelques vestiges affleurent encore dans les champs, près de routes, de parkings et d'immeubles, et un petit musée conserve des restes d'embarcations retrouvées sur place. L'île du phare est ensevelie au niveau d'un carrefour emprunté chaque jour par des centaines d'automobilistes ignorant tout du chef-d'œuvre d'inventivité qui se dressait là... à deux pas d'une piste de l'aéroport.

Le port de Claude fut un fiasco : les tempêtes y envoyaient les navires par le fond et il s'ensablait sans cesse, engendrant des coûts de manutention faramineux. Trajan fit donc construire un autre port, véritable petite merveille. La réalisation en fut confiée à son architecte attitré, Apollodore de Damas, un Michel-Ange de l'Antiquité. Les travaux durèrent douze ans, mais au final tout le monde s'extasia. Le nouveau bassin, relié au précédent mais un peu plus à l'intérieur des terres, avait une forme hexagonale parfaite et totalisait 2 000 mètres de quais. Non seulement ce complexe d'une superficie de 32 hectares remplissait pleinement son rôle, mais il se démarquait par sa forme avant-gardiste, qui continue de surprendre lorsqu'on survole aujourd'hui ce qu'il en reste. Un canal fut percé entre le Tibre et la mer, et l'on multiplia les entrepôts.

L'esclave au crâne rasé longe à présent ces immenses hangars bordant les quais du port hexagonal. Il s'agit là encore de constructions ingénieuses : pour mieux conserver le grain, de petits piliers *(suspensurae)* surélèvent de deux empans le sol des différents magasins *(cellae)*, ce qui permet à l'air de circuler et protège la marchandise contre les animaux. En outre, les murs sont épais, les entrées petites, et les portes ferment bien. La lumière y est faible et l'air bien sec.

Nous avons découvert dans un précédent chapitre que ces entrepôts contenaient les réserves alimentaires stratégiques de Rome : sans elles, la population de la capitale ne pourrait survivre. Rappelons que le blé arrive à la belle saison, le plus souvent en provenance d'Afrique du Nord. C'est un flux continu qui ne cesse qu'à la mauvaise saison. N'oublions pas qu'aucun navire ne traverse la Méditerranée d'octobre à mars. La navigation s'interrompt purement et simplement. Une fois les réserves constituées, la cité entre en hibernation, tel un ours qui va puiser dans le gras qu'il a emmagasiné tout au long de l'été. Le blé continue d'arriver d'Ostie afin que le pain ne fasse jamais défaut sur les tables et qu'il n'y ait ni famine, ni émeutes, ni spéculation sur les prix. Les sacs de grain remontent le Tibre sur des embarcations à coque ventrue qu'on appelle *naves caudicariae* — de *caudex*, « tronc d'arbre ». Comme le suggère leur nom, elles sont lourdes, difficiles à manœuvrer et généralement halées depuis la berge par des bœufs ou des hommes, comme les barges. On ne peut pas dire que la distance soit bien longue (entre 25 et 27 kilomètres), mais deux jours sont nécessaires pour remonter le fleuve.

Une fausse arche de Noé

Le jeune Dace n'en croit pas ses yeux : des dizaines de bateaux attendent d'entrer dans le bassin octogonal pour décharger leur cargaison. D'autres se profilent au loin, toutes voiles dehors. Pour nous, cela ressemble au débarquement du 6 juin 1944 sur les côtes normandes !

Toutes sortes de marchandises sont déposées sur le quai. Il y a là de véritables bataillons d'amphores, et l'on se demande ce que contiennent les ballots si solidement ficelés qui s'amoncellent. Des porteurs *(saccarii)* chargés de sacs de blé sortent en file indienne d'un navire. À côté, des dockers s'aident de grues *(ciconiae)* pour empiler des céramiques sigillées protégées par de la paille. Les musées présentent de belles collections de cette vaisselle rouge à décor en relief qui constitue le « service en porcelaine » de toute famille honorable. Sa fabrication, qui faisait jadis la fierté de la région d'Arretium (Arezzo), a été transférée dans le sud de la Gaule — une délocalisation comme celles d'aujourd'hui vers la Chine.

Mais le garçon au crâne rasé que nous suivons depuis Rome n'est pas au bout de ses surprises. Des hommes débarquent des oiseaux géants comme il n'en avait encore jamais vu. Ce sont des autruches. L'une d'elles tente de s'échapper en descendant du bateau et l'esclave qui la retient avec difficulté renforce son emprise. Tous deux se retrouvent au sol dans un battement d'ailes confus qui soulève un nuage de poussière. Un homme intervient alors, mais c'est pour rosser l'esclave : l'autruche est une denrée rare, elle coûte une fortune, et cet idiot est en train de bousiller la marchandise !

Diverses bêtes sortent encore de ce navire et de deux autres amarrés un peu plus loin. On dirait l'arche de Noé. Apparaissent d'abord des gazelles et des antilopes dont les cornes sont protégées par des étuis en bois, puis vient le tour d'un éléphant aux pattes entravées. Le conduire à terre est loin d'être une sinécure en dépit du nombre de chaînes et d'esclaves disponibles. L'opération est supervisée par le fonctionnaire impérial chargé de réceptionner de tels animaux, le *procurator ad elephantos*. Il se tient à côté du propriétaire de cette ménagerie, un affranchi qui s'est considérablement enrichi grâce à ce commerce.

Et voici que surgit un tigre affublé d'une curieuse muselière : elle est en cuir rouge et entoure sa mâchoire inférieure de façon à maintenir sa gueule ouverte pour éviter qu'il ne morde. Le faire descendre n'est pas non plus chose aisée : il se débat malgré les cordes qui le maintiennent devant et derrière. Les hommes responsables du débarquement des fauves ont de l'expérience, mais les profondes cicatrices qu'arborent certains témoignent que leur métier réserve parfois de mauvaises surprises.

Cette scène est de celles que l'on peut voir sur le site archéologique de Piazza Armerina, en Sicile. La villa a probablement appartenu un temps à un marchand d'animaux, et une immense mosaïque présente les différentes façons de capturer et de transporter les bêtes destinées aux spectacles du Colisée. Mais retournons sur le quai. Dans une série de caisses ajourées on aperçoit des yeux jaunes et d'épaisses crinières. Des lions. Un rugissement s'élève soudain et en déclenche d'autres dans toutes les cages voisines sauf une, dont on extirpe un cadavre. Seul un animal sur cinq survit au voyage jusqu'à l'arène, où il sera de toute façon massacré, et les besoins du Colisée entraînent une diminution alarmante de la faune sauvage.

Mondialisation à la romaine

Le jeune Dace trouve enfin un bâtiment en partance pour l'Hispanie, où doit être acheminé le courrier qu'il transporte. Six autres esclaves sont en train de chercher des navires pour faire parvenir les lettres de leurs maîtres en divers points de l'Empire. Notre garçon s'approche d'une personne bien habillée qui se tient près d'un des bateaux en cours de chargement. Le sac de cuir à ses pieds indique qu'il s'agit d'un passager. Ce doit être un haut fonctionnaire. Avec toute la réserve que lui impose sa condition, l'esclave s'avance, tête baissée, et demande à l'inconnu s'il peut porter les missives de son maître à Gadès (Cadix). C'est un long voyage. Il faut franchir les Colonnes d'Hercule, car la cité se trouve au sud de la péninsule Hispanique, sur la côte Atlantique.

L'homme jette un œil à son sac puis fixe le garçon. Il a les yeux clairs et le visage bien dessiné. Seule une cicatrice au menton vient altérer la perfection de ses traits, mais cela lui donne du charme. Il sourit et accepte la mission. L'esclave joint aux lettres une bourse — un dédommagement de la part du maître. L'autre la soupèse et l'ouvre : elle contient des sesterces. Il s'apprête à refuser, mais le Dace, qui entre-temps a reculé avec force courbettes, se trouve désormais trop loin pour qu'il le rappelle.

Tandis qu'il le regarde s'éloigner, il sent une petite main agripper la sienne. Il se retourne : c'est sa fille. La mère se tient derrière elle. Elles sont venues lui dire au revoir, accompagnées de deux esclaves. La gamine est très touchante, notamment parce qu'elle a revêtu ses plus beaux atours en l'honneur de son père. Elle porte une tunique en lin, un petit « châle » de soie, une bague d'ambre, un magnifique collier d'or orné de minuscules saphirs. Tout cela est beau et cher : à n'en pas douter, la famille est aisée.

Mais ces articles nous révèlent autre chose : la tunique a été tissée à Rome avec du lin cultivé en Égypte. L'ambre vient de la Baltique, les saphirs de l'actuel Sri Lanka, la soie de Chine... Cette enfant est l'incarnation d'un phénomène que nous connaissons bien et que les Romains ont inventé : la mondialisation. Toutes les régions de l'Empire partagent la même monnaie, les mêmes lois, la même façon de vivre et la même architecture. On a déjà dit qu'elles connaissaient une même langue officielle, le latin, et que selon les régions s'y ajoutait le grec. Vous pouvez commander le même vin à Alexandrie et à Londinium, les gens y suivent la même mode vestimentaire, s'y lavent de la même façon. Et comme vous avez pu le constater sur les quais du port d'Ostie avec la céramique sigillée, des produits de la péninsule Italienne sont copiés ailleurs puis revendus à Rome.

Naturellement, cette mondialisation provoque des dégâts comme celle d'aujourd'hui. Le style de vie uniformisé conduit à l'épuisement de nombreuses ressources naturelles du fait d'une consommation à grande échelle sur trois continents : déforestation des zones côtières due à la construction de navires ; disparition d'espèces animales en maints endroits à cause de la demande croissante des amphithéâtres et des patriciens pour leurs jardins ; disparition aussi de plantes médicinales rares telles que le silphium, véritable panacée originaire de Cyrénaïque, etc. Or le port d'Ostie est l'un des plus puissants moteurs de cette mondialisation à la romaine. Il suffit de regarder autour de nous pour constater que les navires ne cessent de charger et de décharger toutes sortes de marchandises. L'un d'eux quittera ce quai d'ici à une heure pour gagner la côte la plus occidentale de l'Empire, avec à son bord notre sesterce.

HISPANIE
L'or de Rome

En route pour l'Espagne romaine

Le navire a parcouru une très longue distance et fait escale dans divers ports pour décharger et charger des marchandises. Plusieurs jours de navigation séparent Ostie de Gibraltar, et cela mérite réflexion. Nous qui vivons au XXIe siècle avons le sentiment, au cours de cette incursion dans le monde romain, que tout y fonctionne au ralenti : les voyages sont interminables, ne serait-ce que pour rejoindre les lieux où nous passons nos week-ends ; les lettres peuvent mettre des semaines, voire des mois, pour atteindre leur destinataire, et la réponse prend autant de temps.

N'importe lequel d'entre nous se sentirait démuni dans cet univers sans téléphone ni e-mails, sans radiateurs en hiver, sans shampooing, sans anesthésie chez le dentiste, sans amortisseurs sur les véhicules, sans semelles en caoutchouc, sans rasoirs qui n'entaillent pas la peau, sans café... Mais s'il est bien un objet dont la nécessité ne se fait pas sentir chez les Romains, c'est la montre. Chez eux, le cours des choses suit un rythme naturel, comme lorsqu'on est en vacances. On trouve même le temps de penser et de réfléchir (quand on est riche), chose de plus en plus rare dans notre société frénétique. Comparée à notre époque trépidante, l'Antiquité semble un vrai paradis. Mais il y a le revers de la médaille.

On peut effectivement vivre de façon plutôt décontractée au quotidien, mais sur une courte durée : comme nous l'avons vu, la vie est brève, et parvenir à un âge avancé est la seule chose qu'un Romain pourrait véritablement nous envier. Nous vivons en moyenne deux fois plus longtemps que lui et trois fois plus longtemps que son épouse. Sans compter que nous sommes des seniors de plus en plus « jeunes », alors que dans l'Empire romain un quadragénaire a déjà perdu toutes ses dents et qu'une quadragénaire paraît beaucoup plus que son âge, au point d'être pratiquement considérée comme une vieille dame.

C'est en songeant à tout cela que nous contemplons le bleu intense de la mer. Nous avons franchi depuis quelques heures le détroit de Gibraltar, ou plutôt les célèbres Colonnes d'Hercule, et devant nous s'étend l'immensité de l'océan Atlantique, autrement dit les abysses aux yeux des Anciens : c'est la limite du monde connu, personne ne s'aventure au-delà. Fort heureusement, nous naviguons en longeant la côte et Gadès, qui n'est pas encore Cadix, ne devrait pas tarder à apparaître.

Nous notons soudain une certaine agitation à bord du navire. Les regards des marins et des quelques passagers sont tous braqués vers la côte, sur notre droite. Entre la terre et nous, il y a une véritable constellation de petits bateaux disposés en cercle, et à l'intérieur de ce cercle la mer bouillonne. C'est une madrague, l'un de ces pièges fixes dans lesquels on pousse le poisson avant de le pêcher au filet. Ces dispositifs sont particulièrement productifs sur ces côtes d'Hispanie. Avec le printemps arrivent les thons, comme le raconte Oppien d'Anazarbe, qui vécut au IIe siècle et écrivit les *Halieutiques* (ouvrage sur les poissons et les techniques de pêche de plus de 3 500 vers en grec). Les pêcheurs les attendent et des sentinelles sont postées sur les rochers. Ces hommes sont capables d'évaluer en un clin d'œil la quantité de thons et la direction qu'ils prennent. Le poète nous apprend que les madragues sont « disposées comme une ville ; on y voit des avenues, des portes étroites et intérieures[30] ». Cette image illustre parfaitement la façon dont le banc est canalisé vers ce qu'il nomme des « chambres de mort ». L'afflux de poissons est parfois si important qu'on ne peut les capturer tous.

Que se passe-t-il ensuite ? Une partie de la pêche est consommée localement, le reste subit un curieux traitement. La présence de salines a permis le développement d'une véritable industrie de salaison, comme le souligne le géographe grec Strabon, ce qui permet de commercialiser la chair de thon jusque dans les contrées les plus reculées. Mais ça n'est pas tout. Le poisson emprisonné dans ces madragues entre dans la composition d'un autre produit : le *garum*, ce condiment mythique apprécié dans tous les banquets de l'Empire. Son coût et son succès font penser à notre vinaigre balsamique. Nous n'allons pas tarder à découvrir comment il est fabriqué.

Les secrets de fabrication du « garum »

Nous voici à Gadès. Notre sesterce se trouve toujours dans la bourse que le fonctionnaire impérial parti de Rome porte à sa ceinture. Il s'appelle Marcus Valerius Primus. Comme il est en mission officielle, il a trouvé à se loger gratuitement dans une auberge du *cursus publicus* et distribue à présent les lettres qui lui ont été confiées à Ostie par le jeune esclave dace.

L'une d'elles est adressée au patron d'une fabrique de *garum*, hors de la ville. Pour y accéder, il suffit de longer la côte. Marcus distingue déjà quelques barques d'où sont déchargés de gros thons, probablement capturés dans la madrague qu'il a aperçue quelques heures plus tôt. Il est saisi par l'odeur âcre du poisson pourri bien avant d'arriver sur les lieux. Une odeur franchement insupportable. Pas étonnant que la fabrique ait été construite à distance de la cité. C'est un bâtiment en pierre blanche, au bout d'un chemin de terre rouge. Des arêtes de poisson jonchent le dernier tronçon du sentier.

Marcus indique le nom du destinataire de la missive à l'esclave qui garde l'entrée, et quelques instants plus tard paraît un gros personnage très avenant qui s'empare de la lettre, l'embrasse et la lit aussitôt. Son frère lui a enfin répondu ! Mis en joie par les bonnes nouvelles que lui apprend ce dernier, l'homme invite le fonctionnaire impérial à visiter ses installations, d'autant que Marcus n'en a jamais vu de semblables.

L'« usine » est constituée de bâtiments disposés en fer à cheval autour d'une cour immense. La pêche arrive dans le corps central, face à la mer, et le *garum* est produit dans les ailes, où l'on s'occupe aussi de salaisons. Nous pénétrons dans une longue pièce. Sur des comptoirs en pierre, d'innombrables esclaves vident, nettoient et salent une première fois le poisson. Ce qui nous frappe, c'est que les viscères ne sont pas jetés mais recueillis dans des seaux qui sont transportés ailleurs au milieu de nuées de mouches.

Les méthodes de fabrication du *garum* diffèrent selon les variétés, mais, quelles qu'elles soient, mieux vaut n'en rien raconter à table... Pour résumer, on mélange les entrailles avec une importante quantité de sel et on y ajoute du fretin (petits rougets et prêtres). On laisse ensuite le tout macérer longuement au soleil, en remuant constamment. La mixture s'altère, mais le sel évite un irrémédiable pourrissement. Elle est ensuite pressurée grâce à un tamis en osier au maillage serré placé à l'intérieur du récipient ou de la cuve. Le liquide ainsi récupéré est le *garum*, servi à table dans de petites amphores. Quant à l'épais résidu, de moindre qualité, il est également consommé sous le nom d'*allec*.

Il existe des variantes de cette recette, dont l'une consiste à mélanger maquereaux, anchois et autres petits poissons jusqu'à obtenir une pâte visqueuse que l'on place dans des amphores. On laisse celles-ci au soleil pendant deux ou trois mois en remuant régulièrement leur contenu, puis on ajoute un volume de vieux vin équivalant à deux fois celui de la bouillie de poisson. Enfin, on scelle les amphores et on les met en cave pour un bon moment.

Marcus est entraîné par le propriétaire vers les cuves de fermentation d'où sortira le *garum*. C'est un lieu terrifiant, digne de l'enfer. Nous découvrons une succession de grandes vasques remplies d'un épais liquide violet d'où émergent des arêtes de poisson. Des esclaves le remuent à l'aide de longs bâtons. L'odeur est insoutenable et adhère aux vêtements. Le visiteur éprouve un tel dégoût qu'il a bien du mal à le dissimuler. Le patron, au contraire, baigne dans son élément. Désignant un groupe d'amphores, il explique qu'elles renferment le meilleur *garum* qui soit.

Une dernière petite recette avant notre départ ? Viscères de thon et branchies mélangés à du petit-lait et à du sang, auxquels on ajoute du sel. On place le tout pendant deux mois au maximum dans un récipient en terre cuite qu'ensuite on perce. Il paraît que le liquide qui en sort est un *garum* exceptionnel.

Mais comment une chose aussi répugnante peut-elle être si prisée ? Quand on pense que dans les banquets cette sauce est versée avec mille précautions sur la viande et les mets les plus divers ! Au fait, quel goût a le *garum* ? Celui de la pâte d'anchois en beaucoup plus salé. C'est du moins ce qu'on obtient aujourd'hui quand on essaie de reproduire cette mixture que le sel empêche certainement d'être toxique. Non seulement les Romains l'utilisent comme condiment, mais aussi comme conservateur, voire comme médicament.

La visite est terminée. Marcus retourne à Gadès en respirant à pleins poumons l'air marin. Jamais plus il n'apportera de lettres dans ce genre d'endroit. Mais il n'est pas reparti les mains vides : le patron lui a offert une petite amphore de son meilleur *garum*.

D'où vient l'or de Rome ?

Quelques jours se sont écoulés. Marcus a traversé Hispalis (Séville) et Italica (où est né Trajan), dans une région qui ne s'appelle pas encore l'Andalousie mais la Bétique, du nom du fleuve Bétis (Guadalquivir). Elle ne deviendra « Andalousie » qu'à la chute de l'Empire romain d'Occident. Notre voyageur a poursuivi sa route vers le nord pour atteindre la future province de Gallécie (actuelle Galice). Là se trouvent des mines d'or, et il a pour mission de contrôler leur exploitation. Il s'est réveillé avant l'aube. La longue marche qu'il a entreprise en compagnie de soldats et d'autres fonctionnaires doit le conduire au sommet d'un escarpement rocheux.

Lorsqu'ils y parviennent, les premiers rayons du soleil surgissent à l'horizon, dévoilant un incroyable paysage. Nous sommes environnés de montagnes aux formes adoucies par le temps. Elles se succèdent à perte de vue et leurs flancs sont parcourus par le frémissement des feuilles de châtaignier. Mais au pied de la falaise, tant de beautés font place à un décor apocalyptique : une vallée lunaire privée d'arbres et de toute vie sur des kilomètres. Elle fait songer à un lac asséché. La réalité est bien pire : c'est une profonde blessure infligée à la nature non par la volonté des dieux mais par celle des hommes. Dans cette vision « dantesque », des milliers de silhouettes microscopiques s'agitent telles des fourmis. Elles sont à pied d'œuvre depuis les premières lueurs du jour. Un bruit confus de cris et d'outils nous parvient. Si l'enfer existe, il ressemble probablement à cela — à ces mines d'or parmi les plus importantes de l'Empire.

Pour récupérer le précieux métal, on recourt notamment à un procédé que Pline l'Ancien appelle « destruction de montagne » *(ruina montium)*[31]. Tout un programme ! Le signal de l'évacuation vient d'être donné. De différents endroits émergent les premières équipes de mineurs. Ils sont exténués et sales, la peur se lit sur leurs visages, mais ils ignorent que l'heure n'est pas encore tout à fait venue.

Leur flot grossit. L'un d'eux trébuche et se fait piétiner par les autres. Comme devenus fous, tous veulent s'extirper au plus vite des galeries en gravissant d'innombrables marches en bois. Certains sont nus, d'autres en guenilles. Leurs corps, d'une maigreur extrême, sont couverts de boue et présentent des plaies. Les visages sont creusés et barbus, tandis que leurs bouches édentées accentuent leur expression de détresse. Ils nous font penser à des esclaves, alors que ce sont des hommes libres : autochtones et désespérés en tous genres qui touchent des salaires de misère suffisant à peine à leur survie. Cette situation n'est pas sans rappeler celle des mineurs d'aujourd'hui dans diverses mines d'or du tiers-monde. Leurs conditions de travail sont épouvantables, mais eux non plus ne sont pas esclaves, en tout cas pas officiellement, et tous espèrent dénicher la fabuleuse pépite qui changera leur vie.

Sous Trajan, les mines de ce qu'on appelle aujourd'hui Las Médulas sont dans leur phase d'exploitation maximale et l'on estime que la main-d'œuvre s'y élève à plus de 8 000 individus aux tâches bien précises, depuis l'excavation jusqu'au tamisage. Voici d'ailleurs que sortent les derniers ouvriers. Ils soutiennent des camarades blessés. Un corps est traîné à l'extérieur : l'homme présente une terrible blessure à la tête et son sang coule abondamment ; on distingue même la couleur claire du cerveau. Peut-être est-il déjà mort. Il semble qu'un éboulement se soit produit au fond d'une galerie secondaire. Il y a sans doute des victimes.

De tels accidents arrivent fréquemment dans les mines, mais les autorités romaines ont appris à faire fi de ce genre de tragédies. Il serait impensable de suspendre l'activité aurifère pour venir en aide à quelques malheureux. Les ordres sont précis : on n'ira secourir personne et on ne tentera pas de sortir les cadavres. On a déjà pris assez de retard comme ça ! Telle est la dure loi de la mine, et ceux qui sont coincés en bas la connaissent. Ils sauteront sous peu en même temps que la montagne et n'auront même pas besoin d'une sépulture.

Comment faire sauter une montagne sans dynamite

Marcus s'approche de l'entrée de la mine. Ses yeux s'efforcent de voir à l'intérieur mais n'arrivent à rien distinguer au-delà des premiers mètres. L'obscurité et la poussière semblent interdire l'accès à ce lieu de malheur. Nous, au contraire, pouvons pousser plus loin parce que les archéologues et les scientifiques ont étudié le site et compris ce qui se passait jadis dans les galeries.

L'éventrement de la montagne aurifère s'est poursuivi durant des générations avec une précision stupéfiante. Imaginez que vous vous apprêtiez à découper un gâteau et que vous évaluiez à l'aide d'un couteau la taille des parts en fonction du nombre de convives. Les ingénieurs romains procèdent de la même manière. Depuis le sommet, à une certaine distance du bord de l'escarpement selon la taille de la portion que l'on souhaite « prélever », on perce une galerie qui descend dans la montagne et s'y ramifie en couloirs latéraux où un homme peut à peine tenir debout. Les outils sont très sommaires : bêches, pioches, pelles, marteaux, coins... La chaleur est suffocante, on travaille pratiquement dans le noir et la poussière a tôt fait d'envahir les poumons. Mais cela ne nous dit toujours pas comment on réussit à faire sauter la paroi rocheuse sans dynamite...

C'est que les Romains sont très ingénieux ! Ils utilisent comme explosif un élément qu'ils maîtrisent parfaitement : l'eau. Marcus est justement en train de contempler ce qui ressemble à un paisible petit lac d'altitude, tout proche de l'entrée des galeries. En réalité, c'est un plan d'eau artificiel. Pour le remplir, il a fallu accomplir des prouesses dans l'art de l'hydraulique, dont la construction d'un aqueduc de 82 kilomètres de long et de tout un réseau de canalisations *(corrugi)* encore visibles en partie aujourd'hui.

Mais voilà que l'on hisse des bannières de couleur : elles signalent que tout le monde a évacué le site. L'équipe en charge du barrage du lac artificiel n'attend plus que le coup d'envoi des opérations. Le *procurator metallorum*, qui représente l'empereur, se lève doucement. Dans un geste théâtral, il lève le bras, puis l'abaisse brusquement après avoir prononcé une phrase en référence à Trajan.

Le signal est donné, les trompettes résonnent, des cris et des commandements leur font écho à la manière d'un relais sonore. Et puis l'ordre décisif est lancé à des ouvriers placés en plusieurs points du barrage. Ils y donnent de puissants coups de maillet, et soudain, par effet domino, le barrage cède, libérant une prodigieuse quantité d'eau. Elle se déverse dans le canal creusé à dessein jusqu'à l'entrée principale des galeries.

Chacun retient son souffle, y compris Marcus et les autres fonctionnaires. Même le *procurator metallorum* est impressionné par la puissance du flot. Les mineurs, trépidants d'impatience, observent le phénomène à distance. Ils ne vont pas tarder à savoir si oui ou non leur labeur surhumain et le sacrifice de leurs camarades auront été vains.

L'eau descend maintenant dans les galeries. Sous nos pieds, on entend des bruits sourds, comme si la montagne, en se déchirant, poussait des cris de douleur. Et c'est alors que le fluide devient un véritable explosif en comprimant l'air resté dans toutes ces cavités artificielles. Au moment où la pression devient trop forte, les galeries explosent et font éclater la roche. On en ressent les secousses, et de l'entrée principale s'échappe de la vapeur mêlée à de la poussière.

Enfin, une violente détonation ébranle l'air : une trouée vient de s'ouvrir à flanc de montagne. En voici une deuxième, un peu plus loin, et puis encore une autre... La réaction en chaîne que les ingénieurs et les mineurs attendaient s'est produite. En s'échappant, l'eau forme de spectaculaires cascades qui se déversent dans la vallée. Mais ce n'est pas tout. La paroi rocheuse se met à trembler dans un grondement sinistre, et tout un pan s'effondre, tel un géant blessé à mort. « La montagne brisée tombe au loin avec un fracas que l'imagination ne peut concevoir », confirme Pline l'Ancien dans son *Histoire naturelle*[32]. Le nuage qui s'élève occulte le paysage et le ciel. Tel un voile de soie, la poussière se dépose sur les arbres et l'herbe, sur les toges et les visages.

Des torrents de boue et de débris rocheux continuent à jaillir des galeries éventrées et se répandent dans la vallée lunaire. Tout cela sera drainé dans des canaux jusqu'à des cuves de récupération où l'or sera séparé des sédiments. Quant aux résidus, ils iront recouvrir une zone sans vie de plus en plus vaste.

Pourquoi l'or est-il le moteur de l'Empire ?

Ce qui nous apparaît comme un paysage désolé recèle pourtant l'essence même de l'économie romaine. Pour l'Empire, ces mines ont une valeur stratégique : elles sont l'équivalent de nos puits de pétrole. L'or est très important dans la majorité des civilisations, et il l'est tout particulièrement dans la civilisation romaine depuis qu'Auguste a instauré un système monétaire fondé sur les pièces d'or *(aurei)*. Mais au fil du temps la quantité d'or contenue dans les *aurei* n'a cessé de diminuer, ébranlant ledit système et engendrant de l'inflation.

Il peut sembler curieux de parler d'inflation à l'époque romaine, mais dans un monde si semblable au nôtre les problèmes économiques et financiers ne sauraient être très différents. Pour nous comme pour les hommes de l'Antiquité, la règle est simple : afin d'assurer le fonctionnement d'une économie à grande échelle, il est indispensable d'avoir une monnaie de référence forte, stable et reconnue de tous. Quand on sait la place du dollar et de l'euro dans le monde, on imagine sans peine qu'il ait pu en aller de même pour l'*aureus* au-delà de l'Empire. Et c'est bien là l'un des problèmes de l'économie romaine. Des quantités considérables de pièces passent les frontières et ne reviennent pas, pour la simple raison qu'elles financent toutes sortes d'achats, notamment de produits de luxe tels que la soie. C'est une hémorragie sans fin.

L'exemple de la soie est emblématique : comme chacun sait, dans l'Antiquité elle est exclusivement fabriquée en Chine, et pour atteindre l'Occident elle emprunte différents itinéraires. Mais entre la Chine et l'Empire il y a les Parthes, féroces adversaires de Rome, qui du coup récupèrent une partie de son or. En un sens, les goûts de luxe des patriciens et des matrones servent l'ennemi, de sorte qu'à plusieurs reprises le Sénat a pris des mesures pour limiter l'achat et le port de la soie — sans trop de succès.

Mais là n'est pas le seul problème. Rome a besoin d'or pour sa survie, c'est-à-dire pour payer son armée (qui tient les barbares à distance), maintenir son administration (qui gère un territoire immense) et faire tourner son économie. Cette faim grandissante de métal jaune l'a entraînée dans des campagnes de conquête. Pour établir une comparaison avec notre époque, cela reviendrait à déclencher une guerre pour s'emparer de puits de pétrole, ou plus exactement pour en prendre le contrôle de manière à assurer un approvisionnement régulier, comme ce fut le cas en Irak.

À l'époque où nous sillonnons l'Empire romain, quelque chose de semblable vient de se produire : on sait que Trajan a récemment conquis la Dacie, l'actuelle Roumanie, qui justement regorgeait d'or, même si cette guerre visait aussi à anéantir des voisins extrêmement dangereux, sujets de l'habile et charismatique roi Décébale. Il fallait en outre laver la honte des arrangements humiliants de Domitien lors d'une précédente campagne. Mais pour bon nombre d'historiens actuels (et probablement pas mal d'administrateurs des finances impériales de ce temps-là), le motif principal de cette campagne était cette soif d'or qui dévorait Rome : à son accession au pouvoir, Trajan avait trouvé les caisses vides, et la conquête de la Dacie a résolu bien des problèmes financiers. Rome a certes livré une guerre féroce dont les épisodes furent immortalisés sur la célèbre colonne Trajane, mais elle a connu un nouvel âge d'or dont profitera Hadrien, successeur de Trajan, et que l'Histoire retiendra comme l'une des périodes les plus extraordinaires de cette civilisation.

Des pièces de monnaie fractionnées

Marcus Valerius Primis est resté quelques jours dans la région afin de recueillir le maximum d'informations pour son rapport sur la production aurifère, puis il a pris le chemin du retour. Cette fois, il n'embarque pas à Gadès, sur l'Atlantique, mais à Tarraco (Tarragone), directement sur la Méditerranée, car auparavant il a dû passer par l'actuelle Saragosse, dont nous découvrons avec surprise que le curieux nom est le fruit de la lente déformation de « Caesaraugusta ».

Le voyage de Marcus jusqu'à Tarraco a été long. Cependant, comme il est en mission officielle et profite du *cursus publicus,* le gîte et le couvert ne lui ont rien coûté. Le sesterce n'a donc pas quitté sa bourse, mais ça ne va pas tarder.

L'événement se produit dans un commerce de primeurs. Marcus achète des fruits pour le voyage en bateau, et au moment du paiement la pièce change de propriétaire. La main poisseuse du marchand s'en empare. Il y jette un œil distrait avant de la confier à son épouse, à l'expression perpétuellement sévère, qui tient la caisse dans l'arrière-boutique. On entend juste le tintement du sesterce tombant dans un coffret en bois, puis le bruit de la clé dans la serrure.

Une fois dans la rue, le fonctionnaire impérial prend la direction du port. Il a tellement envie de revoir sa famille ! Il est parti depuis si longtemps ! Quelques jours encore, et il sera de retour à Rome.

Le marchand de primeurs, quant à lui, est interpellé par le commerçant d'à côté. Celui-ci doit rendre la monnaie à un client mais se trouve à court de petites pièces : est-il possible d'échanger un denier d'argent contre des sesterces ? C'est une scène que nous voyons fréquemment sur les marchés ou dans les rues de nos villes, mais nous allons maintenant assister à une chose qui ne nous est pas coutumière.

Dans l'arrière-boutique, l'épouse antipathique rouvre sa caisse d'un air excédé et y farfouille de ses doigts qui ressemblent à des serres, puis elle tend une poignée de pièces à son époux, sans se départir de sa mine revêche. L'homme, tout sourire, les remet à son voisin. Ce dernier le remercie, mais dans la paume de sa main nous notons quelque chose d'insolite : certaines pièces sont incomplètes. Il s'agit de sesterces coupés en deux, mélangés à des pièces de moindre valeur comme des as ou des semis.

Pourquoi sectionner ainsi les pièces ? Sont-elles toujours utilisables après ? La réponse va vous surprendre. Plus on s'éloigne de Rome et des grandes voies commerciales, moins les pièces circulent. Il est donc plus difficile d'être en possession de petite monnaie. Alors, pour pallier cette pénurie on coupe les sesterces. Un peu comme si aujourd'hui, pour vous rendre 1 euro, on fractionnait une pièce de 2 euros. Ce serait totalement illégal, mais à l'époque romaine il en va tout autrement. De nos jours, la valeur des pièces correspond à ce qu'elles représentent symboliquement — la richesse d'un pays —, tandis que les pièces romaines ne valent que ce qu'elles pèsent selon les métaux qui les composent (or, argent, bronze, cuivre). Si vous faites estimer la valeur des métaux qui composent une pièce de 1 euro, vous arriverez aux alentours de 15 centimes d'euro.

On voit des demi-pièces de monnaie dans les vitrines de nos musées, mais aucune explication n'est fournie. Elles sont généralement considérées comme simplement cassées, alors qu'elles témoignent d'un monde rarement évoqué : celui des transactions quotidiennes dans les régions les plus reculées de l'Empire. Une pièce valant un demi-sesterce existe, c'est le *dupondius*, mais elle est quasiment introuvable dans de telles contrées. Les Romains ont donc fait preuve d'esprit pratique pour remédier au problème.

Retournons chez nos marchands de primeurs. À Tarraco, où les échanges commerciaux sont florissants, il n'est pas rare que de telles pièces arrivent de l'intérieur des terres, mais les commerçants cherchent à s'en débarrasser à la première occasion, à l'exemple de l'épouse revêche.

Le client prend sa monnaie et quitte la boutique en s'amusant à faire sauter dans sa main la pomme qu'il vient d'acheter. Notre sesterce, entier, côtoie dans sa bourse le morceau de sesterce. L'homme est attendu sur un chariot par l'aruspice qu'il assiste — c'est-à-dire un prêtre qui interprète la volonté des dieux et prédit l'avenir en examinant notamment les entrailles d'animaux sacrifiés. Leur long voyage va nous conduire dans cette région du sud de la Gaule que nous appelons aujourd'hui « Provence ».

Provence

L'attaque de la diligence

Le singulier pont d'Arles

L'aruspice et son aide sont partis de Tarraco en chariot. Ils ont une longue route devant eux car ils sont attendus par un autre aruspice à Vasio Vocontiorum (Vaison-la-Romaine) pour l'édification d'un grand temple. Avant le lancement de la construction, les verdicts de ces prêtres sont primordiaux.

La cité d'Arelate (Arles) fait partie de leurs étapes, et à leur arrivée un spectacle insolite s'offre à leurs yeux. Un long pont traverse le Rhône, mais pour l'instant il est infranchissable : il s'est levé pour livrer passage à un bateau de marchandises. Charrettes et voyageurs à pied attendent la fin des opérations.

Mais comment fonctionne un pont basculant à l'époque romaine ? À chaque extrémité, il y a un ouvrage de maçonnerie qui s'achève par un bel arc. La partie centrale, en revanche, est en bois et repose sur des barques solidement arrimées, la proue face au courant. Les arcs ne sont pas là pour faire joli : ils sont l'équivalent d'une entrée de château fort et commandent chacun, par un système de chaînes, un pont-levis de 10 mètres relié au reste du tablier de bois. Ainsi, deux bateaux à la fois peuvent passer sans provoquer d'embouteillage, et ce, assez près des berges, probablement parce que le courant y est moins fort, et donc la navigation plus facile.

Parmi les gens qui attendent de pouvoir traverser le Rhône, quelqu'un reconnaît notre aruspice et le salue respectueusement. Aussitôt, d'autres personnes plus audacieuses viennent lui demander présages ou conseils et lui soumettre leurs problèmes personnels. Le prêtre croit vivre un enfer, c'est chaque fois la même chose : il est harcelé à tout bout de champ, à l'image de nos stars.

Un claquement de fouet met fin au rassemblement : les ponts-levis se sont abaissés, la circulation des hommes et des véhicules va être rétablie. L'aruspice poursuit son voyage, et notre sesterce avec lui. C'est dans une rue de Vasio qu'il s'en sépare, quand il achète un animal pour le sacrifier. Le prêtre est sur le point d'interroger les dieux une fois de plus, alors que son aide rêve plutôt d'un bon bout de viande. La pièce atterrit dans la main d'un esclave qui l'apporte aussitôt à son maître. Ce Romain fortuné s'est récemment lancé en politique et vient d'obtenir une charge élective.

En voiture !

Quoi de mieux que de la fougasse au miel trempée dans du lait, quand on doit faire le plein d'énergie pour la journée ? À plus forte raison si l'on y ajoute le reste de viande du banquet de la veille et un verre de vin. Le petit déjeuner de quelqu'un qui s'apprête à prendre la route à l'époque romaine a toujours une haute teneur en calories, notamment parce que le voyageur ne pourra probablement pas faire un bon repas avant le soir. Mais aussi parce qu'en cas d'imprévu — si par exemple une roue se brise — on risque de jeûner jusqu'au lendemain. Mieux vaut donc manger en conséquence, et éventuellement emporter quelques réserves (un peu de fromage, du pain, etc.).

Le sesterce se trouve maintenant dans la poche de l'homme riche qui a été appelé à de hautes responsabilités. Il doit se rendre avec son épouse à l'inauguration d'un grand aqueduc tout juste remis en activité après de gros travaux de restauration. Pour ce personnage public, chaque événement important est l'occasion de se montrer. Le voyage sera relativement long, mais dans d'agréables conditions : un confortable moyen de transport attend le couple, qui le rejoint en passant sous les portiques de Vasio Vocontiorum.

Ces passages sont dotés de marches parce qu'ils épousent le terrain en pente. Il n'y avait pas d'autre solution : la cité est située dans une région accidentée à l'est du Rhône, ce qui ne l'empêche pas de couvrir 70 hectares, pour une population de 10 000 âmes, certaines maisons pouvant même occuper une superficie de 2 700 mètres carrés. C'est dans les vestiges de l'une d'elles, dite « à l'Apollon lauré », qu'a été retrouvé un morceau de plaque dédicatoire évoquant un certain Quintus Domitius — le propriétaire actuel du sesterce, dont nous n'apprendrons pas le nom complet. Lui et sa femme sont salués avec respect par les personnes qu'ils croisent, ces Gallo-Romains de Vasio, anciennement Voconces, qui semblent davantage rompus aux travaux des champs qu'à la vie citadine.

Le moyen de transport qui va conduire Quintus jusqu'à l'aqueduc ressemble beaucoup aux chariots de pionniers que l'on peut voir dans les westerns. Il s'agit d'une *carruca dormitoria*, montée sur quatre grandes roues et pourvue d'un habitacle percé de fenêtres, auquel on accède par l'arrière. Sa riche décoration en fait l'équivalent d'une limousine. Le couple s'y installe commodément, face à face, lui sur une sorte de trône, elle sur un siège plus modeste mais confortable, tandis que l'équipage grimpe carrément sur le toit.

Le cocher est un gros type bourru et complètement chauve, vêtu de cuir et portant une lourde cape. Il y a aussi un homme au service de Quintus et un convoyeur tenant une sorte de lance terminée par un crochet, peut-être pour écarter les branches, à moins qu'il ne s'agisse réellement d'une lance. À vrai dire, tous sont armés : l'usage veut qu'en voyage on se prémunisse contre les brigands.

Quelque chose nous frappe : quatre lames se dressent à l'avant du véhicule, à la hauteur de l'équipage perché sur le toit. À quoi peuvent bien servir ces véritables faux dont les pointes sont dirigées vers la route ? À Vaison-la-Romaine, les archéologues ont découvert un bas-relief représentant une *carruca* ainsi équipée. Est-ce pour couper les branches lorsque le chariot passe sous les arbres ? C'est possible, mais ces lames ont peut-être une autre fonction, comme nous le découvrirons bientôt.

Au début, les chevaux peinent à tirer le lourd chariot, mais une fois qu'ils sont lancés tout rentre dans l'ordre. Un deuxième transporte les bagages du couple — et Dieu sait s'il y en a ! Suit enfin une escorte à cheval. Les gens regardent passer le petit convoi avec curiosité en s'efforçant d'identifier les voyageurs. Comme l'exige son rang, Quintus les ignore et regarde droit devant lui, ne prêtant pas plus attention au paysage.

À quoi ressemble la Provence en ce temps-là ? Les beaux décors que nous voyons défiler diffèrent de ceux de notre époque sur un point : alors que la présence de l'homme transparaît partout aujourd'hui (maisons, pylônes électriques, etc.), dans l'Antiquité romaine tout n'est que nature à perte de vue. Les cités sont des îlots humains dans un environnement préservé.

Nous dépassons régulièrement des charrettes tirées par des bœufs et remarquons que leurs conducteurs portent tantôt le pantalon à la gauloise, tantôt la tunique à la romaine. À d'autres moments, un parfum intense enchante nos narines. Est-ce celui de la lavande ? C'est possible, mais cette plante ne pousse alors qu'à l'état sauvage dans les régions méditerranéennes, de l'Hispanie à la Grèce, et nous n'avons donc aucune chance de longer l'un de ces magnifiques champs que nous pouvons admirer (et respirer) de nos jours.

À bord de la *carruca*, les époux n'arrêtent pas de discuter. Ils évoquent la nouvelle charge du mari, les travaux à effectuer chez eux à la belle saison ; et puis il y a cet esclave jardinier acheté récemment, qui porte les cheveux longs et un bandeau sur le front. N'aurait-il pas une inscription, un tatouage à cacher ? Quintus opine gravement du chef. Il faudra vérifier.

Les tatouages existent-ils à l'époque romaine ? Non. En tout cas pas sous la forme que nous connaissons au XXIe siècle. Les peuples barbares, nous l'avons vu, en arborent des quantités, et d'ailleurs certains sont magnifiques. Mais les Romains, de même que les Grecs, considèrent le tatouage et toute marque sur le corps comme une chose humiliante. En latin, « tatouage » se dit *stigma*, qui a donné « stigmate », ce qui en dit long. Un esclave fugitif qui est repris est marqué au front : trois lettres — *FUG* (pour *fugitivus*) — signalent qu'il s'est déjà enfui. Un individu peut aussi être marqué d'un *F* (pour *fur*, « voleur »), ou encore d'un *C* et d'un *F* (pour *Cave furem*, « Prenez garde au voleur ! »).

La femme de Quintus n'a donc pas tort de s'inquiéter : il n'est pas rare qu'un vendeur d'esclaves refile un individu difficile. Il faudra vraiment se pencher sur la question.

L'attaque

Le chariot vient de gravir une côte et amorce la descente en pleine forêt. La route plonge dans un tunnel végétal, et c'est précisément là qu'a été posé le piège. En raison de la semi-obscurité qui règne en ces lieux, le cocher, bien qu'expérimenté, ne peut voir la corde tendue entre deux arbres. Elle a été placée de façon à frapper de plein fouet les personnes perchées sur le toit de la *carruca*. C'est alors que les quatre hautes lames recourbées qui nous intriguaient tout à l'heure révèlent toute leur efficacité : la corde est tranchée net dans un bruit qui rappelle celui d'un claquement de fouet, et le couple ne croit pas entendre autre chose. Mais aussitôt après, le cocher annonce en hurlant qu'il va falloir se défendre contre des brigands. De fait, un tronc d'arbre barre la route au bas de la côte. Impossible d'aller plus loin. Le véhicule freine in extremis, tandis que surgissent du bois neuf individus armés jusqu'aux dents.

Deux des trois hommes constituant l'escorte se retrouvent encerclés sans aucune possibilité de réagir. (Mais où est donc passé le troisième ?) On fait descendre les passagers. Quintus a caché sa bague en or dans un pli de sa toge et sort le premier, considérant longuement les agresseurs. Son épouse, terrorisée, ouvre de grands yeux sans pouvoir prononcer un seul mot. Le garçon portant la lance terminée par un crochet gît au sol. Il a tenté de s'interposer mais un coup de gourdin l'a assommé. Le cocher, également étourdi, est assis contre une roue du chariot, blessé à la tête.

Les malfaiteurs ont agi avec la rapidité de l'éclair, ce ne sont pas des amateurs. Ironie du sort, Quintus a été élu pour avoir promis davantage de sécurité sur les routes de la région ! Il essaie de reconnaître ses agresseurs, mais ils ne lui disent rien. On comprend à leur allure qu'il s'agit pour la plupart de paysans pauvres des environs. Deux semblent être des esclaves en fuite, tandis qu'un autre, armé d'un glaive, a tout l'air d'un déserteur. Tels sont les larrons de l'époque romaine : non pas des criminels professionnels mais des individus qui agissent sporadiquement en petits groupes.

Bien entendu, il existe des exceptions. Les textes anciens nous content les aventures de figures célèbres, tel Bulla Felix, qui à la tête de six cents individus sillonna toute l'Italie pendant deux ans, au début du IIIe siècle, échappant chaque fois aux autorités grâce à son vaste réseau d'informateurs. Selon Dion Cassius, il était si malin qu'il parvint à délivrer deux de ses acolytes condamnés aux fauves en s'introduisant dans leur prison, déguisé en magistrat. Lors des attaques, il ne dérobait qu'une partie des biens et relâchait aussitôt ses victimes. Le butin était ensuite généreusement redistribué. Il acquit très vite la réputation d'une sorte de bandit romantique de l'Antiquité, un Robin des Bois avant l'heure. Sa « carrière » prit fin lorsque l'empereur Septime Sévère lança à ses trousses un redoutable régiment de cavalerie qui avait servi aux frontières. Et comment s'y prirent ces soldats pour capturer Bulla Felix ? En appliquant une méthode infaillible qui permettra plus tard d'envoyer bon nombre de criminels derrière les barreaux, dont des mafieux, et qui peut se résumer ainsi : « Cherchez la femme ! »

Cette phrase célèbre est tirée des *Mohicans de Paris*, d'Alexandre Dumas père : « Il y a une femme dans toutes les affaires, lance l'un des personnages. Aussitôt qu'on me fait un rapport, je dis : "Cherchez la femme !" » Et c'est exactement ce que firent les hommes de Septime Sévère. Ils découvrirent que Bulla Felix entretenait une liaison avec l'épouse d'un autre brigand, et cette maîtresse le trahit en échange de l'impunité. Il fut capturé dans une grotte pendant son sommeil et mourut dans l'arène, dévoré par les fauves.

Bulla Felix reste cependant un cas isolé : on est loin des coups de main épisodiques de petits groupes épars détroussant le voyageur des rares biens qu'il emporte avec lui — des vêtements, de l'argent, voire, avec un peu de chance, des animaux. Certes, ils attaquent parfois des auberges, mais alors ils sont généralement de mèche avec les propriétaires. Cette aptitude à tisser des alliances solides sur le terrain est vitale pour eux. Sans cette complicité avec des locaux, ils ne tiendraient pas longtemps.

Pour échapper aux forces de l'ordre, ils recourent à toutes sortes de stratagèmes. Selon le professeur Jens-Uwe Krause, bon nombre d'entre eux parviennent à corrompre les autorités lorsqu'ils sont arrêtés[33]. Certains ne se font même jamais prendre. Dans bien des cas, ils bénéficient de la protection de fonctionnaires ou de notables qui prélèvent leur part du butin. Mieux, ils trouvent souvent refuge dans des *latifundia* dont les riches propriétaires ignorent tout de leur activité : embauchés par le régisseur, ils font « légalement » partie de la main-d'œuvre. Bien entendu, le régisseur, lui, sait parfaitement de quoi il retourne.

Parmi les voleurs on trouve parfois des individus riches, véritables caméléons qui rappellent le personnage de Don Diego de la Vega, alias Zorro, mais quels qu'ils soient ils s'efforcent d'épargner leurs victimes. Il leur arrive de les maltraiter, sans plus. Le meurtre n'est pas au programme, seul le vol les intéresse. Si vous vous remémorez la parabole du Bon Samaritain, vous aurez l'exemple parfait d'une attaque de voyageurs sur les routes romaines : les agresseurs de l'homme secouru par le Samaritain l'ont roué de coups mais ne voulaient pas le tuer.

Autre règle : éviter les entreprises trop audacieuses ou spectaculaires, car elles font réagir pour de bon les autorités et ont de grandes chances de tourner mal. Dans l'histoire qui nous occupe, les brigands ont ferré ainsi un poisson trop gros : s'en prendre à une personnalité telle que Quintus était une grossière erreur. Probablement ne s'attendaient-ils pas à tomber sur une personnalité de ce rang ni sur ce genre de véhicule. Mais le piège était tendu, ils ne pouvaient plus reculer. L'attaque aura des conséquences, ils en sont conscients. De son côté, Quintus cherche à savoir qui est le chef.

Le voici justement qui s'avance. Il est grand et maigre, avec un nez aquilin. Il dévisage le dignitaire d'un air de défi. À peine ce dernier ouvre-t-il la bouche que l'autre lui assène un coup de poing qui l'assomme. Tandis que l'épouse de Quintus essaie de ranimer le malheureux, le chef s'approche d'elle et lui arrache son collier. Il examine l'objet puis considère la femme en penchant un peu la tête, comme pour dire : « Cette chose n'a aucune valeur. Où caches-tu tes vrais bijoux ? »

L'un de ses hommes émerge alors du chariot en brandissant un petit coffret ; il jubile, esquissant un sourire où manquent de nombreuses dents.

« C'est là que ça se passe ! » lâche-t-il.

La prise est considérable. La cérémonie à laquelle doit assister le couple, à l'aube de la carrière politique de Quintus, exige le port des bijoux les plus beaux.

Les larrons ouvrent ensuite les bagages, en extraient les vêtements de prix pour les revendre puis éparpillent le reste en vrac. Ils font main basse sur les armes, les chevaux et tout ce qui peut avoir de la valeur. Notre sesterce finit ainsi dans la poche de pantalon du chef, en même temps que des bagues.

Pendant ce temps, les deux gardes du corps se regardent du coin de l'œil. La même interrogation sans réponse se lit sur leurs visages : qu'est donc devenu le troisième membre de l'escorte ?

Alors qu'il s'affaire à retirer la frise argentée de la *carruca* à l'aide de son poignard, l'un des malfaiteurs tend l'oreille. Il a entendu un bruit... Un autre confirme. On dirait les sabots d'un cheval. Quelqu'un vient... Encore un voyageur à dévaliser ? L'espace d'un instant, les brigands ne peuvent s'empêcher d'y songer. Mais très vite leurs regards se voilent d'inquiétude ; il y a bien trop de chevaux, et la rumeur ressemble de plus en plus au grondement du tonnerre. Le chef comprend qu'il ne s'agit pas de simples voyageurs mais de militaires ; et lorsqu'il hurle à ses complices de déguerpir, il est déjà trop tard : du sommet de la côte déboule un escadron de cavalerie.

On assiste à un sauve-qui-peut général, mais les deux hommes d'escorte ont le temps de se ruer sur les bandits les plus proches et de les désarmer. Quelques secondes plus tard, les cavaliers de la turme prennent le relais. Les détrousseurs ont détalé mais le butin les encombre et ils se retrouvent acculés contre une paroi rocheuse. Ils avaient choisi cet endroit pour que leurs victimes soient coincées si elles s'avisaient de fuir, et les voilà pris à leur propre piège ! Dans ces conditions, mettre la main sur eux est un jeu d'enfant. Seuls trois brigands tentent de résister et y perdent la vie : ce sont les deux esclaves fugitifs et le soldat déserteur.

Mais comment les cavaliers ont-ils pu intervenir à temps ? Le troisième homme d'escorte de Quintus, celui qui manquait à l'appel, a donné l'alerte. Il s'était arrêté un peu avant l'attaque pour uriner et a eu l'intelligence de s'éloigner discrètement puis de galoper jusqu'à la *statio* la plus proche, l'un de ces nombreux postes militaires qui jalonnent les routes romaines dans les zones à risques. De là, l'alarme a pu être donnée à une autre *statio,* plus importante, où était cantonné l'escadron de cavalerie. Mais sans radio ni téléphone, comment s'y est-on pris ?

Les Romains ont mis au point un système très efficace pour donner l'alerte, notamment aux frontières : un réseau de tours en bois érigées en des points stratégiques. En cas d'urgence, les sentinelles allument un feu. Dès qu'un point lumineux apparaît au sommet d'une tour, on allume un autre feu sur sa voisine, et ainsi de suite. Grâce à ce relais, l'information est transmise rapidement sur une vaste portion de territoire et parvient jusqu'aux forts, ce qui à cheval prendrait des heures. Cependant, toutes les *stationes* de l'Empire ne disposent pas de turmes prêtes à intervenir. Celle-ci avait été appelée en vue d'une action contre une autre bande de brigands, spécialisée dans les enlèvements. Car se faire enlever est une menace bien réelle pour les voyageurs de l'époque.

Les enlèvements

Plagium ou *crimen plagii* : c'est ainsi que les Romains nomment l'enlèvement, très répandu dans l'Empire. Le but de tels actes n'est pas le paiement d'une rançon. Cela peut certes se produire, et dans sa jeunesse Jules César lui-même fut séquestré par des pirates, mais le véritable objectif est tout autre : on enlève les gens pour les réduire en esclavage.

Malgré la nombreuse population d'esclaves que compte l'Empire romain, entre ceux qui meurent et ceux qui sont affranchis il y a régulièrement pénurie. Jens-Uwe Krause estime qu'il faut trouver chaque année 500 000 nouveaux esclaves. Pour alimenter un tel marché, trois possibilités : les guerres, l'achat de « marchandise » humaine au-delà des frontières grâce à des chasseurs d'esclaves, comme on l'a vu en

Germanie, et enfin les enlèvements. Ceux-ci peuvent se produire n'importe où, aucun endroit n'est véritablement épargné. Nous avons appris que même les patrons des grands fours de Rome pouvaient s'en prendre à leurs clients. Les auberges de campagne représentent également des lieux à risques pour les voyageurs solitaires, les tenanciers étant souvent de mèche avec les malfaiteurs. Et vers la fin de l'Empire on ne sera même plus en sécurité chez soi : en Afrique du Nord, les habitants de maisons isolées ou de petits faubourgs seront attaqués par des chasseurs d'esclaves.

Mais c'est sur les routes que le danger est le plus grand, à cause de la proximité des grands domaines agricoles. Bien des citoyens romains disparus finissent là. Or il n'y a pas pire endroit pour un esclave : le labeur est éreintant, la nourriture insuffisante et la paillasse misérable. Rien d'étonnant à ce que le taux de mortalité y soit si élevé, raison pour laquelle les latifundistes ont constamment besoin de nouveaux « arrivages ». La pratique de l'enlèvement leur permet justement un réapprovisionnement rapide et gratuit. Le phénomène est si répandu dans l'Empire — il l'était déjà avant — que les autorités font procéder à des perquisitions surprises sur les vastes domaines, dans l'espoir de retrouver des citoyens romains disparus. Dernier détail glaçant : les cibles préférées des ravisseurs sont les enfants, car ils sont plus faciles à kidnapper et, une fois déracinés, ont bien du mal à expliquer d'où ils viennent.

Quelle est la peine encourue pour un enlèvement ? Une simple amende était infligée sous la République, puis on a condamné les coupables issus de la plèbe aux travaux forcés et ceux de haute naissance à l'exil définitif. La peine de mort sera introduite au IIIe siècle. Le fléau persistant, on tentera de rendre ce châtiment plus dissuasif encore, surtout pour les esclaves et les affranchis : ils finiront dans l'arène, déchiquetés par les fauves ou massacrés par les gladiateurs.

Les objets volés ont été restitués à Quintus et à son épouse. Même le sesterce, après une brève incursion dans la poche du chef des brigands. Le couple s'est remis de ses émotions dans la villa d'un riche propriétaire, mais dès le lendemain matin il a repris la route, le mari étant bien décidé à tirer profit de sa mésaventure.

Parvenu à destination, il a la satisfaction d'être acclamé par une foule avide de détails sur l'attaque de la veille. Il offre alors un sacrifice à Mercure, protecteur, entre autres, des voyageurs, des pèlerins, des commerçants et… des voleurs, parce qu'il se déplace si vite qu'il est associé aux nombreuses activités humaines en lien avec la rapidité, dont le vol. Et quand on sait qu'il est également le dieu de la médecine, cela en dit long sur la façon dont les Romains considèrent cette profession.

Un aqueduc à 5 euros

Pendant que Quintus prononce son discours, notre regard se tourne vers la vallée. Devant nous, enjambant un cours d'eau, se dresse l'un des plus grands chefs-d'œuvre d'architecture de l'Antiquité : l'aqueduc sur trois niveaux que notre haut personnage est venu inaugurer.

Rome reproduit le même schéma urbain dans tous les pays conquis, et les aqueducs qui parsèment l'Empire en sont des éléments essentiels. Bien peu sont encore debout aujourd'hui. Néanmoins, certains fonctionnent toujours, comme celui de l'Aqua Virgo, à Rome, qui alimente la célébrissime fontaine de Trevi et d'autres encore, place d'Espagne ou place

Navone. Un chef-d'œuvre de l'Antiquité fait « vivre » ainsi d'autres merveilles artistiques moins anciennes.

Mais si, à l'époque actuelle, vous souhaitez admirer un aqueduc romain en excellent état de conservation, alors rendez-vous comme Quintus au pont du Gard. Peut-être n'y avez-vous jamais prêté attention, mais ce monument se trouve également dans vos poches : il est représenté sur les billets de 5 euros. Enfin pas tout à fait, étant donné que la monnaie européenne n'évoque pas des monuments en particulier mais plutôt des styles architecturaux représentatifs de notre culture européenne. Cependant, il est difficile de ne pas songer au pont du Gard lorsqu'on examine un billet de 5 euros.

Les dimensions de cet aqueduc sont gigantesques : près de 49 mètres de haut sur 275 mètres de long au niveau supérieur. Le plus époustouflant, ce sont ses trois rangées d'arches superposées : six en bas, onze au milieu et trente-cinq en haut (quarante-sept arceaux à l'origine). Pourquoi un si grand nombre ? Derrière l'esthétique se cachent des contraintes technologiques, et pas seulement pour répartir le poids et alléger la structure. Ainsi la dernière série permet-elle également de réduire la surface exposée au vent. Quant aux arches de la base, leur épaisseur dépasse les 6 mètres pour offrir la meilleure résistance possible au courant.

Le fait que le pont du Gard soit toujours là témoigne de l'extraordinaire qualité du projet. Il fut réalisé au Ier siècle pour alimenter la cité de Nemausus (Nîmes). On estime que dans sa canalisation passaient quelque 35 000 litres d'eau par jour, un chiffre si élevé qu'on a du mal à lui trouver un sens. Alors prenons un exemple : vous voyez ces petites bouteilles d'un demi-litre ? Eh bien il en faudrait 70 millions pour obtenir une telle quantité d'eau, et ce pendant cinq siècles. Mais au fait, comment circulait-elle ? Tout simplement grâce à une pente de

25 centimètres par kilomètre sur une longueur de 50 kilomètres, le pont du Gard n'étant qu'un élément d'un aqueduc dont la quasi-totalité du parcours était souterrain et qui fonctionna pendant cinq siècles.

Le secret de telles structures réside ainsi dans le seul principe de déclivité. Aucun système, aucune pompe pour alimenter les cités en eau. C'est la raison pour laquelle la canalisation faisait de longs détours, le but étant de maintenir une pente constante. À moins que ce ne fût aussi pour franchir le domaine de quelque puissant personnage se livrant à la spéculation, car alors les terres expropriées l'étaient au prix du marché.

Il ne fallait guère d'années aux Romains pour construire un aqueduc : une quinzaine seulement pour celui alimentant Nîmes. C'est peu, quand on songe au temps nécessaire aujourd'hui pour réaliser la moindre autoroute. Sans compter que pour soulever les blocs de pierre on n'utilisait que la seule force des esclaves, qui tels des hamsters faisaient tourner les grandes roues de grues en bois.

L'affaire Marcus Fonteius

Quintus est sur le point d'achever son discours, avec force gestes. Dans quelques semaines, lui et son épouse feront leur entrée dans l'amphithéâtre d'Arelate et prendront place, en tant qu'invités d'honneur, aux côtés du gouverneur de la province. Le moment des exécutions venu, après quelques chasses et divertissements, Quintus obtiendra justice. Parmi les condamnés qui entreront dans l'arène, il reconnaîtra les hommes ayant tenté de le dévaliser. Il les verra boiter à cause de leurs plaies dues aux fers, et puis quelques rugissements mettront fin à cette sombre histoire.

Mais nous ne serons plus là, car Quintus vient de perdre notre sesterce en descendant parmi la foule. Un petit garçon le ramasse et le donne à son père, un marchand de *garum* qui doit partir demain pour Massilia (latinisation de « Massalia », le nom grec de Marseille), où il doit réceptionner des amphores pleines du précieux condiment en provenance d'Hispanie — avec l'espoir que le bateau n'ait pas coulé. Le risque est grand pour ceux qui misent sur le commerce maritime, alors ils le partagent et s'entendent à plusieurs pour faire voyager leurs marchandises sur un même navire. Ainsi le coût du transport est-il moindre pour chacun, et les pertes limitées si la cargaison est perdue.

Puisque nous parlons d'argent, souvenons-nous que la Via Domitia, qu'emprunte actuellement notre marchand, fut à l'origine d'un célèbre scandale, lequel n'avait rien à envier à ceux de notre époque. C'était une voie de circulation capitale pour cette région de l'Empire, une sorte d'autoroute du Soleil, et Marcus Fonteius, qui vécut au Ier siècle avant J.-C., le savait parfaitement. Il occupa durant trois ans la charge de propréteur en Gaule narbonnaise et usa largement de son pouvoir pour s'enrichir au détriment de la population locale. Il détourna des sommes considérables destinées à l'entretien des routes, dont précisément la Via Domitia. Il demanda à son administration de payer des entrepreneurs pour des chantiers qui ne furent jamais ouverts — argent que lesdits entrepreneurs s'empressaient d'offrir à Marcus. Il reçut en outre des pots-de-vin pour valider des travaux mal exécutés, fit procéder à des expropriations et à des confiscations arbitraires, obligeant quantité de gens à s'endetter auprès d'usuriers romains dont il était le complice, et enfin taxa lourdement et arbitrairement la circulation des vins.

Il aurait accumulé ainsi 23 millions de sesterces, soit environ 46 millions d'euros. Si ce montant nous paraît aujourd'hui faramineux, il l'était également à l'époque. Les Gaulois s'insurgèrent et envoyèrent une délégation à Rome. Un procès fut alors intenté contre le propréteur corrompu, mais Marcus Fonteius prit une initiative surprenante : il demanda à être défendu par le célèbre Cicéron, le même qui avait fait condamner Verrès, propréteur de Sicile, pour des raisons similaires.

Pourtant l'avocat accepta. Dans son plaidoyer, qui nous est parvenu en partie, il qualifie le préteur d'« excellent magistrat romain » et de « citoyen courageux et innocent ». On croirait l'entendre. Imaginez sa voix puissante, tonnant dans le silence, tandis que des centaines de personnes boivent ses paroles : « J'en atteste les dieux et les hommes ! Non, pas un seul sesterce n'a changé de place sans avoir été inscrit chaque fois. » La stratégie de Cicéron reposait sur une idée simple : au fond, Marcus Fonteius s'était contenté d'opprimer des Gaulois dont les ancêtres avaient égorgé les soldats de Rome, alors que l'infâme Verrès avait spolié la République et les Romains établis en Sicile, ce qui était plus grave.

L'avocat gagna le procès et son client se retira à Naples, où il avait acheté une villa d'une valeur de 130 000 sesterces. Marcus Fonteius n'eut pas même une amende à payer ; simplement, il ne joua plus aucun rôle dans la magistrature romaine.

Mais oublions cette affaire pour retrouver notre marchand de *garum*. Il est parvenu à Massilia, où depuis deux jours il attend sa livraison. Imaginez que vous alliez chercher un ami à l'aéroport et que vous deviez patienter tout ce temps ! Il y a tellement d'impondérables au cours d'un voyage en mer qu'il faut vraiment s'armer de patience.

Le bateau arrive enfin, chargé de plusieurs variétés de *garum*. L'affaire est vite conclue avec le marchand qui en descend, un certain Eutychius. Ce grossiste de Puteoli (Pouzzoles) s'est rendu personnellement en Hispanie pour rapporter, en plus du condiment, divers produits très recherchés (huile, vin, poisson en saumure, etc.). Là où il est établi, la *dolce vita* est de règle chez les riches Romains, et l'on pourrait presque dire que le *garum* coule à flots. C'est probablement le lieu le plus mondain de l'Empire romain, et nous allons nous y rendre.

Au moment de payer ses amphores, le commerçant de Nîmes présente en plaisantant notre sesterce comme le premier investissement de son jeune fils, qui vient de se lancer dans les affaires. (Il ne précise pas comment l'enfant a trouvé la pièce.) Eutychius, également père d'un garçon, sourit au gamin, se tourne, attrape une statuette en bois à l'effigie de Mercure et la lui offre en signe d'encouragement. Il en possède une caisse entière : il y a tant de marins et de voyageurs grecs à Pouzzoles qu'elles se vendent comme des petits pains.

BAÏES
Luxe et volupté

La baie de Naples... sans le Vésuve

L'arrivée dans la baie de Naples est spectaculaire, comme toujours, avec les îles d'Ischia et de Procida à gauche, Capri et la péninsule Sorrentine à droite. Le paysage est à ce point saisissant qu'on croirait pénétrer sur la scène d'un théâtre ayant la nature pour décor. Porté par le vent, le navire s'apprête tranquillement à y trouver refuge. Eutychius, le marchand parti de Massilia, se tient à la proue, les mains posées sur le bastingage en bois. Les yeux fermés, il respire l'odeur de la terre — sa terre — tandis que le soleil matinal réchauffe son visage. Derrière lui, beaucoup d'autres bateaux se dirigent vers Pouzzoles, au nord-ouest de la baie.

Nous portons instinctivement notre regard vers la droite, à la recherche du Vésuve, mais curieusement nous ne le retrouvons pas. Comment est-ce possible ? À vrai dire, il n'existe pas encore, du moins pas sous la forme que nous lui connaissons aujourd'hui. Les petites villes de Pompéi et d'Herculanum ont bien été ensevelies sous ses cendres il y a moins de quarante ans, mais on ignore trop souvent que notre Vésuve de carte postale n'est pas le responsable de leur destruction : l'éruption dévastatrice de l'an 79 fut celle d'un autre volcan sur les restes duquel a « poussé » le Vésuve, jusqu'à épouser les contours qui nous sont familiers. Il est donc probablement trop petit sous Trajan pour que nous puissions l'apercevoir distinctement depuis la mer. Sont encore visibles, en revanche, des traces de la catastrophe, même si la végétation est en train de recouvrir l'étendue lunaire qui en a résulté.

Il en va de Naples (Neapolis) comme du Vésuve : au début du IIe siècle, c'est une cité modeste qui ne ressemble en rien à la métropole tentaculaire d'aujourd'hui ; cependant les habitations de luxe ont commencé à envahir le littoral. Cicéron, César, Lucullus et Crassus, pour ne citer qu'eux, y ont possédé une villa. Les empereurs aiment séjourner en ces lieux. Ce fut le cas d'Auguste, de Tibère et de Claude ; plus tard, Hadrien y viendra lui aussi.

Ce phénomène est particulièrement frappant dans le golfe de Pouzzoles, où nous faisons actuellement notre entrée. Nous n'avions rien vu de tel avant d'entreprendre ce voyage à travers l'Empire. On peut dire que toute cette portion du littoral campanien a été « bétonnée », les Romains étant mus par une véritable fièvre de la construction — *voluptas aedificandi*, selon l'expression consacrée, notamment à Baïes, avec ses somptueuses villas mais aussi ses maisons plus modestes, ses thermes gigantesques, ses édifices publics et ses auberges. On pourrait comparer avec Acapulco ce lieu dédié aux plaisirs, parfois extrêmes, de l'aristocratie et des riches en général.

Ces demeures sont souvent assorties d'infrastructures pour l'élevage des poissons et des huîtres. C'est d'ailleurs sur ce rivage que celles-ci sont devenues un mets très prisé. L'idée en revient à un sénateur du nom de Caius Sergius Orata, né au IIe siècle avant J.-C., le même qui, selon les sources antiques, inventa le système de chauffage par le sol (hypocauste), utilisé notamment dans les thermes. Et comme le laisse supposer son *cognomen* — *orata* signifiant « daurade » en latin —, il pratiquait aussi la pisciculture. Fut-il un génial inventeur ou un entrepreneur ayant un sens aigu des affaires ? Nous pencherions plutôt pour la seconde hypothèse.

Cette notion de quête du profit est importante pour nous aider à comprendre la façon de penser des Romains. Leurs villas ne sont généralement pas conçues pour le farniente au sens où nous l'entendons aujourd'hui : une résidence dans laquelle ils se détendent doit aussi leur rapporter beaucoup d'argent. Si elle se trouve à la campagne, son propriétaire tirera des bénéfices de l'agriculture, du vin, de l'huile, etc. Si elle est située sur la côte, bassins piscicoles et parcs à huîtres l'enrichiront. Rien d'étonnant à cela, car dans la mentalité romaine l'argent est bien le carburant qui permet de gravir les échelons de la hiérarchie sociale. Ces villas sont souvent bordées de portiques donnant sur les champs ou les bassins d'élevage : pour garder un œil sur les sources de revenus, bien sûr, et aussi pour les exposer à la vue des invités... N'avez-vous pas déjà vu ça quelque part ? Ne dirait-on pas les grands domaines esclavagistes d'*Autant en emporte le vent* ?

Une trière (vaisseau militaire) passe à côté de nous, rapide et silencieuse, avec son rostre redoutablement pointé vers l'avant. On entend d'ici le chef des rameurs *(hortator)* battre le rythme. Tordons le cou aux idées reçues : les rameurs ne sont pas des esclaves ni des prisonniers, ce sont des hommes libres. Autre particularité : les marins des bâtiments de guerre exercent sur la terre ferme une seconde activité consistant à déployer et replier les vélums qui procurent de l'ombre aux spectateurs des amphithéâtres. Aussi sont-ils nombreux à Rome pour manipuler ces voiles d'un genre particulier.

La trière file à vive allure. Elle a surgi, tel un requin, de Misène (Misenum), à quelques encablures de Baïes. Quand on y réfléchit, ce coin de Campanie regroupe bon nombre de caractéristiques du monde romain : luxe, culture, puissance militaire, business. Il y a Baïes, avec ses villas et ses divertissements ; il y a Naples, qui convient parfaitement aux intellectuels car elle fut fondée par les Grecs, dont les traditions et la langue y sont encore bien ancrées, notamment avec l'organisation de concours de poésie et de musique ; il y a aussi Misène, base de l'une des flottes impériales, et puis Pouzzoles, port de commerce, où nous n'allons pas tarder à accoster.

Le navire dépasse une sorte de digue qui court sur 370 mètres et protège le site. Avec sa quinzaine d'arches, elle ressemble plutôt à un morceau de pont. Aucun bateau n'est amarré à cette architecture dont la forme légèrement incurvée assure une meilleure protection contre les vents et les tempêtes, tandis que ses arches laissent passer le courant pour limiter l'ensablement. Sa fonction très concrète ne l'empêche pas d'être surmontée de beaux monuments. Un premier arc de triomphe, près de la côte, présente à son sommet un groupe de tritons en bronze doré. Un deuxième est surmonté d'un quadrige guidé par Neptune et tiré par des hippocampes brillant au soleil. Enfin, les Dioscures, protecteurs des navigateurs, apparaissent sur deux colonnes.

Acheter des souvenirs dans l'Antiquité

Nous voici enfin à quai. Eutychius saute du navire et touche le sol de sa main ; il la porte ensuite à sa bouche et l'embrasse. Un vendeur de souvenirs l'observe en souriant puis se remet à marchander avec son client. Son magasin n'est guère qu'une charrette protégée par un petit parasol carré, mais elle regorge de toutes sortes d'articles touristiques. Nous remarquons surtout les flacons en verre soufflé dont il est en train de vendre un exemplaire. Ils présentent en relief, à la manière d'une carte postale, les principaux monuments que l'on peut admirer sur la côte entre Pouzzoles et Misène. Voilà pourquoi nous sommes en mesure aujourd'hui de la décrire telle qu'elle était à l'époque romaine : on peut y voir les parcs à huîtres, les thermes, les palais impériaux et la longue digue avec ses arcs de triomphe et ses colonnes. De délicats objets de ce type sont exposés dans différents musées, à New York, Prague, Lisbonne, Varsovie, Odemira (Portugal) et Populonia (Italie), ou encore sur le site archéologique d'Ampurias (Espagne). Ils rappellent beaucoup ces pichets en céramique illustrés de paysages et portant l'inscription « Souvenir de... », que l'on trouve dans les boutiques pour touristes de nos petites villes de province.

Quels autres souvenirs peut-on acheter sous le règne de Trajan ? On a pu dresser un curieux inventaire à partir d'objets exhumés et de textes anciens. Parmi eux, en provenance d'Athènes, une petite figurine représentant Athéna, que l'on pourrait comparer aux *David* de Michel-Ange vendus dans les rues de Florence. Les riches, eux, achètent des reproductions grandeur nature de statues célèbres pour en peupler leurs demeures. En Afghanistan, on a retrouvé un verre reproduisant des scènes du port d'Alexandrie. (Qui sait comment il a atterri là-bas !) Il nous fait songer à ces boules à l'intérieur desquelles il neige quand on les agite. Dans un autre genre, les Romains ramènent de leurs pèlerinages l'équivalent des Saintes Vierges que certains de nos contemporains posent sur la commode de leur chambre : à Antioche, il est possible de se procurer la déesse de la Chance, Tyché, sous la forme d'un petit flacon d'un empan de haut. On peut aussi, comme aujourd'hui à Lourdes, rapporter d'Égypte de l'eau sacrée du Nil, qu'on utilisera pour le culte rendu à Isis.

Il y a en outre les cadeaux typiques des lieux visités. Ceux qui se rendent à Alexandrie savent qu'ils pourront s'y procurer au meilleur prix un vaste choix d'articles, tels que soie de Chine et épices en provenance d'Inde ou de l'archipel indonésien (poivre, gingembre, camphre, cannelle). D'Inde encore arrive le coton, d'Orient les parfums. Quant à l'encens, il est produit dans la péninsule Arabique, tandis qu'en Syrie on achète des tapis, des tissus matelassés et de très beaux objets en verre soufflé. Naturellement, il faudra affronter la douane au retour...

Rentrer chez soi, enfin !

Sur le quai, Eutychius a retrouvé ses esclaves, qui se chargeront des formalités. Lui-même ne s'attarde pas ; il connaît bien les douaniers et les couvrira de cadeaux, comme d'habitude. Il leur adresse un simple salut pendant qu'ils s'acharnent sur un marchand syrien qui ne cesse de gesticuler, parlant tantôt grec, tantôt dans sa langue d'origine.

Arrivé chez lui, Eutychius trouve son épouse confortablement allongée, un chiot entre les mains. Les riches Romaines raffolent des petits chiens — un goût qui perdurera bien au-delà de l'Antiquité —, et elles aiment se faire représenter avec eux dans leurs bras. Il y aussi là un message, car le chien symbolise la fidélité. Les chats, en revanche, sont plutôt rares, hormis en Égypte ; c'est la fouine qui en Europe fait office de félin domestique dans les familles.

Après avoir passé un moment avec sa femme, Eutychius s'est rendu aux magnifiques thermes de Baïes. Rien de tel pour goûter la joie d'être de retour dans sa cité bien-aimée. Sa peau est douce après le bain, et son corps tonifié par les massages. Il a le cœur en fête, car après sa longue absence il sait qu'il verra ses amis au dîner.

Il marche dans la rue avec derrière lui l'esclave, discret comme une ombre, qui lui sert de secrétaire et a toute sa confiance. Nous constatons avec étonnement que le dernier tronçon de cette artère, qui conduit directement chez lui, est pratiquement désert par rapport à ce matin. Le brouhaha des passants et l'agitation des commerces se sont interrompus. Seules quelques personnes circulent encore, par petits groupes. Les boutiques ont cessé toute activité. Maintenus fermés par des barres et des serrures, leurs volets de différentes couleurs passées au soleil (vert, bleu, marron) font penser à un reste d'arc en ciel. Un chien lève la patte devant un magasin de tissus. Plus tôt, il aurait été chassé à coups de pied.

Pourquoi la rue est-elle déserte à présent ? À l'exception des aubergistes, des antiquaires et des barbiers, comme le rappelle Jérôme Carcopino[34], on finit généralement sa journée de travail à l'*hora sexta* pendant la belle saison (à la sixième heure du jour, entre 11 heures et midi pour nous) et à l'*hora septima* pendant la mauvaise (à la septième, entre midi et 13 heures). Quand les trompettes retentissent sur le forum ou qu'un homme se met à crier, c'est l'équivalent de la sirène sur un chantier. Les travailleurs s'arrêtent, les affaires aussi, tout comme la vie politique (du moins officiellement, car elle va se poursuivre aux thermes et dans l'intimité des gens importants).

Lorsque Eutychius franchit la porte de sa *domus*, il apprécie plus encore que ce matin la luminosité et les parfums qui lui ont tant manqué durant son absence. Dans l'atrium, il contemple le bassin qui reflète le bleu du ciel. Sur l'eau flottent des pétales de fleurs — une décoration pour le banquet de ce soir.

Surgit alors son fils, tout sourire, mais plutôt maigrichon. Âgé de six ans, il a les cheveux bruns et le regard espiègle. Il porte au cou une *bulla,* sorte de médaillon renfermant une amulette qui protège des maladies. Derrière lui se tient son esclave attitrée, une femme qui sourit elle aussi. Durant une bonne partie de la journée, les enfants romains sont séparés de leur mère et confiés à une nounou. Le gamin embrasse son père longuement, avec fougue. Puis il se dégage de cette étreinte pour courir vers le petit chien de la maison. Inutile de tenter de le retenir, et bien sûr son esclave le suit partout.

Eutychius inspecte les lieux pour s'assurer que tout est en ordre pour le festin. Certains aspects décoratifs de son intérieur nous séduisent tout particulièrement : les couleurs vives des murs, qui égaient les pièces, mais aussi les mosaïques du sol, véritables tapis de pierre entourés d'une belle bordure, avec au centre des motifs géométriques, des figures mythologiques ou bien des scènes illustrant souvent les plaisirs de la vie quotidienne.

La mosaïque sur laquelle se tient le maître de maison, tandis qu'il fait le point avec son secrétaire sur les préparatifs du banquet, représente deux bateaux, des dauphins, des murènes et divers autres poissons. Elle n'est constituée que de tesselles noires et blanches, mais en dépit de sa simplicité elle est très suggestive parce qu'elle évoque le retour d'un long voyage. Le bateau de droite, toutes voiles dehors, se trouve encore en pleine mer, chargé de marchandises. Celui de gauche n'est autre que le même en train de rentrer au port, les marins s'affairant en tous sens. On aperçoit un grand phare, et puis aussi une barque. Peut-être s'agit-il d'un remorqueur, à moins qu'elle ne serve à l'équipage pour gagner le quai — difficile à déterminer. Ce qui ne fait aucun doute, en revanche, c'est que l'homme que l'on voit déjà à terre est en train de jeter de la nourriture sacrificielle dans un feu, sur un petit autel, pour remercier les dieux de lui avoir évité le naufrage.

Cette mosaïque commandée par Eutychius évoque son existence : il est toujours en voyage pour son travail et les dieux veillent sur lui. Mais surtout, elle renseigne le visiteur sur l'origine de sa fortune : le commerce. Les mosaïques des maisons romaines font ainsi souvent office de « panneaux publicitaires » pour témoigner de la richesse du propriétaire.

Étudions à présent le mobilier. Pas de tables massives, de bibliothèques ni de buffets imposants : les meubles passent au second plan et ont tendance à se réduire au strict nécessaire afin de ne pas occulter le véritable décor de la *domus*, c'est-à-dire les mosaïques au sol, les fresques sur les murs et diverses décorations au plafond. Nous remarquons cependant un magnifique guéridon à trois pieds ornés de têtes de félins ; on dirait une délicate araignée, tapie dans un angle de la gigantesque mosaïque comme s'il s'agissait de sa toile. Aux autres coins de la pièce, de fines colonnes de bronze font penser à de longs pieds de lampadaires ; elles supportent généralement des statues de dieux ou des lampes à huile.

Eutychius se trouve à présent dans le magnifique jardin de son péristyle aux nombreuses colonnes. Il y a là des parterres parfaitement entretenus et des arbustes aux enivrantes senteurs méditerranéennes. Le maître s'assure auprès d'un esclave jardinier que la fontaine centrale — celle avec le faon en bronze qui s'élance, poursuivi par des chiens de chasse — a bien été réparée. Le jet doit être abondant et générer un plaisant effet sonore lorsque l'eau retombe dans le bassin. C'est capital pour la réussite du banquet.

Un peu plus loin, derrière un paon, bien réel celui-ci, gambade une fillette. Le deuxième enfant du marchand déboule entre ses jambes avant de finir dans ses bras.

Les secrets de la maîtresse de maison

La curiosité nous pousse à ouvrir doucement une porte. Au centre d'une pièce aux murs rouges, nous découvrons la *domina* assise, les mains sur son giron. Deux esclaves lui brossent les cheveux, et tous les accessoires nécessaires à cette opération, y compris le fer à friser *(calamistrum),* sont disposés sur la table. La mise en beauté d'une maîtresse de maison pour un banquet est affaire sérieuse. Elle a débuté il y a un bon bout de temps déjà et peut exiger plusieurs heures. L'objectif est d'obtenir un visage lumineux, avec des lèvres d'un rouge sensuel, des yeux ourlés de teintes douces et une cascade de boucles factices retombant sur son front.

L'épouse d'Eutychius ne se teint pas en roux. Cette couleur très prisée des Romaines, tout comme les chevelures noires ou blondes, présente un danger : elle est toxique. Les femmes le savent, mais beaucoup continuent à utiliser cette teinture jusqu'à ce qu'elle leur brûle littéralement les cheveux. Pour masquer de tels dégâts, une seule solution : la perruque. En porter n'a rien de déshonorant. Toutes les riches Romaines le font régulièrement, et toute *domina* qui se respecte en possède de différentes couleurs. Il y en a pour tous les goûts et toutes les occasions. Au fond, c'est un peu comme se faire une teinture différente chaque matin !

Des coffrets d'ivoire et des accessoires de toilette sont disséminés un peu partout autour de la femme d'Eutychius — spatules, épingles en os, pots d'ambre contenant des poudres colorées pour le maquillage... Une esclave enlève d'une petite table ce qui reste du masque de beauté appliqué la veille. De quoi se composaient-ils à l'époque ? Ovide nous en livre les secrets. Mais attention, la recette qui suit s'apparente davantage à une potion de sorcière qu'à un cosmétique :

Faire macérer une livre d'ers (un genre de lentille) dans une dizaine d'œufs puis mélanger le tout dans une livre d'orge (si possible en provenance d'Afrique).

Faire sécher la pâte, la broyer et y adjoindre une cinquantaine de grammes de poudre de corne de cerf.

Passer l'ensemble au tamis et ajouter à la poudre obtenue une livre de miel, un mélange de 50 grammes d'épeautre et de résine, plus douze bulbes de narcisses dépouillés de leur écorce et pilés au mortier.

Selon Ovide, le résultat est garanti. La femme aura la peau douce, veloutée et lisse « comme son propre miroir ».

Ce type de préparation s'inscrit parfaitement dans la stratégie de séduction des Romaines, en plus des bains quotidiens. (Avant le développement des thermes, on ne se lavait intégralement qu'une fois par semaine.) D'après Pline l'Ancien dans son *Histoire naturelle*, on doit l'invention du savon aux Gaulois ; cet auteur est le premier à employer le terme *sapo*, emprunté au gaulois *saipo*. Mais de préférence au savon, jugé agressif, on utilise de la soude, de la cendre végétale ou de la pierre ponce, en se gardant de les associer à d'autres produits. On comprend dès lors que l'usage des huiles et des onguents soit très répandu chez les femmes riches qui souhaitent prendre soin de leur peau. En outre, elles se parfument beaucoup.

Nous nous mettons généralement du parfum derrière les oreilles et dans le cou. La Romaine et son époux, eux, en mettent dans leurs narines, sur leurs cheveux, leurs vêtements. Et ce soir au banquet, lorsque tout le monde sera allongé et déchaussé, il sera de bon ton que les invités se parfument également les pieds. De son côté, le maître veillera à ce que l'on parfume aussi les murs et les ailes des colombes qui seront lâchées au cours de la soirée.

Cuisiner pour un banquet

Refermons la porte et laissons la *domina* à son intimité. Dans l'air flottent d'étranges odeurs de cuisine. De quoi s'agit-il ? Difficile à dire. Nous suivons ces effluves, tels des limiers, en déambulant parmi les esclaves qui arrangent les coussins sur les lits du triclinium, suspendent des guirlandes de fleurs et vérifient le bon fonctionnement des lampes. Nous tombons également sur un groupe de musiciens et de danseuses en train de se préparer dans l'une des pièces réservées aux serviteurs.

À mesure que nous avançons, le fumet se fait plus précis et nous comprenons enfin qu'il s'agit d'un rôti. Malheureusement, l'ajout d'herbes et d'épices a dénaturé l'odeur de la viande pendant la cuisson, d'où notre difficulté à la reconnaître tout à l'heure. C'est l'une des nombreuses différences entre notre gastronomie et celle des Romains. Et qu'utilisent-ils en guise de cuisinière ? Un plan de cuisson en maçonnerie sur lequel ils répandent des braises. Et comme casseroles ? Principalement des plats en terre cuite, mais aussi des marmites et des chaudrons en cuivre. Pas de hotte aspirante, bien sûr, simplement des grilles à proximité du plafond. La pièce qui sert de cuisine est généralement minuscule et les esclaves se gênent les uns les autres pour répondre aux besoins de la *domus*, mais ici il y a de l'espace. Eutychius est probablement amateur de bonne chère.

On est tenté de dire de la cuisine romaine qu'elle est méditerranéenne, à base d'huile d'olive, mais s'y ajoutent des condiments qui nous sont étrangers, comme le *garum*. Sont couramment employées aussi des épices telles que le cumin, la coriandre, le sésame ou le gingembre — exactement comme nous utilisons le poivre, le basilic ou l'origan. De sorte qu'au bout du compte cette cuisine romaine peut sembler exotique à nos palais. Et puis elle associe fréquemment des saveurs opposées pour donner sur les tables de l'Empire l'effet aigre-doux que nous apprécions dans les spécialités d'Extrême-Orient.

À présent, le *magirus* (cuisinier), les yeux rougis par la fumée, travaille à un plat très particulier : il a concocté un pâté de viande qu'il est en train de faire tenir dans un moule en cuivre semblable à ceux que nous utilisons aujourd'hui pour les gâteaux, si ce n'est qu'il est en forme d'animal. Un deuxième moule, représentant un lièvre bondissant, est accroché au mur. Nous savons qu'en matière culinaire les Romains aiment surprendre. Les recettes d'Apicius nous le confirment. Il arrive que les plats revêtent des apparences n'ayant rien à voir avec leurs ingrédients. On croit voir arriver un poisson, et c'est en réalité du foie mélangé à diverses viandes ; on croit avaler un œuf, et c'est de la semoule. Ces préparations sont censées surprendre les convives, car le désir d'impressionner est une constante pendant les banquets, en jouant sur la présentation de plats originaux mais en proposant également des danses sensuelles.

Dans la partie la plus reculée de la maison, un bouffon s'habille, tandis qu'un groupe de musiciens s'installe au fond du jardin, à l'endroit qui offrira la meilleure acoustique. Tout est fin prêt, et dans le triclinium les lits n'attendent plus que les invités. Le menu de ce soir comprend du sanglier, du loir rôti au miel et saupoudré de graines de pavot, des escargots, du flamant rose, du paon, des murènes (très appréciées) et des daurades... d'élevage. De nos jours, quand on nous sert du poisson d'élevage, nous faisons la grimace, alors que pour les Romains c'est un gage de fraîcheur. Celui-ci provient du vivier d'une villa voisine, directement relié à la Méditerranée. Les produits de la mer occupent une place de choix lors des banquets, et de manière générale les Romains en raffolent, comme en témoigne Pline l'Ancien : « La mer est déjà, de tous les éléments, celui qui coûte le plus cher à la gourmandise, par tant de mets variés, tant de services, tant de poissons savoureux, estimés en raison des périls que courent les pêcheurs[35]. »

Plats en argent, coupes en verre soufflé et teinté d'une grande finesse, vieux falerne accompagné d'autres vins très prisés tels que le massique et le cécube contribueront au luxe du dîner, lequel débutera par des huîtres, élevées elles aussi à Baïes. Conformément aux ordres d'Eutychius, elles feront leur entrée sur une petite montagne de glace, pour le plus grand bonheur de tous. Et quel mariage de saveurs lorsque le succulent *garum* sera versé sur les mollusques au bon goût iodé !

Les couverts sont absents. Comme chacun sait, on mange avec les doigts (à l'exception des soupes pour lesquelles on utilise des cuillères). La nourriture est donc servie prédécoupée. Si les petites bouchées n'ont pas été préparées en cuisine, l'opération sera confiée à des esclaves faisant office de couteau. Chaque convive en aura un à sa disposition. Eutychius remettra en outre à ses invités de petits cadeaux appelés *xenia* (terme emprunté au monde grec pour définir ce rituel d'hospitalité). C'est une tradition dans les banquets organisés par des personnes fortunées, qui offrent ainsi cuillères en argent ou petites sculptures d'ambre.

Enfin, on n'oubliera pas de faire brûler de l'encens. Pour masquer les odeurs, bien sûr. Il est vrai qu'entre les parfums pour le corps, les vêtements et les intérieurs, les relents de sueur, le fumet des plats et les senteurs du jardin, la soirée risque de devenir une véritable épreuve pour l'odorat. Si l'on ajoute à cela l'encens lui-même... Martial raille ainsi un banquet où l'on crevait la faim, mais si « odorant » qu'il a eu l'impression d'être embaumé vivant (sachant qu'on parfumait les défunts, notamment avec de l'encens).

Or, émeraudes et danseuses de Cadix

Un couple vient d'arriver. Il y aura neuf invités au total, nombre idéal pour un banquet dans la meilleure tradition romaine. Jetons un œil sur les vêtements des nouveaux venus. L'homme porte une tunique rouge et une toge bleu foncé, élégamment bordée de fils d'or. La femme arbore une robe vert émeraude constellée d'une telle quantité de broderies dorées que de loin on dirait un ciel étoilé. Ses épaules sont recouvertes d'une ravissante *palla* de soie qu'elle s'empresse de confier à un esclave pour exhiber son magnifique collier d'or, de perles et d'émeraudes. Pendent à ses oreilles des boucles en or en forme de balance où en guise de plateaux oscillent de grosses perles blanches. La dame est littéralement couverte de bijoux, comme il sied à une riche Romaine. À ses bras scintillent des bracelets en forme de serpent, et à ses doigts (à l'exception du majeur, laissé libre pour raisons magiques) des bagues en or, l'une ornée d'un sceau en pâte de verre bleue figurant un aigle, les autres serties d'émeraudes et de saphirs.

Curieusement, les bagues ne se portent pas uniquement à la base des doigts mais à d'autres phalanges aussi. C'est une particularité des femmes aisées, raison pour laquelle on peut voir dans certains musées de tels bjoux de très petite taille. Certes, nombre d'entre eux appartenaient à des fillettes, mais d'autres paraient les doigts ou les orteils des matrones. La femme d'Eutychius, elle, porte une bague gravée de l'inscription *EVT VXI*. C'est l'abréviation de *Eutychius Uxori*, qui signifie : « De la part d'Eutychius à son épouse. » Elle a été mise au jour par des archéologues, et c'est l'unique objet qui témoigne de l'existence de ce couple.

Tous les convives sont enfin là et l'on a commencé à festoyer. Il y a une certaine agitation du côté des « coulisses ». L'esclave qui a récité des vers grecs va s'asseoir sur un tabouret, heureux et soulagé que sa prestation ait rencontré un franc succès auprès des hôtes. C'est au tour de l'histrion de se produire, enchaînant mimes et blagues salaces.

Au fond du jardin, le secrétaire d'Eutychius prépare l'un des temps forts de la soirée, tel un metteur en scène. Dans un moment vont se produire des danseuses de Gadès (l'ancien nom de Cadix, rappelons-le). Elles sont célèbres jusque dans les coins les plus reculés de l'Empire, et toujours prêtes à déployer leur talent. Comment vous les décrire ? Observons-les, cela vaudra tous les discours...

Ce sont de très jolies jeunes filles, un véritable corps de ballet de l'Antiquité. Elles ont de longues chevelures noires bouclées et leurs tenues sont si légères, si transparentes, que cela ne laisse aucune place à l'imagination. À travers ces voiles, nous remarquons qu'elles portent autour de la taille un ruban coloré dont les pans retombent sur leurs hanches. Nous constatons également qu'elles sont entièrement épilées, à l'instar de toutes les femmes romaines.

Au signal convenu, l'orchestre change de style de musique pour accompagner l'arrivée des danseuses. Depuis le triclinium, les invités les voient surgir du fond du jardin, se séparer et parcourir la colonnade du péristyle, les unes à droite, les autres à gauche. Elles avancent silencieusement, pieds nus, leurs corps éthérés apparaissant entre les colonnes, éclairés par des lampes posées à même le sol. L'effet est très suggestif : sur les murs couverts de fresques leurs ombres semblent s'agrandir et virevolter tels d'élégants voiles sombres. Quelques secondes plus tard, elles font leur apparition à l'entrée du triclinium et s'immobilisent, comme pétrifiées, les mains jointes au-dessus de la tête. Deux musiciens surgissent de chaque côté. Ils sont munis d'une flûte de Pan comportant plus de roseaux que celles d'aujourd'hui. Dès qu'ils pincent les lèvres pour souffler dans leur instrument, toute la scène s'anime instantanément. Les filles remuent les pieds et les mains, et nous réalisons alors qu'elles tiennent des castagnettes. Celles-ci diffèrent des nôtres et s'apparentent davantage à des gobelets en bois. Mais les deux filles aux extrémités de l'estrade en possèdent d'un autre genre qui font penser à des cuillères : elles en ont deux dans chaque main, qu'elles tiennent comme des baguettes chinoises et font claquer au rythme de la mélodie.

Cette danse a quelque chose du flamenco. Rien d'étonnant à ce qu'elle soit typique de la région de la future Cadix, dans la future Andalousie. Les artistes fixent les invités de leurs yeux noirs et profonds, avec un air de défi. C'est tout un jeu de séduction par le regard, tandis que les corps ondulent. Les mouvements sinueux évoquent la danse du ventre et certaines poses semblent suggérer une perte totale de contrôle, une sorte de déchaînement dans un état de transe, ainsi qu'on peut le voir sur une sculpture de Vaison-la-Romaine. Évoquant une certaine Telethusa dans ses *Épigrammes*, Martial ne décrit-il pas « cette belle si habile à prendre des poses lascives au son des castagnettes de la Bétique et à reproduire les pas des danseuses de Cadix[36] » ? Mieux, si nous examinons un bas-relief retrouvé en Hongrie, nous découvrons que le costume de scène peut devenir une entrave pour la danseuse : celle qui a été immortalisée dans la pierre n'en porte pas.

Au signal convenu, les filles qu'a fait venir Eutychius ont retiré en effet leur tunique et n'ont gardé que le ruban noué autour de leur taille, dont les deux pans ondulent tels des serpents pendant qu'elles dansent nues. Au rythme des castagnettes, la chorégraphie, très érotique, va crescendo puis s'achève brusquement, les danseuses ayant repris leur position de départ, mains levées et jambes croisées. Le seul mouvement reste celui de leur respiration saccadée. Puis elles disparaissent comme elles étaient venues, sous les applaudissements des invités qui reprennent aussitôt leurs conversations.

Au fait, les Romains applaudissent-ils comme nous ? Oui. Battre des mains pour exprimer son approbation est une habitude très ancienne, presque aussi vieille que l'humanité.

Tous les plaisirs

Quittons la villa d'Eutychius et laissons-le à ses invités. Le banquet se poursuivra par toute une série de toasts, entre autres divertissements *(comissatio)*. Il a débuté entre l'*hora nona* et l'*hora decima* (soit aux alentours de 15 heures) et n'est pas près de s'achever.

Le soleil s'est couché et les premières étoiles pointent dans le ciel. Les ruelles désertes sont obscures, mais les artères principales ne sont pas encore plongées dans les ténèbres. Une multitude de lumières les éclairent : celles des auberges, pleines de voyageurs ; celles des tavernes, qui se sont muées en tripots clandestins ; ou encore celles des nombreux bordels, qui travaillent à plein régime dans une cité maritime telle que celle-ci. Les rires d'autres banquets nous parviennent depuis les hauts murs des riches demeures, mais le bruit est tout différent lorsque nous passons devant une *popina* : les hurlements typiques d'une altercation nous incitent à presser le pas.

Une fois sur les quais, nous prenons conscience que Pouzzoles ne dort jamais. Les dockers transportent les marchandises les plus variées et le port tout entier est illuminé. Nous pouvons l'affirmer car des milliers de lampes « usagées » ont été retrouvées par les archéologues dans les entrepôts du Portus Julius, un complexe aujourd'hui sous les eaux. Sans doute servaient-elles notamment lors du déchargement des gigantesques navires pleins de blé qui arrivaient ici. À la belle saison, l'activité était incessante ; on travaillait même la nuit pour récupérer le précieux grain destiné à Rome, et nous avons vu que quantité de bateaux plus petits mettaient ensuite le cap sur Ostie, où le blé était stocké dans des entrepôts.

Très vite, nous arrivons sur les bords du lac Lucrin, qui n'est séparé de la mer que par la Via Herculea, véritable digue. Quel merveilleux endroit ! On comprend que cette côte parsemée de magnifiques propriétés soit le lieu de prédilection des riches — en particulier des nouveaux riches. Savez-vous d'où tire son nom le Pausilippe, cette colline qui fait partie aujourd'hui de la commune de Naples ? De la demeure plutôt tape-à-l'œil de l'homme d'affaires Publius Vedius Pollio, fils d'affranchi. Il l'avait baptisée *Pausilypon*, équivalent grec de nos villas « Sans-Souci », parce que le panorama dont on pouvait jouir depuis là-haut faisait oublier tous les chagrins.

Ce n'est là qu'un exemple parmi d'autres. Certaines de ces maisons sont si proches de l'eau qu'on pourrait pêcher en lançant des lignes depuis leurs fenêtres. Les pièces s'y succèdent sous des portiques donnant sur la mer, parfois sur plusieurs niveaux. Pour s'en faire une idée, il suffit d'observer certaines fresques de Pompéi, d'Herculanum et de Stabies, ainsi que celles de la villa de Poppée (Oplontis) : elles montrent des paysages fictifs, mais sur les rivages représentés les longues colonnades correspondent tout à fait à la réalité.

Nous poursuivons notre promenade sur la Via Herculea. À la lueur de la pleine lune, nous distinguons les contours d'un bateau. Des lampes y sont allumées et nous voyons des visages se profiler dans la lumière. Des voix et des rires d'hommes et de femmes nous parviennent. Cette fois il ne s'agit pas d'un banquet...

À en juger par les écrits des auteurs antiques, la luxure règne dans bon nombre de résidences de la côte, notamment à Baïes, à moins de deux kilomètres de l'endroit où nous nous trouvons. C'est une localité thermale très prisée, et le genre de vie que mènent les propriétaires — ou les locataires — des villas a pu choquer certains Romains qui avaient pourtant les idées larges. Le jour, on fait du bateau sur le lac Lucrin, mais à la nuit tombée on invite à bord des femmes aux mœurs douteuses. Varron, un contemporain de Cicéron, raconte qu'on se partage des jeunes filles nubiles, que les vieillards se comportent comme des garçons, et beaucoup de garçons comme des filles.

Au siècle suivant, Sénèque lui fait écho : « Avoir le spectacle de l'ivresse errante sur ces rivages, de l'orgie qui passe en bateau, des concerts de voix qui résonnent sur le lac, et de tous les excès d'une débauche comme affranchie de toute loi, qui fait le mal et le fait avec ostentation, est-ce là une nécessité ? Non : mais un devoir pour nous, c'est de fuir au plus loin tout ce qui excite aux vices[37]. »

Martial confirme également dans l'une de ses *Épigrammes* que cette côte est un lieu de tentations contagieuses. Voyez ce qui arriva à une femme mariée de grande vertu :

La chaste Loevina, d'un mari très austère
Épouse encore plus sévère,
Qui rappelait les mœurs des antiques Sabins,
Part avec son époux, et visite les bains
Dont on vante partout la vertu salutaire.
Tandis que de Baïes le séjour enchanté
De son humeur farouche adoucit l'âpreté,
Voilà qu'au sein des eaux, d'un feu soudain surprise,
Pour un jeune homme elle devient éprise,
Et furtivement, sans éclats,
Elle fuit son époux, accompagne les pas
Du nouveau Pâris qui l'emmène :
Pénélope arrivée, elle est partie Hélène[38].

« Profite de l'instant présent ! » nous dit Kaïros

Pour bon nombre de Romains, Baïes est donc synonyme de divertissements débridés. Il est naturellement question ici des riches ; mais du Ier siècle avant notre ère jusqu'au milieu du IIIe siècle après J.-C., cette quête de plaisirs est assez représentative de l'état d'esprit qui régnait dans la société avant que s'impose le christianisme. Ne croyant pas en un au-delà paradisiaque, on veut profiter de la vie terrestre, et pas nécessairement en s'inspirant des mœurs de Baïes : simplement dans la vie de tous les jours. Comme divers courants philosophiques et de nombreuses religions coexistent, les manières d'affronter la vie peuvent diverger, mais la volonté de vivre le moment présent — « carpe diem » — est largement répandue, et c'est à ce principe que répond tout le luxe déployé dans la baie de Naples.

Un dieu d'origine grecque le symbolise parfaitement puisqu'il incarne précisément l'instant présent. C'est Kaïros, un jeune homme qui porte des ailes dans le dos et aux chevilles pour évoquer la fugacité du temps. Sa main gauche tient un rasoir sur lequel une balance repose en équilibre : ce rasoir est là pour rappeler que les choses peuvent changer rapidement, et la mort survenir. Quant à sa main droite, elle tire l'un des plateaux de la balance vers le bas, comme pour signifier : « Tu es maître de ta destinée, mais ne tarde pas. » Sa coiffure est étonnante : il a des cheveux longs sur le devant et le reste de sa tête est rasée. Pourquoi donc ? C'est la grande révélation de cette philosophie : il faut savoir saisir une opportunité « par les cheveux » lorsqu'elle se présente ; une fois que Kaïros nous est passé devant, il est trop tard.

Méditerranée

Une traversée périlleuse

Le départ

Le bateau largue les amarres à destination de Carthage. C'est une *navis oneraria*, un navire marchand, et un marin grec s'y trouve désormais en possession de notre sesterce. Comment la pièce est-elle arrivée jusqu'à lui ? De la façon la plus rapide et la plus discrète qui soit : il l'a volée hier.

Aux thermes de Pouzzoles, il a vu arriver un riche marchand accompagné de quelques clients. Celui-ci racontait que le soir précédent il avait offert un banquet chez lui et qu'à présent il avait mal au crâne pour avoir bu trop de vin. Le marin a compris que l'homme était fortuné et l'a trouvé particulièrement distrait en raison des excès de la veille. Il a attendu que cette proie idéale prenne place dans la queue puis, d'un rapide coup de couteau, a coupé les cordons de la bourse qu'elle portait à sa ceinture. De tels larcins sont classiques aux thermes, mais il est tout aussi classique que les gens avisés, si riches soient-ils, se promènent avec le moins d'argent possible sur eux. Dans la bourse en question il n'y avait que deux sesterces, dont le nôtre. Ce modeste butin est désormais en lieu sûr à bord du bateau, enveloppé dans un tissu et dissimulé entre deux lattes de bois, car mieux vaut ne pas se fier aux camarades.

Le marin regarde s'éloigner la terre ferme — Pouzzoles et ses villas de marchands, Baïes et ses plaisirs. On commence à percevoir la respiration tumultueuse de la Méditerranée, et déjà certains des trente passagers se sentent mal. Il n'est guère facile d'effectuer un voyage en mer à l'époque romaine : les bateaux de passagers n'existant pas, vous devez vous rendre au port, attendre qu'un bâtiment s'apprête à partir vers la destination souhaitée puis demander au capitaine de vous autoriser à embarquer — contre rétribution, bien sûr. Cependant le service à bord est exécrable. Pas de cabines ni de lits : on couche sur le pont. Pas non plus de nourriture : il faut apporter la sienne et se la préparer sur place. Bien entendu, il ne s'agit pas de longs voyages, mais les conditions sont franchement inconfortables.

À choisir, les Romains préfèrent sentir la terre ferme sous leurs pieds ; l'eau n'est pas un élément auquel ils se fient. Il leur est certes moins fatigant de voyager par bateau, cela leur évite de longues journées de marche ou de cahots, mais ils ne s'habitueront jamais à l'idée de périr au cours d'un naufrage, contrairement aux peuples ayant le pied marin, tels les Grecs ou les Phéniciens. Cependant, certains longs périples ne leur laissent pas le choix.

Se rendre de Pouzzoles à Alexandrie prend environ neuf jours. Cela peut paraître long, étant donné qu'aujourd'hui on ne met que trois heures en avion, mais songez qu'il s'agit d'une distance d'un millier de milles nautiques, soit un peu moins de 2 000 kilomètres, et que par voie terrestre il faudrait plusieurs semaines. Notre voyage sera donc relativement court, à une vitesse de 6 nœuds, soit 11 kilomètres à l'heure — 1 nœud équivalant à 1 mille nautique (1 852 mètres) à l'heure.

Les marins s'activent sur le navire, qui porte le nom d'*Europa* et a la forme caractéristique du « cargo » romain : il est pansu et orné à l'arrière, comme chaque *navis oneraria*, d'une gigantesque figure représentant une tête de cygne tournée vers la mer et dont le bec repose élégamment sur le cou. Il dispose d'un mât central pour la voile principale, rectangulaire, laquelle est surmontée d'une plus petite, rectangulaire aussi, afin de tirer profit du moindre souffle de vent par temps calme. Un deuxième mât, plus court, est situé à la proue et incliné vers l'avant telle une lance de cavalier : c'est le beaupré, destiné à une voile rectangulaire de taille moyenne, idéale pour les manœuvres.

Le commandant ordonne maintenant à ses hommes de border les voiles pour profiter au mieux du vent. Si beaux soient-ils, de tels moyens de transport ne sont pas aussi rapides que les voiliers actuels : ils sont massifs et un peu lourds sur l'eau. D'ailleurs on ne remarque ni roue de gouvernail ni barre, mais deux timons à l'arrière, un de chaque côté de la coque. On dirait deux énormes rames plongeant dans l'eau. Le timonier *(gubernator)* les manœuvre simultanément, des deux mains, et son poste se trouve au sommet d'une petite tour.

Superstitions

Nous passons devant un voyageur qui invoque à voix basse la protection des dieux en constatant que la côte est sur le point de disparaître. Personne ne lui prête vraiment attention, tant la chose est courante : chacun à bord est superstitieux, ce qui est très instructif sur la mentalité antique en général.

À terre, ni les passagers ni les marins ne savent précisément quand le bateau lèvera l'ancre. Il faut parfois attendre plusieurs jours. Et de quoi dépend le signal du départ ? Du vent, bien sûr, mais également de superstitions diverses.

N'oublions pas qu'à l'époque romaine le calendrier religieux interdit de travailler ou de conclure des affaires certains jours, considérés comme néfastes — par exemple le 24 août et le 8 novembre. Il en reste quelque chose aujourd'hui quand on songe à certains proverbes italiens typiquement issus de l'Antiquité, tels que : *Di Venere e di Marte né si sposa né si parte.* (« On ne se marie point le jour de Vénus ou de Mars, pas plus qu'on ne part. »)

Mais on risque de ne pas appareiller même lorsqu'on est dans un jour faste et que les vents sont favorables : le commandant doit procéder au préalable au sacrifice d'un taureau ou d'un mouton pour savoir ce qu'en pensent les dieux. S'ils n'en pensent rien de bon, le départ est reporté.

On pourrait croire que de telles traditions sont révolues, mais songez qu'aujourd'hui encore on peut recourir au sacrifice d'animaux afin de s'attirer la faveur divine. L'équipe d'Égypte de football, en prélude à un match important contre l'Angola en quart de finale de la coupe d'Afrique, a ainsi sacrifié une vache, s'attirant les foudres de l'Occident. Les images montrant des joueurs en train d'égorger un bovin ont fait le tour du monde.

Mais revenons à nos marins romains. En admettant que tout aille pour le mieux — météo et avis des dieux —, restent les mauvais présages. Et là, c'est une autre paire de manches ! Il y en a pour tous les goûts...

Veillez par exemple à ne pas éternuer sur la passerelle au moment où vous montez à bord, sinon ce sera très mauvais signe. En revanche, n'hésitez pas à éternuer vers la droite pendant un sacrifice.

Un corbeau ou une pie se pose sur la mâture et croasse ou jacasse ? Voilà de quoi faire frémir un marin, tout comme l'apparition de bois flottant ou de fragments d'épaves juste avant le départ.

Viennent ensuite les rêves prémonitoires : la vision d'une clé ou d'eau trouble dissuade de s'en aller. Une chèvre symbolise une mer agitée, un taureau ou un sanglier, une tempête. Les hiboux, chats-huants et chouettes annoncent une attaque de pirates ou un orage. Enfin, rêver d'une personne portant des cornes laisse craindre un naufrage, mais reste à savoir si ce sera ou non celui de votre bateau.

En revanche, rares sont les heureux présages — par exemple certaines espèces d'oiseaux venant se poser sur le navire durant la traversée. La raison d'une telle rareté est évidente : la mer est si imprévisible ! Au fond, l'abondance de signes néfastes est une bonne chose, car moins on prend la mer, moins on a de chances de mourir. Le drame, bien sûr, c'est de faire un mauvais rêve alors qu'on est déjà en haute mer et que les dés sont jetés.

Notre marin est très superstitieux, en plus d'être voleur à ses heures. Il veille à ce que tout le monde à bord se comporte selon les règles : il est de mauvais augure de jurer, de danser et, lorsqu'il fait beau, de se couper les ongles ou les cheveux — qui cependant peuvent être jetés dans des flots agités pour apaiser la colère des dieux.

Qu'y a-t-il dans la cale ?

Notre homme discute avec un camarade à moitié nu — la plupart des marins se dévêtent lorsque la température le permet, comme l'attestent certaines sculptures —, puis il descend dans la cale, officiellement pour vérifier la cargaison, mais dans les faits pour s'assurer que s'y trouve toujours son butin (notre sesterce et l'argent provenant d'autres larcins). L'endroit est sombre, une lampe s'impose. À sa faible lueur, le marin se fraie un chemin parmi les sacs et les amphores. Ces dernières sont disposées les unes à côté des autres sur plusieurs niveaux, celles du haut venant s'encastrer entre celles du dessous, et ainsi de suite. Leur belle forme effilée permet ainsi d'en entreposer un maximum, certains bateaux pouvant embarquer jusqu'à dix mille amphores, tandis que leur base en pointe les rend moins fragiles. Quant à la position haute de leurs anses, tout près du col, elle facilite les manipulations.

Jetons un œil autour de nous : les flancs du navire ont l'air solides. Les planches qui le constituent s'emboîtent comme les rallonges d'une vieille table lorsque nous recevons des invités : grâce à des languettes qui viennent se loger dans des ouvertures spéciales. C'est le principe de l'assemblage à tenon et mortaise, qui assure la solidité de l'ensemble — solidité que l'on renforce en recourant ensuite à des clous que l'on tord. On peut découvrir tout cela au musée du château de Santa Severa, au nord de Rome, le seul à présenter de manière exhaustive les techniques de navigation de l'Antiquité. On y apprend grâce aux études effectuées en laboratoire que, pour la quille et les membrures, les Anciens préféraient les bois durs et résistants tels que le chêne ou l'olivier, tandis que pour les bordages ils privilégiaient des bois plus légers, élastiques et résineux comme le pin, le sapin et le mélèze.

Ce musée présente en outre la reconstitution d'une pompe de cale romaine en état de marche. Tous les navires en étaient pourvus, en cas de brèche, bien sûr, mais aussi pour évacuer l'eau de sentine, celle qui s'accumule au fond des bateaux. Le système ressemble à une noria : des disques en bois fixés à une corde descendent dans un tube, en bois lui aussi, puis remontent par un autre de même diamètre qu'eux, véritables pistons évacuant ainsi quelque 200 litres à la minute.

Un géant des mers

Nous entendons des cris sur le pont. Le marin remonte en trombe. Les passagers admirent un immense navire qui se rapproche. Il appartient à la fameuse flotte du blé, et nous ne tardons pas à en apercevoir d'autres à sa suite. Ils ont quitté Alexandrie il y a quelques jours et traversé la Méditerranée pour nourrir Rome. Gigantesques et majestueux, ils arborent des voiles rouges et leur figure de proue est souvent une tête d'animal. Jadis, chaque fois qu'un tel bâtiment arrivait à Pouzzoles, les gens accouraient pour l'admirer.

Le navire passe à côté du nôtre. Tout le monde à bord reste bouche bée. C'est le plus grand bâtiment que l'on puisse croiser en Méditerranée : 55 mètres de long sur plus de 13 mètres de large, et il y a plus de 13 mètres aussi entre le pont et le fond de la cale — soit une hauteur supérieure à un immeuble de quatre étages. Ce roi des mers peut compter sur un équipage des plus expérimentés ; en être membre revient à intégrer le fleuron de la marine.

Nous distinguons à la proue une représentation de la déesse Isis, dont le nom apparaît sur les deux flancs. Tout à bord est surdimensionné..., sauf le timonier, menu et à moitié chauve. Mais les cheveux crépus qui lui restent sont blancs, ce qui témoigne d'une longue expérience en mer. De fait, il est aux commandes d'un véritable géant qu'on pourrait presque comparer au porte-avions *Nimitz*. Selon certaines études, de tels cargos pouvaient transporter plus de 1 000 tonnes de blé ! On aimerait découvrir comment étaient entreposés les sacs dans la cale : afin de maintenir l'assiette du bateau et d'éviter tout contact avec les parois humides, il devait y avoir dans la cale un impressionnant système de rayonnages.

Les marins des deux navires échangent des gestes de salut. L'*Isis* dépasse notre *oneraria* à la manière d'un nuage : gigantesque, silencieux, et poursuit sa route vers la côte.

La tempête

La nuit est tombée et les passagers bivouaquent comme ils peuvent. Certains sont étendus sous une bâche pour mieux se protéger de l'humidité, d'autres sont simplement blottis dans un coin sous une couverture de fortune. La mer est noire comme de la poix. Le timonier s'oriente exclusivement à l'aide des étoiles, qu'il ne quitte pas des yeux. Notre marin a fait un mauvais rêve et ne s'en vante pas ; ses camarades l'ont compris en le voyant se coucher à proximité de l'unique chaloupe de sauvetage — une simple barque, à vrai dire, dont on se sert pour manœuvrer dans le port ou gagner la terre. Elle ne peut contenir plus d'une dizaine de personnes bien serrées et ne permettrait donc pas de sauver tout le monde.

Observons autour de nous : nous ne voyons pas de gilets de sauvetage ; or, à l'époque romaine, rares sont ceux qui savent nager. On comprend d'autant mieux l'appréhension des gens à affronter une mer telle que la Méditerranée, où les tempêtes meurtrières peuvent se déclencher en quelques minutes. Un bateau sur cinq transportant du blé à Rome coule. Et qui dit naufrage dit mort assurée : la radio n'existant pas, il est impossible de lancer des SOS et il y a peu de chances qu'un autre bateau vous porte secours, le trafic restant somme toute modeste. Même si l'on ne coule pas tout de suite, on meurt rapidement de froid.

Nous nous réveillons en sursaut. La mer a enflé, le vent s'est levé et les vagues fouettent les flancs du navire. Tout le monde est nerveux et inquiet ; certains prient et invoquent les dieux, d'autres pleurent et se morfondent. Dans ce genre de situation il faut se serrer les coudes, passagers compris. Certes les voiles sont en lin, ce qui réduit le risque de déchirure, mais la mer ne cesse de grossir, et lorsque le soleil pointe à l'horizon — un court instant avant d'être avalé par les nuages noirs —, la tempête fait déjà rage. Des vagues balaient le pont, où les hommes s'agrippent à ce qu'ils trouvent, cordage ou bastingage. Sacs et bagages roulent, mais nul n'en a cure : chacun cherche à sauver sa peau avant tout.

Naturellement, le principal objectif est de maintenir le navire à flot : c'est le seul salut possible, comme pour nos cosmonautes, qui ne peuvent survivre que si leur vaisseau reste intact. Le récit du voyage de saint Paul, victime d'une tempête en Méditerranée, est très éloquent à ce sujet. On jette par-dessus bord une sorte de grue, puis l'on continue à alléger le bateau, quitte à le délester de sa précieuse cargaison de blé, objet de cette traversée.

Notre navire, quant à lui, encaisse les coups de son adversaire durant des heures. Cependant il résiste, jusqu'à ce qu'en fin de matinée la mer s'apaise enfin. À bord, on dresse l'inventaire des dégâts. Les passagers sont ébranlés, trempés et frigorifiés. Ils se regardent en claquant des dents. Mais ils sont en vie, et c'est ce qui compte. Certains jurent qu'ils effectueront le voyage de retour par voie de terre, en passant par le Moyen-Orient.

Alors que chacun à bord reprend ses esprits, on aperçoit à la surface de l'eau quelque chose qui ressemble à un gros morceau de bois flottant. Le timonier dirige le navire vers cet objet qui disparaît par intermittence sous les vagues. Une fois plus près, on réalise qu'il s'agit d'un naufragé, cramponné à un morceau de coque.

Le problème n'est pas simple : on ne peut arrêter un bateau à voile comme on arrête une voiture. Il faut pouvoir lancer une corde au malheureux, mais aura-t-il encore la force de s'en saisir ? Le sauvetage s'annonce difficile, cependant le naufragé est bien là, qui agite le bras.

Le navire s'en approche encore, et à l'avant comme sur les côtés de nombreux marins s'apprêtent à lancer des cordes. On réduit la voilure, le bâtiment ralentit. On s'aperçoit alors que le survivant est une femme. On tente à plusieurs reprises de lui lancer une corde, mais chaque fois on rate la cible. La pauvre créature semble condamnée. Quelqu'un a alors une idée. C'est un ancien légionnaire. Il fixe un cordage à l'une des rames de la barque, qu'il lance ensuite de toutes ses forces en direction de la femme, exactement comme il avait coutume de lancer son javelot sur l'ennemi. Le tir est parfait. Malgré sa faiblesse, la femme parvient à se cramponner à la rame. Elle est sauvée.

Après s'être réchauffée et avoir mangé, elle raconte que le bateau sur lequel elle voyageait a été pris lui aussi dans la tempête. Il y avait à bord une soixantaine de personnes, sans compter l'équipage. Et puis soudain, tout le monde a disparu et elle s'est retrouvée dans l'eau. Par une sorte de miracle, elle a pu se cramponner à quelques planches — lesquelles, fait remarquer notre marin, sont mauvais signe puisqu'elles proviennent de la coque. Cela veut dire que le navire s'est brisé sous l'assaut des vagues. Les autres passagers sont probablement déjà morts ou succomberont dans les prochaines heures, perdus quelque part.

Il aurait pu nous arriver la même chose...

Cela donne à réfléchir. Certains estiment qu'il n'y aurait pas moins d'un million d'épaves antiques au fond de la Méditerranée — vestiges de bateaux romains, mais aussi carthaginois, grecs, étrusques, etc. Cette mer est donc un gigantesque cimetière où se sont achevées d'innombrables histoires que nous ne connaîtrons jamais, mais c'est aussi le plus fabuleux musée antique au monde. Quand on songe à toutes les civilisations qui ont disparu sur les côtes de la Méditerranée, nous pouvons supposer qu'elle recèle une formidable collection d'objets et de chefs-d'œuvre de différentes époques, toutes cultures confondues. La grande majorité est encore inaccessible, mais les prochaines générations d'archéologues disposeront de moyens que nous ne soupçonnons même pas pour sonder ces fonds. Nous découvrirons alors un passé oublié sans qu'il soit nécessaire de creuser la terre. C'est là que nous attendent peut-être des statues de Phidias ou Praxitèle, voire des obélisques qui faisaient route vers Rome.

Dans l'après-midi, notre marin aperçoit la terre : nous sommes arrivés à bon port, et ce port a pour nom Carthage.

Afrique

Un empire sans racisme

Le port de Carthage

Un vent chaud fouette les visages des marins et des passagers. Il porte l'odeur de la terre, une odeur très différente de celle qu'on perçoit en pénétrant dans la baie de Pouzzoles. On y chercherait en vain la note aromatique qui caractérise les côtes européennes, mais elle évoque déjà le désert et sa poussière.

La ville de Carthage est restée célèbre dans l'Histoire pour sa puissance autant que pour sa chute. Fondée par les Phéniciens, elle s'est imposée sur l'échiquier méditerranéen avant d'être entièrement détruite par les Romains, qui répandirent du sel sur ses ruines pour anéantir toute possibilité de renaissance de sa civilisation. Ce qu'ils rebâtirent à la place n'avait strictement rien à voir avec l'ancienne cité punique et marqua un tournant aussi impressionnant qu'irréversible dans le destin de cette région du monde. Cependant ils conservèrent le port, où le navire *Europa* fait actuellement son entrée.

Une première partie des installations consiste en un bassin rectangulaire couvrant 7 hectares. Nous y progressons lentement, tirés par un remorqueur à rames manœuvré par six robustes Noirs. Nous voyons défiler, à la manière d'un travelling de cinéma, bateaux en cours de déchargement et instantanés de la vie portuaire : des dockers chargent des sacs sur leurs épaules ; le propriétaire d'une petite compagnie maritime hausse le ton face à un employé ; deux amis, dont l'un vient de débarquer, se serrent chaleureusement dans les bras ; un homme se ronge les ongles, assis sur des sacs bien ficelés ; deux esclaves avancent l'un derrière l'autre avec sur l'épaule une longue perche d'où pend une amphore, tels des chasseurs transportant leur gibier. Les visages de tous ces personnages nous étonnent. Bien que nous nous trouvions dans un port « international », nous notons une prédominance de peaux brunes et de cheveux frisés : nous avons changé de continent.

Notre *navis oneraria* quitte le bassin rectangulaire pour pénétrer dans un autre, dont la forme curieuse fait penser à une station spatiale de science-fiction. Au milieu de ce plan d'eau parfaitement circulaire, il y a une île. Là se trouvait jadis l'amirauté, car tout autour étaient amarrés les bâtiments de guerre des Carthaginois, protégés par une longue toiture. De ces tanières pour prédateurs des mers pouvaient sortir quelque 220 galères prêtes à l'attaque.

Les Romains ont conservé la configuration de cette ruche, non plus à des fins militaires mais mercantiles. Ils ont érigé un temple sur l'île et transformé en dépôts de marchandises les étroits emplacements réservés jadis aux bâtiments de guerre. Un portique aux colonnes de marbre africain borde le bassin. L'effet est spectaculaire. Imaginez qu'on agrandisse la place Saint-Pierre en repoussant la colonnade du Bernin et que vous y pénétriez en bateau. C'est exactement la sensation qu'on éprouve ici.

Nous nous sommes rangés entre deux autres *naves*, l'une en provenance d'Alexandrie, l'autre de Crète. Le timonier et les marins se tiennent maintenant à la poupe, et sur un petit autel ils se livrent à un rituel pour remercier les dieux d'être arrivés sains et saufs malgré la tempête. Le timonier coupe des morceaux de nourriture sur le feu en prononçant des paroles sacrées. C'est l'usage sur toutes les embarcations, aussi bien au départ qu'à l'arrivée. Plus tard, il se rendra dans un temple où il offrira un ex-voto pour témoigner une nouvelle fois sa gratitude aux puissances supérieures, et d'autres feront comme lui.

Une star de la musique romaine

Les traits sont fatigués mais les mines réjouies. Reste à régler l'histoire de la femme repêchée en mer. Elle est seule et sans le sou, alors l'équipage organise une collecte pour lui remettre un petit quelque chose. Trois fois rien, à vrai dire, mais suffisamment pour qu'elle puisse trouver un lit, de quoi se nourrir et peut-être aussi s'habiller. Ensuite, elle devra se débrouiller.

Le dernier à offrir sa contribution est notre marin. Le timonier, qui lui donne une petite tape sur l'épaule pour le motiver, sait fort bien que son argent n'a pas été gagné honnêtement, alors autant s'en défaire pour la bonne cause. C'est ainsi que poussé par son camarade, mais aussi par superstition et pour remercier les dieux de lui avoir permis de survivre à la tempête, notre homme remet à la rescapée les deux sesterces volés, dont le nôtre. Gênée, celle-ci le remercie timidement, encore traumatisée par ce qui lui est arrivé.

En ville, on parle déjà d'elle et du naufrage. Il faut dire qu'elle n'est pas n'importe qui. Elle se nomme Aelia Sabina. C'est une musicienne et une chanteuse de grand talent *(artibus edocta)*, experte dans le domaine des arts, dit-on à son sujet. Elle est très appréciée à Aquincum (Budapest), où elle vit, et sa taille fine, ses longs cheveux blonds ainsi que ses yeux très clairs révèlent qu'elle n'est pas d'origine méditerranéenne. La découverte de son sarcophage à Budapest a permis de rassembler nombre d'informations sur elle, notamment sur sa carrière. Elle a débuté en jouant d'un instrument à cordes, probablement de la cithare, et tout en pinçant les cordes elle s'accompagnait d'une voix magnifique. Elle était si douée qu'elle est très vite passée à un autre instrument : l'orgue hydraulique. À l'époque romaine c'est l'équivalent du piano, et on le retrouve dans tout événement musical digne de ce nom. Il a sa place dans les « concerts de chambre » donnés dans les belles demeures devant un petit nombre d'invités, mais aussi dans les amphithéâtres, lors des combats de gladiateurs, pour créer une sorte de dramaturgie sonore.

Nous savons également qu'Aelia était une affranchie et qu'elle a épousé son professeur de musique. Mais pour l'heure elle est encore célibataire. Son histoire d'amour est assez surprenante, car son futur époux, quoique organiste, est légionnaire. Il appartient à la Legio II Adiutrix, autrefois déployée en Bretagne, et que Trajan a fait transférer à Aquincum. Un petit contingent a récemment été envoyé en Afrique, et Aelia allait rejoindre son fiancé à bord du navire qui vient de sombrer. Désormais elle est seule dans une cité inconnue, très loin de chez elle. Son bien-aimé est quelque part dans le désert, et bien sûr il ignore tout de sa situation. Que faire à présent ?

Comment devenir un dieu

Par chance, la nouvelle du naufrage est parvenue aux oreilles d'une autre femme appartenant à une famille importante de Carthage : Sextia Peducaea, fille de Quintus Peducaeus Spes. Elle est grande et son sourire est lumineux. Sa peau mate et ses longs cheveux frisés rappellent ses origines puniques. C'est une prêtresse, ainsi que l'ont découvert les archéologues sur une inscription funéraire, et elle est attachée au culte d'un dieu un peu particulier puisqu'il s'agit d'Auguste, le premier empereur. En effet, lui et ses successeurs, mais aussi des membres de leur famille, ont été divinisés. Auguste et Livie, considérés comme un couple idéal, ont ouvert la voie, et depuis des décennies un temple leur est exclusivement dédié dans chaque cité de l'Empire. Leurs prêtres sont des *flamines*, leurs prêtresses des *flaminicae*. Une telle charge est convoitée par les élites locales parce qu'elle est très valorisante, en particulier pour les femmes, qui dans une société ouvertement machiste peuvent ainsi exercer une fonction publique importante généralement confiée aux hommes.

À peine Sextia a-t-elle connaissance du sort d'Aelia qu'elle la fait quérir par ses esclaves. Lorsqu'elles se retrouvent en tête à tête, une complicité s'établit aussitôt entre la prêtresse et l'affranchie malgré la barrière sociale. Aelia s'installe chez Sextia pour quelques jours et la suit dans tous ses déplacements. La *flaminica* est une personnalité pleine d'énergie qui se consacre aussi à quantité d'activités non religieuses et encourage toutes les initiatives en faveur de Carthage.

Les sponsors de la cité

Avec elle nous découvrons un aspect majeur de la société romaine : l'altruisme des riches au bénéfice de la cité et de ses habitants. La prêtresse puise dans la fortune familiale pour faire des dons à Carthage. D'autres personnages importants agissent de même pour financer la restauration de monuments, offrir des statues, distribuer des sommes considérables à la collectivité, organiser des courses de quadriges, des combats de gladiateurs, etc. Cette démarche s'inscrit certes dans un processus d'autopromotion qui vise à s'attirer soutiens et renommée, et l'on voit de grandes familles rivaliser pour faire le plus beau cadeau à leur ville ; mais contrairement à notre époque, on n'attend pas d'un tel sponsoring des avantages économiques immédiats, ce n'est pas la motivation première des généreux donateurs de l'Antiquité. À vrai dire, c'est une obligation pour tout Romain fortuné d'investir dans sa cité parce qu'il doit être un modèle pour tous et qu'autour de lui s'articule la vie de la cité. *Noblesse oblige*[1], pourrions-nous dire pour définir le rôle du riche envers la communauté. C'est ce qu'on appelle l'« évergétisme », selon une notion grecque. La démarche est si rare de nos jours qu'on la nomme « philanthropie », mais elle était si courante à l'époque romaine que la plupart des grands monuments, statues, théâtres et amphithéâtres disséminés un peu partout dans l'Empire ont vu le jour grâce aux dons de ces notables fortunés, leur nom étant parfois gravé dans le marbre de telles œuvres et constructions. Si cela n'avait pas existé, il y a fort à parier que les sites archéologiques seraient très différents, et surtout beaucoup moins riches.

La générosité en tant que devoir social s'exprime également à travers une étonnante initiative de Trajan pour venir en aide financièrement aux enfants pauvres d'Italie, notamment dans les campagnes. Elle est certes destinée exclusivement aux fils et filles de citoyens romains, mais cette sensibilité très « moderne » au sort des enfants peut surprendre dans un univers si « antique », et bien des pays du tiers-monde actuel ne disposent pas de tels

---

1. En français dans le texte.

programmes. Une fois encore, malgré ses grandes disparités, la société romaine s'avère très différente de l'idée qu'on peut s'en faire en visionnant des films ou en lisant des romans, et pas toujours si éloignée de la nôtre.

Nous avons connaissance de cette *Institutio alimentaria* grâce à la fameuse Table alimentaire de Veleia, l'une des plus longues inscriptions sur bronze de l'Antiquité romaine, découverte parmi les ruines de la petite cité du même nom, dans l'actuelle province de Plaisance. On y lit que Trajan a consenti sur ses fonds personnels à des propriétaires fonciers de la région un prêt de 5 pour cent garanti par une hypothèque sur leurs terres. Ce sont les intérêts qui financent l'achat régulier de nourriture pour les enfants.

La couleur des empereurs

Au bout de quelques jours, Aelia apprend qu'on a pu entrer en contact avec son fiancé, quelque part dans le désert. Sextia organise alors une expédition pour que les amoureux puissent enfin se retrouver. Elle aussi partira, car elle en profitera pour rendre visite à son frère, qui vit à Bulla Regia. Le lendemain, les deux femmes quittent Carthage de bonne heure dans une *carruca* semblable à celle que nous avons vue en Provence, mais plus légère, étant donné le climat, avec à l'intérieur de beaux coussins et des tissus colorés — une touche de féminité apportée par sa propriétaire.

Soudain, Aelia aperçoit quelque chose sur le bas-côté de la route et se penche par la fenêtre. Des coquillages vides jonchent le sol, de plus en plus nombreux au fur et à mesure qu'avance le chariot, jusqu'à former des monticules blanchis par le soleil.

Depuis combien de temps sont-ils ici ? On dirait une décharge à ciel ouvert.

De fait, ce sont les déchets d'un important site de production de pourpre, la couleur de l'Empire romain par excellence. Le pigment permettant de teindre les tissus les plus précieux est issu de mollusques appartenant à la famille des Muricidae, et plus spécialement du murex commun *(Haustellum brandaris)* : il est contenu en quantité infinitésimale — à peine une goutte par spécimen — dans une petite poche interne du gastéropode. D'où la nécessité d'en pêcher de gros volumes, avec des filets de fond répartis le long des côtes.

S'ensuit un processus complexe : il faut extraire manuellement le corps de l'animal — et, si celui-ci est trop petit, casser la coquille à l'aide d'un marteau —, puis exposer la chair au soleil pendant plusieurs jours avant de la faire bouillir dans un récipient en plomb. Enfin, après avoir éliminé les impuretés, on obtient le fameux pigment, dont Pline l'Ancien décrit parfaitement la couleur comme « celle d'une rose tirant sur le noir[39] ».

En produire un gramme entraîne une véritable hécatombe de mollusques, ce qui explique son prix élevé. C'est un produit de luxe, tout comme la soie. Mais en quoi est-il si indispensable de teindre toges et autres pièces de tissu dans cette couleur particulière ? Elle est un symbole de statut social, comme nous l'explique encore Pline l'Ancien : « Elle distingue le sénateur du chevalier ; on la revêt pour apaiser les dieux ; elle donne la lumière à tous les vêtements ; elle se mêle à l'or dans la robe du triomphateur. Excusons donc la folle passion dont la pourpre est l'objet. » Et l'on peut véritablement parler de folle passion, car bien que les Romains n'aient pas inventé la méthode permettant de l'obtenir, ils l'ont appliquée à une si grande échelle que les murex ont disparu de bien des zones de la Méditerranée.

Un effet néfaste de la mondialisation à la romaine, qui n'est pas sans rappeler les problèmes écologiques du XXIe siècle.

Le petit convoi passe devant l'« usine », et l'odeur dégagée par les dizaines de milliers de mollusques en train de sécher au soleil reste insupportable sur plusieurs kilomètres. Nous remarquons cependant que ces établissements sont toujours construits de façon à ce que le vent dominant emporte les émanations nauséabondes à l'opposé des centres habités.

Un moteur de l'économie impériale

Avec Aelia et Sextia, nous traversons une Afrique du Nord très différente de celle que nous connaissons aujourd'hui : beaucoup plus verdoyante, si bien qu'on se croirait dans un coin d'Espagne ou d'Italie du Sud, alors que nous sommes dans la province d'Afrique proconsulaire, qui correspond à des parties de l'Algérie, de la Tunisie et de la Libye actuelles.

Bercée par les petites secousses du chariot, Aelia découvre un monde totalement nouveau. Nous aussi, tandis que défilent sous nos yeux les domaines agricoles de ce qui est un grenier de l'Empire au même titre que l'Égypte. On n'y trouve pas seulement du blé : il y a aussi des vergers (avec beaucoup de figuiers), des vignes et des haricots. Sans oublier l'huile, dont la production va augmenter au point de concurrencer sérieusement celles d'Italie et d'Hispanie. Les amphores en provenance d'Afrique retrouvées par les archéologues dans des épaves ou sur la terre ferme sont de plus en plus nombreuses au fur et à mesure qu'on avance dans l'histoire de l'Empire, au détriment des autres.

Les deux voyageuses croisent fréquemment des véhicules chargés de marchandises à destination de

Rome et de diverses provinces, de la même façon que nous croisons beaucoup de poids lourds sur nos autoroutes. Nous comprenons alors que l'Afrique du Nord exporte bien plus qu'elle n'importe, et pas seulement des produits agricoles : du bois et du marbre, de la laine, de la toile et de la vaisselle — un véritable trésor pour l'économie impériale.

Arrive en face un chariot au contenu très particulier, dont les roues pleines grincent à chaque tour. Il transporte avec lenteur de grandes caisses en bois. Nous distinguons une grosse tache rouge vif à la base de l'une d'elles : c'est du sang. De toute évidence, elle contient un léopard ou quelque autre fauve. Toutes ces caisses servent en effet de cages à des bêtes sauvages destinées au Colisée. Il nous paraît absurde qu'on puisse déployer autant d'efforts pour capturer des animaux et les transporter sur un autre continent à seule fin de les tuer rapidement dans un amphithéâtre.

Nous voyons passer juste après d'autres marchandises vivantes : des esclaves. Il s'agit d'hommes à la peau très brune venus on ne sait d'où. Ils ont été enlevés tandis qu'ils se rendaient au fleuve pour chercher de l'eau, non loin de leur village, ou bien lors d'une razzia à plus grande échelle. Tous sont voués au même sort : la privation de liberté et la mort à brève échéance dans l'arène ou plus lente sur un domaine agricole.

Bâtir une cité en plein désert

À Bulla Regia les deux femmes se séparent. Aelia poursuit seule l'aventure à bord d'un autre chariot mis à sa disposition pour qu'elle puisse enfin rejoindre son fiancé. Une petite escorte l'accompagne, car les enlèvements sont à craindre dans les zones peu peuplées qu'elle s'apprête à traverser.

Mais qu'est donc venu faire en Afrique l'homme qu'elle s'apprête à épouser, le fameux légionnaire musicien ? Il participe à la construction d'une cité. Les principales agglomérations de la Méditerranée sont situées près des côtes ou au bord de l'eau. Quel intérêt de partir ainsi à l'assaut d'un plateau situé à 1 000 mètres d'altitude et à cinq jours de route de Carthage ? D'autant qu'il n'y a rien au-delà, que nous touchons aux confins de l'Empire. Nous pourrions comparer ce défi à la fondation de Las Vegas, bâtie elle aussi en plein désert, au milieu de nulle part. Mais si l'objectif de la capitale du jeu est de faire du profit, dans le cas de la nouvelle cité, Thamugadi (aujourd'hui Timgad, en Algérie), la finalité est bien différente : il s'agit de conquérir la population locale autrement que par les armes.

Aelia traverse un paysage brûlé par le soleil — un soleil qui semble tout écraser, même les sons. Seuls résonnent le martèlement des sabots des chevaux et le grincement des roues sur le chemin de terre battue et de gravier. Ce que finit par découvrir la chanteuse relève de l'invraisemblable. Sous ses yeux surgit du néant une ville, au milieu d'un plateau légèrement vallonné que domine le massif de l'Aurasius (Aurès). Après des jours de voyage dans des paysages désolés, voici soudain des thermes, un théâtre, des marchés, des boutiques, un forum et des temples, comme dans une sorte de mirage.

Les cavaliers de l'escorte, visiblement en liesse, pressent l'allure, mais juste avant de pénétrer dans la cité ils sont arrêtés par un homme campé au beau milieu de la route. Ce grand gaillard aux cheveux noirs et courts n'est autre que le fiancé d'Aelia. Les amoureux se précipitent l'un vers l'autre et se perdent dans une longue étreinte, comme pour chasser l'idée de ce qui serait arrivé si le navire *Europa* n'avait pas repéré le morceau de bois auquel s'agrippait désespérément la jeune femme. Laissons-les à leurs retrouvailles, ils ont tant de choses à se raconter ! Aelia séjournera un bon moment à Thamugadi. On l'a dit, l'unité de son bien-aimé y est cantonnée pour achever sa construction, initiée par des vétérans de la Legio III Augusta.

Rappelons qu'à l'issue de leurs vingt-cinq années de service les légionnaires se voient remettre un diplôme (extrait d'un acte officiel affiché dans le temple du divin Auguste, à Rome) ainsi que de la terre pour y fonder une famille et passer leurs vieux jours. On a vu que c'était la plupart du temps sur des territoires proches des frontières, voire tout juste conquis et donc à coloniser. Aux vétérans installés ici on a carrément demandé de bâtir une ville, ce à quoi ils se sont employés au fil des ans. Les travaux ont débuté en l'an 100 et la cité a pris forme, même si manquent encore beaucoup d'infrastructures. Les anciens légionnaires ont accompli un travail remarquable : Thamugadi s'étend sur 12 hectares et son plan ne dément pas la légendaire précision romaine. Cent vingt pâtés de maisons s'inscrivent dans une disposition parfaite, avec artères principales et voies secondaires, bâtiments publics et temples. Comme les autres villes de l'Empire, Thamugadi se veut une Rome en miniature.

Une oasis culturelle

Pourquoi Trajan a-t-il enjoint à ses vétérans de s'établir ici ? L'idée qui se cache derrière cette audacieuse initiative est particulièrement intéressante. Rome a certes conquis bien des populations par la force, et nous savons que la méthode s'est avérée très efficace. Mais ici la stratégie est toute différente :

Thamugadi est une cité parfaite dans le sens où elle apparaît comme une vitrine de la romanité. L'objectif est de soumettre les populations locales non pas en recourant aux armes mais en leur faisant adopter le style de vie romain. À commencer par l'eau. Dans une contrée où elle est rare, voici que surgit de terre une ville dotée de vingt-sept thermes. Mieux, elle est pourvue de citernes et d'égouts, ce qui permet d'éviter certaines maladies. Les archéologues ont découvert qu'elle fonctionnait comme une sorte de réservoir, récupérant les eaux de la région, les filtrant et les purifiant dans des bassins de décantation, avant de les acheminer vers les thermes, les habitations et les fontaines. Non seulement Thamugadi est alimentée en eau, mais celle-ci coule à flots grâce au savoir-faire des ingénieurs hydrauliques romains, que ce soit pour creuser des puits ou capter des sources et construire des aqueducs. En somme, cette cité est une vaste oasis.

Cependant, le miracle de l'eau n'est que la première étape de ce processus de séduction. Thamugadi doit faire office d'aimant pour attirer la population locale, la convertir au mode de vie romain, l'intégrer dans une société qui aime profiter des plaisirs de l'existence, une société de consommation qui — faut-il le répéter ? — ressemble à la nôtre. En outre, elle donne la possibilité à tous de s'enrichir, de devenir des acteurs économiques de l'Empire. Sans discrimination.

Intégration : tel est le mot-clé qui permet de comprendre pourquoi les Romains ont bâti des villes comme Thamugadi. Le théâtre en est le meilleur exemple. Les archéologues ont estimé qu'il avait été conçu pour contenir entre 3 500 et 4 000 places assises, une capacité excessive par rapport aux 8 000 ou 10 000 habitants de l'époque. Autrement dit, on était sûr que ce projet urbain serait un succès, et donc que la population augmenterait.

C'est exactement ce qui s'est produit. Très vite la cité a débordé de son périmètre initial ; de nouveaux quartiers ont poussé de manière anarchique en périphérie. L'agglomération est passée de 12 à 50 hectares. Au bout de cinquante ans d'existence, les Romains n'y étaient plus très nombreux et la quasi-totalité de la population se composait d'autochtones, les Numides. Tout était entre leurs mains : commerce, administration et autres activités de la vie quotidienne. Ils avaient cessé de penser en Numides et avaient fait leur la culture gréco-latine. Désormais ils raisonnaient en Romains.

Les archéologues ont découvert à Thamugadi un graffiti qui en dit long : *Venari, lavari, ludere, ridere. Hoc est vivere !* (« Chasser, se baigner, jouer, rire : voilà la vie ! ») Il est certain que ces aspects de l'existence tels que les concevaient les Romains exerçaient un attrait sur la population locale, mais il serait réducteur de penser que seuls les divertissements ont permis de rallier ces peuples à Rome. Lorsque Trajan ordonna la fondation de Thamugadi, il lança parallèlement un programme pour promouvoir la culture des oliviers en Afrique du Nord, programme qui fut poursuivi par Hadrien. Ceux qui plantaient ces arbres savaient que s'ils obtenaient la citoyenneté romaine, ils pourraient bénéficier d'importants avantages fiscaux et vendre leur production n'importe où dans l'Empire. Une belle incitation, pour les Numides et les Maurétaniens, à adopter le mode de vie romain. Résultat : bon nombre de régions d'Afrique du Nord se couvrirent d'oliviers et la production d'huile explosa.

La puissance du savoir

Installé à une petite table, le fiancé d'Aelia rédige une lettre tandis que le soleil se lève. Elle est destinée à sa bien-aimée, qui dort encore après ce voyage interminable et la longue nuit qu'ils ont passée ensemble. Il tient à lui laisser un petit mot qu'elle trouvera à son réveil. Un peu en retrait, l'un de ses camarades l'attend, adossé à une colonne du portique. Tous deux doivent se présenter au rassemblement matinal.

Un jeune homme s'approche, intrigué.

« À quoi ça sert, ce que tu es en train de faire là ? » demande-t-il en désignant la feuille sur laquelle écrit le légionnaire.

Celui-ci lève la tête et découvre un Numide bien bâti descendu de la montagne et avide de découvrir le monde des Romains.

« Dis-moi quelque chose que tu es seul à savoir, lui répond-il en le regardant droit dans les yeux.

– Ma femme attend un enfant », murmure le garçon.

Le fiancé d'Aelia note cette information sur un bout de papyrus qu'il plie et tend au Numide en lui disant :

« Porte ça à mon ami, là-bas, et demande-lui de te dire ce qu'il y voit. »

L'homme s'exécute et l'autre légionnaire s'exclame alors :

« Félicitations ! Ainsi donc tu vas être père ? »

Le Numide écarquille les yeux et reste bouche bée.

« Mais comment le sais-tu ? C'est de la magie ! »

Les deux Romains partent d'un fou rire. Plus tard, ils offriront un verre au futur papa pour fêter l'événement.

Aux yeux de quelqu'un qui ignore tout de l'alphabet latin, écrire apparaît comme le moyen d'acquérir une puissance presque surnaturelle. Des scènes de ce genre surviennent dans toutes les régions frontalières où une civilisation qui pratique l'écriture en côtoie une autre qui ne la connaît pas. Cela s'est produit à maintes reprises au cours des siècles, mais pour ce qui est du monde romain la conséquence est stupéfiante : il suffit de lire les inscriptions gravées sur les murs de Pompéi, sur les amphores, sur les monuments, etc., pour se rendre compte que beaucoup de monde dans l'Empire, en tout cas en milieu urbain, sait lire, écrire et compter. Une telle diffusion de l'alphabétisation ne se reproduira pas de sitôt ; il faudra attendre pour cela le XXe siècle. C'est pourtant un aspect de la civilisation romaine qui est rarement évoqué.

Leptis Magna, une cité de marbre

Aelia a trouvé à se loger à proximité de l'endroit où est cantonné son fiancé. Ses premières dépenses sont consacrées à l'achat de maquillage : il faut qu'elle puisse se faire belle pour son bien-aimé. Palettes, poudres et onguents sont désormais entre ses mains, tandis que notre sesterce, lui, se trouve dans celle du marchand qui les leur a vendus. C'est un petit homme chauve aux yeux doux, avec toujours le sourire aux lèvres pour mettre à l'aise les clients.

Le lendemain il est absent de la boutique. Un esclave informe Aelia que le maître a dû se rendre à Leptis Magna pour réceptionner un chargement de parfums et d'essences orientales en provenance d'Égypte. Notre pièce de monnaie est donc repartie sur les routes brûlées par le soleil.

Après avoir passé la nuit dans une auberge, le parfumeur arrive enfin à Leptis Magna. Il aime particulièrement cette cité, bien plus grande et peuplée que Thamugadi. Et puis l'air y est si frais ! Elle est située en effet au bord de la mer, sur les côtes de l'actuelle Libye. Elle nous séduit nous aussi parce que c'est une cité de marbre qui abonde en œuvres d'art. Elle n'a pas encore atteint la splendeur qui sera la sienne au siècle suivant, lorsque Septime Sévère, enfant du pays devenu empereur en 193, la dotera de nouveaux monuments, mais c'est déjà une ville magnifique et très animée.

Fermons un instant les yeux et humons l'air. Les parfums des femmes que nous croisons diffèrent beaucoup de ceux que l'on peut respirer en Germanie ou en Provence. Ils sont plus enivrants, peut-être parce que nous sommes plus près d'Alexandrie, d'où ils proviennent. En déambulant parmi les passants, nous notons que les gens sont plutôt petits, avec d'épaisses chevelures noires et frisées. Trois matrones passent, le corps drapé dans des tuniques aux teintes vives — jaune, rose, rouge. Elles ne cherchent pas à dissimuler leurs formes plantureuses ; au contraire, elles semblent fières de les exhiber dans ces couleurs criardes. D'ailleurs elles attirent le regard de bien des hommes. C'est le type de physique qui remporte le plus de succès à l'époque, surtout si la croupe est particulièrement généreuse.

Le vendeur de parfums passe par le marché, une vaste esplanade rectangulaire ceinte de portiques, et d'où émergent deux bâtiments de plan hexagonal qui font penser à des temples. Ici aussi le marbre est omniprésent. Même dans le secteur réservé aux marchands de poisson on trouve des étals de marbre blanc aux pieds finement sculptés en forme de dauphin. La pêche du jour s'y étale, et le contraste entre la blancheur immaculée du marbre et les filets de sang rouge vif qui s'écoulent des poissons est saisissant.

Portés par la foule, nous voici devant une table de mesures où figurent le pied romain, la coudée royale égyptienne et la coudée punique. Nous tombons aussi sur une inscription portant un nom à consonance mi-romaine, mi-carthaginoise : Annobal Tapapius Rufus. Le personnage a offert ce marché en l'an 9 de notre ère, toujours pour répondre à cette obligation sociale consistant à doter la cité de monuments... et aussi pour passer à la postérité.

Cela vaut également pour le théâtre. On y lit une inscription rédigée par un certain Tiberius Claudius Sestius dans les années 91-92. Elle n'est pas sans rappeler ce que nous avons vu à Carthage : le personnage est un prêtre en charge du culte d'un empereur (Vespasien), et il a fait don à la population de l'autel ainsi que de la scène, parce qu'il aime la patrie, ses concitoyens et la concorde.

Or il se trouve que notre marchand venu de Thamugadi est grand amateur de théâtre. Il aurait très bien pu charger son esclave d'entreprendre ce voyage, mais sa passion est si forte qu'il se met en route à la première occasion pour pouvoir assister aux représentations données par des compagnies célèbres en ce lieu qui est une vraie merveille. Le parfait hémicycle, face à la Méditerranée, évoque un coquillage ouvert. Depuis les derniers rangs on peut contempler la mer. Les théâtres romains, construits à ciel ouvert, offrent une alliance parfaite entre la blancheur du marbre et le bleu des flots, entre la rigidité des gradins et l'onctuosité des vagues. C'est un endroit très singulier, surtout au coucher du soleil. Il allie plaisir des yeux et plaisir de l'esprit, et ceux qui s'y assoient deux mille ans après sa construction éprouvent la même émotion que les spectateurs de l'Antiquité.

Ceux-ci sont en train d'arriver. Les femmes sont maquillées et incroyablement élégantes. Ovide ne nous a-t-il pas appris que les théâtres étaient particulièrement propices à la drague ? Très vite se répandent les effluves de leurs parfums. Notre spécialiste est à même de repérer ainsi les créatures qui ont le plus de classe. Et ce ne sont pas forcément les mieux habillées, loin s'en faut. À cet instant précis, à deux rangées de la nôtre, passe en effet une dame à la coiffure d'une hauteur vertigineuse. Entre les boucles postiches et les tresses enroulées comme des serpents, ses bijoux pendent et ondulent telles des décorations sur un sapin de Noël. Elle ne réalise pas à quel point elle est ridicule, mais personne n'oserait lui en faire le reproche : le patrimoine dont elle a hérité à la mort de son époux en fait l'une des femmes les plus riches de la cité, et donc l'une des plus convoitées et vénérées. Inutile de préciser que son parfum est exagérément capiteux, au point que le marchand lui-même tord le nez.

Observons un peu autour de nous. Les visages de ces centaines de personnes qui prennent place dans les gradins révèlent des origines diverses. Leptis Magna est certes une cité maritime où l'on croise des gens venus de tous les coins de la Méditerranée, mais ceux qui s'installent dans le théâtre ne sont ni des marins ni des touristes, et cependant tous sont citoyens romains.

Un empire ouvert à tous

Ces visages sont révélateurs du mécanisme fondamental qui est à l'origine de la prospérité et de la longévité de Rome sur trois continents : l'intégration. Le discours qui va suivre a été prononcé il y a vingt siècles par l'empereur Claude, mais il pourrait avoir été lu ce matin même dans notre Parlement. Il concerne l'assimilation des différents peuples dans la société romaine, y compris en politique.

En 48 de notre ère, Claude permet aux notables gaulois d'être admis au Sénat et de siéger aux côtés de Romains. Ceux-ci s'y opposent, et voici la réponse que leur adresse l'empereur :

« La paix intérieure fut assurée, et notre puissance affermie au-dehors, quand les peuples d'au-delà du Pô firent partie de la cité, quand la distribution de nos légions dans tout l'univers eut servi de prétexte pour y admettre les meilleurs guerriers des provinces, et remédier ainsi à l'épuisement de l'Empire. Est-on fâché que les Balbi soient venus d'Hispanie, et d'autres familles non moins illustres de la Gaule Narbonnaise ? Leurs descendants sont parmi nous, et leur amour pour cette patrie ne le cède point au nôtre. Pourquoi Lacédémone et Athènes, si puissantes par les armes, ont-elles péri, si ce n'est pour avoir repoussé les vaincus comme des étrangers ? Honneur à la sagesse de Romulus, notre fondateur, qui tant de fois vit ses voisins en un seul jour d'ennemis devenir citoyens ! Des étrangers ont régné sur nous. Des fils d'affranchis obtiennent les magistratures, et ce n'est point une innovation, comme on le croit faussement : l'ancienne république en a vu de nombreux exemples. […]

« Rappelons-nous toutes les guerres : aucune ne fut plus promptement terminée que celle des Gaulois, et rien n'a depuis altéré la paix. Déjà les mœurs, les arts, les alliances, les confondent avec nous ; qu'ils nous apportent aussi leurs richesses, et leur or, plutôt que d'en jouir seuls. Pères conscrits [sénateurs], les plus anciennes institutions furent nouvelles autrefois. Le peuple fut admis aux magistratures après les patriciens, les Latins après le peuple, les autres nations d'Italie après les Latins. Notre décret vieillira comme le reste, et ce que nous justifions aujourd'hui par des exemples servira d'exemple à son tour[40]. »

Si ces paroles sont pleines de tolérance envers l'« autre », elles expriment aussi la volonté bien réelle de l'intégrer. Rome a su créer ainsi une société multiethnique — mais avec une seule culture

« officielle ». Ni le droit romain ni l'administration romaine ne sauraient être remis en cause. Ceux qui ne reconnaissent pas l'autorité de l'empereur se dressent contre le monde romain dans son ensemble et sont considérés comme des ennemis. Les Gaulois devenus sénateurs n'obéissent plus à leurs lois ancestrales mais à celles de l'Empire. Et voilà comment Rome a pu être le *melting-pot* de l'Antiquité.

De nos jours, lorsqu'un étranger devient citoyen italien, il en adopte par serment les institutions. La formule est claire et précise : « Je jure d'être fidèle à la République italienne et de respecter la Constitution et les lois de l'État. ». Dans la Rome antique, offrir régulièrement un sacrifice à l'empereur revient à renouveler l'équivalent d'un tel serment de fidélité, même sur le plus modeste des autels. Cela ne relève pas d'une dictature, car chaque sujet de l'Empire est libre, chez lui comme dans la rue, de parler la langue de son choix, de s'habiller comme il l'entend et d'adorer ses dieux. À condition qu'il accepte et suive les principes fondamentaux de Rome, valables pour tous. Imaginez qu'aujourd'hui il n'existe pas un seul code de la route mais une multitude, au nom de la liberté de chacun : nous n'irions sans doute pas bien loin avec notre voiture. Ainsi pensent les Romains.

En matière de religion ils font preuve de prudence, sachant bien que ce peut être une source de problèmes. L'Afrique du Nord nous en offre un bel exemple. Sans imposer quoi que ce soit, les Romains ont une approche intelligente qui permet aux cultes locaux de subsister : telle divinité non romaine prend un nom romain. Baal, dieu punique, devient ainsi « Saturne » ; Tanit, elle aussi punique, est rebaptisée « Junon céleste ». La religion reste la même, mais on procède à un petit relooking afin qu'elle paraisse... romaine.

Un Obama romain

Y a-t-il tout de même une forme de racisme dans l'Empire romain ? Quand on voit tous ces gens aux physionomies si différentes assis côte à côte dans le théâtre de Leptis Magna, on comprend que non. D'un point de vue ethnique, la civilisation romaine a probablement œuvré en faveur de la plus grande intégration de l'Histoire. Personne ne fait l'objet de discriminations en raison de sa couleur de peau. La seule vraie discrimination repose sur la position sociale qu'occupe un individu dans la société et le patrimoine qu'il détient — et cette discrimination-là est féroce. Pour devenir sénateur, par exemple, il est nécessaire de posséder au moins un million de sesterces, sans parler des biens immobiliers.

Pour le reste, les Romains considèrent la diversité ethnique comme une richesse économique et un gage d'avenir pour leur civilisation. Ils permettent aux Africains d'accéder à la fortune et aux plus hautes fonctions officielles à partir du moment où ils sont devenus citoyens romains. Un homme né en Afrique a autant de chances de devenir empereur que s'il était né en Italie ou en Gaule. C'est d'ailleurs ce qui s'est produit. Si vous avez l'occasion d'admirer à Berlin la célèbre peinture sur médaillon représentant Septime Sévère en compagnie de son épouse et de son fils, vous constaterez qu'il a le teint assez foncé. On pourrait presque le considérer comme un Obama de l'Empire romain. Or personne n'a jamais trouvé à redire à sa couleur de peau, à ses origines paternelles puniques, ni au fait qu'il parlait un latin fortement mâtiné de langue locale. (Sa sœur, qui ne le maîtrisait pas, dut regagner sa terre natale car tout le monde à Rome se moquait d'elle.)

Septime Sévère fut cependant l'un des plus grands empereurs romains. Il défendit les frontières et administra l'Empire bien mieux que certains césars « européens ». Rome n'a pas hésité à placer à sa tête un Africain, précisément parce qu'elle se voulait ouverte aux peuples conquis ayant embrassé sa culture. C'est ce qui la distingue des empires coloniaux, espagnol, britannique ou français. Rappelons que Trajan lui-même était né en Hispanie. Et pour mesurer toute l'efficacité d'un tel système d'assimilation, il faut savoir qu'à la fin du siècle qui nous occupe un tiers des sénateurs romains seront d'origine africaine, ce qui en dit long sur la prospérité dont jouira alors cette partie de l'Empire.

Notre sesterce devient égyptien

Le parfumeur ne perd pas une miette de la représentation théâtrale et s'étonne des effets spéciaux. Il applaudit avec enthousiasme lorsque le rideau tombe. (Ou plutôt au lever de rideau, car à l'époque romaine celui-ci monte devant la scène à la manière d'un écran, grâce à un mécanisme souterrain.)

Le lendemain, il se rend au port pour réceptionner sa marchandise. Il n'a aucun mal à repérer le navire de son correspondant égyptien, qui arbore une voile orange et dont les yeux bleus peints sur la proue pour conjurer le mauvais sort sont bien plus grands que sur les autres bateaux.

L'Égyptien, lui, est un homme aux longs cheveux frisés et au regard pénétrant. Il est simplement vêtu d'un pagne blanc qui met en valeur sa belle musculature. Lors du paiement des parfums, notre pièce de monnaie lui échoit. Dans quelques jours, elle repartira avec son nouveau propriétaire. Direction : Alexandrie.

Égypte

Les touristes de l'Antiquité

« *Le Jour d'après* »

Le port de Leptis Magna disparaît progressivement derrière nous, qui avons pris la mer avec le marchand égyptien. Curieux destin que celui de cette cité. Longtemps encore elle demeurera opulente, mais avec le craquèlement de l'Empire et les incursions des Austuriens elle finira par être abandonnée à cause de sa vulnérabilité. Rappelons qu'elle fait partie de ces villes qui se sont développées dans le contexte de la mondialisation à la romaine : conçues pour le commerce et la vie sociale, elles n'ont pour ainsi dire pas de structures défensives. Une fois désertées par leurs habitants romanisés, elles seront investies par de petits groupes de population de l'intérieur. Des flèches seront retrouvées lors de fouilles à Leptis Magna, parmi les monuments devenus des lieux de chasse. Une ambiance qui fait penser à celle du film *Le Jour d'après*, comme si l'Histoire s'était rembobinée et que ne s'étaient pas écoulés des siècles de civilisation romaine.

Ces occupants finiront par partir eux aussi, et Leptis Magna deviendra une cité fantôme. Imaginez les portiques déserts où s'engouffre le vent, le théâtre peuplé de rapaces venus y nicher, les boutiques vides, les immenses thermes réduits au silence, eux si bruyants jadis, et puis aussi les magnifiques mosaïques disparaissant peu à peu sous le sable avec leurs scènes de la vie quotidienne et leurs personnages joyeux. Car le véritable vainqueur sera le désert, qui finira par tout recouvrir. À certains endroits, la ville sera ensevelie sous 12 mètres. Cependant, c'est ce même sable qui la préservera de bien des pillages. Elle ne ressuscitera qu'au XXe siècle, grâce à des archéologues italiens qui exhumeront cette véritable « Pompéi de marbre ».

La septième merveille du monde antique

Le bateau parti de Leptis Magna fait escale à Apollonie, en Cyrénaïque, et puis un soir le marchand égyptien nous indique une étoile anormalement basse à l'horizon. C'est en réalité l'une des sept merveilles du monde antique : le phare d'Alexandrie.

Ce qui se dessine au petit matin sous nos yeux correspond exactement à la description de Posidippe de Pella, un poète grec qui vécut à Alexandrie au IIIe siècle avant notre ère : « Debout toute droite, se découpe sur le ciel une tour qui se voit à une distance infinie pendant le jour. Pendant la nuit, bien vite au milieu des flots le marin apercevra le grand feu qui brûle au sommet[41]. » Les hommes de l'Antiquité récitaient des paroles sacrées pleines de reconnaissance dès qu'ils voyaient apparaître le phare, associé à des divinités de la lumière telles que les Dioscures (Castor et Pollux). C'était comme un don des dieux.

En termes plus rationnels, sa construction est le fruit du grand savoir-faire de l'époque lagide. Cela va bien au-delà d'un simple récipient d'huile en feu au sommet d'une tour. Selon toute vraisemblance, la lumière se reflétait sur des disques concaves en bronze poli qui balayaient l'horizon de leur faisceau. Certains témoignages nous apprennent en effet que le sommet de l'édifice était de forme cylindrique, ce qui laisse supposer que les disques tournaient autour de la source lumineuse comme un gyrophare de voiture de police ou d'ambulance. Ce feu était visible jusqu'à 48 kilomètres, selon l'historien Flavius Josèphe. De toute manière, la courbure de la Terre n'aurait pas permis de l'apercevoir au-delà d'une cinquantaine de kilomètres. En plus d'annoncer Alexandrie, il servait aussi de point de repère pour éviter les dangereux bancs de sable à l'approche de la côte plate.

Le phare se dresse dans toute sa blancheur à l'entrée du port, où nous pénétrons en ce moment. Nous en avons aujourd'hui une représentation précise sur des pièces frappées à Alexandrie sous différents empereurs (dont Trajan), mais aussi sur des mosaïques, des lampes à huile, et même sur des objets en verre découverts à Begrām, en Afghanistan. Il se compose de trois parties : la première, haute de 70 mètres et de plan carré, est ornée à son sommet de tritons en bronze soufflant dans une conque à chaque angle d'une terrasse ; lui succède une tour octogonale un peu plus étroite, elle-même surmontée d'une tour circulaire terminée par une sorte de coupole sur laquelle se dresse une statue en or représentant Hélios, dieu du Soleil. Pendant la période hellénistique, cette place était peut-être occupée par Zeus Sôter (Sauveur) ou Poséidon.

Sur les parois de ce prodige d'architecture, nous distinguons des alignements verticaux de fenêtres. À l'intérieur vit en effet du personnel chargé de la maintenance et de l'administration. S'y ajoutent des gardes, compte tenu de l'importance stratégique du site. Cette « merveille » est donc une sorte de gratte-ciel de l'Antiquité, que seules dépassent alors les pyramides de Khéops et Khéphren. Nous pouvons déduire des sources anciennes qu'il culminait à 120 mètres au moins, l'équivalent d'un immeuble de quarante étages.

Des sept merveilles du monde le phare d'Alexandrie fut celle qui résista le plus longtemps : terminé vers 280 avant J.-C., il fut utilisé durant plus de treize siècles. Les musulmans en transformèrent le sommet en mosquée, puis deux séismes, en 1303 et 1323, eurent raison de sa fonction de guidage des marins. Au xve siècle, il fut finalement remplacé par un fort, à l'initiative du sultan Qaït Bay. Mais une chose demeure : il avait été édifié sur l'îlot de Pharos, et ce nom fut repris pour désigner les tours de guidage sur les côtes méditerranéennes, avant de devenir celui que nous connaissons, « phare ». Chaque fois que nous le prononçons, nous faisons donc allusion sans le savoir au phare d'Alexandrie.

Le port d'Alexandrie

Entrer dans ce port s'avère toujours délicat. Nous constatons par nous-mêmes ce qu'écrit Flavius Josèphe pour mettre en garde les marins : des récifs affleurent, l'accès est assez étroit entre les digues, et la mer est toujours agitée en cet endroit tout proche du phare. Nous sommes effectivement secoués, mais l'équipage y est accoutumé et sait comment manœuvrer. Dès que nous sommes dans la rade, les eaux deviennent calmes.

De nombreux navires y mouillent. Tandis que nous nous glissons entre deux bateaux, nous voyons des hommes plonger à intervalles réguliers. Ils ont la taille ceinte d'une corde que retiennent les camarades restés sur les embarcations. Ce ne sont pas des pêcheurs d'éponges. On les désigne sous la curieuse appellation d'*urinatores* (du verbe *urinare*, qui signifie « plonger dans l'eau »). Ils sont les ancêtres de nos hommes-grenouilles et peuvent rester longtemps en apnée. On fait appel à eux pour des missions aussi périlleuses que variées : interventions militaires contre des bâtiments ennemis (type opérations de commando), mais aussi récupération de marchandises, comme c'est le cas ici. Une *navis onenaria* a coulé, et les *urinatores* s'emploient à récupérer sa cargaison d'amphores. Les bouteilles d'oxygène, les masques et les palmes n'existant pas encore, on imagine la difficulté d'un tel travail.

Les relations avec les autorités douanières sont toujours délicates et il faut inévitablement leur prévoir quelques cadeaux. Mais une fois débarrassé des formalités, notre négociant égyptien parvient à passer toutes ses amphores d'huile en provenance de Leptis Magna. Après les avoir stockées dans son entrepôt, il peut entrer en ville et se mêler à la foule.

Nous revoici plongés dans la marée humaine d'une grande cité, et pas n'importe laquelle : Alexandrie est la deuxième ville de l'Empire après Rome (la troisième étant Antioche, en Syrie). Fondée par Alexandre le Grand, elle est devenue une véritable mégapole de l'Antiquité. L'activité qui y règne n'a rien à envier à celle de l'Urbs. La seule différence, ce sont les gens. On croise ici toutes sortes d'individus originaires des quatre coins du monde romain, mais également des étrangers : marins et marchands éthiopiens, arabes, perses et même indiens. Certains quartiers leur sont d'ailleurs réservés.

Alexandrie est un tel carrefour commercial, une porte de l'Empire si importante, qu'on a le sentiment de se trouver dans une station intergalactique de *La Guerre des étoiles* en voyant s'y côtoyer tant de physionomies, de vêtements et de langues. Voici venir par exemple un négociant indien à la peau mate et aux traits fins. Arrive juste derrière un grand Éthiopien dégingandé aux dents très blanches. Le type qui suit est incroyablement drôle. C'est un marchand venu du Moyen-Orient, petit et grassouillet, qui porte une tenue très exotique, et dont les doigts sont couverts de bagues. Il discute avec un vendeur en gesticulant, et à chacun de ses mouvements ses bras courts disparaissent entre les plis de son vêtement, ce qui fait tout le sel de la scène.

Deux grands Nubiens sculpturaux passent en silence, leurs colliers blancs tranchant sur leur peau sombre. On dirait deux requins fendant la foule. Ils n'ont pas un poil de graisse, et à chaque pas on voit leurs muscles se contracter. Mais nous détournons le regard, soudain attirés par un fort parfum d'épices. Arrêtons-nous un instant : sur notre droite sont exposés dans une échoppe une multitude de petits monticules de différentes couleurs d'où le commerçant chasse les mouches avec un bout de natte.

Les nombreuses boutiques qui nous entourent vendent un peu de tout. Nous sommes frappés par les couleurs chamarrées des étoffes. En les tâtant, nous sentons que certaines sont rêches, mais il en est une particulièrement douce : c'est de la soie de Chine, et ces rues sont le meilleur endroit dans tout le bassin méditerranéen pour en acheter.

Alors que nous faisons une petite pose sous un portique, nous assistons à une scène curieuse : un homme du nom d'Hilarion se tient debout près d'un scribe assis par terre et lui dicte une lettre. C'est un modeste ouvrier qui n'est pas d'ici. Il a dû quitter Oxyrhynque, une cité de taille moyenne située au sud d'Alexandrie et en proie à une pauvreté chronique. Approchons-nous et tentons de jeter un œil sur la missive : elle est adressée à sa sœur, Alis, qui attend un heureux événement. Si elle met au monde un garçon, lui écrit Hilarion, elle pourra le garder, mais si c'est une fille, elle devra « l'exposer », c'est-à-dire l'abandonner — et il n'est pas sûr que quelqu'un la recueille... La lettre sera retrouvée par des archéologues, mais nous ignorerons à jamais le sexe de l'enfant.

Dans les bras d'une prostituée

Mais au fait, qu'est-il advenu de notre sesterce ? Il n'a pas quitté l'Égyptien, qui vient de tourner dans une venelle après avoir enjambé une flaque d'eau croupie. Tout ici n'est que terre battue et poussière, les rues ne sont pas pavées comme à Leptis Magna.

Le négociant se dirige vers une porte contre laquelle est adossée une fille en train de contempler ses ongles. Ses vêtements presque transparents laissent clairement voir ses seins aux gros mamelons sombres ; et comme si ça ne suffisait pas, de larges fentes lui permettent d'exhiber encore davantage son anatomie. Elle étale sa « marchandise » aussi sûrement que le vendeur d'épices que nous avons croisé tout à l'heure. Elle s'appelle Nikè (« Victoire », en grec) et c'est une prostituée.

Dès qu'elle a aperçu notre Égyptien, elle a compris ce qu'il venait chercher. Cependant elle n'est pas seule ici : le lupanar compte une quinzaine de filles. Le visiteur lui demande si elle est disponible sans même se renseigner sur le tarif. Il est vrai qu'il a passé plusieurs jours en mer...

Nikè lui sourit avec nonchalance avant de s'engouffrer à l'intérieur. L'endroit est modeste, les murs écaillés sont maculés de taches et de graffitis. Un long corridor assez obscur dessert des chambres minuscules des deux côtés. Il y règne une odeur de renfermé, mais le plus gênant c'est le bruit. Chaque pièce est dissimulée derrière un rideau ; or s'il protège des regards indiscrets, il ne peut rien contre les halètements des clients — de véritables râles, parfois — ni contre les gémissements feints des prostituées.

Mais cela n'indispose en rien le nouveau venu. Il pose une main sur la hanche de la fille et la pousse délicatement dans une chambre. Du fond du couloir, le propriétaire du bordel a donné son accord d'un signe de tête. Seul son visage émerge de l'obscurité, dans un rai de lumière.

Pour accueillir les ébats, il n'y a qu'une simple paillasse jetée sur un lit en maçonnerie. Le désir de l'homme est évident. Nikè tire le rideau et se déshabille. C'est la huitième fois depuis ce matin.

Dans les lupanars, les filles sont exploitées au maximum. Elles sont souvent très jeunes, avec de longs cheveux frisés et des traits orientaux, comme on les aime à l'époque. La plupart sont des esclaves ou d'anciennes esclaves. Certaines ont été ramassées dans la rue dès l'âge le plus tendre, là où les parents exposent les enfants non désirés. D'autres ont été enlevées purement et simplement avant de se retrouver sur un marché aux esclaves. Les plus grands et les mieux « achalandés » sont situés en Grèce, notamment sur l'île de Délos. Le prix des filles varie, mais les enchères peuvent grimper très haut. Les textes anciens racontent qu'Héliogabale déboursa la somme astronomique de 100 000 sesterces pour s'offrir une créature magnifique. Il est vrai qu'en tant qu'empereur il pouvait se le permettre !

Une fille achetée par un proxénète atterrit presque toujours dans un lupanar. Sa carrière débute généralement aux alentours de quatorze ans, parfois même plus tôt. Mais dans certains cas, si elle est particulièrement jolie, elle peut devenir une *escort girl* de luxe qui exercera ses talents auprès des riches.

Il y a une autre explication à la prostitution : la pauvreté. Souvent, dans les plus basses couches de la société, ce sont les parents eux-mêmes qui poussent leurs enfants à vendre leurs charmes. Ces gamines-là ne sont donc pas des esclaves. Cependant, il arrive que les femmes libres officiant dans les bordels soient issues de milieux plus favorisés.

Les prostituées indépendantes sont un cas d'espèce. Ce sont généralement des veuves ou des célibataires. Précisons que les rares métiers accessibles aux femmes (tissage, création de bijoux, petit commerce et quelques autres activités artisanales) ne leur permettent pas de subvenir à leurs besoins, surtout si elles sont mères. Aussi, lorsqu'une femme libre perd son époux ou ses parents, la prostitution peut être son seul moyen de survie. Et ça n'est pas sans risques : elle peut finir par tomber entre les mains d'un usurier ou d'un souteneur qui la réduira à l'état de quasi-esclave.

Malgré ce danger, la prostitution peut s'avérer plus rentable qu'une activité classique. Quand on se livre à de petits calculs, on comprend aisément pourquoi. Une passe rapporte 2 as, voire 3. (L'as correspondant à 1/4 de sesterce et vaut donc à peu près 50 centimes d'euros.) Si l'on considère que dans une ville comme Rome une prostituée non esclave rencontre chaque jour cinq clients, elle peut gagner quotidiennement 15 as. En admettant qu'un tiers de cette somme revienne à un proxénète, il lui restera tout de même 12 as, une somme supérieure aux 8 as que touche par exemple une tisseuse pour une journée de travail.

Bien entendu, il est question ici des revenus les plus bas de la prostitution. Le prix de tels rapports sexuels dans les couches inférieures de la société reste donc assez dérisoire, sachant que pour 2 as un Romain peut s'offrir un verre de vin de mauvaise qualité. C'est une nouvelle preuve que les divertissements et la satisfaction des besoins « essentiels » des habitants de l'Empire sont à la portée de toutes les bourses. Rappelons que le pain est distribué gratuitement à Rome. Les courses de quadriges sont elles aussi très abordables, et l'entrée aux thermes ne coûte que 1 as.

Le marchand égyptien rajuste sa tunique. Il est si satisfait de cette fille qu'il lui donne un sesterce — notre sesterce. Nikè lui sourit froidement avant qu'il soulève le rideau et disparaisse. Puis elle se lève pour aller se laver au bout du couloir et contemple la pièce de monnaie. Elle en caresse le relief et les inscriptions du bout des doigts. Contrairement à nous, elle ignore tout de son histoire. Qui sait le chemin parcouru par ce sesterce et le nombre de personnes qui l'ont possédé ? songe-t-elle.

Aussitôt après ses ablutions, elle se dirige vers la porte du lupanar, mais elle n'a même pas le temps de remettre sa tunique transparente qu'un gros homme surgit. Elle jette un coup d'œil au patron, qui opine : les autres filles sont occupées, et de toute façon c'est elle que veut ce nouveau client dont les mains grasses courent déjà sur son corps.

Le touriste de l'Antiquité

Tôt le lendemain matin, un personnage aux cheveux grisonnants entre dans le bordel. Il présente bien et se montre étonnamment prévenant avec Nikè. Il va même jusqu'à lui parler pendant l'acte et lui raconte qu'il est grec. À la fin, il la paie avec un denier et reçoit plusieurs pièces en retour, dont notre sesterce. Puis il lui caresse la joue en souriant et s'en va. Elle n'oubliera pas de sitôt ce client si différent des autres, le seul depuis très longtemps à l'avoir traitée avec un peu d'humanité et de respect. Mais qui peut-il bien être ?

Il arpente à présent les rues d'Alexandrie. Ses manières sont trop raffinées pour qu'il soit marin, soldat ou même marchand. Cet étranger est... un touriste. De tels voyageurs existent donc déjà dans l'Antiquité ? Eh oui, quoique peu nombreux. En général, ils sont cultivés et ont les moyens.

Si vous voulez en croiser, il faut précisément venir dans cette partie de l'Empire. Les touristes de ce temps-là privilégient davantage la partie orientale du bassin méditerranéen, pour la simple et bonne raison que les « villes d'art » se trouvent dans le monde hellénique et en Égypte. Tout ce qui est situé à l'ouest de la péninsule Italienne ne présente guère d'intérêt à leurs yeux : la majorité des cités sont relativement récentes et sans monuments symboliques, alors qu'à l'est rien ne manque, ni la mythologie, ni la grande Histoire.

Établissons le classement de leurs destinations préférées à l'époque romaine, mis à part la capitale : la Grèce arrive en tête, suivie par l'Asie Mineure et l'Égypte. Ces régions de l'Empire ont alors un parfum d'exotisme et toute la magie des terres lointaines. On aime parcourir la Grèce continentale, mais aussi se rendre sur les îles de Délos, Samothrace, Rhodes et quelques autres en Méditerranée orientale. De l'autre côté de la mer Égée, on apprécie Éphèse ainsi que Cnide, où l'on admire l'*Aphrodite* sculptée par Praxitèle, mais on va surtout sur le site de Troie, si étroitement lié aux origines de Rome. Rappelons-nous que, selon la légende, Énée parvint à fuir la cité en flammes avec quelques compagnons et gagna le Latium après bien des mésaventures. Sa descendance compte certes Romulus et Rémus, mais aussi Jules César ! Forte de son statut fondateur, non seulement Troie est envahie de visiteurs et de guides qui ne vous lâchent pas, mais elle jouit surtout d'énormes avantages, dont l'exemption d'impôts.

À ces hauts lieux du tourisme antique il convient d'ajouter la Sicile, où gravir l'Etna au début de notre ère est une aventure digne de l'ascension du Kilimandjaro aujourd'hui. Mais l'endroit le plus visité est bien sûr la ville de Rome. Ceux de ces habitants qui la quittent pour jouer eux-mêmes les touristes s'attirent les railleries de Pline le Jeune. Il leur reproche d'entreprendre de longs voyages en Orient pour admirer des œuvres lointaines, alors qu'ils ignorent celles qu'ils ont chez eux : « Des curiosités qui nous font mettre en route, passer la mer, nous laissent indifférents si elles se trouvent à la portée de nos yeux. [...] Nous recherchons ce qui est éloigné, peu soucieux de ce qui est proche de nous[42]. » En somme, rien n'a changé depuis deux mille ans...

Ajoutons que les touristes romains boudent des contrées comme l'Afrique et l'Inde. De tels voyages sont fort longs, et les naufrages fréquents — ce qui, en revanche, ne rebute pas les marchands.

À Alexandrie, notre Grec s'est rendu au lupanar parce que cela fait partie du programme de tout visiteur qui se respecte, aussi bien que la tombe d'Alexandre le Grand, le temple de Sérapis ou l'extraordinaire bibliothèque, sans oublier les quartiers dédiés à la vie nocturne. Ce qu'il y a de très singulier dans cette cité, c'est la cohabitation entre passion du lucre et hautes aspirations culturelles. Autre caractéristique : la musique. Dans les rues, les petites formations attirent toujours beaucoup de monde. Le port a beau regorger de marchands, de prostituées et de marins, on y trouve aussi pas mal de mélomanes, et les sources anciennes nous apprennent que lors d'un concert de cithare même les auditeurs les plus modestes perçoivent la moindre fausse note.

Remonter le Nil

Le touriste grec fait partie d'une poignée de philosophes qui, quelques jours plus tard, se retrouvent sur une grosse embarcation pour remonter le Nil et découvrir ses sites fabuleux. En ce temps-là, les monuments égyptiens sont déjà considérés comme des antiquités. Il est vrai que Ramsès II, pour ne donner qu'un exemple, a vécu plus de treize siècles avant Trajan !

Le trajet se déroule dans des conditions plutôt favorables. Certes, on ne dispose pas encore de moteurs, mais du coup on peut profiter de ce qui nous fait défaut sur nos bateaux de croisière : le silence. À peine troublé par le froissement des voiles et les clapotis de l'eau sur la coque. Bercés par ces bruits de fond, les voyageurs passent devant des rhinocéros amenés d'Inde ; ils se baignent au milieu des roseaux en attendant d'être expédiés au Colisée.

Memphis est une étape obligée, point de départ de la visite des pyramides telles que nous ne les contemplerons jamais : intactes, avec ce revêtement dont on voit aujourd'hui des vestiges au sommet de celle de Khéphren. Notre groupe s'amuse des prouesses de gamins qui, pour quelques pièces, escaladent leurs faces lisses avec une rapidité déconcertante. Puis il s'émerveille devant Apis, le taureau sacré, incarnation vivante du dieu Ptah.

Ce n'est pas le seul animal sacré d'Égypte. Étant repartis sur le Nil, nous atteignons un autre lieu de culte. Un grand crocodile y représente le dieu Sobek et reçoit des offrandes de nourriture. L'endroit se trouve dans la région du Fayoum, l'un des principaux greniers de l'Égypte, et par conséquent de l'Empire.

Trois femmes et deux enfants montent à bord. Ils sont élégamment vêtus parce qu'ils se rendent à une fête. Ces Égyptiens de l'époque romaine ne ressemblent en rien à ceux que nous croisons de nos jours, fruits de brassages successifs et de type moyen-oriental. On pourrait prendre pour des Grecs les sujets égyptiens de Trajan. Ils ont les cheveux frisés, le teint plutôt clair et les yeux pas toujours noirs — parfois ils sont noisette ou verts. Les femmes sont coiffées de manière simple mais soignée. Curieusement, elles ont des sourcils épais qui ont tendance à se rejoindre au-dessus du nez.

L'une de celles qui nous ont rejoints est toute menue, avec de petites boucles de cheveux très serrées ; ses ravissants pendants d'oreilles en or sont enrichis de trois perles, et elle arbore un collier composé lui aussi de perles. La deuxième, vêtue de pourpre, a les cheveux relevés en chignon sur la nuque, avec autour de la tête une chaîne en or qui est comme une couronne et supporte une sorte de médaillon bien visible sur son front. La troisième, elle aussi avec chignon, a la corpulence d'une matrone, le visage assez bouffi et le nez proéminent. Nous sommes fascinés par ses boucles d'oreilles en forme de gros grains de raisin — des améthystes — et par son collier constitué d'une multitude de pendeloques en or.

Ces femmes sont en grande discussion avec les deux garçons, probablement des frères, étant donné leur ressemblance. La matrone se prénomme Alinè, mais tout le monde l'appelle Tênos. Elle est d'un bon naturel, et en l'écoutant nous apprenons qu'elle est mère de deux petites filles. Les cinq voyageurs ne cessent de plaisanter entre eux. Au moment de nous quitter, ils nous saluent poliment puis descendent à terre en empruntant, à leurs risques et périls, une fragile passerelle.

En regardant s'éloigner ces femmes, si majestueuses dans leurs longs vêtements, comment ne pas songer aux Indiennes ? Mêmes postures, mêmes drapés, et presque les mêmes parfums. Si vous voulez savoir à quoi ressemblaient les Romaines, partez en Inde. Mais pour revoir les personnages que nous venons de rencontrer sur notre bateau, il faut se rendre dans un musée. Ils continuent en effet d'« exister » au travers des merveilleux portraits qu'ils ont fait réaliser, d'abord accrochés chez eux puis appliqués sur leur momie. Le climat du désert les a miraculeusement conservés et ils sont donc exposés désormais dans divers musées — à Berlin, par exemple, pour celui de Tênos. Ils font partie d'une collection très riche, désignée sous le nom de « portraits du Fayoum ». Certaines de ces œuvres sont d'un réalisme à ce point saisissant qu'on dirait des photos. On est émus rien qu'en les admirant sur Internet. Hypnotisés par ces regards si pénétrants, on a l'impression d'avoir déjà croisé ces gens quelque part, de reconnaître un collègue, un commerçant ou un ancien camarade de classe.

Les tombeaux des pharaons

Nous arrivons enfin à Thèbes (actuelle Louxor). De là, les philosophes grecs s'acheminent vers un lieu qui au IIe siècle attire déjà beaucoup de monde : les tombeaux des pharaons. Les textes anciens en témoignent, ainsi que les graffitis laissés par les visiteurs d'un autre temps. Si le tourisme antique a pu connaître son apogée en Méditerranée orientale et en Égypte sous l'Empire romain, c'est que la paix régnait — la fameuse *Pax Romana*. En prenant la mer, on courait certes le risque d'être pris dans une tempête, mais on savait au moins qu'on ne tomberait pas sur une flotte ennemie. Quant aux pirates, il n'y en avait plus guère.

Au lever du jour, notre groupe marque un premier arrêt devant les deux colosses de pierre qui gardent l'entrée de la Vallée des Rois. Aussi hauts qu'un immeuble de six étages, ils représentent Aménophis III, l'un des pharaons les plus puissants, dont le règne se situe au XIIIe siècle avant J.-C. Mais les Romains croient — et les Grecs croyaient avant eux — qu'il s'agit de Memnon, fils de la déesse de l'Aurore et roi d'Éthiopie, tué par Achille pendant la guerre de Troie. La confusion vient en partie de ce que ces statues assises sur des trônes sont difficilement identifiables, ayant été endommagées par un tremblement de terre. Mais ce qui laisse croire qu'il s'agit bien du fils de l'Aurore, c'est le gémissement qu'émet chaque matin l'une d'elles, comme pour saluer sa mère.

Les Grecs se sont mis en route alors qu'il faisait encore nuit et attendent le moment de vérité en compagnie d'autres touristes. L'horizon s'éclaircit peu à peu et le soleil finit par se montrer. Tels des fidèles en adoration devant deux étranges divinités en piteux état, les visiteurs se sont placés en arc de cercle.

L'un des colosses émet enfin un son que le géographe Pausanias compare « à celui d'une cithare ou d'une lyre dont une corde se brise[43] », tandis que Strabon parle d'« un bruit analogue à celui que produirait un petit coup sec[44] ». Devant ce phénomène, nos philosophes sont sceptiques. Strabon lui-même l'était : « J'entendis le bruit en question, mais d'où venait-il ? De la base de la statue ou de la statue elle-même ? Je n'ose rien affirmer à cet égard. Il se pourrait même qu'il eût été produit exprès par une des personnes alors rangées autour du piédestal, car dans une question aussi mystérieuse on peut admettre toutes les explications imaginables, avant de croire qu'une masse de pierre ainsi disposée soit capable d'émettre un son. » Selon toute probabilité, le phénomène est généré par la pierre lorsqu'elle passe du froid de la nuit à la chaleur du jour, mais nous n'en avons pas la preuve, des travaux de restauration entrepris sous Septime Sévère ayant rendu la statue muette.

À partir de là, beaucoup rebroussent chemin. Les Grecs, eux, continuent la visite pour explorer les tombes de Ramsès IV et de Ramsès VI (qu'on croit être celle de Memnon). Peut-être une ou deux autres encore, mais pas plus. Comment sait-on tout cela ? On a découvert les habitudes et même les noms de nombreux touristes romains, dont un assassin, grâce aux traces volontaires de leur passage que sont les graffitis, dont Lionel Casson nous livre des exemples[45].

La tombe de Ramsès VI en compte à elle seule plus d'un millier ! En tout, on en a répertorié quelque 1 800 gravés au burin, 300 écrits à l'encre noire et 40 à l'encre rouge. Ces témoignages nous apprennent notamment que les touristes se déplacent toujours en groupe (comme dans nos voyages organisés) — familles, fonctionnaires impériaux en mission, soldats ou encore intellectuels, à l'exemple des hommes que nous accompagnons. Il y a aussi des avocats et des juges, des poètes et des médecins (on en dénombre une trentaine). Autre fait particulièrement intéressant : ils viennent d'un peu partout — de Gaule narbonnaise, d'Italie, de Grèce et d'Asie Mineure, mais aussi de Perse et des rives de la mer Morte —, ce qui prouve à quel point les tombes des pharaons sont célèbres dans tout l'Empire, et au-delà.

Comme tous ces gens notent la date de leur passage, on sait que la « saison touristique » s'étale de novembre à avril : la période de l'année où il fait le moins chaud, mais aussi celle où la navigation s'interrompt, ce qui laisse aux visiteurs tout le temps nécessaire pour explorer l'Égypte.

Que lit-on sur leurs graffitis ?

« Unique, unique, unique ! » écrit quelqu'un, émerveillé comme beaucoup par la beauté des tombes et de leurs peintures.

« Je regrette de n'avoir pas compris les inscriptions », regrette un autre, après avoir tenté de déchiffrer les hiéroglyphes.

« Visite accomplie », indique un troisième.

Certains s'ennuient peut-être un peu sur les sites, alors ils s'amusent à former des anagrammes à partir de leur prénom : Sempronios signe « Onipsromse » et Dionysias « Onaysisid ».

Mais le graffiti qui frappe le plus est cette interrogation pleine d'ironie :

« Ta mère sait-elle que tu es ici ? »

La remontée du Nil se poursuit généralement jusqu'à la première cataracte (au niveau d'Assouan). Le groupe de philosophes pousse un peu plus au sud pour admirer le temple de Philae mais ne s'aventure pas au-delà. La présence romaine est toujours effective, avec de petits forts où la vie s'écoule dans une atmosphère digne de celle imaginée par Dino Buzzati pour son *Désert des Tartares*. Ils sont écrasés sous un soleil de plomb et soumis aux tempêtes de sable. Mais c'est de ce même sable qu'ont été sorties, intactes, des lettres racontant le quotidien des hommes qui occupent ces avant-postes. Elles ne sont pas sans rappeler celles exhumées au nord de l'actuelle Angleterre, à la frontière la plus septentrionale de l'Empire. Elles concernent dans des proportions égales les nouvelles militaires, les commandes de bière et les femmes, ce qui montre que la vie des légionnaires aux frontières est la même partout.

Et ce n'est pas la seule similitude entre ces courriers émanant de deux régions frontalières si éloignées l'une de l'autre. Vous souvenez-vous, au fort de Vindolanda, des devoirs du fils du commandant, retrouvés parmi des lettres miraculeusement conservées ? Il devait recopier une citation de *L'Énéide* sous la dictée de son précepteur. Aussi extraordinaire que cela puisse paraître, plus ou moins à la même époque, mais à des milliers de kilomètres de distance, se jouait la même partition. Dans les sables du Fayoum, plus précisément à Hawara, a été mis au jour un papyrus sur lequel un élève avait recopié sept fois un autre vers de Virgile où il est question d'Hélène de Troie : *Non tibi Tyndaridis facies invisa Lacaenae.* (« Non, ce n'est pas, quoi qu'il t'en semble, l'odieuse beauté de la Lacédémonienne, fille de Tyndare[46]. ») Dans le froid de la province de Bretagne comme dans la chaleur de l'Égypte, *L'Énéide* était un classique incontournable pour tous les enseignants de l'Empire romain.

En direction de la mer Rouge

Après la visite du temple de Philae, nos touristes prennent le chemin du retour. Ils s'arrêtent de nouveau à Thèbes pour quelques jours puis poursuivent leur descente du Nil. Leur première étape, le temps d'un repas, est la cité de Coptos, dans une grande boucle du fleuve. Ils prennent place sous une pergola d'où l'on jouit d'une vue imprenable sur les bateaux qui progressent avec lenteur. À la table voisine, deux soldats jouent aux dés. Ces objets sont vraiment peu ordinaires : ils ont la forme d'une femme sur le dos qui a pris appui sur les coudes pour relever les jambes et les écarter. Les chiffres sont gravés sur les différentes parties de son corps. Une version hard du dé, dont on peut voir quelques exemplaires en argent et en bronze au British Museum.

Notre Grec observe la chose en souriant, puis il se lève pour aller acheter l'équivalent de nos bouteilles d'eau sous la forme d'une gourde en terre cuite protégée par un treillis d'osier. Il la paie avec notre sesterce à un vieillard à la belle barbe blanche qui lui rend aimablement la monnaie et lui souhaite bon voyage, puis il rejoint sur le bateau ses camarades philosophes en train de traiter de questions sans réponses.

Deux jours plus tard s'installe à la table qu'ils occupaient un homme costaud au visage massif. On dirait un boxeur. Il est coiffé comme Trajan, les cheveux ramenés sur le front. Lorsqu'une gracile serveuse vient prendre la commande, il lui adresse un sourire qui révèle une incisive cassée. Qui sait, peut-être un coup reçu lors d'un combat ? Avant de repartir il achète lui aussi une gourde d'eau, et du coup il reçoit le fameux sesterce.

Il a absolument besoin de cette eau car il s'apprête à traverser le désert. Ce ne sera pas sa seule réserve, bien sûr, mais au moins l'aura-t-il à portée de main. Quelques instants plus tard, il se couvre d'un chapeau de paille et monte sur un dromadaire, sa bouteille en bandoulière. Il vient en effet d'intégrer un convoi qui s'apprête à parcourir une longue distance sur une piste caravanière. C'est le début d'une expédition qui le conduira jusqu'en Inde.

Mais pourquoi doit-il se rendre si loin au-delà des frontières de l'Empire ? Originaire de Pouzzoles, il fait le commerce de corail rouge, très prisé en Asie, et il va lui falloir onze jours pour atteindre le port de Bérénice Troglodytique, sur la mer Rouge.

Afin de préserver l'eau, on effectue le parcours de nuit en s'orientant grâce aux étoiles, comme le font les marins. L'itinéraire est jalonné de quelques puits mais aussi de contrôles. Tout au long du trajet nous rencontrons des tours et des forts. Impossible d'emprunter la piste en toute liberté : il faut obtenir des laissez-passer et payer des taxes sur les biens transportés, car cette route est une frontière. Rome vise ainsi un double objectif : encaisser de l'argent et tenter par là même d'éviter que trop de pièces d'or ne quittent son territoire.

Un matin, nous atteignons un site sacré nommé Paneion : ici coule une source dédiée au dieu Pan. Toutes les caravanes y font étape, et sur les rochers alentour de nombreux négociants ont laissé des inscriptions que nous tentons de déchiffrer. L'une d'elles est signée d'un certain Lysas, peut-être cet affranchi qui parvint au Ier siècle à gagner Ceylan pour le compte de son ancien maître. Une autre nous frappe tout particulièrement : on y lit le nom de Gaius Peticius, écrit en grec, or les Peticii sont originaires des Abruzzes. Cela voudrait donc dire qu'un Romain de là-bas est passé à Paneion ? Nous en avons confirmation au musée archéologique de Chieti où, sur une stèle funéraire concernant un membre de cette famille, un bas-relief représente un dromadaire chargé d'amphores — sans doute du vin qui sera bu en Inde.

Le port de Bérénice est situé sur une côte désertique, au bord d'une mer d'un merveilleux bleu turquoise. De nos jours, il y a là des clubs de vacances et des amateurs de kitesurf, mais en y arrivant du temps des Romains on a le sentiment de quitter un grand désert de pierres pour ne trouver devant soi qu'un désert marin encore plus vaste. Ces lieux, qui peuvent être synonymes de « mort » mais pas de « plaisir », nous font prendre conscience une nouvelle fois de l'immensité de l'Empire romain, qui au nord touche à l'actuelle Écosse et qui au sud s'achève au bord de la mer Rouge avec ces récifs coralliens.

La caravane a déchargé sa marchandise dans cette cité prospère d'où partent chaque année pas moins de cent vingt navires à destination de l'Inde. Oui, cent vingt navires ! Cela prouve qu'une telle activité commerciale n'est pas ponctuelle, comme on a tendance à le croire, mais intense et régulière : l'Inde est bien un partenaire économique de Rome.

Que vend-elle aux Indiens et que leur achète-t-elle ? Il suffit de faire un tour dans les rues de Bérénice pour le découvrir. Les Romains exportent vers l'Inde du vin, des vêtements, du corail rouge, des objets en verre soufflé ou en métal ; ils en importent de la soie, des pierres précieuses (dont des lapis-lazuli), des perles, de l'ivoire, des parfums, de l'encens et des épices (surtout du poivre) — autrement dit, des produits de luxe. En pénétrant dans un entrepôt, nous constatons que transitent aussi par ce port des bois précieux, des noix de coco et même des fleurs.

Le soleil s'est couché depuis peu et les premières étoiles apparaissent. Nous contemplons la mer. Elle est si calme qu'elle semble en train de s'endormir. Qu'en sera-t-il demain ? Notre bateau est chargé, mais nous ne lèverons l'ancre que si les auspices sont favorables.

Inde
Au-delà des frontières de l'Empire

Le navire a appareillé au petit matin. Les conditions maritimes sont bonnes et le voyage débute sans encombre. L'homme de Pouzzoles s'appelle Junius Faustus Florus. Il n'est pas le seul négociant romain à bord : huit autres ont entreposé leurs marchandises dans la cale pour ce grand saut transocéanique. L'équipage, en revanche, n'est pas romain. Dans cette partie du monde, les Romains se fient aux marins égyptiens, lesquels s'en remettent aux navigateurs érythréens.

Notre bateau va longer les côtes de la péninsule Arabique, puis il mettra le cap sur l'océan, où seule une nappe d'eau infinie s'étalera à l'horizon. Comment arrive-t-il en Inde ? Grâce à la complicité des vents. De mai à septembre, la mousson souffle sans discontinuer du sud-ouest et pousse tout droit les navires vers l'Inde ; de novembre à mars, elle souffle du nord-est et leur permet de suivre l'itinéraire inverse. Ces respirations climatiques sont longues, et Junius sait pertinemment qu'il faut des mois et des mois pour effectuer un aller-retour depuis Pouzzoles. Nous ne saurons jamais combien de Romains perdirent la vie au cours de telles traversées ; toujours est-il qu'elles étaient effectuées par des navires suffisamment gros pour affronter l'océan. Longs de 40 mètres, ils pouvaient transporter plus de 300 tonnes de marchandises.

Un matin, apparaît enfin la côte indienne, nimbée d'une légère brume générée par l'humidité tropicale. Sur les flots nous apercevons des pirogues ; elles sont creusées dans une seule pièce de bois et sont utilisées par les pêcheurs, qui comme partout ailleurs ont pris la mer aux aurores. L'une de ces embarcations passe tout près de notre navire. À son bord, les autochtones ont la peau très sombre et des sourires d'une blancheur éclatante. Ils pointent du doigt Junius et ses compagnons. Ici, l'apparition d'humains au teint clair ne peut signifier qu'une chose : l'arrivée de Romains.

Notre bateau mouille au large pour éviter de s'enliser dans les fonds sablonneux. Des barques arrivent aussitôt du port pour procéder au transbordement de son contenu, dans une joyeuse pagaille ponctuée de cris et d'interpellations.

Lorsque Junius débarque, il n'a pas l'impression de poser le pied sur le continent parce que la tête lui tourne, mais cette fois à cause du mal de terre. Presque aussitôt, un autre Occidental vient à sa rencontre. Tous deux s'étreignent : le nouveau venu est lui aussi originaire de Pouzzoles. Il semble bien, en effet, que les Romains aient établi des comptoirs en plusieurs points de la côte et qu'ils s'y soient organisés en petites communautés, dans des quartiers à part.

Nous sommes au sud-ouest du sous-continent indien, dans l'actuel Kerala. La ville s'appelle Muziris. Elle est mentionnée sur la Table de Peutinger *(Tabula Peutingeriana)*, l'unique carte antique de l'Empire romain qui soit parvenue jusqu'à nous. Nous ne disposons que d'une reproduction datant du Moyen Âge, le document original étant irrémédiablement perdu ; cependant, cette fidèle « photocopie » réalisée par des moines réserve bien des surprises. À commencer par sa forme. Elle n'est pas pliable comme nos cartes routières mais consiste en un parchemin long de 7 mètres qui, enroulé, tenait dans un étui en cuir facilement transportable en voyage. Elle s'apparente beaucoup aux GPS de nos voitures parce qu'elle indique en priorité les routes, les cités et les relais de poste, alors que, mis à part les cours d'eau, la géographie physique est négligée et les données sur les montagnes ou les forêts réduites au minimum.

En observant cette carte, on constate que les Romains connaissaient le Sri Lanka (Insula Taprobane), le Gange ou encore une partie de la côte orientale de l'Inde. Des fouilles menées par les Anglais dans les années 1940 sur le site d'Arikamedu, près de Pondichéry, ont livré des fragments de céramique sigillée d'Arezzo portant des inscriptions en latin, entre autres objets d'origine romaine, ce qui laisse supposer qu'un ou plusieurs comptoirs romains existaient aussi sur ces rivages. Pour ces contrées si lointaines, la *Tabula Peutingeriana* va jusqu'à noter les distances en milles indiens et non en milles romains (1 mille indien valant 3 000 mètres et 1 mille romain 1 480 mètres), comme pour faciliter les déplacements des voyageurs en les familiarisant avec le système local de mesure.

Mais l'élément le plus inattendu sur cette carte est la représentation d'un temple romain près de Muziris, avec pour légende *Templum Augusti*. Vous vous rendez compte ? Un édifice religieux dédié à l'empereur Auguste en plein territoire indien ! On trouve également des mentions du type : *In his locis scorpiones nascuntur.* (« En ces lieux naissent les scorpions. ») Ou encore : *In his locis elephanti nascuntur.* (« Ici naissent les éléphants. ») Enfin, deux mots font particulièrement rêver parce qu'ils évoquent explicitement le pays de la soie : Sera Maior — c'est-à-dire la Chine.

Pour parvenir jusqu'en Europe, la soie empruntait deux itinéraires : la voie terrestre, contrôlée et filtrée par les Parthes (redoutables ennemis de l'Empire romain qui peuplaient les territoires de l'Iran et de l'Irak actuels), et la voie maritime, où Rome avait l'avantage, un navire pouvant ramener plus de soie qu'une caravane. D'où la propension des Romains à pousser vers l'est pour se rapprocher peu à peu de la Chine. À la fin du IIe siècle, ils établirent sans doute des relations commerciales avec les Moluques, Sumatra et Java, ce qui favorisa leurs importations de clou de girofle, qu'ils connaissaient depuis longtemps déjà.

Les Chinois ne s'étant lancés dans la navigation hauturière qu'au cours des siècles suivants, ce furent les Romains qui vinrent à eux. Nous connaissons la date officielle de ce premier contact : 166 après J.-C. Cette année-là, ils furent reçus par l'empereur Han Huandi. Il ne s'agissait probablement pas de diplomates envoyés par Marc Aurèle mais de simples marchands qui, tels des saumons, avaient remonté le courant jusqu'à la source de la soie. Pour preuve, ils n'offrirent ni or ni pierres précieuses, selon les archives officielles chinoises. Leurs présents — ivoire, corne de rhinocéros et écailles de tortue — n'étaient pas dignes d'une ambassade impériale. Selon Lionel Casson, ces négociants cherchaient tout simplement à battre la concurrence en achetant le précieux tissu directement aux Chinois[47].

De grandes batailles commerciales furent donc livrées bien au-delà des frontières de Rome, et des témoignages de ces échanges économiques avec l'Asie réapparaissent de temps en temps, notamment sous la forme de monnaies. Une pièce romaine a même été retrouvée au Vietnam, dans le delta du Mékong !

En Inde ont été exhumées quelque 2 000 pièces d'or *(aurei)* et 6 000 pièces d'argent *(denarii)*, auxquelles il convient d'en ajouter de moindre valeur. Certaines de ces pièces comportent une profonde entaille : les Indiens tenaient ainsi à s'assurer qu'elles contenaient bien de l'or ou de l'argent. Ils devaient percevoir les Romains comme des sortes de Pères Noël. Une antique source tamoul rapporte ainsi qu'à Muziris débarquaient régulièrement des navires chargés d'or et de vin, et qu'ils repartaient avec du poivre.

Ces bateaux n'étaient pas tous romains. Le port de Muziris, mentionné par Pline l'Ancien et Ptolémée, commerçait aussi avec d'autres peuples, d'autres civilisations. Il n'a été identifié que récemment par certains chercheurs au village de Pattanam, dans le Kerala. Des fouilles ont mis au jour des monnaies romaines, une multitude de tessons de céramiques italiennes et égyptiennes, ainsi qu'une embarcation de 6 mètres de long et un quai en brique doté de structures d'amarrage.

C'est précisément là que nous nous trouvons maintenant. Quelques mois se sont écoulés, les vents ont tourné, et Junius Faustus Florus s'apprête à repartir. Pour gagner le navire, il monte dans une pirogue en compagnie d'un habitant de Muziris avec lequel il a sympathisé et qui lui servira de correspondant lors de prochains échanges commerciaux. Au moment de prendre congé de cet homme, Junius le serre dans ses bras et lui remet notre sesterce en gage d'amitié.

Hier soir, l'Indien a examiné le profil de Trajan sur la pièce et demandé au Romain de lui parler de son « roi ». C'est un beau souvenir du marchand de Pouzzoles qu'il reçoit ainsi.

Mésopotamie

Rencontrer l'empereur

Trajan à Charax

L'Indien de Muziris range le sesterce que lui a offert le marchand de Pouzzoles et finit par l'oublier. Jusqu'au jour où il se décide à entreprendre un long voyage. Des Arabes lui ont raconté qu'en Mésopotamie les Parthes reculaient devant les légions de Rome, en passe de conquérir le pays tout entier. Il sait que les Romains apprécient les produits qu'il peut leur fournir et qu'ils sont prêts à y mettre le prix. Il en a longuement parlé avec Junius Faustus Florus. Aussi décide-t-il de partir. S'il y a de bonnes affaires en perspective, il veut être parmi les premiers à en profiter. C'est une occasion rêvée pour devenir riche rapidement, alors il doit tenter sa chance. Il embarque donc en compagnie de commerçants arabes de sa connaissance, avec dans sa bourse notre sesterce.

La traversée se déroule sans difficultés particulières. Les négociants pénètrent dans le golfe Persique et atteignent le sud de la Mésopotamie, là où se rejoignent les eaux du Tigre et de l'Euphrate. En cet endroit (aujourd'hui en Irak) s'élève une cité portuaire digne des *Mille et Une Nuits* : Charax, point de contact entre deux mondes et capitale d'un royaume. C'est dans cette ville qui contrôle le commerce avec l'Inde, sorte de Monaco du golfe Persique, que notre Indien attend les Romains. D'ici peu ses souhaits se réaliseront, la situation militaire évoluant rapidement.

Tel un rouleau compresseur, Trajan écrase tout sur son passage. Il poursuit l'invasion amorcée l'année précédente. Il a même fait venir depuis les côtes de la Méditerranée, à travers le désert, des ponts préfabriqués pour franchir l'Euphrate. Une entreprise colossale ! Son armée s'est emparée de cités aux noms aussi prestigieux que Ninive et Babylone. Puis une flotte composée d'une cinquantaine de bâtiments a descendu l'Euphrate. Il paraît que les voiles des plus gros navires portaient en lettres d'or le nom et les titres de l'empereur. Vrai ou faux, toujours est-il que les bateaux ont été tirés sur plus de 30 kilomètres pour passer de l'Euphrate au Tigre. Prenant tout le monde de surprise, les légionnaires se sont emparés de Séleucie et de Ctésiphon. Le roi des Parthes s'est enfui, abandonnant aux vainqueurs son trône d'or et sa fille.

Trajan est désormais le maître de la Mésopotamie et l'on va pouvoir frapper des pièces portant l'inscription : *Parthia capta.* (« La Parthie a été conquise. ») Les Romains ont triomphé grâce à leur redoutable organisation. (De nos jours, déplacer des ponts et des navires en plein désert serait loin d'être une sinécure !) Mieux, ils ont su profiter des dissensions qui minaient les Parthes.

En cette année 116, donc, l'Empire est en passe d'atteindre son expansion maximale et Trajan est au faîte de sa gloire. Le voici désormais à Charax. Le roi Attambélos vient de lui faire allégeance. Aucun homme aussi puissant n'est venu en cette cité depuis Alexandre le Grand, qui la fonda il y a quatre siècles en lui donnant le nom d'« Alexandrie », selon son habitude. Tous les habitants sont aux fenêtres ou massés le long des rues pour acclamer l'empereur en train de gagner le port, protégé par ses troupes, car nous sommes quand même en guerre et mieux vaut éviter les risques.

S'il arbore une armure magnifique qui scintille au gré des mouvements de son cheval, l'homme lui-même frappe par sa simplicité. Les gens d'ici sont habitués aux maîtres marquant la distance avec le peuple de toutes les manières possibles. Rien de tel avec Trajan. Il se comporte presque en personne ordinaire et agite la main en souriant pour saluer la foule, laquelle a remarqué ses cheveux blancs. Il les a ainsi depuis des années et cette caractéristique permet de le repérer facilement sur les champs de bataille. Mais cela vaut pour ses soldats comme pour ses ennemis. Bientôt, lors du siège d'Hatra, les archers parthes le reconnaîtront et tenteront de l'atteindre ; leurs flèches le raseront de si près qu'elles décimeront quelques membres de sa garde rapprochée ! Malgré ses soixante-trois ans, il ne se ménage pas : en plus de combattre tête nue, il passe à l'attaque avec sa cavalerie, marche, mange et souffre avec ses soldats. Voilà pourquoi il est si populaire... et pourquoi il a vieilli prématurément.

Le marchand indien, qui a remarqué combien Trajan avait les yeux creusés et le visage ridé, a salué tout à l'heure des compatriotes en partance pour Muziris. C'est le dernier bateau à avoir appareillé vers cette destination avant que les vents ne deviennent contraires.

On l'explique à l'empereur, maintenant sur le quai.

« Je suis trop vieux pour partir en Inde comme Alexandre le Grand ! » dit-il en regardant s'éloigner cette *navis*.

On dirait qu'il se parle à lui-même, mais suffisamment fort pour être entendu et pour qu'une fois transcrites ses paroles parviennent jusqu'à nous.

L'Indien prend conscience que l'occasion est unique et qu'il doit tenter quelque chose. Bien qu'il ne parle pas latin, il a le moyen de faire savoir qu'il a déjà établi le contact avec le monde romain : il sort notre sesterce et l'exhibe bien haut devant des membres de la suite impériale.

Trajan, qui s'apprête à repartir, a vu la scène et deviné que l'étranger montrait une pièce romaine. Intrigué par la présence d'une telle monnaie en ces lieux, il se la fait apporter par un garde, la tourne et la retourne entre ses doigts, puis sourit. Il sait parfaitement quand elle a été frappée et la serre dans son poing en jetant un dernier coup d'œil sur le navire qui fait route vers l'Inde.

Nous ignorons ce qu'il a en tête, mais de nombreux historiens supposent que l'une des raisons qui l'ont poussé à se rendre si loin de Rome, entre le Koweït et l'Iran actuels, est d'ordre économique. En triomphant des Parthes, Trajan a atteint des objectifs économiques autant que militaires : il a anéanti des ennemis redoutables, certes, mais aussi supprimé par la même occasion les droits de douane exorbitants qu'ils appliquaient sur toute marchandise transitant chez eux (autant de ressources pour financer leurs guerres contre Rome) et obtenu le contrôle sur les échanges avec l'Inde et l'Extrême-Orient — de la même manière qu'en envahissant la Dacie il avait mis la main sur des mines d'or tout en se débarrassant de féroces adversaires.

Avant de remonter à cheval, Trajan tend notre sesterce à l'un de ses gardes, qui à son tour le lance à l'Indien. Le cortège repart, laissant celui-ci estomaqué par cette rencontre extraordinaire. Plus tard, il ne se lassera pas de raconter l'épisode à ses enfants puis à ses petits-enfants.

Quant à la pièce, quoiqu'elle ait déjà beaucoup circulé, elle n'est pas encore arrivée au terme de son voyage. Après avoir noué quelques relations prometteuses, le négociant va se débarrasser d'elle. Il fallait s'y attendre, bien qu'elle lui ait été offerte par Junius. Non seulement l'homme a un sens aigu des affaires, mais cette monnaie ne lui serait d'aucun usage dans son pays, compte tenu de sa faible valeur. Si elle avait été en or, il l'aurait gardée.

Un beau matin, dans une taverne de Charax, il échange une petite sculpture en ivoire faite à Muziris ainsi qu'un peu d'argent, dont notre sesterce, contre un joli coffret en métal muni d'une solide serrure romaine.

La main qui récupère les pièces a massacré pas mal de monde ces dernières semaines. C'est celle d'un centurion du nom de Sentius, dont un haut fait récent sera consigné par l'historien Dion Cassius : retenu prisonnier dans une forteresse, il « s'entendit, à l'approche des Romains, avec quelques-uns de ses compagnons de captivité, et, s'échappant avec eux de ses fers, ouvrit, après avoir tué le chef de la garnison, les portes à ses concitoyens[48] ».

Il emporte le sesterce à Babylone, où il voit Trajan offrir un sacrifice à Alexandre le Grand dans le palais où il est mort. Puis la situation se dégrade : des insurrections éclatent simultanément contre les Romains en différents points de la Mésopotamie, et l'empereur peine à reprendre le contrôle. C'est une période bien sombre, marquée par des massacres des deux côtés. Des cités sont détruites et le centurion a de nouveau beaucoup de sang sur les mains. Pas seulement celui de soldats ennemis et de prisonniers : celui de femmes, d'enfants et de vieillards impitoyablement passés au fil de l'épée par les légionnaires.

Tout comme les troupes américaines au début de l'invasion de l'Irak, les Romains se sont déployés trop largement, négligeant de sécuriser leurs arrières. Les armes ne suffisant pas à lui assurer une victoire définitive, Trajan désigne un nouveau souverain parthe et s'en explique dans une lettre au Sénat :

« Ce territoire est si vaste et si dispersé, la distance qui le sépare de Rome est si considérable, que nous n'avons pas les moyens de le conquérir et de l'administrer. En revanche, il est opportun d'y être présent au travers d'un roi soumis à Rome. » Ensuite il se décide à quitter la Mésopotamie. (Certains historiens pensent qu'il nourrissait le projet d'y retourner l'année d'après afin de régler le problème parthe une fois pour toutes.)

Notre sesterce reprend lui aussi la route de Rome, où il a été frappé, et traverse avec l'armée un désert immense jusqu'à Antioche, à quelques milles seulement de la Méditerranée.

Antioche sinistrée

Située au bord du fleuve Oronte, c'est la troisième ville de l'Empire. Il n'en reste malheureusement plus grand-chose aujourd'hui, si ce n'est de magnifiques mosaïques. On la surnommait pourtant « Antioche la Grande » ou « Antioche la Belle ». Les empereurs la dotèrent d'imposants édifices, dont un somptueux palais pour eux-mêmes. Les mosaïques nous restituent rues et bâtiments, mais aussi un théâtre, des fontaines, des places pleines de monde, des étals et des tavernes, des enfants qui gambadent, des femmes qui se promènent, des porteurs ployant sous les marchandises. On y découvre également des immeubles de plusieurs étages. Ce sont justement ceux que nous apercevons tandis que nous suivons le centurion qui détient toujours notre sesterce. Après s'être installé en ville avec ses hommes puis rendu aux thermes, il a maintenant quartier libre.

Malgré son effervescence, Antioche est une ville meurtrie : elle porte encore les stigmates du violent séisme qui l'a frappée il y a plusieurs mois. Un tiers de la cité a été détruit alors qu'elle était encore plus animée que d'ordinaire. Trajan et ses troupes y étaient en effet cantonnés. En outre, beaucoup de gens avaient profité de l'occasion pour venir y faire des affaires, obtenir une audience, jouer les diplomates ou tout simplement pour apercevoir l'empereur. Dans son *Histoire romaine*, Dion Cassius décrit la catastrophe avec une précision telle qu'on s'y croirait. Il n'a certes aucune connaissance scientifique en matière de tremblement de terre, mais sa description de la dynamique du séisme n'en est pas moins saisissante :

« D'abord, on entendit tout à coup un grand gémissement ; suivit une violente secousse ; la terre tout entière bondissait ; les édifices s'élançaient en haut ; les uns, enlevés en l'air, retombaient et se disloquaient ; les autres, ébranlés de çà et de là, tournoyaient comme au milieu des flots agités, et, de plus, occupaient une grande partie de l'espace. Le fracas des bois qui se rompaient et se brisaient, joint à celui des pierres, des tuiles, était tellement effrayant, il se levait une telle poussière, qu'on ne pouvait ni se voir, ni se parler, ni s'entendre. Plusieurs personnes, qui étaient hors de leurs maisons, furent atteintes. [...] Les unes étaient mutilées, les autres mortes. Des arbres même furent arrachés avec leurs racines. Quant à ceux qui périrent surpris dans leurs maisons, leur nombre est incalculable ; beaucoup, en effet, furent écrasés par le choc des objets qui tombaient ; beaucoup aussi furent étouffés sous des monceaux de terre. Tous ceux qui avaient quelque partie du corps engagée sous les pierres ou les bois étaient dans un état déplorable, sans pouvoir ni survivre ni mourir sur-le-champ. Néanmoins, quelques-uns d'entre eux, sur cette population innombrable, parvinrent à se sauver ; mais tous ne s'en tirèrent pas sans souffrance. [...] La divinité ayant prolongé le tremblement pendant plusieurs jours et plusieurs nuits, les habitants étaient en proie à l'incertitude et à l'embarras, les uns engloutis et tués par la ruine des édifices, les autres, à qui soit un espace vide formé par l'inclinaison des bois, soit la voûte d'un entrecolonnement permit de conserver la vie, mourant par la faim. Lorsque le fléau eut enfin cessé, un homme, ayant eu la hardiesse de s'avancer sur les ruines, s'aperçut qu'il y avait une femme vivante. Cette femme n'était pas seule, elle avait un enfant et s'était soutenue en se nourrissant, elle et son enfant, de son propre lait. Après avoir écarté les décombres, on la rappela à la vie, ainsi que son enfant ; puis on se mit à fouiller les autres endroits, et on n'y put trouver être vivant, excepté un enfant attaché à la mamelle de sa mère déjà morte, qu'il tétait encore. En retirant les morts, on n'avait plus de joie d'avoir conservé la vie. Tels furent les malheurs qui accablèrent alors Antioche. Quant à Trajan, il s'échappa par une fenêtre de la maison où il était, guidé par un homme d'une taille au-dessus de la taille ordinaire des hommes, qui s'était approché de lui, en sorte qu'il en fut quitte pour quelques blessures légères ; mais, comme le tremblement dura plusieurs jours, il se tint dans le cirque en plein air. »

Cette année si funeste pour Antioche a aussi marqué le début de révoltes juives dans plusieurs provinces de l'Empire. Pour certains, la destruction d'Antioche à l'automne 115 annonçait la venue du Messie. Cependant, les chercheurs voient d'autres explications à ce soulèvement, comme le poids de la fiscalité sur les Juifs *(fiscus judaicus)* depuis la destruction du temple de Jérusalem ou encore les tensions opposant les communautés hébraïque et grecque, principalement en Égypte, les Grecs ayant fait imposer par les autorités romaines diverses discriminations à l'encontre des Juifs. Toujours est-il que ces rébellions donnèrent lieu à d'ignobles massacres de civils grecs et chrétiens. Des cités entières, de la Cyrénaïque (où tout avait commencé) à Chypre, en passant par la Mésopotamie et l'Égypte, furent ravagées par les flammes.

La révolte juive n'est pas le seul événement grave de ces derniers mois. Profitant des revers militaires de Trajan en Mésopotamie et de la pénurie de troupes aux frontières, beaucoup de soldats romains étant partis pour le Moyen-Orient, des peuples extérieurs à l'Empire ont engagé les hostilités, notamment en Maurétanie et dans le bassin du Bas-Danube. Certaines tribus sont aussi passées à l'offensive au nord de la province de Bretagne, là même où nous nous étions rendus au début de notre périple.

Un meurtre

La situation n'est donc pas des plus sereines dans l'Empire, mais cela n'empêche pas l'actuel propriétaire du sesterce de se promener dans les rues d'Antioche. Il traverse un quartier dont les hautes maisons ont plutôt bien résisté au tremblement de terre, quand soudain il entend un cri suivi d'un bruit sourd : une femme vient de chuter d'un étage élevé.

Elle est morte sur le coup. On pourrait la croire endormie s'il n'y avait le sang, qui commence à se répandre autour de sa tête. Deux hommes en armes apparaissent peu après. Ils fendent la foule qui s'est massée pour observer le corps avec cette curiosité malsaine qui ne mène à rien en pareilles circonstances, si ce n'est à ôter toute dignité à la défunte. On ne songe pas plus à poser un drap sur elle. Dans cette société où la mort s'expose quotidiennement, ne serait-ce que dans l'arène, on n'en voit pas la nécessité. Ce serait comme recouvrir en pleine rue un cadavre d'animal.

Suivis par le centurion, les deux gardes grimpent quatre à quatre les marches de l'immeuble d'où est tombée la malheureuse. Ils frappent plusieurs fois à une porte puis l'enfoncent. Le petit appartement *(cenaculum)* est sens dessus dessous, ce qui laisse supposer qu'une violente altercation vient d'avoir lieu. Et puis le mari déboule. Il est troublé et s'efforce de convaincre les visiteurs que sa femme a glissé alors qu'elle étendait du linge à la fenêtre. Mais trois égratignures parallèles sur sa joue contredisent sa version. Que va-t-il se passer maintenant ?

Le meurtre d'une épouse est relativement courant à l'époque romaine. (À notre époque aussi, puisque tous les deux jours une Italienne est tuée par son compagnon ou un ex-ami, tous les deux jours et demi pour une Française.) Certaines épitaphes sont éloquentes à cet égard, dont celle-ci :

« Piscinus Restitutus et Prima Restituta à leur fille bien-aimée Florenza, qui fut jetée dans le Tibre par Orphée, son époux. Elle vécut seize ans. »

Mais retournons à Antioche. Les curieux sont de plus en plus nombreux autour du corps, et beaucoup se souviennent d'un fait divers retentissant sous le règne de Tibère. Un préteur du nom de Marcus Plautius Silvanus fut accusé par son beau-père d'avoir défenestré sa femme. Il n'eut de cesse de proclamer son innocence et d'affirmer que son épouse avait volontairement mis fin à ses jours. L'intérêt pour cette affaire était tel que l'empereur en personne alla visiter la chambre de la morte, où il y avait encore les traces évidentes d'une lutte désespérée. Pour éviter au préteur l'exécution capitale et la confiscation de ses biens, on lui conseilla de se suicider, étant donné son rang, ce qu'il fit.

Des villes dangereuses ?

Ces homicides nous donnent l'occasion de nous interroger sur la criminalité dans les cités de l'Empire. La société romaine était-elle plus violente que la nôtre ? Nous ne sommes pas au bout de nos surprises…

Prenons l'exemple de Rome. En tant que capitale, elle connaît forcément une insécurité majeure. Antioche et Alexandrie sont elles aussi très dangereuses, mais les auteurs antiques nous ont laissé davantage de témoignages sur l'Urbs. Ils considèrent qu'y déambuler de nuit sans avoir rédigé de testament est pure folie. Sous quelles formes la violence s'y manifeste-t-elle ? Jens-Uwe Krause a recensé des situations aussi diverses qu'un recouvrement de dettes ou un refus de céder le passage dans la rue[49]. Dans une société où l'on attache énormément d'importance aux différences de classes sociales, il est inévitable qu'à la première occasion pleuvent coups de poing ou de bâton. Les querelles éclatent dans les lieux publics, pour la plus grande joie des passants.

Pline le Jeune raconte ainsi l'histoire d'un membre de l'ordre équestre qui, légèrement bousculé aux thermes par un esclave ouvrant le passage à son maître, ne s'en prit pas au serviteur mais au maître : il assomma cet individu qui avait porté atteinte à sa dignité en permettant à un esclave de le toucher. (C'est assez difficile à comprendre pour nous qui vivons dans une société différente, mais en Inde où persiste le système des castes, bien qu'interdit, une telle réaction serait perçue comme normale.)

Aux thermes toujours, le vol peut engendrer la violence, comme dans le cas de cette femme mariée et de sa belle-mère agressées et dépouillées de leurs bijoux.

L'alcool est également source de troubles, notamment de la part des jeunes hommes. Ils déclenchent des bagarres dans les *popinae*. Quand ils en repartent en groupe, ils agressent des personnes dans la rue. De manière générale, les tavernes et les auberges jouissent d'une réputation épouvantable : le soir venu, elles accueillent non seulement des clients toujours prêts à en venir aux mains mais aussi, selon Juvénal, des gars louches — assassins, voleurs, marins et même esclaves en fuite.

Dans les rues de Rome, on court également le risque de tomber sur une bande de mauvais garçons. Il s'agit moins de jeunes types issus des quartiers défavorisés, comme on pourrait le croire selon nos critères contemporains, que de fils de bonne famille qui traînent en ville pour semer la pagaille, s'en prenant aux passants ou pratiquant le vol à l'étalage. Ce sont les mêmes qui enfoncent les portes des lupanars pour se livrer à des viols collectifs, mais au-dehors ils peuvent aussi s'attaquer à une femme imprudemment seule. Il est de notoriété publique que Néron se comportait ainsi dans sa jeunesse et qu'il s'amusait avec ses amis à tabasser de braves citoyens.

Parmi les désagréments nocturnes, il y a bien sûr aussi les vols. L'obscurité est parfaite pour ce genre de forfaits. Les victimes idéales sont les gens saouls ou en petits groupes isolés, et il n'est pas rare qu'en plus de se faire dépouiller on y laisse la vie.

Quelle que soit la nature des agressions, la violence urbaine sévit moins dans les banlieues et les quartiers malfamés que dans le centre de la cité et les lieux publics ; mais, où que l'on soit, il faut toujours sortir accompagné la nuit et se munir de torches ou de lampes pour éclairer les coins sombres.

Avant l'avènement de l'Empire, la violence avait atteint un niveau tel que beaucoup ne se déplaçaient jamais sans un poignard ou un glaive. Puis la tension fut moins forte. Auguste promulgua une loi interdisant le port d'armes, sauf pour la chasse ou les voyages *(lex Julia de vi publica et privata)*. Se faire prendre en possession d'une arme sans pouvoir se justifier devint aussi problématique qu'aujourd'hui en Italie ou en France. L'arsenal privé s'en trouva diminué. Pour les rixes et les agressions, on recourut plutôt aux poings, au bâton et à tout ce qu'on avait sous la main — des pierres, par exemple. Du coup, il y eut moins de blessures mortelles. Si l'on prend le cas d'Herculanum, sur les quelque trois cents corps retrouvés un seul portait une arme (un glaive). Comme il s'agissait d'un soldat, il en avait parfaitement le droit.

Quelle peine encourt un meurtrier ?

Nous constatons avec surprise que, lorsqu'un décès survient à la suite d'une bagarre, la loi n'est pas la même pour tous : le châtiment dépend de la classe sociale à laquelle appartient le meurtrier. S'il est issu de la plèbe *(humiliores)*, il est condamné aux travaux forcés dans les mines ou les carrières jusqu'à sa mort *(damnatio ad metalla)*, ou bien expédié dans l'arène, où il affrontera d'autres condamnés et des gladiateurs *(damnatio ad gladium)*, à moins qu'il ne soit formé pour devenir lui-même gladiateur *(damnatio in ludum gladiatorium)*. Mais s'il issu des classes supérieures, il sera exilé et verra la moitié de son patrimoine confisqué.

Des crimes peuvent être perpétrés au sein d'une même famille, et à Antioche nous venons de voir une femme précipitée par la fenêtre à cause d'une querelle conjugale. La brutalité du *pater familias*, qui corrige physiquement ses esclaves et ses enfants, n'est pas punie par la loi, sauf cas extrêmes. Même chose si la victime est son épouse : les coups de poing, de bâton ou de fouet sont monnaie courante. Selon le professeur Krause, vers la fin de l'Empire romain dans les cités d'Afrique, la plupart des femmes étaient probablement frappées par leur mari.

Si l'alcool ou un coup de colère peuvent faire d'un Romain l'assassin de son épouse, lorsque par exemple il apprend qu'il a été trompé, une Romaine voulant se débarrasser de son conjoint, le plus souvent pour pouvoir vivre avec son amant, procède de manière plus subtile. Elle prémédite longuement son crime et son arme favorite est le poison. La pratique n'est pas propre à l'époque impériale. Dans la Rome républicaine, une série de meurtres par empoisonnement impliquant plus de cent cinquante femmes avait fait grand bruit. Caton l'Ancien n'affirmait-il pas que toute femme adultère est doublée d'une empoisonneuse ?

Mener une enquête à l'époque romaine

Si tous les criminels ne frappent pas au sein de leur propre famille, du moins appartiennent-ils la plupart du temps à l'entourage ou au milieu social de la victime. Cela explique que les esclaves de cette dernière soient soumis à la torture : il y a fort à parier que le coupable fréquentait la maisonnée…

En Syrie, pour ne prendre qu'un exemple, un homme fut tué une nuit dans sa cour. Non seulement ses esclaves ne vinrent pas à son secours, mais ils se cachèrent, de sorte que les assassins purent s'enfuir. Les héritiers du défunt portèrent l'affaire devant le tribunal et l'on arrêta cinq individus originaires de la même région que lui. Cependant, ils restèrent en prison jusqu'à leur mort sans que des preuves suffisantes aient pu être rassemblées pour les confondre.

Cette affaire nous éclaire sur un aspect de la justice romaine : la prison n'est pas une peine en soi comme aujourd'hui. De deux choses l'une : soit vous êtes acquitté, soit vous êtes condamné — à l'exil, à être livré aux fauves dans l'arène *(damnatio ad bestias)*, etc. Personne n'est condamné à l'incarcération. Un Romain aurait considéré ce châtiment comme bien trop doux. La prison n'est qu'une étape en attendant un jugement.

Autre aspect singulier : Auguste a certes créé à Rome des *cohortes urbanae*, l'équivalent de nos forces de police, mais pour ce qui est des enquêtes le système D est de rigueur. Il n'existe pas de lieutenant Columbo romain. Les proches de la victime doivent interroger eux-mêmes les serviteurs, les voisins, et réunir des preuves. Une fois qu'ils ont identifié un coupable, ils s'adressent à un avocat et filent au tribunal. Dès lors, la machine judiciaire est lancée et le duel entre l'accusation et la défense commence. On peut parfois échapper au procès si les deux parties parviennent à s'entendre, l'accusé pour échapper à une lourde peine, l'accusateur pour faire l'économie des frais de justice ; ce dernier reçoit alors un dédommagement en contrepartie du préjudice subi, généralement sous forme financière. C'est souvent le cas dans les affaires de violences sexuelles exercées sur une jeune fille pauvre par un membre d'une famille riche.

Avec l'expansion du christianisme, l'Église apparaîtra comme un nouvel acteur pour régler certains litiges et donc éviter des procès, puis dans l'Antiquité tardive seront instaurés de véritables tribunaux ecclésiastiques.

Une civilisation plus pacifique que la nôtre ?

Dressons le bilan de la criminalité à Rome ainsi que dans les autres grandes cités de l'Empire, et levons certains préjugés. Il n'existe pas, comme le souligne le professeur Krause, de groupe social particulier lié à la criminalité dans la société romaine. Autrement dit, pas de gangsters professionnels dans le style d'Al Capone, à quelques exceptions près (certains brigands de grand chemin). Les voleurs agissent ponctuellement. Il arrive qu'un artisan ou un petit commerçant saute sur une occasion, généralement poussé par le besoin, puis retourne à son métier. Une chose est sûre : on ne trouvera pas de mafieux dans la Rome antique, d'autant qu'on a vu qu'il ne circulait pas autant d'armes qu'on pourrait l'imaginer.

En outre, quand on considère le nombre de personnes qui se tournent vers les tribunaux pour résoudre un problème, on en déduit que les Romains ne sont pas enclins à se faire justice eux-mêmes et qu'ils ont donc confiance dans leur système judiciaire. Il faut certes rappeler qu'il est à deux vitesses et profite généralement aux plus hautes classes de la société. Néanmoins, le citoyen ordinaire n'hésitera pas à intenter un procès plutôt que de s'improviser juge et bourreau. La vendetta est totalement inconnue dans la société romaine. Alors qu'au Moyen Âge et à la Renaissance une personne offensée sort facilement son épée, dans l'Antiquité romaine on se rend au tribunal. Pour une société antique et encore fondamentalement rurale, c'est proprement stupéfiant.

Il ressort de tout cela que la vie quotidienne dans l'Empire romain était plus tranquille qu'on ne le croit trop souvent, plus tranquille qu'elle ne le serait dans les sociétés futures. Cette réalité contraste avec l'image véhiculée par beaucoup de films et de romans, qui nous présentent un univers cynique où la violence et l'intrigue sont omniprésentes. Par bien des aspects, le monde romain était certes très différent du nôtre, voire à des années-lumière, on y pratiquait l'esclavage, la pédophilie et la peine de mort, mais paradoxalement il était aussi plus civilisé, plus pacifique et plus démocratique que beaucoup d'autres — notamment à l'époque féodale, en dépit de ses chevaliers et de son amour courtois.

Éphèse

Les marbres de l'Empire

La guerre personnelle du centurion

Après s'être promené dans Antioche, le centurion Sentius entre dans une taverne pour manger un morceau. L'établissement grouille de monde, en majorité des hommes, et beaucoup se retournent pour observer le nouveau venu. Le retour de Trajan et de ses légionnaires après la campagne de Mésopotamie n'est guère apprécié, mais ce n'est qu'une question de temps : les gens d'ici vont rapidement se réhabituer à voir leur cité pleine de soldats.

Sentius s'installe à une petite table à l'écart et commande du pain, des olives et du poisson salé. Un repas solitaire, certes, mais qu'il savoure jusqu'à la dernière bouchée. Une fois rassasié, il ferme les yeux en sirotant son reste de vin et repense à sa détention dans la forteresse parthe. Les choses auraient fini autrement si les événements ne s'étaient pas enchaînés de façon aussi favorable : l'arrivée des troupes romaines, l'ennemi courant en tous sens sur les remparts pour préparer l'offensive, le geôlier enfilant son casque à la hâte pour rejoindre ses camarades et oubliant les clés du cachot sur la tablette, tout près du judas... Sentius n'a eu qu'à utiliser l'un des morceaux de bois constituant sa couche sommaire pour faire glisser les clés vers lui. Un jeu d'enfant ! Et puis l'ouverture de la porte, la libération de ses compagnons et la course dans les escaliers en assommant au passage plusieurs Parthes pour récupérer leurs armes, enfin la lame avec laquelle il a transpercé le corps du commandant du fort, alors que celui-ci s'apprêtait à endosser son armure. À ce moment-là, le centurion n'était plus qu'une bête enragée, il pouvait enfin se venger du gros homme à la barbe noire et au crâne chauve après tant de mauvais traitements.

Il lève son verre, comme pour fêter seul cet exploit, mais la serveuse lui touche l'épaule : il doit payer et libérer la table, des gens attendent de pouvoir prendre place. Sentius a besoin de quelques secondes pour revenir à lui ; il a le souffle court et cligne des yeux. Il sort enfin une pièce de sa bourse — notre sesterce — et s'en va en esquissant un sourire un peu gêné. Les muscles de ses jambes sont douloureux, des images de combats le hantent : c'est le fameux stress post-traumatique. Qui sait combien de légionnaires de retour de Mésopotamie sont confrontés à ce problème, le même que pour les vétérans du Vietnam et de la guerre du Golfe ? Bien sûr, l'esprit de corps et la fraternité d'armes aident beaucoup ces hommes, qui peuvent ainsi s'épancher et se livrer en quelque sorte à une thérapie de groupe.

La mort de l'empereur

Notre pièce ne reste dans la caisse du patron que le temps du repas servi au client ayant repris la table de Sentius. Au moment de régler, il la reçoit en monnaie. Cet homme sympathique aux cheveux grisonnants et au sourire charmeur se prénomme Alexis et fait commerce d'éléments architecturaux en marbre.

Son bateau va bientôt lever l'ancre avec la bénédiction des dieux, telle qu'elle s'est exprimée dans les rêves, les sacrifices et autres formes de présages.

Plus tard le même jour, nous le retrouvons donc à bord d'une *navis oneraria* en train de longer les côtes de la future Turquie. Il a retiré ses beaux vêtements, inutiles en mer, et qu'il risque d'abîmer. Même chose pour ses *caligae*. Ses pieds nus sont zébrés de marques claires laissées par les lanières de cuir qui constituent ces drôles de chaussures. N'allez pas croire qu'elles soient difficiles à enfiler et à retirer : on n'en serre que la partie supérieure, au niveau de la cheville. À vrai dire, les sandales améliorées des Romains ne sont que des souliers en cuir très ajourés.

À la tombée de la nuit, on devine une certaine tension parmi l'équipage. C'est qu'il faut faire attention aux faux phares. Souvent, des paysans, des pêcheurs ou des bergers allument des feux pour faire croire aux marins qu'ils se trouvent à proximité d'un port. Ils choisissent les endroits où le risque de naufrage est grand afin de pouvoir investir et piller les embarcations tombées dans le piège. Ces « attaques de diligence » maritimes sont si fréquentes que l'empereur Hadrien, et plus encore son successeur, Antonin le Pieux, prendront des mesures très sévères. Le second décidera qu'en cas de recours à la violence pour s'approprier de la marchandise de valeur, les hommes libres et fortunés seront bastonnés puis envoyés en exil pour trois ans, les hommes de modeste condition condamnés à trois ans de travaux forcés et les esclaves expédiés dans les mines jusqu'à ce que mort s'ensuive.

Alexis passe la nuit à la poupe, sous une toile tendue. Au petit matin, il est réveillé brutalement par les exclamations des marins, qui désignent un important rassemblement de navires dans le port de Selinus (Gazipaşa). C'est la flotte de l'empereur. Que fait-elle en un lieu si anonyme, sans temples importants ni palais ? Il n'y a dans cette région côtière que des reliefs couverts de forêts et des plages silencieuses où les tortues viennent pondre leurs œufs. Pourquoi Trajan est-il ici ? Tous à bord se posent la question.

En ce début d'août 117, l'empereur se meurt alors qu'il va avoir soixante-quatre ans. Après la campagne de Mésopotamie, il a été victime à Antioche d'une attaque d'apoplexie qui l'a laissé à moitié paralysé. L'excellent commandant qu'est Hadrien s'est vu confier le contrôle des opérations. Trajan a alors pris la mer sur le « yacht impérial » en compagnie de son épouse, Plotine, pour rentrer à Rome. On devait y célébrer son triomphe et ses vingt ans de règne, mais son état s'est aggravé et il a fallu rallier le port le plus proche pour le ramener à terre.

Pour beaucoup, ce n'est pas une surprise. Sa santé s'est considérablement dégradée ces derniers temps. Une magnifique sculpture en bronze qui était exposée sur le forum d'Ancyre (Ankara) nous le montre probablement tel qu'il était à la fin de sa vie, très changé par rapport aux statues officielles et aux portraits de profil sur les pièces de monnaie, dont notre sesterce. Il a les traits tirés, les yeux cernés, les pommettes saillantes, le nez proéminent et le front ridé. Ce sont certes les stigmates de l'âge, et en allant faire la guerre aux Parthes avec des légionnaires de quarante ans ses cadets il a vieilli plus encore. Pour Julian Bennett, l'un de ses biographes, il serait peut-être mort d'une infection contractée en Mésopotamie et qui aurait porté le coup fatal à un organisme déjà très affaibli. Le fait qu'Ulpius Phaedimus, l'un de ses affranchis, soit mort quelques jours après lui, alors qu'il n'avait que vingt ans, pourrait confirmer cette hypothèse. D'ailleurs, l'historien latin Eutrope assure que l'empereur souffrait d'hémorragies internes.

Trajan n'a jamais clairement désigné de successeur, mais juste avant de mourir il aurait adopté Hadrien, demeuré en Syrie. Rien n'est moins sûr :

le bruit a longtemps couru que Plotine aurait affirmé cela pour assurer le trône à son protégé. Nous ne connaîtrons jamais la vérité.

Le corps de l'empereur va être incinéré sur place, puis ses cendres seront rapportées à Rome sur son propre bateau pour être déposées au pied de la colonne Trajane. Même mort, Trajan aura droit à son triomphe, et c'est son effigie qui défilera dans les rues de l'Urbs. On honorera ainsi l'*optimus princeps* à qui nous devons ce fabuleux voyage dans l'Empire romain à son apogée, et que Dante évoquera dans son *Purgatoire* (Chant X) ; cet « excellent prince » qui, né loin de Rome, avait une conception étonnamment moderne et mondialisée de l'Empire ; ce soldat qui avait gravi les échelons, rompu à l'effort et à la discipline ; cet homme humble et juste qui n'hésitait pas à s'asseoir parmi ses sujets au Circus Maximus, à partager la nourriture de ses soldats et à puiser dans sa fortune personnelle pour aider les enfants défavorisés.

Hadrien éliminera divers membres de l'entourage de son prédécesseur, y compris de grands militaires. L'architecte Apollodore de Damas lui-même ne sera pas épargné non plus, bien que ce Michel-Ange de l'Antiquité ait construit un pont sur le Danube, le forum de Trajan à Rome et probablement aussi l'incroyable colonne Trajane. Surtout, Hadrien renoncera à la quasi-totalité des conquêtes mésopotamiennes, ce qui fera dire à Dion Cassius : « C'est ainsi que les Romains, après avoir conquis l'Arménie, la plus grande partie de la Mésopotamie et du pays des Parthes, perdirent le fruit et de leurs fatigues et de leurs dangers[50]. » Mais si Trajan n'avait pas mené cette campagne, notre sesterce serait sans doute resté en Inde...

Éphèse pavée de marbre

Tandis qu'une page de l'Histoire se tourne, Alexis poursuit sa route jusqu'à Éphèse. Les formalités douanières accomplies, il va faire un tour en ville, l'une des plus belles de l'Antiquité, mais aussi l'une des plus importantes pour l'Empire grâce à son port et à sa situation. Elle compte plus de 200 000 habitants et ses rues sont pavées de marbre blanc.

Aujourd'hui encore, ses ruines laissent sans voix ; c'est dire l'effet qu'elle produit sur notre marchand du IIe siècle. Partout s'élèvent des palais et des temples d'une splendeur inouïe. Nous passons devant le sanctuaire consacré à Domitien et comprenons que la prospérité d'une cité romaine se mesure notamment au nombre de temples dédiés aux empereurs divinisés. Toutefois, ériger un temple en l'honneur d'un empereur n'est pas chose aisée. Il faut obtenir son accord et déjouer la concurrence d'autres villes. Tout passe par des avocats tenaces et experts dans l'art de l'intrigue. L'un d'eux a laissé une plaque à Éphèse pour relater ses exploits. On apprend qu'il s'est rendu plusieurs fois à Rome auprès de l'empereur et a dû le suivre dans la province de Bretagne, en Germanie, en Pannonie, en Bithynie et jusqu'en Syrie avant que son opiniâtreté soit couronnée de succès. Il y a fort à parier que cet homme rusé qui déployait des trésors de diplomatie était aussi un sacré casse-pieds !

Des pèlerins nous bousculent. Ils viennent d'Égypte et s'apprêtent à sortir de la cité pour se rendre au temple d'Artémis, l'une des sept merveilles du monde antique. C'était déjà un lieu de culte bien avant la domination romaine, probablement grâce à la présence d'une source, ce qui n'est pas si fréquent sur cette côte aride. On prétendait qu'elle était l'œuvre d'une déesse qui accueillait là les laissés-pour-compte. Très vite, cette divinité fut identifiée à Artémis, figurée avec de nombreux seins. (Certains pensent qu'il s'agissait plutôt de testicules de taureau offerts en sacrifice ou d'œufs d'abeille!) Sa virginité rendait le site inviolable, et donc idéal pour les persécutés de tous ordres.

Avec le temps, les présents offerts à la déesse se firent de plus en plus généreux et Éphèse s'enrichit considérablement. On raconte qu'au VIe siècle avant J.-C., lorsque Crésus, futur roi de Lydie, demanda à un riche Éphésien de lui prêter mille pièces d'or pour recruter des mercenaires et partir en guerre, il jura à Artémis de lui faire bâtir un temple surpassant tous les autres en beauté. Et il tint parole. Mais cet « Artémision » qui selon Pline l'Ancien ne comptait pas moins de 127 colonnes hautes de près de 20 mètres fut incendié au IVe siècle avant notre ère par un certain Érostrate, qui aurait commis ce crime dans le seul but d'entrer dans l'Histoire. (Il y est arrivé puisque nous le citons!) Plus vraisemblablement, le temple aurait été frappé par la foudre et sa toiture aurait pris feu. Il fut reconstruit, et à l'époque qui nous intéresse on l'admire toujours autant.

Cependant, Alexis préfère se rendre dans de somptueux thermes. Nous l'attendons à l'extérieur et en profitons pour observer les passants. Comme dans les autres grandes cités que nous avons visitées, nous voyons passer des gens originaires de diverses provinces de l'Empire et issus de tous les milieux sociaux, l'homme modeste croisant l'homme important talonné par ses clients. Bien des personnages célèbres sont liés à cette cité qui a vu naître le philosophe Héraclite. Y ont séjourné Cicéron, Jules César, Marc Antoine et Cléopâtre, venue rejoindre ce dernier. La reine d'Égypte en profita pour faire assassiner sa sœur Arsinoé, qui avait trouvé refuge dans le temple d'Artémis.

En début d'après-midi, Alexis quitte les thermes et tombe sur un homme magnifiquement vêtu et respecté de tous, en dépit de sa sinistre réputation. C'est lui qui, à Éphèse, organise les combats de gladiateurs. Immensément riche, il vit dans un luxe inouï et donne banquet sur banquet, à l'exemple de celui qui aura lieu ce soir. Le marchand y est invité et s'y rendra, bien qu'il doive quitter la ville aux premières heures du jour.

L'enfer des carrières de marbre

Le lendemain matin, Alexis a la gueule de bois, mais il doit se rendre coûte que coûte dans une carrière de marbre. Il en existe plusieurs dans la région, dont celle de Téos (Siğacik), d'où l'on extrait ce que l'on appelle aujourd'hui la « brèche africaine ». Le monde dans lequel pénètre le négociant est l'antichambre de l'enfer, et il le sait. Comme chaque fois, il est saisi par la vision de centaines d'esclaves au travail — dont des enfants. Les différentes tâches sont particulièrement dangereuses, mais pas question de se reposer. Tout est organisé comme dans une chaîne de production. La première étape consiste à creuser des sillons au burin. C'est l'opération la plus éprouvante. On y insère ensuite des cales en bois sur lesquelles on déverse de l'eau. En gonflant, le bois fait éclater la roche aux endroits voulus. Des blocs de marbre de 5 ou 6 tonnes se détachent alors, et on les déplace ensuite au moyen de leviers et de grues.

Un garçonnet essuie son nez d'un revers de main avant de courir chercher de l'eau pour un vieil esclave. Un garde lui hurle après, ramasse une pierre et le vise, mais il rate sa cible. Ici les surveillants sont de véritables sadiques, constate une fois de plus Alexis.

Il est venu récupérer des chapiteaux. L'idée de génie consiste à sculpter de manière grossière chapiteaux, tronçons de colonnes et autres éléments architecturaux qui, ainsi fabriqués en série, seront expédiés en différents points de l'Empire, où des tailleurs de pierre les termineront selon les désirs de la clientèle. Pour ce qui est des sarcophages, nous notons qu'ils présentent un côté deux fois plus épais que l'autre. Pourquoi ? Tout simplement parce que cette paroi-là comprend le futur couvercle : il sera « détaché » une fois l'objet livré.

Nous sommes intrigués par ce qui ressemble à la roue d'un moulin à eau. En réalité, un système d'engrenage qui n'est pas sans rappeler les machines de Léonard de Vinci permet d'actionner une scie à découper les blocs de marbre. Bel exemple de technologie antique, et un bon moyen pour réduire la main-d'œuvre, un seul esclave suffisant à surveiller l'opération. On connaît certes d'autres types d'automatisation du travail à l'époque romaine — comme la meunerie à grande échelle de Barbegal, près d'Arles —, mais ils sont plutôt rares : à quoi bon la mécanisation puisqu'il y a des esclaves pour travailler gratuitement ? C'est vraisemblablement ce qui lui a fait obstacle bien qu'elle ait été à la portée des Romains, comme l'attestent les découvertes archéologiques. Toujours est-il qu'un homme ayant vécu à Éphèse a fait représenter sur son sarcophage, non sans orgueil, le système de découpe du marbre que nous voyons fonctionner à Téos.

Un naufrage

Les pièces commandées par Alexis sont prêtes. Il s'agit de trente-huit chapiteaux corinthiens aux feuilles d'acanthe juste ébauchées. Quelques heures suffisent pour les transporter à bord d'une *navis oneraria* où ils sont posés tels des verres retournés sur des bases de colonnes. Le bateau met ensuite le cap vers le nord, mais il peine à avancer car il est trop chargé.

Tandis que la nuit tombe, la mer commence à s'agiter. Les nuages noirs empêchent bientôt de distinguer les étoiles et les vagues grossissent de plus en plus. Impossible de naviguer dans ces conditions, c'est trop dangereux. Il faudrait pouvoir se mettre à l'abri dans une anse, d'autant que le vent pousse le navire vers la côte. Les voiles ont été réduites et un homme d'équipage ne cesse de sonder le fond avec une ligne lestée d'un poids en plomb. Un autre marin actionne la pompe pour écoper l'eau qui envahit la cale à cause des vagues déferlant sur le pont.

On se rapproche dangereusement du rivage et l'on tente de jeter l'ancre. Trop tard. La quille heurte un rocher puis s'incline sur le côté. Une brèche s'est ouverte et il n'y a plus rien à faire. Marins et voyageurs se retrouvent dans l'eau — ou plutôt, ce sont les flots qui viennent les chercher à bord pendant que la *navis* coule.

Elle va se coucher doucement au fond de la mer. Avec le temps, sa coque disparaîtra, rongée par l'eau et des mollusques appelés « tarets ». Seule la cargaison subsistera, vestige de cette malheureuse aventure. Chose extraordinaire, près de vingt siècles plus tard tout est encore là, parfaitement visible. Le site, en revanche, a bien changé. Le drame s'est joué non loin de l'actuelle ville de Çeşme. Aujourd'hui, on découvre une longue plage avec parasols, buvettes et même des gogo danseuses. Mais il suffit de s'éloigner d'une cinquantaine de mètres du rivage pour découvrir les magnifiques chapiteaux, à 4 ou 5 mètres de profondeur. C'est l'un des plus beaux spectacles qu'il soit donné de voir à des plongeurs, mais c'est surtout un extraordinaire témoignage historique. Les raisons pour lesquelles ce chargement n'a pas été récupéré restent obscures. On n'a peut-être pas su localiser le lieu du naufrage. Plus probablement, il est apparu moins onéreux de commander d'autres chapiteaux que de tenter de remonter la cargaison.

Alexis fait partie des quelques personnes ayant réussi par miracle à gagner la côte. Autre miracle : il n'a pas perdu la bourse solidement fixée à sa ceinture et contenant notre sesterce. Cet argent lui permet de s'acheter quelques effets dans le petit port tout proche, et c'est seulement alors qu'il se sépare de la pièce.

Elle en rejoint d'autres dans la caisse du gérant de la boutique. Cet affranchi ne tarde pas à porter la recette de la journée au propriétaire, qui n'est autre que son ancien maître, un certain Heliodorus. Cet homme fortuné dont le nom signifie « don du Soleil » et qui a permis à son ancien esclave de trouver un emploi, comme il est d'usage, cumule les activités et possède cinq navires qui lui permettent de commercer avec les principaux ports de la mer Égée.

En mer vers Athènes

Le lendemain, comme la mer est redevenue calme et que les dieux semblent bien disposés, il embarque pour Athènes, emportant avec lui un précieux lot de soie en provenance d'Alexandrie ainsi que des étoffes matelassées venues d'Antioche.

Pendant la traversée, nous constatons que la mer Égée est incroyablement fréquentée. Tous ces bateaux transportent des biens mais aussi des gens. Qui sont ces voyageurs ? La plupart se déplacent pour raisons professionnelles (fonctionnaires, commerçants, soldats, etc.), d'autres vont rendre visite à quelque parent. Marchandises et êtres humains ne font qu'un lorsqu'on s'en va vendre des esclaves au grand marché de Délos.

Sur toutes ces embarcations il y a bien sûr aussi des touristes. Nous savons déjà qu'ils sont nombreux à visiter le site de Troie. Ils se rendent également sur les tombes de Socrate, d'Achille ou d'Ajax, et certains pousseront jusqu'à Naples, dernière demeure de Virgile. Les lieux abritant de curieuses reliques connaissent également un franc succès. À Argos serait enterrée la tête de Méduse ; à Rhodes est exposée une coupe ayant appartenu à Hélène de Troie et moulée sur son sein ; à Phaselis, on peut admirer la lance d'Achille. Faute d'explications scientifiques, il peut arriver que certains objets exposés soient accompagnés de descriptions fantaisistes, à l'exemple de ces fossiles d'éléphants préhistoriques tenus pour des os de géants ou de cyclopes.

Fait étrange, contrairement à nous, les touristes de l'Antiquité ne sont absolument pas attirés par les paysages à couper le souffle, les sommets enneigés ou les vallées préservées. La nature est souvent pour eux une source de danger, ne serait-ce que par la présence de bêtes sauvages, mais ils sont friands de lieux de recueillement, d'endroits empreints d'une présence divine : un bois sacré baigné de silence ou les abords d'une source — qui d'autre qu'un dieu ou une déesse pourrait faire jaillir de l'eau du sol ? Bref, ils préfèrent les petits espaces aux grands.

En mer Égée, on croise aussi des pèlerins. Ils se rendent dans divers sanctuaires pour raison de santé ou pour interroger un oracle. Trois destinations sont très prisées : Épidaure, Pergame et l'île de Kos. Comment s'y soigne-t-on ? En recourant à la thérapie par le rêve. Après le rituel du bain purificateur (et hygiénique), les patients pénètrent dans le temple et prient. Après quoi, on les fait s'allonger par terre ou sur des paillasses, voire dans d'immenses dortoirs où ils passent la nuit. En rêvant, ils reçoivent un conseil médical, parfois clair, parfois obscur, que les prêtres vont interpréter. Les traitements sont toujours simples : aliments à privilégier ou à bannir, bains, exercices corporels.

Enfin, parmi ceux qui se retrouvent à un moment ou à un autre en mer Égée figurent les athlètes. Or cette année 117 est celle des 124ᵉ Olympiades.

Des clones de pierre
chez un sculpteur athénien

Après avoir débarqué au Pirée, Heliodorus pénètre dans Athènes nonchalamment allongé sur une litière portée par quatre solides esclaves. Tandis qu'il progresse au milieu de la foule (ou plutôt au-dessus), il contemple l'Acropole, dont l'aspect général demeurera sensiblement le même au fil des siècles. Ce que regarde notre riche entrepreneur ressemble beaucoup à ce que nous voyons au XXIᵉ siècle, notamment le Parthénon avec sa forêt de blanches colonnes.

Le petit cortège passe par un endroit qui offre une vue époustouflante sur cet ensemble architectural. Ce serait le moment de prendre une photo, ce que les touristes romains font à leur manière : pour quelques pièces, des artistes esquissent votre portrait sur une feuille de papyrus, avec le Parthénon en arrière-plan. Mais durant cette halte vous risquez d'être harcelé par les guides locaux (les « exégètes »), plus exaspérants que les mouches.

Après avoir réglé ses affaires en ville, Heliodorus doit passer récupérer le buste qu'il a commandé. Toutes sortes d'objets sont exposés à l'entrée de l'atelier : statues de divinités, vasques en marbre, et même un cadran solaire à placer dans un jardin. À l'intérieur, tout est recouvert d'une fine couche de poussière blanche et des éclats de marbre crissent sous nos pieds. Nous sommes stupéfaits par la quantité de pièces inachevées en attente de clients avant de pouvoir prendre leur forme définitive. Elles sont l'équivalent, en plus petit, de ce que nous avons vu dans la carrière de Téos. Il y a là des stèles funéraires vierges de toute inscription, des autels privés de légende, des sarcophages où la silhouette du défunt est simplement esquissée et des visages à peine ébauchés. Cette fabrication en série avant que chaque pièce reçoive la touche finale est très innovante dans l'histoire de l'art antique.

L'artiste salue respectueusement Heliodorus et lui désigne une sculpture recouverte d'une toile qu'il retire d'un geste théâtral. L'autre écarquille les yeux devant l'œuvre : c'est bien lui tout craché ! Il n'y a pas à dire, le Grec est vraiment très doué. Un seul élément diffère quelque peu de la réalité, la coupe de cheveux, mais le modèle ne s'en offusque nullement car c'est celle de Trajan. Hommes et femmes ont tendance à se faire représenter coiffés comme l'empereur ou la *first lady*. Cela nous permet aujourd'hui de dater un buste rien qu'à la forme de la chevelure et à la présence ou non de barbe. Le problème, c'est que Trajan vient de mourir : Heliodorus tel qu'il a été immortalisé dans le marbre ne va-t-il pas passer pour un ringard par rapport au look d'Hadrien, le nouvel empereur ?

Il commande néanmoins plusieurs copies de sa statue. Pendant qu'il discute le prix, nous nous éloignons et gagnons la cour. Des petits martèlements ont attiré notre attention. Après avoir écarté un lourd rideau, nous découvrons des apprentis en plein travail. Alignés côte à côte, ils sculptent tous le même sujet : un haut fonctionnaire. Ce sont de vrais « photocopieurs » en trois dimensions, tant leurs réalisations respectives se ressemblent. Mais comment s'y prennent-ils pour produire ces clones de pierre ? Nous allons tenter de percer leur secret. Vous comprendrez alors pourquoi, lorsque vous visitez aujourd'hui des musées dans différents pays, vous pouvez admirer des bustes en tous points semblables — pas moins d'une trentaine pour le seul Hadrien !

On recourt à des techniques géométriques. Prenons l'exemple d'Hadrien, justement, légèrement de trois quarts selon la pose classique. Pour façonner ses traits, on commence par dégrossir le marbre en sculptant d'abord un cube pour la tête et un gros volume pour les épaules. Puis l'on donne audit cube une forme ovale et l'on marque des repères pour définir les limites du futur visage, comme l'extrémité du menton, les lobes des oreilles et la plus longue boucle de la barbe. Ils sont positionnés à une distance très précise par rapport à un seul et même point situé au sommet du front, lequel correspond à la boucle centrale de la chevelure. On travaille ensuite aux principales surfaces : le front, les joues, les ailes du nez... Émerge ainsi progressivement du marbre la figure d'un homme affichant un air décidé — une figure facile à reproduire puisqu'il suffit de respecter les mesures préétablies qui permettent d'en placer les divers points.

Les sculpteurs qui produisent toutes ces copies jouent un rôle fondamental à l'époque romaine parce que les bustes d'empereurs trônent dans quantité de lieux publics, exactement comme les portraits de nos présidents de la République dans les mairies ou les commissariats de police. Dans un genre différent, la demande en statues grecques des VIe et Ve siècles avant J.-C. est si forte qu'il était impossible de contenter tout le monde. Les ateliers fabriquent donc là encore des copies à très grande échelle, avec parfois une touche plus personnelle, plus « romaine ». Elles vont peupler les temples, mais aussi les maisons et les jardins des gens riches, qui aiment à cohabiter ainsi avec des Grecs illustres, héros ou philosophes, poètes ou politiciens.

Ils aiment aussi, tel Heliodorus, voir représenter dans le marbre leur propre image et celles de leurs proches. Au musée, nous sommes fascinés par le réalisme de tous ces visages. C'est que, contrairement aux Grecs et aux Égyptiens, les Romains ne craignent pas d'exhiber leurs défauts : calvitie, poches sous les yeux, double menton… L'origine d'une telle pratique est pour le moins surprenante. Quand quelqu'un meurt, il arrive qu'on prenne une empreinte de sa face. On conserve ce moulage chez soi avec ceux d'autres parents, et cette collection finit par former une galerie d'ancêtres dont les représentations sont exhibées dans les cortèges funéraires afin de témoigner des nobles origines de la personne disparue.

Pour en revenir aux bustes, il faut savoir qu'ils étaient peints, ce qui les rendait plus réalistes encore. Les artistes de la Renaissance l'ignoraient : ils s'échinaient à choisir des marbres d'une extrême blancheur en référence à ce qu'ils croyaient être un principe de la statuaire antique.

Le regard trop sévère d'Auguste

Dans un coin de l'atelier du sculpteur athénien, nous remarquons un buste abîmé d'Auguste, lequel en côtoie un de Néron, empereur si peu fréquentable que mieux vaut l'oublier. Alors que ce dernier paraît vivant, Auguste est figé, le regard glacial. Cette différence n'est pas le fruit du hasard. Les artistes en activité sous Auguste venaient presque tous d'Attique et restaient fidèles au classicisme grec, trop parfait. Et puis le style a évolué, vraisemblablement sous l'influence de sculpteurs venus de la partie orientale de l'Empire. Ils ont insufflé la vie dans les bustes des césars, au point qu'en les observant dans les musées on se dit : cet homme-là, je l'ai déjà croisé quelque part...

Toutes ces œuvres nous lancent un petit défi, et pour peu que nous acceptions de le relever les visites prendront l'apparence d'un jeu. Essayons de deviner à quelle époque tel ou tel visage a été sculpté. Une fois encore, référons-nous à la mode. On parvient à dater une photo ne serait-ce qu'en observant la coiffure d'une femme, la coupe de cheveux d'un homme, leurs vêtements ? Alors faisons de même pour les empereurs romains.

Après le « vérisme » en vogue sous les règnes de Vespasien, de Titus et de Domitien, on adopte un style plus froid : le regard d'Hadrien est assez distant, l'empereur semble ignorer la personne qu'il a en face, on se sent de trop. Par chance, on revient ensuite aux statues vivantes — voyez celles de Marc Aurèle et de Septime Sévère —, avec en outre une innovation de taille : des effets de clair-obscur. Géniale trouvaille ! Si vous y regardez de plus près, vous constaterez que chevelures, barbes, bouches et oreilles sont percées de petits trous semblables à ceux creusés par les vers. Ce sont eux qui donnent l'illusion de l'ombre et de la lumière, tout comme certaines aspérités à côté de surfaces parfaitement polies. Le regard change lui aussi : pupilles et iris sont désormais dessinés dans la pierre. De tout cela résulte une impression d'infographie en 3D avant l'heure, alors qu'il ne s'agit au fond que de blocs de marbre ou de bronze.

Ajoutons que la taille des bustes a elle aussi évolué, indice supplémentaire de datation. Ils s'arrêtaient d'abord à la base du cou ; au IIe siècle fut ajoutée la partie supérieure du torse et des bras ; enfin, au IIIe siècle, on se mit à reproduire le tronc dans sa totalité. Il arrivait en outre que plusieurs marbres composent une statue, blanc pour le visage (éventuellement prêt à peindre), rouge ou vert pour le vêtement, ce qui conférait beaucoup d'élégance à l'ensemble.

Mais au bout d'un certain temps cette étonnante vitalité insufflée aux statues disparut. Les personnages se rigidifièrent tels des morts, le regard fixe, et l'on en arriva au style byzantin. C'est de cette façon qu'on voulait désormais exprimer la puissance des princes et traduire une réalité supérieure très éloignée du quotidien du commun des mortels.

Retour à Rome

Un voyage dans le temps

Heliodorus sort satisfait de l'atelier du sculpteur athénien. Il ignore que sous l'influence du nouvel empereur les hommes vont se coiffer autrement et porter la barbe. Mais pas n'importe quelle barbe : non celle du soldat mais celle du philosophe. En somme, le buste de notre homme d'affaires est à peine achevé qu'il est déjà démodé. Peu importe. Ce qui compte pour lui, c'est l'argent, or ses affaires sont florissantes et il a réussi à placer toute sa marchandise au meilleur prix.

De retour au port du Pirée, il s'arrête devant la boutique d'un orfèvre particulièrement doué. Son œil tombe sur une statuette d'Aphrodite dans une pose très sensuelle : elle a été placée à l'entrée pour attirer les clients, et il songe aussitôt à un beau cadeau d'anniversaire pour sa fille. Peut-on se procurer ici des bagues à l'effigie de la déesse ? L'artisan acquiesce, furète dans le fouillis de son atelier et déniche deux modèles. Les négociations traînent en longueur entre ces commerçants dans l'âme, mais Heliodorus finit par lâcher symboliquement un sesterce de plus — notre sesterce.

Un Romain a été témoin du marchandage et a tendu l'oreille à l'annonce du prix payé. Il propose le même pour éviter les palabres, obtient la seconde bague, et dans la monnaie que lui rend l'orfèvre figure notre pièce. Elle va poursuivre son voyage jusqu'à Rome, où ce jeune homme rusé du nom de Rufus offrira le bijou à sa bien-aimée.

Le retour par bateau nous prendrait peu de temps s'il ne nous fallait traverser l'isthme de Corinthe. L'étroit canal utilisé de nos jours n'a été inauguré qu'en 1893. Auparavant, on tirait les bateaux sur la terre ferme d'une rive à l'autre. Il en va ainsi du nôtre, qui met ensuite le cap sur le port de Brundisium (Brindisi). À partir de là, Rufus traverse le sud de la péninsule Italienne en empruntant la toute nouvelle Via Trajana puis la Via Appia.

Nous étions partis de Rome il y a de nombreux mois, au petit matin, et nous voici de retour en fin de journée. On dirait que quelques heures à peine se sont écoulées. Rufus laisse son cheval aux portes de la cité. Étant donné l'heure tardive, les rues sont désertes. Les gens ont regagné les *insulae*, dont les fenêtres ne sont que faiblement éclairées. C'est inhabituel pour nous qui sommes nés à l'âge de l'ampoule électrique, mais la vie n'en continue pas moins à vibrer dans ces grands immeubles. Des voix, des rires, des disputes nous parviennent. Puis ces bruits cessent progressivement, et seul demeure le brouhaha des tavernes, avec leur faune d'ivrognes, de parieurs et de prostituées.

Rufus a atteint une grande artère. Ici, le silence n'est troublé que par le murmure d'une fontaine, dont l'eau s'écoule de la bouche d'une statue d'Hercule, et par les cris des charretiers en train de ravitailler la ville. Sous la lune, la chaussée pavée ressemble à une carapace de tortue.

Nous continuons à avancer et arrivons à un croisement. Là, une femme nous observe, le sourire aux lèvres. Elle a les cheveux relevés et un bandeau autour du front. Une mèche rebelle lui retombe sur l'épaule. Elle tend les bras vers nous, mais son regard semble s'être perdu dans l'infini.

Ce regard nous le connaissons, cette statue nous l'avons déjà vue. C'était lors de notre déambulation avec le jeune Hilarus, dans un précédent chapitre, et il s'agit bien de la Mater Matuta, la « mère du matin », à la fois déesse de l'aurore et des naissances.

Rufus porte une main à sa bouche, baise ses doigts, puis en effleure les pieds de la statue. Par ce geste, il remercie la divinité de lui avoir permis de rentrer sain et sauf.

Un peu plus tard, il tambourine à une porte. Un homme lui ouvre, éclairé par une lanterne : c'est le gardien de l'immeuble. Il est heureux de revoir Rufus, et son large sourire s'ouvre comme un rideau sur les quelques dents qui lui restent, derniers témoins du spectacle de sa vie.

« Elle est là-haut », dit-il en clignant de l'œil.

Après avoir gravi l'escalier, Rufus pénètre dans le logis, soudain happé par un parfum enivrant. Il pose ses affaires et avance lentement dans la pénombre. Au centre de la petite pièce se tient une femme. Après de longues semaines de séparation, la peur de ne plus se revoir cède la place aux élans amoureux avant même que le jeune homme ait eu le temps de sortir la bague rapportée d'Athènes.

Ailleurs dans Rome, dans une ambiance toute différente, le sol d'une véritable fournaise vibre à chaque coup porté par de vigoureux esclaves sur des coins tenus par leurs compagnons d'infortune. Là naissent des sesterces à l'effigie du nouvel empereur. Dès demain, ils partiront vers plusieurs destinations, certains peut-être avec la turme qui avait transporté le nôtre jusque dans le nord de la province de Bretagne, et accompagnés de ce même décurion ayant laissé là-bas une femme qu'il espérait revoir un jour. Autant de pièces à l'origine de nouvelles histoires. Nous sommes tentés d'imaginer leurs itinéraires, ainsi que nous l'avons fait dans ce livre pour l'une d'elles. N'oublions pas que tout le monde dans l'Empire manipule des sesterces. Même les plus pauvres et les esclaves en touchent un au moins une fois dans leur vie. Et ces pérégrinations perdureront des mois, des années, des générations, des siècles, bien longtemps après la disparition de l'Empire romain, puisqu'il semble que des sesterces aient circulé jusqu'au XIXe siècle.

Et le nôtre, dans tout ça ? Il fait partie de ceux qui ont interrompu leur course assez vite. Trois jours plus tard, en effet, Rufus se trouve devant le corps sans vie de l'homme qui lui a appris le métier d'*aquarius* (ingénieur hydraulique). Il vient de décéder subitement, mais son élève est déjà très apprécié dans la profession, notamment pour sa capacité à découvrir les sources et à assurer le bon fonctionnement des aqueducs. C'est donc à lui de fournir l'obole destinée à Charon, le nocher qui fera traverser le Styx à l'âme du défunt. Alors, il plonge la main dans la petite bourse en cuir fixée à sa ceinture et en tire notre sesterce. Délicatement, il le dépose dans la bouche du défunt, avant qu'on recouvre son visage d'un linceul et qu'on referme le modeste sarcophage en bois.

La cérémonie qui suit est d'une grande simplicité. La nécropole est située comme il se doit à la sortie de la ville, en bordure d'une voie consulaire. Une fois accompli le rituel funéraire, tout le monde repart. Seul Rufus reste planté là, le regard dans le vide. Une part de lui-même semble être restée dans cette sépulture, mais après un dernier adieu à l'*aquarius* il se résout à prendre congé lui aussi.

Il rejoint un peu plus loin la femme qu'il aime, si belle, si raffinée. Elle porte au doigt la bague à l'effigie d'Aphrodite. Désormais les amants pourront s'afficher en public. Le mari n'est plus un problème : il est mort.

ÉPILOGUE

Près de deux mille ans ont passé. La tombe de Rufus et de Domizia nous apprend qu'ils se sont mariés et ont eu des enfants. Grâce à cette descendance, leur ADN a traversé les siècles, ne cessant de se mêler à d'autres ADN. Il est même possible qu'un lecteur de ce livre en porte un élément.

Tous les protagonistes de notre récit sont redevenus poussière, de même que les chevaux, les chariots et les bateaux qui nous ont permis de parcourir l'Empire romain. La ville de Rome telle que nous l'avons arpentée a été ensevelie sous une autre, mais nous allons soudain voir ressurgir quelque chose de son lointain passé.

Une jeune femme est penchée sur le sol, munie d'un pinceau. Elle est archéologue ; pour elle, c'est davantage une passion qu'un métier. Comment pourrait-elle accepter sinon les contrats misérables que lui propose l'État ? Comment pourrait-elle supporter la poussière, les douleurs aux genoux et au dos causées par les mauvaises postures ?

Elle effectue des fouilles avec quelques collègues et vient de mettre au jour une tombe datant du Ier ou du IIe siècle après J.-C. Le squelette qu'elle est en train de dégager est celui d'un homme mûr, comme le révèle l'usure des dents, l'état des articulations ou encore les becs de perroquet au niveau des vertèbres. On dirait que le crâne a la mâchoire ouverte, comme s'il hurlait. Le corps s'est en effet décomposé dans un espace vide (le sarcophage) et le maxillaire inférieur a pu se désolidariser du reste de la tête sans aucune entrave. L'archéologue repère alors quelque chose de vert. Ses coups de pinceau repoussent délicatement les sédiments séculaires pour libérer l'objet prisonnier de la terre. C'est une pièce de monnaie, qu'elle photographie et dont elle établit le relevé avant de s'en saisir.

Cette pièce, c'est notre sesterce. Il a acquis une patine verdâtre sous l'effet de l'oxydation, mais il est en parfait état et le profil de Trajan est très reconnaissable. La jeune femme n'en a pas conscience, mais elle vient de relancer le processus de transmission qui avait permis à cette monnaie de circuler dans tout l'Empire romain.

Elle montre le sesterce à ses camarades. Le voilà qui recommence à passer de main en main. Plus tard, au laboratoire, il est confié à un expert chargé de le dater. Il est si bien conservé qu'au lieu de disparaître à nouveau, cette fois dans les réserves de quelque institution, il est placé dans l'une des vitrines d'un grand musée de Rome.

Désormais, seuls quelques passionnés s'arrêtent pour le contempler. La plupart des visiteurs se contentent d'y jeter un coup d'œil distrait, et encore. Nul n'a idée de l'incroyable odyssée qui fut la sienne au début de notre ère. Cette pièce, comme celles qui l'entourent, a été manipulée par d'innombrables personnes dont les histoires se sont pour ainsi dire soudées à elle.

Nous nous sommes efforcés de réunir et de découvrir ces histoires. Chacune nous a livré une vision du monde au début du IIe siècle. Mais surtout, leur enchaînement nous a permis d'accomplir un singulier voyage dans le plus stupéfiant et le plus moderne des empires de l'Antiquité.

NOTES

1. Alberto ANGELA, *Una Giornata nell'antica Roma. Vita quotidiana, segreti e curiosità*, Milan, Arnoldo Mondadori Editore, 2007.
2. TACITE, *Annales*, Livre XIV, chap. XXXIII, in *Œuvres complètes*, traduction de Jean-Louis Burnouf, Paris, Librairie Hachette, 1858.
3. VIRGILE, *L'Énéide*, Livre IX, v. 473, traduction de Maurice Rat [1965], Paris, Flammarion, « GF », 2011.
4. CICÉRON, *Lettres à Atticus*, Livre V, lettre XIV, traduction de Charles Nisard, Paris, Firmin Didot Frères, Fils et Cie, 1869.
5. ID., *Lettres à Lucilius*, Livre VI, lettre LVII, traduction de Joseph Baillard, Paris, Hachette, 1914.
6. MARTIAL, *Épigrammes*, Livre VI, « Sur un crieur qui vendait une jeune esclave » (LXVI), traduction de V. Verger, N.-A. Dubois et J. Mangeart, Paris, Garnier Frères, 1864.
7. Lidia STORONI MAZZOLANI, *Iscrizioni funerarie romane* [1991], Milan, Rizzoli, rééd. 2005.
8. TACITE, *Origine et territoire des Germains*, dit *La Germanie*, III, traduction de Danielle De Clercq, Bibliotheca Classica Selecta, Université catholique de Louvain, 2003. (Même référence pour la citation suivante.)
9. *Ibid.*
10. Voir Edward LUTTWAK, *La Grande Stratégie de l'Empire romain*, traduction de Pierre Laederich, Paris, Odile Jacob, 2010.

11. Pline l'Ancien, *Histoire naturelle*, Livre XXXVII, traduction d'Émile Littré, Paris, J. J. Dubochet, Le Chevalier et Cie, 1848-1850, pour cette citation et les suivantes dans le chapitre.

12. Voir Lionel Casson, *Travel in the Ancient World*, Baltimore/Londres, John Hopkins University Press, 1994.

13. Juvénal, in *Satires de Juvénal, de Perse et de Sulpicia*, traduction de Jean-Jacques Courtaud-Diverneresse, Paris, Maire-Nyon, 1831.

14. Martial, *Épigrammes*, Livre I, « Sur Gemellus et Alcine » (X), traduction de Constant Dubos, Paris, Jules Chapelle et Cie, 1841.

15. Jérôme Carcopino, *La Vie quotidienne à Rome à l'apogée de l'Empire*, Paris, Hachette, 1939. Réédité sous le titre : *Rome à l'apogée de l'Empire*, Paris, Fayard/Pluriel, « La vie quotidienne », 2011.

16. Sénèque, *Œuvres*, t. III, *Traité des bienfaits*, chap. xxvi, traduction de Lagrange, Tours, Letourmy, An III [1794-1795].

17. Jérôme Carcopino, *La Vie quotidienne à Rome…, op. cit.*

18. *Ibid.*

19. Pline le Jeune, *Lettres*, t. IV, livre X, *Panégyrique de Trajan*, traduction de Marcel Durry [1938], Paris, Les Belles Lettres, rééd. 2002.

20. Lionel Casson, *Travel in the Ancient World, op. cit.*

21. Ovide, *L'Art d'aimer*, traduction d'Henri Bornecque, Paris, Gallimard, « Folio classique », 1974, pour cette citation et les suivantes dans le chapitre.

22. Jens-Uwe Krause, *Kriminalgeschichte der Antike*, Munich, C. H. Beck, 2004.

23. Carlo Levi, *Le Christ s'est arrêté à Éboli*, traduction de Jeanne Modigliani [1948], Paris, Gallimard, « Folio », 1977.

24. Celse, *Traité de médecine*, traduction de Henri Ninnin [1753], Paris, Adolphe Delahays, 1855.

25. Martial, *Épigrammes*, Livre I, « À son livre » (LXX), traduction de Constant Dubos, *op. cit.*

26. *Ibid.*, Livre I, « À Julius » (XV).

27. *Ibid.*, Livre I, « À Aelia » (XIX).

28. Ovide, *L'Art d'aimer, op. cit.*, pour cette citation et les suivantes dans le chapitre.

29. Juvénal, *Œuvres complètes*, traduction de Jean Dusaulx [1770], revue par Jules Pierrot, Paris, Garnier Frères, 1861.

30. Oppien, *Les Halieutiques*, traduction de J.-M. Limes, Paris, Lebègue, 1817.
31. Pline l'Ancien, *Histoire naturelle*, Livre XXIII, *op. cit.*
32. *Ibid.*
33. Jens-Uwe Krause, *Kriminalgeschichte der Antike*, *op. cit.*
34. Jérôme Carcopino, *La Vie quotidienne à Rome...*, *op. cit.*
35. Pline l'Ancien, *Histoire naturelle*, Livre IX, *op. cit.*
36. Martial, *Épigrammes*, Livre VI, « Sur Telethusa » (LXXI), *op. cit.*
37. Sénèque, *Œuvres complètes*, t. II, *Lettres à Lucilius* (LI), traduction de J. Baillard, Paris, Librairie Hachette et Cie, 1861.
38. Martial, *Épigrammes*, Livre I, « Sur Loevina » (LVIII), traduction de Constant Dubos, *op. cit.*
39. Pline l'Ancien, *Histoire naturelle*, Livre IX, *op. cit.*, pour cette citation et la suivante dans le chapitre.
40. Tacite, *Annales*, Livre XI, chap. xxiv, *op. cit.*
41. Cité dans Robert Solé, *Dictionnaire amoureux de l'Égypte*, Paris, Plon, 2001.
42. Pline le Jeune, *Lettres*, t. III, Livre VIII, xx, traduction d'Anne-Marie Guillemin [1967], Paris, Les Belles Lettres, rééd. 2003.
43. Pausanias, *Description de la Grèce*, Livre I, chap. xlii, 3, traduction de Jean Pouilloux [1992], Paris, Les Belles Lettres, rééd. 2002.
44. Strabon, *Géographie*, Livre XVII, chap. i, 46, traduction d'Amédée Tardieu, Paris, Librairie de Louis Hachette et Compagnie, 1867, pour cette citation et la suivante dans le chapitre.
45. Lionel Casson, *Travel in the Ancient World*, *op. cit.*
46. Virgile, *L'Énéide*, Livre II, v. 601, traduction de l'éditeur.
47. Lionel Casson, *Travel in the Ancient World*, *op. cit.*
48. Dion Cassius, *Histoire romaine*, Livre LXVIII, traduction d'Étienne Gros (continuée par V. Boissée), Paris, Librairie Firmin Didot Frères, Fils et Compagnie, 1867, pour cette citation et la suivante dans le chapitre.
49. Jens-Uwe Krause, *Kriminalgeschichte der Antike*, *op. cit.*
50. Dion Cassius, *Histoire romaine*, Livre LXVIII, *op. cit.*

REMERCIEMENTS

Je tiens à remercier tous ceux qui m'ont aidé au cours de ce long périple à travers l'Empire romain, et d'abord le Pr Romolo Augusto Staccioli, pour sa grande connaissance de l'Antiquité romaine, sa passion contagieuse pour cette époque, ainsi que pour sa relecture attentive.

Merci également au Pr Antonio De Simone, qui grâce à sa longue expérience du monde romain (et notamment de Pompéi), m'a permis de me familiariser avec les mœurs et mentalités latines ; au Pr Patrizia Calabria, qui m'a confié bien des secrets sur les sesterces et autres monnaies romaines ; au Pr Giandomenico Spinola, qui m'a entraîné sur des sites archéologiques ; ou encore au Pr Patrizia Basso, pour ses précieuses explications sur les routes romaines.

Ce livre embrasse des horizons très divers, qu'il s'agisse de civilisation ou de géographie. Je n'oublie donc pas tous les autres chercheurs et historiens qui m'ont accompagné dans cette aventure. Il m'est impossible de les citer tous, mais je tiens à mentionner Alessandra Benini, Nicola Cassone, Britta Hallman, Gianpiero Orsingher et Alessandra Squaglia.

Un grand merci à Gabriella Ungarelli et à Alberto Gelsumini, chez Mondadori, pour leur enthousiasme et leurs suggestions, ainsi qu'à Emilio Quinto et au

Studio Gráphein, pour m'avoir relu avec tant de rigueur.

Enfin, un hommage à Monica, mon épouse, qui m'a prodigué ses conseils au fil de la rédaction et s'est montrée si patiente quand mon esprit s'en allait dans quelque contrée reculée de l'Empire romain.

Cette fois, je suis rentré à la maison pour de bon !

TABLE

CARTE 8

PROLOGUE 9

Rome : là où tout commence 15
Bas-fonds et maléfices, 15. – La source d'Anna Perenna, véritable Woodstock de l'Antiquité, 19. – Accessoires de magie, 21. – Une nuit de pleine lune, 25. – La frappe du sesterce, 26.

Londres : les inventions romaines 31
À l'aube d'un long voyage, 31. – Londres, une invention romaine, 34. – Déjà des maisons préfabriquées, 37. – Une origine récente et un passé tragique, 38. – En compagnie du gouverneur de Londinium, 39. – Du temps où la City était une ville du Far West, 43. – La plus vieille machine à laver de l'Histoire ?, 44. – Quand les esclaves s'achetaient des esclaves, 47. – « Fais-lui un doigt d'honneur, Sextilius ! », 49. – Une fête de purification, 51. – Le temps des adieux, 55. – Vindolanda, 57. – Des sandales et des chaussettes vieilles de vingt siècles, 60. – « Envoie-moi deux caleçons… », 65.

Lutèce : quand Paris était plus petit que Pompéi 71
L'armature de la mondialisation à la romaine, 73. – Le secret des voies romaines, 75. – Quand Paris ne comptait que quelques milliers d'habitants, 80.

Trèves : le nectar des dieux 85
    Le vin du Nord, 85. – Du vin selon la méthode romaine, 88. – Lorsque les morts vous parlent : la Spoon River de l'Empire romain, 93. – Des gratte-ciel pour les morts (riches), 99. – Le vin glacé, 102. – Se précipiter à l'autre bout du monde, 103.

Par-delà le Rhin : une bataille contre les barbares.... 109
    Un aéroport romain, 109. – Une habile stratégie aux frontières, 111. – La XXIIe légion marche contre l'ennemi, 113. – La légion en chiffres, 116. – Ennemi en vue !, 118. – Une guerre psychologique, 121. – La bataille commence, 123. – Le mur de boucliers des légionnaires, 127. – Retournement de situation, 129. – La force de dissuasion, 135. – Le secret de la puissance des légions, 137. – Quand vient la nuit, 141.

Milan : l'émancipation de la femme 145
    Le commerce de l'ambre, 145. – De la marchandise humaine, 148. – Passer la douane, 152. – Cacher des esclaves à ses risques et périls, 155. – Milan sous Trajan, 158. – Femmes libérées, 161. – Divorces à répétition et pas d'enfants, 162. – La baisse de la natalité dans l'Empire romain, 166. – Portrait-robot de la femme romaine émancipée, 167. – Mariées à dix ans, 169. – L'accouchement, ou la roulette russe, 171. – Louer une voiture de ville à l'époque romaine, 172. – Le trafic sur les autoroutes de l'Empire, 176. – Restoroutes et motels, 179. – La poste impériale : usage et abus, 180.

Reggio d'Émilie : les blagues de l'Antiquité 185
    Un beau mariage, 185. – Baisers à la romaine, 186. – L'humour romain, 188. – Un séducteur à l'œuvre, 192. – Que risquent les amants adultères ?, 196.

Rimini : une délicate opération chirurgicale 199
    L'échiquier de la civilisation, 199. – Le voyage de la dernière chance, 203. – Dans Rimini, à la recherche du docteur Eutychès, 207. – Avoir mal aux dents à l'époque romaine, 215. – Résoudre les problèmes de cataracte, 219. – Le cabinet du médecin, 220. – L'opération, 224. – Voir la mer pour la première fois, 228.

Sur le Tibre : arriver à Rome au fil de l'eau 231
    Un fleuve vital, 231. – La ville d'entre les villes, 236.

Rome : le centre du monde 243
> À travers rues, 243. – Le facteur sonne toujours deux fois... quand il trouve son chemin, 245. – Qui sont les passants ?, 247. – Faire du shopping dans la Rome antique, 251. – Déjà ville d'art à l'époque romaine, 255. – Où et comment draguer ?, 258. – Du pain gratuit pour tous (ou presque), 261. – Les puits de pétrole de l'Empire romain, 264. – Le prétorien, 267. – Le Palatin à l'origine de Rome, 270. – Le palais des empereurs romains, 271.

Circus Maximus : les secrets de Ben-Hur................. 277
> Dangers nocturnes dans les ruelles de l'Urbs, 277. – Des Sabines aux prostituées, 281. – Parier au Circus Maximus, 285. – Le plus grand stade de l'Histoire, 289. – Dans les gradins, 292. – La « pompa circensis », 295. – Préparatifs d'une course très attendue, 300. – C'est parti !, 303. – Une victoire sur le fil du rasoir, 307. – Des sesterces en récompense, 311. – Faire sauter la banque, 314.

Ostie : la véritable tour de Babel 319
> Du Roumain ou du Romain, qui est l'émigré ?, 319. – Expédier une lettre à l'époque romaine, 321. – Des passants de toutes origines, 324. – Des squelettes qui parlent, 327. – Le grand port d'Ostie, jugulaire de Rome, 330. – Une fausse arche de Noé, 332. – Mondialisation à la romaine, 334.

Hispanie : l'or de Rome.. 337
> En route pour l'Espagne romaine, 337. – Les secrets de fabrication du « garum », 339. – D'où vient l'or de Rome ?, 342. – Comment faire sauter une montagne sans dynamite, 344. – Pourquoi l'or est-il le moteur de l'Empire ?, 347. – Des pièces de monnaie fractionnées, 349.

Provence : l'attaque de la diligence 353
> Le singulier pont d'Arles, 353. – En voiture !, 354. – L'attaque, 358. – Les enlèvements, 363. – Un aqueduc à 5 euros, 365. – L'affaire Marcus Fonteius, 367.

Baïes : luxe et volupté.. 371
> La baie de Naples... sans le Vésuve, 371. – Acheter des souvenirs dans l'Antiquité, 374. – Rentrer chez soi, enfin !, 376. – Les secrets de la maîtresse de

maison, 380. – Cuisiner pour un banquet, 382. – Or, émeraudes et danseuses de Cadix, 385. – Tous les plaisirs, 388. – « Profite de l'instant présent ! » nous dit Kaïros, 391.

Méditerranée : une traversée périlleuse 393
Le départ, 393. – Superstitions, 395. – Qu'y a-t-il dans la cale ?, 397. – Un géant des mers, 399. – La tempête, 400.

Afrique : un empire sans racisme 405
Le port de Carthage, 405. – Une star de la musique romaine, 407. – Comment devenir un dieu, 408. – Les sponsors de la cité, 409. – La couleur des empereurs, 411. – Un moteur de l'économie impériale, 413. – Bâtir une cité en plein désert, 414. – Une oasis culturelle, 416. – La puissance du savoir, 419. – Leptis Magna, une cité de marbre, 420. – Un empire ouvert à tous, 423. – Un Obama romain, 426. – Notre sesterce devient égyptien, 427.

Égypte : les touristes de l'Antiquité 429
« Le Jour d'après », 429. – La septième merveille du monde antique, 430. – Le port d'Alexandrie, 432. – Dans les bras d'une prostituée, 435. – Le touriste de l'Antiquité, 438. – Remonter le Nil, 440. – Les tombeaux des pharaons, 443. – En direction de la mer Rouge, 447.

Inde : au-delà des frontières de l'Empire 451

Mésopotamie : rencontrer l'empereur 457
Trajan à Charax, 457. – Antioche sinistrée, 462. – Un meurtre, 465. – Des villes dangereuses ?, 467. – Quelle peine encourt un meurtrier ?, 469. – Mener une enquête à l'époque romaine, 470. – Une civilisation plus pacifique que la nôtre ?, 472.

Éphèse : les marbres de l'Empire 475
La guerre personnelle du centurion, 475. – La mort de l'empereur, 476. – *Éphèse pavée de marbre,* 480. – L'enfer des carrières de marbre, 482. – Un naufrage, 483. – En mer vers Athènes, 485. – Des clones de pierre chez un sculpteur athénien, 487. – Le regard trop sévère d'Auguste, 490.

Retour à Rome : un voyage dans le temps............	493
ÉPILOGUE..	497
NOTES	499
REMERCIEMENTS	503

Imprimé par CPI (Barcelona)
en juin 2020
Dépôt légal : mai 2018

Imprimé en Espagne